● 本书获第四届（2002）中国社会科学院优秀科研成果奖二等奖

中国社会科学院文库
法学社会学研究系列
The Selected Works of CASS
Law and Sociology

中国社会科学院文库·法学社会学研究系列
The Selected Works of CASS · Law and Sociology

宗教社会学
Sociology of Religion

戴康生　彭　耀 / 主编

社会科学文献出版社
SOCIAL SCIENCES ACADEMIC PRESS (CHINA)

《中国社会科学院文库》出版说明

《中国社会科学院文库》(全称为《中国社会科学院重点研究课题成果文库》)是中国社会科学院组织出版的系列学术丛书。组织出版《中国社会科学院文库》,是我院进一步加强课题成果管理和学术成果出版的规范化、制度化建设的重要举措。

建院以来,我院广大科研人员坚持以马克思主义为指导,在中国特色社会主义理论和实践的双重探索中做出了重要贡献,在推进马克思主义理论创新、为建设中国特色社会主义提供智力支持和各学科基础建设方面,推出了大量的研究成果,其中每年完成的专著类成果就有三四百种之多。从现在起,我们经过一定的鉴定、结项、评审程序,逐年从中选出一批通过各类别课题研究工作而完成的具有较高学术水平和一定代表性的著作,编入《中国社会科学院文库》集中出版。我们希望这能够从一个侧面展示我院整体科研状况和学术成就,同时为优秀学术成果的面世创造更好的条件。

《中国社会科学院文库》分设马克思主义研究、文学语言研究、历史考古研究、哲学宗教研究、经济研究、法学社会学研究、国际问题研究七个系列,选收范围包括专著、研究报告集、学术资料、古籍整理、译著、工具书等。

为迎接中国社会科学院建院三十周年,我们将历届院优秀科研成果奖中的部分获奖著作重印出版,作为《中国社会科学院文库》的首批图书向建院三十周年献礼。

中国社会科学院科研局
2006 年 11 月

本书作者

（依姓氏笔画为序）

王志跃　王震宇　刘　援
李成栋　李　亮　杨雅彬
高师宁　彭　耀　戴康生

目 录

前　言 ………………………………………………………… 1

第一章　导　论 …………………………………………… 1
第一节　宗教社会学的性质、范围、特征及方法 ………… 1
第二节　对宗教社会学的回顾 ……………………………… 9

第二章　宗教及其特征 …………………………………… 28
第一节　什么是宗教 ………………………………………… 28
第二节　宗教的特征 ………………………………………… 36

第三章　信教者及其宗教活动 …………………………… 50
第一节　信教者 ……………………………………………… 50
第二节　信教者的宗教活动 ………………………………… 69

第四章　作为社会组织的宗教 …………………………… 84
第一节　宗教群体 …………………………………………… 85
第二节　宗教组织 …………………………………………… 87
第三节　宗教组织的特征与结构 …………………………… 90
第四节　宗教组织的形成与制度化发展的两重性 ………… 103
第五节　宗教组织的类型研究 ……………………………… 115

第五章　宗教的社会功能 ………………………………… 127
第一节　宗教是一个社会子系统 …………………………… 127
第二节　宗教的社会正功能 ………………………………… 129

1

第三节　宗教社会功能的两重性 ……………………………… 144
　　第四节　宗教社会功能的可变性 ……………………………… 150

第六章　现代社会的宗教与世俗化 ……………………………… 158
　　第一节　世俗化的定义 …………………………………………… 158
　　第二节　世俗化的表现 …………………………………………… 160
　　第三节　世俗化过程的自我限制特征 ………………………… 163
　　第四节　世俗化与宗教的未来 ………………………………… 168

第七章　中国传统社会中的宗教 ………………………………… 172
　　第一节　宗教与宗法传统社会 ………………………………… 173
　　第二节　皇权下的宗教 ………………………………………… 185
　　第三节　宗教的人本主义倾向 ………………………………… 202
　　第四节　宗教与中国传统文化 ………………………………… 223

第八章　社会主义制度下的中国宗教 …………………………… 246
　　第一节　新制度下宗教的调适与功能 ………………………… 246
　　第二节　改革开放后的中国宗教 ……………………………… 263
　　第三节　中国宗教的展望与思考 ……………………………… 295

再版后记 …………………………………………………………… 303

前　言

宗教是人类历史上一种悠久而普遍的现象，因此从古至今始终是个热门的话题，是许多人关注和研究的对象。当今，地球村里有四分之三的居民是教徒，中国12亿人口中有1亿多人信仰各种宗教，世界上传统宗教处在不同程度的振兴中，新兴宗教又在不断涌现，这些现象促使人们不得不对宗教问题加以认真对待与思考。

中国是个多民族多宗教的国家，但是，由于信教人口占全国总人口的比重不算大，历史上没有出现过国家宗教，也不像西方国家中的宗教在社会生活中有举足轻重的地位，加之中华人民共和国成立后在中国主导的意识形态是马克思主义，在相当长的一段时间里对宗教持批判与否定的态度，因此人们对宗教难免有陌生感或不全面的理解。特别是在"左"倾路线的干扰下，"文化大革命"十年登峰造极，一切以阶级斗争为纲，片面地将宗教意识形态化、政治化，信教不仅是"落后"、"愚昧"、"迷信"的标记，而且成了具有"反动"性质的政治问题，被视为"牛鬼蛇神"、"封资修"，欲加扫之。结果不仅践踏了马克思主义关于宗教的科学理论，否定了党和国家对宗教问题的正确方针政策，取消了宗教工作，也伤害了信教群众的感情，破坏了民族团结；宗教不但未被"消灭"，反而出现了反弹效应。应该说，教训是深刻的。经过拨乱反正，随着中国实行改革开放，在邓小平理论的指导下，党的宗教政策得到很好贯彻，宗教状况有了根本改观，宗教工作已步入正轨，中国的宗教走向与社会主义社会相适应的道路。在这进程中，社会与宗教的新变化，实践的丰富内容，推动了中国宗教研究的发展，出现了盛况空前的新局面。人们愈益认识到，对宗教这种人类较为复杂而特殊的社会现象和复合体系，应该全方位、多视角、多层面地去认识，减少盲目性与片面性。社会的需要，新学科建设的期盼，就是我们尝试写这本书的动力。

宗教社会学（Sociology of Religion）是本世纪初逐步形成、发展起来的宗教学与社会学相结合的新兴交叉学科，既是宗教学也是社会学中的一个重要分支学科。它把宗教作为一种社会现象，以社会学的方法去进行分析、研究。虽然其历史只有百年，但其思想渊源可以追溯到古希腊哲学。在西方，宗教社会学作为一门学科是由法国社会学家爱米尔·杜尔凯姆与德国社会学家马克斯·韦伯奠基的。但不容否认，马克思主义经典作家不仅是科学社会主义的创始人，对宗教社会学的产生也曾起到直接或间接的作用。马克思主义宗教观的基石是历史唯物主义，它科学地阐明了宗教是社会的产物，是具有社会性的人的产物，进而说明了宗教产生、发展、消亡的社会根源与宗教的社会作用。

宗教社会学是立足于宗教与社会的关系来研究宗教的。离开了人类、社会，便无宗教可言；反过来说，有了社会和具有社会性的人，宗教的产生、发展、消亡才有其合理性、普遍性与必然性的内在依据。宗教社会学产生于欧洲，生长于美国，二次大战后的近几十年有了较大的发展，并演化出多种流派，现已成为世界性的学科。

呈现在读者面前的这本《宗教社会学》，是得到国家社科基金资助的一个集体科研项目。内容大致分为两个部分：一是根据我们对国外研究状况的了解和中国社会、中国宗教的特性，并结合西方宗教社会学的相关理论，对宗教信仰者及其宗教行为、宗教组织及其制度、宗教的社会功能、宗教与现代社会的发展变迁之间的关系做一些论述与介绍；二是对中国传统社会中的宗教和改革开放以来中国宗教的状况、变化进行一些理论上的探讨，并在此基础上提出某些思考与展望。我们研究的范围并不全面，由于资料缺乏及能力所限，我们未将宗教与其他社会生活领域的各种关系列入本书范围，例如宗教与政治、宗教与经济、宗教与文化、宗教与科学等关系问题。这些都是宗教社会学应该研究的，但在各个不同历史时期的社会条件下，对于不同的宗教，不同的民族、国家与地区，上述关系与情况都相当复杂，要全面把握它们难度很大，每个问题都需要专门的研究与论述，故本书未写入。

宗教社会学与宗教的社会学（Religious Sociology）有所区别，后者虽然也运用社会学方法，却是站在神学和教会的立场上以传播宗教信仰为目的的。本书属于前者，力求以马克思主义的历史唯物主义为指导，吸收社会学的研究方法，用求真求实的科学态度对历史上及当代中国社会与宗教的关系提出若干问题，加以理论上的说明。这是一种初步的尝试，也是一家之言，不足与错误之处在所难免，恳请读者的批评指正。

这个研究项目启动于80年代末。课题组曾先后分赴天津、河南、浙江、福建等省市进行过三次社会调查，通过发放问卷，与宗教界人士、一般信徒和宗教工作者分别举行座谈会，取得了一些有科学价值的第一手资料和统计数据，为本书的写作打下了良好的基础。初稿成于90年代中期，后经过一些修补。由于学术书籍出版难，书稿被搁置了数年之久。现得到中国社科院科研局的资助与社科文献出版社的大力支持，才得以问世。虽然有些资料稍嫌陈旧，但反映了转型时期中国宗教的历史进程，仍不失其参考价值。

在本书付梓之际，我们谨向提供过帮助的中央与地方有关部门以及宗教界的朋友们，向支持我们工作的中国社科院世界宗教研究所的同仁们，向早期参与课题工作的郑天星同志、蒋嘉森同志表示深切的感谢。我们还要向为本书的出版作出不懈努力的社科文献出版社的黄燕生女士致谢。

戴康生　彭　耀
1998年11月18日

第一章 导论

第一节 宗教社会学的性质、范围、特征及方法

马克思在《〈黑格尔法哲学批判〉导言》中说，国家、社会产生了宗教，宗教是"这个世界的总的理论，是它的包罗万象的纲领，它的通俗逻辑，它的唯灵论的荣誉问题，它的热情，它的道德上的核准，它的庄严补充，它借以安慰和辩护的普遍根据。"① 这段话深刻地揭示了宗教与社会之间的紧密关系。

社会是宗教产生的基础。离开了社会，离开了人类，便无宗教可言。关于宗教的起源，学术界有各种看法。② 然而，无论缪勒的自然神话论、孔德的实物崇拜说、泰勒的万物有灵论，还是斯宾塞的祖灵论、马雷特的前万物有灵论或杜尔凯姆的图腾论，都有一个共同的出发点，即都是从原

---

① 马克思：《〈黑格尔法哲学批判〉导言》，载《马克思恩格斯选集》第1卷，人民出版社，1972，第1页。
② 参见吕大吉主编《宗教学通论》，中国社会科学出版社，1989，第334~341页。

始人类以及原始社会的生活、生产状况入手进行研究的。随着社会的变化，宗教也经历了从原始宗教到部落宗教、民族宗教、世界宗教的发展道路。在人类社会漫长的发展史上，宗教曾经主宰过世界的意识形态，它曾是人们价值判断的尺度，曾渗透到社会的一切机构制度中，大到国家，小到家庭。作为一种意识形态和上层建筑，宗教与社会的其他意识形态和上层建筑，诸如政治、经济、艺术、法律等，互相影响，而且它对于信奉者个人的世界观、人生观的形成起着决定性的作用。在科学昌明的现代社会，宗教仍在不断地改换着自身的形式及内容，以适应社会的发展。宗教组织也是一种重要的社会组织，是一种重要的社会机构。宗教的各种宗派和团体已成为社会结构的一个组成部分。宗教史上的各种思潮和运动，既是从社会中产生的，又对社会产生着重要的影响。作为一种社会现象，宗教在人类历史上经久不衰，而且仍将占有一席之地，这不仅因为宗教仍具有满足人类某些需要的功能，也因为社会仍有适合宗教生存的气候和土壤。

宗教与社会有千丝万缕的不可分割的联系。这种联系的独特、复杂、丰富的内容，吸引了无数学者。作为一门新的社会科学和人文学科，宗教社会学的产生可以说是必然的。

也许我们应该看到，要给一门新的学科下一个明确的、得到大家共同认可的定义，并不是一件轻而易举的事。无论我们如何去界定它，都有可能遗漏一些东西，或者包罗了一些可以将之划在此门学科之外的东西。但是这种情况并不否认定义的重要性。事实证明，只有当定义明确时，实质性的研究才有可能开始。因此，尽管下定义是件困难的事，我们也应该力求科学地、明确地为任何一个新学科作出比较严格的界说，使之体现出这门学科的本质与特征。宗教社会学的情况正是如此。

翻阅迄今国内可以见到的关于宗教社会学的专著、论文以及有关词条，我们可以发现，对于"什么是宗教社会学"众说纷纭。我们不仅看不到一条相同的定义，而且看不到一个相同的范围、边界，真可谓有多少个研究者就有多少条定义。但是当我们认真剖析各家之说时，我们在这种百花齐放的多元景象中又可发现许多共同的色彩，它们足以使我们对宗教社会学勾画一个大致的框架，提出我们对这门新兴学科的一些命题。

一 宗教社会学是宗教学与社会学交叉的边缘学科

宗教是人类历史上最古老、最普遍的文化现象，它随着人类社会产生，演变，发展至今。人类对于宗教的研究也具有悠久的历史，其起源甚至可以追溯到古希腊罗马时期。古希腊哲学家色诺芬尼说，埃塞俄比亚人的神是扁鼻子、黑皮肤，色雷斯人的神是红头发、灰眼睛。在此，他已经涉足了宗教社会学研究的领域，开创了对宗教作朴素的比较、分析的传统。直到一百多年以前，英籍德国学者迈克斯·缪勒（Friedrich Max Müller 1823~1900）在宗教研究的发展史上才第一次提出了科学的"宗教学"的概念。从此，宗教研究彻底摆脱了宗教神学的传统，去除了护教的色彩。宗教学成了真正独立的人文科学。随着现代社会的发展和学术的不断分化，曾经聚集在"宗教学"这一学科总目之下的所有材料，被人们从各个角度加以研究。于是在宗教学领域内，一些新的人文学科，如宗教史学、宗教人类学、宗教心理学、宗教现象学、宗教哲学等，相继问世。把宗教作为一种社会现象而从社会学的角度对之加以分析、比较的宗教社会学，也成了宗教学的一个重要分支学科。

同样，宗教社会学也是社会学的重要分支。众所周知，社会学的名称是法国社会学家奥古斯特·孔德（A. Comte，1798~1857）提出来的，但他并未详细地阐明社会学的论题。英国社会学家赫伯特·斯宾塞（H. Spencer，1820~1903）则明确地界定过社会学研究的领域：家庭、政治、宗教、社会控制、工业等等。著名的法国学者埃米尔·杜尔凯姆（E. Durkheim，1857~1917）曾说，"社会事实有多少种，社会科学有多少项目，社会学就有多少分支。"[①] 在他列举的社会事实中，宗教是第一位。德国学者马克斯·韦伯（Max Weber，1864~1920）认为，社会学是力图理解和解释社会行为的一门科学，目的是对社会行为的过程和后果作出说明其原因的解释。从韦伯的大量著作中我们不难发现，宗教正是他用来进行这种解释的钥匙。在当代美国最流行的20多种社会学教科书中，只有宗教"全票通过"，被选为社会学研究的无可非议的对象，也就是说，所有的教科书都公认社会学必须研究宗教。由于宗教在各种社会现象中的突出

[①] 转引自亚历克斯·英克尔斯：《社会学是什么》，中国社科出版社，1981，第7页。

的普遍性，宗教社会学不但成了社会学的一个分支学科，而且是一个极其重要的分支学科。

二　宗教社会学的研究范围

作为宗教学和社会学的交叉学科，宗教社会学的研究范围注定要超越这两门学科的边界。也就是说，它既要包括宗教学的材料，又要包括社会学的材料，还要包括宗教本身的材料。美国宗教社会学家罗伯特·贝拉（Robert N. Bellah，1927~　）曾把宗教社会学家形形色色的研究总结为三个主要的方面：第一是把宗教理解为人之社会行为的核心的理论研究；第二是对宗教与社会生活的其他领域，诸如经济、政治、社会阶级等等之间的关系的研究；第三是对宗教之社会功能、组织状况以及宗教史上各种运动及思潮的研究。可以说，贝拉的总结基本上概括了宗教社会学的研究范围。

本书所作的研究，是在中国的宗教社会学领域内一次大胆的理论性研究的尝试。我们正是在前人研究的基础之上来进行我们的尝试的。根据我们对国外研究状况的了解，也根据中国社会及中国宗教的独特性，我们的研究范围将包括宗教信仰者及其宗教行为、宗教组织及其制度、宗教的社会功能、宗教与现代社会的发展变迁之间的关系，当今宗教的发展趋势以及中国宗教的特色，尤其是改革开放以来宗教的变化和状况。同时我们也力图在自己研究的基础上，对中国宗教的未来做一些思考和预测。

应该说明的是，我们的研究范围并不全面，由于材料缺乏和其他各种原因，我们未将宗教与社会生活其他领域的关系列入我们的研究范围。好在我们的研究只是第一步，只起一个抛砖引玉的作用。我们希望更多、更精细、更全面的研究更快地问世，以填补中国在宗教社会学领域中的空白，对此我们翘首以待。

三　宗教社会学的特点

宗教社会学是宗教学与社会学的重要组成部分，因而它必然具有宗教学与社会学的主要特征。

一般而言，宗教学可以分为描述性研究和规范性研究两大类。前者侧重对宗教的历史、结构、作用等所谓客观现象的叙述，后者侧重对宗教命题的真伪性、宗教价值的可接受性等作出判断。这种划分当然不是绝对的。

宗教社会学对宗教的研究建立在把宗教作为一种源远流长的普遍社会现象的基础之上，它的这个基础和它的研究范围决定了它的非价值判断意图，决定了它的研究属于描述性范围。这是宗教社会学的第一个特点。在此我们必须说明，西方的许多宗教研究者都认为，宗教社会学必须严格地把宗教关于世界、人生的命题的真伪性都括在括号之内，存而不论，而把判断的权利留给神学或宗教哲学。然而对于以马克思列宁主义为指导思想的研究者来说，宗教命题的真伪却是第一位的问题。而且我们还应该看到，没有一个研究者能够总是以超然的态度来对待自己的研究对象，绝对的中立和客观是不存在的。这是因为研究者也是生活在社会中的人，其个人的人生观、世界观受社会存在的决定，而它们又决定了他对宗教的看法。然而马克思主义的活的灵魂在于具体问题具体分析，也就是说，应对客观存在的事物与现象进行实事求是的研究。这就要求我们客观地、科学地、不带任何偏见地去研究宗教，这也正是宗教社会学的要求。

宗教社会学的第二个特点是它的经验性，这也是社会学的基本特征之一。宗教社会学只研究可以观察到的现象，对这些现象进行分析，作出结论，并用有关的经验材料来检验所得出的结论。

第三个特点是，宗教社会学是用科学方法来指导的。它以经验所知的理论为基础，对可证实的材料进行系统研究，力求实事求是，反对臆断和直觉。它涉及的过程应能被他人证实和重复，也就是说，可以在基本相同的条件下，重新再现那种过程。

然而，正是宗教社会学的后两个特点使其研究面临难题。一般来说，宗教的本质特征在于对超自然或神灵的信仰。因而宗教总是与超经验、超自然有关，总是与信仰者的内心体验有关。那么，以经验性、科学性为出发点的宗教社会学，如何去研究这种看不见、摸不着，既不可证实亦不可证伪的东西呢？

美国社会学家 J. 弥尔顿·英格用一个形象的比喻说明了这种困难："从外边如何可能看得见教堂彩色玻璃窗的一切呢？"[①] 的确，只有当一个

[①] 弥尔顿·英格：《宗教的科学研究》（英文版），纽约：麦克米兰出版公司，1970，第2页。

人在里边时，他才可能看得见教堂彩色玻璃的美丽图案。然而，即使从里边看，也只能了解到窗子的一部分。要了解窗子与整个建筑物的关系，还须从外边看。事实上，许多问题是与从何处看无关的，例如：谁设计的窗子，谁是安装维修工，它与别的窗子有何不同等等。诸如此类的问题我们还可提出许多，但我们可以说，所有这些问题都是可以凭经验去了解的。尽管凭经验去研究宗教有局限性，也不是唯一的方法，但不可否认，它是认识宗教的一个重要方法。宗教社会学的作用也正在于为研究宗教开拓一个新的视野，增加一个新的角度，提供一个新的层面。

宗教社会学（Sociology of Religion）作为一个独立的人文学科不同于"宗教的社会学"（religious sociology）。后者是第二次世界大战之后流行于法国、比利时的一种宗教研究动向。它以社会学方法为手段，以传播宗教信仰为目的。这种研究的内容仅限于教徒的生活、教会的传教成果等等，它得到教会的欢迎和推动。这种研究与关注作为社会现象和文化现象的宗教社会学是有本质区别的。

四　宗教社会学的研究方法

纵观宗教社会学的研究史，我们可以看到存在两方面的研究：宏观的理论研究与微观的应用研究。在宏观的理论研究中，进化论、功能主义、冲突论等方法曾占重要地位，对这些理论方法的具体论述，我们将在下一节进行。在此我们先介绍一些宗教社会学研究中的具体方法。

跨文化比较分析法。这是宗教社会学中常用的方法，也是一种非常有效的方法。它的主要特点是，通过对几种不同文化中的宗教的比较形成一些概念，再通过这些概念识别植根于某一特定文化中的宗教的特征，并且分析这些特征是否为其他文化条件下的宗教所具有。韦伯曾用跨文化比较分析法，比较了东西方宗教与其所属社会经济发展的关系。美国学者塔尔蒙使用这种方法发现了宗教运动之间的普遍模式——都预言过世界末日即将来临，一个新的时代即将诞生。当代宗教学家埃利阿德曾对这种方法作过如下的评价：由于缺乏历史的和比较的深度，社会学家对于宗教的研究极少做出有益于宗教社会学研究的贡献；而极少数的宗教社会学家，如贝拉、贝格尔、大卫·A. 马丁等，则由于大量地运用历史材料进行比较，因而在这个领域大有建树。跨文化比较法的效用由此可见一斑。使用这种方

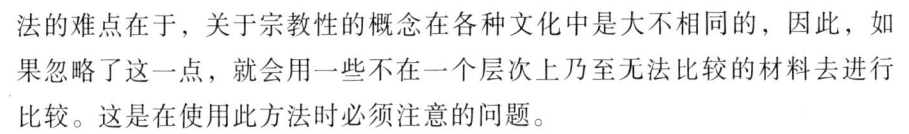

法的难点在于，关于宗教性的概念在各种文化中是大不相同的，因此，如果忽略了这一点，就会用一些不在一个层次上乃至无法比较的材料去进行比较。这是在使用此方法时必须注意的问题。

历史分析法。这是一种通过对历史材料的分析在宗教与社会之间寻找相互作用的规律或模式的方法。如果说历史学家的主要任务是详细描述引发特殊事件的历史背景和社会环境的话，那么宗教社会学家关注的则是，特定的历史局势是否常常伴随或尾随着某种其他的"典型"情形或环境，也就是说，宗教社会学家的兴趣在于社会事件与宗教事件之间相关的模式或规律。使用这种方法，旨在提出一种可以解释宗教与社会在最普遍状况之下的关系的概念或者理论。韦伯曾用此方法阐述了新教伦理对资本主义兴起的贡献，帕森斯和贝拉曾用它来解释宗教的进化，贝格尔曾用它来说明现代社会中宗教的衰落。这种方法的缺陷在于它常常带有主观性，使用者容易将个人的模式强加于历史材料，因而歪曲了历史。虽然使用历史分析法的宗教社会学家们都认为自己在揭示与宗教有关的历史模式的问题上是公正的，但实际上要不偏不倚地使用历史分析法并非易事。

调查研究和统计分析法。调查研究和统计分析是社会学中最流行的方法之一。它是一种收集有关价值取向与行为取向资料的重要技术。具体做法包括有代表性的选择、设计问卷、填写调查表、调查访问、统计并分析等等，这种方法对于研究对象的定量、定性研究十分有用。近年来，这种方法已在宗教社会学研究中被广泛采用，旨在准确地获取资料，明确宗教的特征、社会倾向以及两者之间的关系，如宗教派别的活动情况、参加崇拜的人数和频率、信仰的程度、信仰与其他社会因素的关系等等。这种方法在实践中获得了良好效益，但仍有其局限性，比如抽样范围、问卷内容的局限，被调查者的反馈与设问者要求的局限、所获资料的静态性和历史性的局限等等，其中最主要的局限在于它不能有效地揭示某种宗教特征与某种社会倾向相互作用的内在原因。

这种方法的使用在北美、欧洲和英国有一些区别。在北美，尤其是在美国，由于有广阔的社会作为研究背景，宗教社会学家依赖大规模的技术、利用大量的定性材料能够进行宏观研究。例如伦斯基对宗教因素的分析最引人注目，也最有影响。在英国，统计学方法在宗教社会学中所占的比例要小得多。英国的宗教社会学常用的是类似于人类学的方法，调查统计分析的对象常常是微观的，即对教派、宗教团体的分析。欧洲大陆，如法国和罗马天主教廷，大规模地利用人口统计材料进行研究，例如法国学者布拉德对农村宗教的研究。他的法国农村宗教活动状况分布图，就是利用人口统计材料的结果，这也是他对法国宗教社会学的最大贡献。

控制实验法。这是社会科学中最常用的方法之一。其特点是以社会为实验室进行比较观察，探究在一种变量保持不变的情况下，改变另一种变量会导致什么结果。在宗教社会学领域，由于宗教固有的特征，这种方法只限于在小范围内使用，例如对同意接受实验的巫师、先知的超常能力的实验，对宗教学校教学效果的实验等等。

参与性观察法。它是研究者公开或隐蔽地加入某个宗教群体，直接从内部去观察此宗教群体的一种方法。这种方法常常用来研究新宗教运动和秘密宗教或教派的活动。由于研究者的亲身参与，可以获得比较准确、丰富、细微的第一手材料。当然这一方法也有其不足，研究者易受到研究范围的限制，也易染上所参与群体的偏见。

内容分析法。内容分析法也是宗教社会学中常用的一种方法。其要点是研究者通过对各种书面材料的分析找出潜在的宗教主题或未被阐明的假设。例如，通过对美国独立宣言以及美国历届总统就职演说的分析来研究美国社会的"公民宗教"问题，通过对大众化的宗教书籍及其销路的分析来了解各方面的观点及其对社会的影响等等。这种方法也有其难点，它必须假定所分析的书面材料都准确地表达了人们的观点、看法。

综上所述，我们可以看到，在宗教社会学研究中使用的这些方法，没有一种是十全十美的。然而每种方法的弱点又都可以从其他方法得到弥补和克服。因而在研究中常常是各种方法并用或以某种方法为主，其余方法为辅。宗教社会学百余年的研究成果，正是这种种方法之综合应用的成果。

当然我们必须说明，我们研究的指导方法毫无疑问是马克思主义的历史唯物主义。我们力求在研究中正确地运用历史唯物主义，在探讨宗教与社会、个人的关系时，力求注意社会存在的决定作用，也力求阐明宗教意识的反作用，力求客观地、实事求是地反映宗教的变化与社会变化的关系，为准确地认识在当代中国社会特定条件下的宗教状况服务。就本书而言，我们将采用比较分析法和历史分析法，对大量不同文化的历史材料和

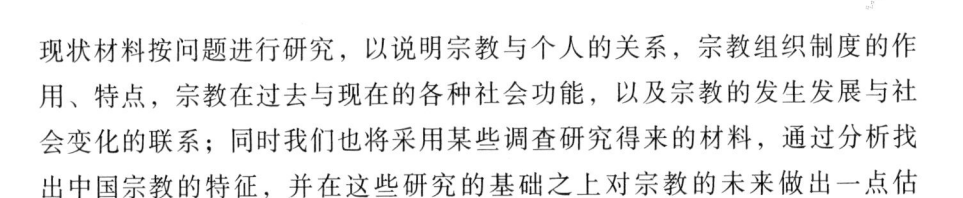

现状材料按问题进行研究，以说明宗教与个人的关系，宗教组织制度的作用、特点，宗教在过去与现在的各种社会功能，以及宗教的发生发展与社会变化的联系；同时我们也将采用某些调查研究得来的材料，通过分析找出中国宗教的特征，并在这些研究的基础之上对宗教的未来做出一点估计。

第二节　对宗教社会学的回顾

一　思想渊源

宗教社会学是一门既古老又年轻的学科。虽然它作为现代意义上的社会科学至今只有一百年左右的历史，但是，宗教与社会的关系从人类有宗教开始就存在了，因此从社会角度来看待宗教的历史应比这古老得多。当古希腊哲学家色诺芬尼形象地说明埃塞俄比亚人和色雷斯人关于神的区别之时，他实际上已经涉足宗教社会学的领域了。当然，那时候以及后来的近两千年中，要剥去宗教的神圣光环，把它作为一种社会现象来研究，是不可能的。事实上，宗教社会学是其自身所关注的对象，即宗教思想与宗教组织逐渐世俗化的产物。在19世纪下半叶，实证的社会科学的发展为它的产生提供了必要的条件。杜尔凯姆第一次明确地把宗教描述为一种"社会性特别突出的东西"，为这门学科登上学术界的舞台拉开了序幕。人类历史的开端也是人类思想进程的开端，人类思想的发展既有连续性也有阶段性。追根溯源，我们可以通过人类思想发展史来考查宗教社会学形成的四个思想渊源。

第一是传统的社会思想的遗产。我们把中世纪以前的思想称为传统思想。这种划分的理由在于，虽然这一漫长的历史时期的思想包括了各种相互冲突的成分，如柏拉图的理念论、亚里士多德的目的论、斯多葛派的自然法则、奥古斯丁的社会现实以及中世纪经院学派的各种社会理论，但它们有一个重要的共同特征：对社会的分析是与伦理的分析综合在一起的；社会和自然一样被认为具有一种目标或目的，既定的社会价值观和社会组织机构具有神圣的起源。传统的思想留给宗教社会学一些基本的概念，如社会、宗教、责任、秩序等等。当然，这些概念与今天宗教社会学所用的术语有某些区别。例如："社会"一词在柏拉图那里与国家等同，在亚里士多德那里则与国家相异；而宗教社会学中所谓的社会，是指人类生活的共同体，它以人类共同的物质生产活动为基础，人们在其中相互联系，结成各种关系。社会既是物质的，又是精神的；既有经济基础，又有上层建筑。这些基本概念是建立宗教社会学学科大厦的不可缺少的砖瓦。

第二是怀疑主义与思辨理性时期的影响。在17、18世纪，西方世界的历史进程发生了急剧的变化。那个时代是挣脱神学控制的时代，是理性的时代。在那个时代，对超自然力量的依赖、对外在权威的屈从、对人类之罪和世界之恶的阴暗意识、对实在所作的僵化解释以及时间从属于来世、事实附属于信条、事情只在死后的彼岸世界才能改善——中世纪所特有的这一切，都被普遍地克服了。人们满怀对于自己的新的信心，带着对人类力量和成就的新认识，带着对现存价值观的新评价，去面对人生。那个时代的理性是一种批判的理性，传统思想在它的面前遭到怀疑，重新被审视。在向传统的社会思想挑战的行列里，文艺复兴和启蒙运动的思想家首当其冲，他们的批判主要有以下几方面：传统的社会思想认为法律、道德、各种制度有其神圣的起源，而17、18世纪的思想家们则强调社会的人为特征；传统思想认为自然法则代表理性、正义和神意，是普遍适用、永远不变的真正法律，新时代的思想家们则认为自然法则不是神圣秩序的反映，而是人类理智的产物，社会也只能是人的产物；传统思想认为正当的理性的任务是使社会符合其神圣的模式，即它现有的状况，17、18世纪的思想家却把对理性和理性法则的解释用于反封建、反宗教的目的，提出了理性是评价一切，包括宗教、道德、法律的尺度；传统的社会思想所倡导的以公共福利为最终目的思想被遗弃，取而代之的是功利主义和社会、经济体系没有宗教和道德的支持也可以自然运转的思想。

在批判传统的社会思想的同时，迸发出了形形色色的新的社会思想，如牛顿的机械哲学、笛卡尔以人为中心的认识论、培根的经验主义，以及各种旨在把社会置于更现实的基础之上，尽量减少其宗教色彩或道德色彩的思辨体系。同时，民族国家的兴起、商业及中产阶级的出现，也对社会理论的更新产生了重要影响。

怀疑主义与思辨理性的重要结果是对社会体系的发现，关于"体系"的诸种社会理论如机械论、有机论、控制论、符号论等相继问世。它们都被用于对宗教进行的社会分析之中。这一时期的学术界对宗教社会学比较有价值的贡献，是对宗教在社会控制中的作用的分析。许多思想家研究了宗教与法律或宗教与社会价值观的关系。对于这一时期的思想家来说，宗教的衰落是社会进步的必然结果。他们中的大多数人认为，宗教不可避免地要屈服于理性的力量，宗教发生的变化是社会制度、科学技术进步的象征。可以说，这种对于世俗化概念的初步阐明是诸多贡献中最主要的贡献。

第三是浪漫主义和保守主义的反动作用。18世纪末期，在欧洲出现了引人注目的整整一代艺术家与思想家。他们虽然在很多方面彼此迥异，却有一种精神上的密切联系，使他们有别于启蒙运动的精神。这一代人被称为浪漫主义者，他们所造成的革命被称为浪漫主义运动。如果把浪漫主义视为不过是对理性时代的否定，那就大错特错了。雅克·巴尔松在《柏辽兹与浪漫世纪》一书中评论道：浪漫主义不是仅仅反对或推翻启蒙时代的新古典主义的"理性"，而是力求扩大它的视野，并凭借返回一种更为宽广的传统——既是民族的、大众的、中古的和原始的传统也是现代的、文明的和理性的传统来弥补它的缺陷。就其整体而言，浪漫主义既珍视体验，也珍视传统；既珍视情感，也珍视理性；既珍视希腊罗马的遗产，也珍视中世纪的遗产；既珍视宗教，也珍视科学；既珍视形式的严谨，也珍视内容的要求；既珍视现实，也珍视理想；既珍视个人，也珍视集体；既珍视秩序，也珍视自由；既珍视人，也珍视自然。[①]

在宗教问题上，浪漫主义者反对把宗教完全归为一种粗俗的迷信。他们共同的感受是，在自然界后边有某种精神或生命力在起作用。这种精神或生命力不是被理性主义者称为钟表匠的上帝，冷冰冰地超越于自己的创造物之上，而是内在于一切事物之中的富有生气的精神。他们渴望与这个无限精神交往，这种渴求赋予了他们一种独特的宗教情感，即把自身看成一个更大精神实在的组成部分，他们成了具有"宗教性的人"。同时，浪漫主义者对历史的新兴趣导致了对古代传统的重新评价和对发生学、历史学方法的信赖，开始了一个集中研究基督教起源与发展的时代。

与此同时，面对理性时代的挑战，教会内部，尤其是天主教的教会内

[①] 雅克·巴尔松：《柏辽兹与浪漫世纪》第1卷（英文版），波士顿，1950，第379页。

部，也掀起了一场对理性时代的反动，我们可称之为保守主义。保守主义者们痛恨"自由理性"独占真理的一切说法，他们认为，依赖个人的判断只能证明历史感的肤浅，并且可能引起政治上与宗教上的分裂。他们怀念的是中世纪团结一致的基督教世界的荣光，景仰的是早期殉道者们的苦行式的纯洁，希望的是在丧失了"令人战栗的神秘"的教会里恢复在神圣的神秘之前的谦卑顺服之感。他们强调人是由社会形成的，社会是由上帝创造的。作为拥护君主制和贵族制的代言人，他们弃绝18世纪思想家们认为自身利益获得自由就可以自动产生出良好社会秩序的思想。他们攻击18世纪思想家关于天赋人权的学说。保守主义的思想在后来的关于宗教在个人生活与社会机制形成中的作用的讨论中产生了深刻的影响，启发了强调宗教的统一性和稳定性功能的社会学家。保守主义者把宗教视为个人与国家间的核心中介，这个主题在从宗教社会学的鼻祖杜尔凯姆到当代宗教社会学的新秀贝格尔的讨论中一直沿用。

第四是现代社会学理论的直接贡献。现代社会学理论的起源可以追溯到18世纪的大卫·休谟、亚当·斯密等人那里。但在今天，大多数社会学家都推崇圣西门和孔德为其创始人。

在这两位法国思想家生活的年代，欧洲思想界已经意识到了宗教与政治的密切关系。尽管大多数思想家都认为传统宗教对社会进步无益，但却几乎都保留了这样一种看法：宗教对于社会是有作用的，这种作用必须继续保持下去。

圣西门认为，宗教是社会的一种最有意义的政治制度，一种新型的基督教是绝对必要的，它可以为新型的工业社会提供活力。孔德的社会理论可以说是"以其宗教观为轴心的"。在《实证哲学教程》一书中，孔德继承并发展了圣西门关于人类社会发展的思想。他把人类社会分为三个时期：神学或虚构的时期，形而上学或抽象的时期，实证或科学的时期。神学时期又分为实物崇拜、多神教、一神教三个阶段。在此，孔德实际上提出了一种进化论的宗教起源和发展的学说。孔德晚年修正了他自己认为宗教只在人类理智发展的最初阶段上发挥作用的观点。他认为宗教在社会中起着重要作用，社会需要一种"人类宗教"。他还为他的这种"人类宗教"制定了一整套包括节日、礼仪象征及专职人员在内的程序。孔德还首次将社会学分为社会动力学——旨在研究社会演化、变迁，探索社会进步的原因——和社会静力学——旨在探求社会秩序的奥秘——两大部分。这两位学者的社会思想成了宗教社会学之父杜尔凯姆和韦伯的理论基础。

论述现代社会学思想对宗教社会学的直接贡献，不能不提及英国著名哲学家和社会学家斯宾塞。斯宾塞社会学思想的特色，是他的社会进化论和社会有机论。社会进化论的思想对研究宗教的起源与发展有巨大的影响，进化论成了比较宗教研究中的首要方法；他的社会有机论为后来的结构功能主义的出现开辟了道路。在宗教起源的问题上，斯宾塞把社会中的一个重要因素——祖先作为宗教理论的基础概念，把祖先崇拜看成宗教的起源。他认为其他宗教形式都是从祖先崇拜发展而来的。

尽管圣西门、孔德和斯宾塞关于宗教的论述大都涉及宗教的社会方面，但他们关于宗教的思想是为建立其社会学体系服务的，还不是独立的、真正的宗教社会学研究。

二 形成时期的理论

16、17世纪航海探险的成功，把一个先前几乎被完全忽视了的"异教世界"展现在西方人的面前。随着现代传教运动的兴起，对于东方文明古国，诸如印度、中国的文化与宗教的兴趣与研究也日益盛行起来。随着拿破仑对埃及的远征，古代埃及、古代巴比伦等近东的古代文明也相继为西方人了解，这为比较宗教的研究提供了广阔的天地。19世纪，在西方掀起了研究宗教产生之根源的热潮。宗教学作为一门独立、系统的人文学科应运而生。在宗教研究领域，出现了一批学术泰斗，如缪勒、泰勒、马雷特、弗雷泽等。在众多学者之中，有神学家、哲学家、语言学家、人类学家、文学评论家，他们都为宗教学的研究作出过巨大的努力，取得了很大的成果。正是在这种基础之上，宗教社会学作为宗教学的一个重要分支，成为一门新兴的社会科学。

法国学者杜尔凯姆与德国学者韦伯，被公认为宗教社会学的创始人。有趣的是，这两位在宗教社会学发展史上如双峰并峙的大学者，生活在同一个时代两个近邻的国家，研究同一个主题，彼此却不知晓。他们在研究目标、研究方法、取向角度等方面各有特色、风格迥异。因此他们的巨大影响在宗教社会学后来的发展中造成了不同的两大倾向。

1. 杜尔凯姆的思想及贡献

法国学者杜尔凯姆出生于法国，父亲是犹太教的拉比。杜尔凯姆生活的时代正是法兰西第三共和国时期。法国政治上的动荡不安与社会秩序的不稳定状态，对杜尔凯姆一生的研究有至关重要的影响，致使他毕生关心社会的团结与整合。作为现代社会学的奠基人之一，杜尔凯姆研究的范围相当广泛，著述相当丰富。宗教是他一直关心的重要课题，尤其是在学术生涯的晚期，他的研究重心可以说完全转向了宗教方面。

我们可以把杜尔凯姆对宗教的研究分成两个阶段。杜尔凯姆在其第一部学术名著《社会分工论》中就涉及了宗教问题。但是在那本书中，宗教只被看作社会发展的最初阶段上的典型，只是一种被他称为"机械的团结"的东西。[①] 根据他自己的说法，直到1895年，他才对宗教在社会生活中的核心作用有了一种明确的认识，并且认识到如何从社会学的角度来研究宗教。

19世纪是宗教研究兴盛的时代，尤其是人类学家对原始宗教作了大量的研究，并提出了许多流行一时的宗教起源论。这些理论虽然各不相同，但有一个共同的特征，即都是从个体的意识来解释宗教的起源。杜尔凯姆系统地批判了这些理论，并于1899年出版了宗教社会学领域的第一部著作《宗教现象的界说》。他最早使用"宗教社会学"这个术语，第一次明确地把宗教视为"社会性特别突出的东西"。随着这本书的出版，宗教社会学开始了自己的历程。在这本书中，杜尔凯姆认为，由于宗教信仰和宗教活动涉及与社会道德力量的一致性，宗教学必须研究控制信仰者的各种社会力量，以及唤起宗教情感、确定其表现形式并反过来影响这些情感的存在条件。在对澳大利亚阿波基人和北美印第安人的研究中，杜尔凯姆的宗教理论趋于成熟。通过这些研究，他认为图腾崇拜是宗教最原初的形式。但是如果我们认为研究宗教起源是杜尔凯姆的兴趣所在，那就低估了他的研究价值。他的目的在于发现宗教意识、宗教思想以及宗教活动"之最根本的形式所依赖的不断出现的原因。"他强调宗教形成的因素是可见的，从而揭示了宗教最本质的因素：宗教虽然是虚幻的，但它却是以实在为基础

---

① 即以血缘关系和共同信仰为纽带的团结。杜尔凯姆认为社会的发展是由机械团结到有机的团结。有机的团结是随社会分工的发展而出现的，它依赖于高度的相互依赖。

并表现了实在。在这些研究的基础上，杜尔凯姆为宗教社会学的研究规定了一个范围：宗教社会学的任务就是解释宗教表现的实在从何而来，以及什么东西能使人们用宗教这种单一的形式来表达实在。1912年，他的名著《宗教生活的基本形式》问世，此书进一步发展了上述思想，为宗教社会学的发展奠定了理论基础。

杜尔凯姆在这部巨著中阐述的关于宗教的思想，大致可分为四个部分。

第一，关于什么是宗教。杜尔凯姆认为，宗教是与神圣事物有关的信仰和实践的统一体。所谓神圣事物，既可包括石头、房屋、树木，也可包括神和精灵，甚至包括圣徒说过的话。总之，"任何东西都有可能成为神圣的"。杜尔凯姆认为宗教把世上的东西分为神圣与世俗，这是他的宗教定义的特点。而神圣性如何产生、来自何方，却是解释宗教的关键。历代的宗教神学家都把"神圣"与神灵、超自然、上帝相联系，只有对宗教猛烈开火的18世纪法国百科全书派，才认为"神圣"不过是骗子加傻子的结果。但是杜尔凯姆认为，神圣的东西是被实体化、人格化了的团体力量，实际上就是社会本身。"宗教是社会的象征"这一命题的提出，不仅与神学家的主张根本对立，而且也比杜尔凯姆那个时代的人类学家对宗教的认识进了一大步，由此开创了把宗教作为一种社会现象来研究的历史。

第二，关于宗教产生于集体生活的论述。杜尔凯姆认为，宗教信仰、仪式活动、神圣物等都是在集体中产生并被再创造的。他这样描写过原始部落的生活：一旦人们聚集在一起，"一种热情就通过他们的集体形成了。"在这种兴奋、狂热的场合，"人们被一种外力控制着，带动着，在他们的思想行动大大地不同于常规的时候，人自然而然地产生了一种不再属于自己的感觉。……于是在这种兴奋的社会环境中，宗教观念从这种狂热本身中产生了。"①

在杜尔凯姆生活的时代，这无疑是一个崭新的观点。在他之前，宗教起源于人们各自的内在意识的观点十分盛行。杜尔凯姆的宗教起源论说明，他已经意识到人是社会的产物，社会存在决定了个人的意识。当然我们应该看到，在此，杜尔凯姆理解的社会只是一种既定的社会，而不是人改变其自然环境、改变其自身的结果。

---

① 杜尔凯姆：《宗教生活的基本形式》（英文版），第218页。

第三，杜氏论述了宗教是表现社会实在的一种特殊方式。在对澳大利亚氏族社会的研究中，杜尔凯姆发现，"氏族的维系完全有赖于它的图腾"。氏族的团结靠的不是血统，而是一种"共同的名称、共同的标志、共同的仪式"，即"参加同一种图腾崇拜"。在这里，宗教成了对社会的理解，是解释社会的钥匙。它将人与社会的关系神话化和象征化，于是本来只是一种动物或植物的图腾，本来只是一块布或符号的旗帜，就成了"氏族整合的标志"，成了氏族全体成员产生共识的中介。

第四，关于宗教功能的论述。可以说，杜尔凯姆对于宗教在集体意识形成过程中所起的作用的分析，是他对宗教社会学的重要贡献。杜氏认为，宗教是社会的象征，宗教的基础是社会的需要，社会需要决定了一切宗教的行为和表象。宗教不仅使人感到社会实体的存在，更主要的是，它是将个人附属于社会的纽带，它不断地创造并再创造着集体，因而也就维持了社会生活，使社会一体化。"一个社会完全有必要在人们心中唤起神圣的观念……要求人们忘却自身的利益、做它的侍从，驱使人们在贫困、不便、牺牲中服从它。没有这些，社会生活将不可能。"① 杜氏对宗教功能的分析，成为宗教社会学中功能主义的先声，其影响一直持续到现代。

杜尔凯姆过分地强调社会建构与信仰、价值和象征特点之间的联系，过分强调宗教对于社会的不可或缺性，必然导致他晚年断言宗教注定的命运是重建其自身而不是消亡。他认为西方基督教传统的衰落，必然会要求一种替代物继续发挥传统宗教所起的作用。这种认识的出现是符合其思想发展的逻辑的。

2. 韦伯的思想及贡献

马克斯·韦伯出生于德国图林根一个富有的家庭。个人的天资与勤奋，再加上优越的家庭环境，是韦伯取得重大学术成就的重要因素。而19世纪哲学社会科学思潮的急剧变化则对韦伯的思想及世界观的形成产生了重大的影响，使他最终成为一名新康德主义社会学家。在宗教社会学的研究中，如果说杜尔凯姆延续了孔德"社会静力学"的路线，关注的是宗教对于社会整合、统一的作用，那么韦伯遵循的可以说是孔德所谓"社会动力学"的路线，他的兴趣在于宗教对社会发展变化过程的作用。

---

① 杜尔凯姆：《宗教生活的基本形式》（英文版），第218页。

韦伯宗教社会学理论的基调是他在《新教伦理与资本主义精神》一书中提出的一个著名的社会学假说：在任何一项事业的表象的后面，都有一种无形的、支撑这一事业的时代精神力量；这种表现为社会精神气质的时代精神与特定社会的文化背景有某种内在的渊源关系；在一定条件下这种精神力量决定着这项事业的成败。正是从这种基本格调出发，韦伯一反他那个时代宗教研究的时尚，不去研究宗教的本质，而把"特定类型的社会行动的条件和后果"作为研究任务，仅从宗教社会学的角度把特定的宗教当作一种客观的社会现象，并从教徒的价值观念出发来研究特定宗教的教会组织、教规、教义和伦理，考察它们与信仰者的社会行为之间的关系。

韦伯宗教社会学的主题主要体现在三个方面：首先是宗教观念对世俗伦理和经济行为的影响；其次是群体的形成对宗教观念所产生的影响；第三是对东西方宗教的比较，探讨社会发展的决定因素。这些主题尽管涉及面很广，但我们可以从中找到使其相互关联的基本概念——"社会行为"。这个概念指的是以目的、态度为核心的行为趋向。韦伯认为，在诸多社会行为中，经济行为最重要，而人们的经济生活态度在很大程度上又是被宗教决定的。于是宗教成了韦伯研究社会行为的钥匙。

《新教伦理与资本主义精神》是韦伯宗教社会学学术生涯的起点，也是他关于宗教决定社会行为的主要论证之一。在韦伯看来，现代资本主义不是凭投机、暴力来谋取利润，而是靠和平的机会和雇佣自由劳动的理性经营，一言以蔽之，是靠理性来获利的。但是光有科学技术和资本是不能形成这种理性资本主义的，至关重要的是要有资本主义精神。这种精神以资本增值为目的，以理性地追求正当的价值为手段。通过对天主教、新教的路德宗与加尔文宗的比较，韦伯认为，新教的伦理教义，尤其是加尔文教的伦理教义，促成了这种资本主义精神的产生。使人灵魂得救是宗教的核心。加尔文教认为，得救不是依赖教会圣礼，而是靠勤奋工作和节俭禁欲的生活。"一切为了增加上帝的荣耀"，"聆听上帝召唤而努力工作"。于是，只要手段合法，赢利就是道德的。财富不是罪恶，而是尽天职的报偿尺度。韦伯认为，正是这种宗教伦理，促使人们面向经济活动和有序的生活，促成了有规律、有理性的职业作风，最终导致现代理性企业精神与经营作风的产生，导致了资本主义精神的兴起。

1915年至1917年，是韦伯宗教研究的高产时期。他先后发表了《中国宗教：儒教和道教》、《印度教和佛教》、《古代犹太教》这几部著作，从比较宗教学的角度进一步论述了不同的宗教伦理必然导致不同的经济行为。

东西方社会存在巨大的差异，这种差异不光是文化方面的，也是经济方面的，甚至在社会发展上也是不同步的。当西方社会资本主义兴起时，东方却仍然处于落后、闭塞的封建状态中。东方社会的这种落后状况有其自身的复杂、众多的历史原因，历史学家、社会学家们一直在致力于探求这些原因。韦伯认为社会先进或落后的标准在于社会的理性化，他提出了两种尺度来衡量理性化的程度：宗教祛除巫魅的程度以及宗教与世俗伦理相结合的程度。按照韦伯的宗教类型说，西方宗教，尤指新教，大体上都属于入世禁欲主义。这类宗教介入世界、参与世俗生活，对迷信巫术持否定态度，追求神看重的德行，克制人的邪恶本性。而东方宗教大抵都属于韦伯所谓出世的或入世神秘主义。东方宗教一般只属于少数知识特权阶层，平民大众多信仰巫术迷信。东方宗教的"得救"，靠的是理性无法把握的神秘因素，而其追求的目标，如印度教的梵我一如，佛教的涅槃，道教的得道，都与此世生活无涉。儒教虽然有明显的入世和理性主义成分，但它重血缘宗法，主要是靠人伦、亲情而不是靠理性态度来维持现世的秩序。它实际上是传统伦理、礼仪体系和实践经验的结合。儒教虽与印度教、佛教大不相同，但也可归入一种入世神秘主义。通过对儒教与新教、印度教与新教、犹太教与古代东方宗教的对比，韦伯认为，东西方宗教的差异由来已久，而且各自的发展也不相同，这种差异导致了东西方社会发展的不同步，也是造成东方落后的原因。

综观韦伯的宗教社会学思想，我们可以看到，价值取向（宗教）导致社会行为这一基本观点贯穿其学说的始终。他关于新教伦理促进资本主义兴起的观点虽提出了一些新见解，却忽略了经济因素在社会变革中的决定作用，忽略了宗教观念本身也是一定经济发展阶段的产物，并随经济的发展而不断变化，因而他的结论是片面的、唯心的。他关于东西方宗教的对比虽然并非无懈可击，但是，正是这些思想、他开创的比较研究的新风和创造的许多重要概念，如先知、卡里斯玛、理想类型等等，给宗教社会学的理论库增加了一份宝贵的财富。他对宗教社会学的影响一直留存至今。

3. 马克思的贡献

马克思对宗教社会学的贡献也许是间接的，却是不可忽视的。我们可从三个方面来说明。

马克思的历史唯物主义强调社会的上层建筑与经济基础的关系，强调经济基础最终决定上层建筑和意识形态，同时他也看到了上层建筑和意识形态对经济基础的反作用。这些基本理论和马克思对宗教所作的分析均对韦伯有极大的影响。当然，韦伯并不赞同马克思的说法，他强调的是作为意识形态的宗教对社会变迁的重要作用，并把社会进步与落后的决定因素归于宗教。他把意识形态的反作用推向了极端，头足倒置。尽管如此，我们仍可以说，没有马克思的理论，韦伯在宗教社会学领域的重大成果是不可想象的。

众所周知，马克思的思想强调阶级对立与阶级斗争。他认为历史以及现代社会的基本事实是阶级冲突，而经济冲突又是其中的主要问题。马克思的思想对宗教社会学中冲突理论的形成有极大的影响，西方学术界把他视为冲突理论的鼻祖。

同样，马克思对宗教的社会作用的分析也丰富了宗教功能理论的内容。他关于宗教是被压迫生灵对现实苦难的"叹息"和"抗议"，是"人民的鸦片"的种种说法，被学术界归入了宗教的"补偿功能"一类，即认为宗教可以补偿人们在现实生活中因苦难、不幸、失意等而产生的不满、压抑或空虚。这使得对宗教功能的探讨更加完整。

三　发展以及特征

杜尔凯姆和韦伯的思想从不同的角度，按不同的方法，以不同的内容共同构成了当今宗教社会学的理论基础。以韦伯为代表的研究倾向于强调"不仅宗教是社会的产物，而且包含在宗教体系中的观念自身也能对社会发挥影响，并可能在许多重要方面影响社会变化的进程。"[①] 以杜尔凯姆为代表的研究着重强调"宗教是社会和心理统一的源泉。"[②] 他们之后的宗教社会学在发展过程中，尽管又出现了各种理论，但他们所代表的两种研究倾向却一直存在于这个领域。

在韦伯于1920年逝世之后的30年中，宗教社会学处于一种休眠状态。

---

① 弗兰克·惠灵顿编《当代研究宗教的方法》第2卷，芒顿出版社，1985，第116页。
② 弗兰克·惠灵顿编《当代研究宗教的方法》第2卷，芒顿出版社，1985，第118页。

这种状态与整个欧洲宗教的衰落现象是分不开的。一方面,西方工业资本主义社会的迅速发展,科学技术的突飞猛进,社会生活的逐步世俗化,把宗教首先从经济领域赶了出去,使它逐渐成为私人领域的东西;另一方面,天灾人祸,如地震和经济危机,以及人为的两次世界大战的苦难,使无数的信徒对宗教的信仰、功能提出了疑问。正是在这个时期,"社会学家们或忽视了宗教现象或只在一种狭窄的描述的基础上处理这种现象……宗教社会学因缺乏理论深度和能引起兴趣的主题而衰落了。"① 在此期间,英国学者在这个领域的贡献微乎其微,而法国的研究则局限于一种以社会学方法为手段、以传播宗教信仰为目的的"宗教的社会学"(religious sociology)。在德国以及北欧一些国家,宗教史学、宗教人类学、宗教现象学的研究一直在稳步进行,但在宗教社会学领域却无多大进展。

1950年以后,休眠了近30年的宗教社会学苏醒了。随着它的苏醒,这门学科的大本营由欧洲转移到了美国。之所以出现这种变化,从宗教方面来看,是因为正当欧洲宗教人士哀叹宗教前途惨淡、江河日下之时,美国社会却兴起了某种宗教热潮。宗教信徒数目猛增,上教堂礼拜的人越来越多。许多已被抛弃的传统宗教形式得以恢复,而且出现了许多新的宗教形式。在当时的美国,政治家言必夹杂宗教的各种教义、戒律以及圣经上的警句,汽车的挡板上处处可见"耶稣保佑"的标语。离奇古怪、花样繁多的宗教活动时刻撞击着美国人的神经,宗教变成了一种时尚。这种景况势必吸引社会学家的兴趣,必然为宗教社会学的研究提供异常丰富的素材。从学术方面来看,是因为第二次世界大战后,欧洲一些学者来到美国,他们在宗教社会学方面的研究给美国学术研究带来了一定的动力。例如:德国学者瓦赫的《宗教社会学》一书成为美国学生的课本;斯达克写了多卷本的宗教社会学,把欧洲学术研究的宽度与深度带到了美国。此外,美国各主要大学中宗教研究系的出现也增加了宗教社会学研究的兴趣。因此宗教社会学在美国社会这个大舞台上拉开新的一幕是十分自然的。

就学术领域而言,19世纪后期起风靡了半个世纪的进化论已进入暮年。"斯宾塞死了"这句名言可以说结束了进化论思潮对社会学界的统治,也结束了欧洲人在社会学界独占鳌头的时代。20世纪30~50年代,美国

---

① 罗兰德·罗伯特逊编《宗教社会学》,企鹅图书出版公司,1978,第12页。

社会学界出现了帕森斯和默顿这两位在社会学界具有重要国际影响的思想家，从而结束了"美国社会学界无大思想家的历史"。以帕森斯和默顿为代表的结构功能主义也盛行于宗教社会学研究中，可以说，宗教社会学由此开始了其发展历程中的现代阶段。

宗教社会学发展的现代阶段的特征，首先是对韦伯与杜尔凯姆学说与研究方法的继承。

韦伯对宗教与经济发展的关系的探讨，促使社会学家关注作为一种综合社会体系的宗教。在韦伯的启发下，宗教与政治、文化、教育、家庭等方面的关系的研究逐步展开。韦伯的理论也推动了当代西方宗教社会学家对宗教世俗化趋势的探讨。同时，韦伯的跨文化比较方法在学者们对伊斯兰教、印度教、佛教、美国现代城市的宗教的探讨研究中得到广泛的采用，他的"社会行为类型"也令社会学家兴致不减。韦伯曾认为"胜利的资本主义不再需要宗教的支持"，而美国宗教社会学家伦斯基的研究却表明，资本主义的世界性的成功与新教，主要是白人新教各派之间的关联在当代仍然存在。有的学者提出美国的天主教徒与新教徒一样都受过教育，都追求贸易上的成功，都积极参与世俗活动。有的学者通过比较研究补充了韦伯的结论，认为犹太教也是资本主义发展的动力之一。这些研究尽管结论不同于韦伯，但却是从与韦伯类似的角度入手进行的。

虽然杜尔凯姆的影响开始主要是在人类学方面，但是近几十年来，在美国和英国出版的关于社会学问题的著作中几乎没有一本不强调其宗教观对于当代社会学的意义。宗教社会学界流行的给宗教下定义的传统，就是他的一大影响。当今著名社会学家托马斯·鲁克曼的"无形宗教"学说、帕森斯的"宗教私人化"学说、罗伯特·贝拉的"公民宗教"学说等对宗教所作的更加开放的解释，都是以杜尔凯姆的宗教定义为基础的。杜尔凯姆对单一社会的研究方法也得到了宗教社会学家的广泛运用，例如，美国社会学家对美国社会的分析、对美国宗教特征的诊断，遵循的就是杜尔凯姆关于宗教是社会崇拜的形式、社会本身就是道德—宗教的实体的学说。

除此之外，宗教社会学现代阶段的最主要特征就是与其时代精神相一致的"多元"性。这种多元性表现在宗教研究的各个方面。

第一是宗教社会学理论的多元化。由于宗教热的出现，研究宗教的社会学家也大批涌现，他们的思想、论点复杂多样，以至于要把"种种典型的宗教社会学理论归于任何一种占统治地位的方法已不再可能了。"①

第二是研究内容的多元化。如果说韦伯和杜尔凯姆分别以历史宗教和原始宗教为其对象从总体上来研究的话，那么现代的宗教社会学家们则以现代社会的宗教状况为背景，从宗教所表现出来的各个侧面——历史上的模式，宗派团体，宗教运动，宗教性的测试，宗教与政治、经济、家庭、婚姻、种族歧视以及阶级划分的关系——来研究宗教。

第三是研究方法的多元化。除了韦伯的跨文化比较、历史分析法和杜尔凯姆的实证方法外，社会科学研究中的其他方法，如统计分析、定量分析、实地调查和参与等，也汇入到宗教的研究方法中。随着现代科学的发展，宗教社会学还吸收了信息论、符号论、控制论等研究方法的成果。

还有一个不可忽视的特征是宗教社会学研究中的共同倾向，即当代阶段的研究都倾向于微观方面的研究，注重宗教的各种具体侧面以及宗教与社会各方面的关系。这种研究虽然大大地增加了我们对社会与宗教的关系的了解，相对而言，对理论本身的建树却贡献甚微。这种研究倾向忽略了从整体上和宏观方面来把握宗教的本质，探究宗教的功能。

当然，我们应该注意到一种新的动向。当代的西方宗教社会学家们已开始意识到，要认识宗教在今天的命运，还必须回到韦伯与杜尔凯姆研究的高度上来。因此20世纪60年代末到70年代宗教社会学的研究出现了理论上的复苏。与此趋势相适应的是研究面的拓宽，心理层次、社会文化层次都进入了研究视野。对宗教语言的分析，对宗教未来的预测，对宗教与当代社会运动、社会组织、社会心理的关系的探究，都进入了此学科的范围，甚至把研究范围扩展至非宗教领域，例如把"美国生活方式"、"美国精神"也视为一种宗教。这些研究旨在重新确定宗教社会学的理论、对象、内容，以便把丰富多彩的当代社会作为背景，使宗教研究能够面向20世纪的文化现实。

宗教社会学发展至今，已非美国和欧洲所独有，它在全球许多国家都已取得了一席之地。前苏联与东欧原社会主义国家的宗教社会学研究在50年代初已开始，其研究大致可分为两个部分：一是翻译该学科的经典名著，二是对之作批判性的说明。这种研究方法无疑与他们对西方思想和宗

---

① 弗兰克·惠灵顿编《当代研究宗教的方法》第2卷，芒顿出版社，1985，第116页。

教本身一律"挂黑牌"和教条主义态度有关。当然我们也应该看到，不管出于何种目的，前苏联和东欧国家对于当时社会中宗教状况的调查还是比较细致周密的，有些方式我们仍可借鉴。此后，由于苏联解体和东欧各国的巨变，宗教热的浪潮以一种强势席卷东欧、中亚各国。这种势头是否会引发该地区各国宗教社会学研究的热潮，我们将拭目以待。

此外，日本、朝鲜等亚洲国家在宗教社会学方面的研究已取得很大进展。日本出版了大量有关宗教社会学的书籍。不过日本宗教社会学的研究仍以微观、运用方面的为多，在理论上的建树甚微。在中国，宗教社会学研究起步较晚，基本上还处于介绍西方思想和初步进行我们自己的学科建设的阶段。我们的立足点是以中国宗教的历史背景、社会特点为线索，以历史唯物主义为指导，以宗教与社会的关系、宗教与民族的关系、宗教与社会主义社会的关系、宗教与现代化的关系等等为特征，探索我们自己的宗教社会学之路。

四 发展时期的主要理论

1. 进化论

进化论是宗教社会学研究中最早出现的一种理论。它从宗教在时间上有起点，然后经历了一个包括一系列阶段的发展过程这一基本观点来研究宗教。

19世纪后期，随着思想界中进化论的盛行，许多学者都从进化论的角度去考察宗教的起源与变化。英国人类学家泰勒提出万物有灵论，认为宗教产生于早期人类对其生活的世界以及自身生理过程的认识。宗教从祖先崇拜转入多神阶段，而后又进入一神教阶段。另一位英国人类学家弗雷泽认为，人类发展经历了巫术、宗教、科学三个智力阶段。人类学家马雷特则提出，宗教是一种情感而非理论，宗教源自对一种非人格力量的信仰，后来这种信仰又进化成为对一种人格化的神的信仰。

宗教社会学领域最早采用进化论的是孔德与斯宾塞。孔德的人类思想发展三阶段说和斯宾塞的祖先崇拜起源说都体现了进化论的思想。杜尔凯姆也认为，社会发展形态最低的社会相应地表现出最低的宗教形态，而这种最低形态的宗教与其原初状态十分接近。韦伯的宗教进化论的特色在于他把宗教看作推动社会前进的主要动力。当然这种宗教进化论也是社会进化论的一种产物。

20世纪初，宗教研究中的进化论随着进化理论的衰落而逐渐丧失了地位。但是美国当代宗教社会学家罗伯特·贝拉又重新提出了宗教进化发展的五个阶段。贝拉把进化定义为组织结构的日益复杂化和分化的过程，而这些过程使宗教日益适应并独立于发展着的社会环境。贝拉认为宗教经历了五个阶段的发展：①原始阶段。这个时期神圣世界与现实世界尚未被区别开来。②古代阶段。神圣世界逐渐独立于人的现实世界，专职的宗教人员出现，崇拜、祭献成为人与神沟通的中介。③历史阶段。神圣世界与现实世界界限清晰，与神圣世界相比，现实世界是低下的。宗教就是引导人们脱离这个低下的世界，到神圣世界中获得拯救。宗教集团出现，教会具有独立性。④现代早期阶段。神圣世界与现实世界的等级崩溃，个体与超验实在建立了直接关系。⑤现代阶段。以宗教的高度私人化为特征。贝拉认为，宗教私人化使得个人有更大的自主性去创造自己的意义体系，或者选择所要接受的世界观。这种自主权的获得就是人类的进步。

作为一种分析方法，进化论在宗教社会学的初期确实发挥过相当大的作用。它解释了宗教起源、发展的过程，是一种能揭示事物的时间性和历史性的理论。但是这种理论的缺陷随着研究的深入也日益明显。首先，进化论把事物的发生发展看成一条直线，其模式是从无到有、从小到大、从简到繁、从低到高。运用这种理论的前提是必须对上述两两相对的概念有一种界定，对简单、复杂、高低有一种价值判断。然而这种界定与判断常常具有主观性。其次，当把这种分析方法用于像宗教这样复杂的文化现象时，它就显得简单化。事实上，事物除了有从小到大，从简到繁，从低到高的发展过程外，还有简单与复杂、低级与高级、原始与现代并存以及相互渗透的情况，在宗教问题上尤其如此。这正是人类文化现象在总体上呈多元状况的特征。尽管思想界后来又出现过双向进化论和多向进化论，对单向进化论的明显不足做了一些弥补，但这种理论仍与人类的文化状况的多元性不相符。也许这正是进化论在20世纪逐渐衰落的原因吧。

2. 功能论

顾名思义，功能论是探讨宗教的社会功能的理论，也是宗教社会学领域中最持久最重要的方法。功能论的理论基础是把社会看作是各种社会制度的均衡机制，这些制度从整体上构成社会体系。社会体系的各个部分相互依存、相互制约，任何一个部分的变化都会波及其他部分，从而影响整个体系。而各种制度作为整个社会体系的组成部分，都具有自己的功能。没有功能的东西是不存在的，这正是功能主义的公理。根据这种理论，宗教被看成是一种社会机构，即一种体制化了的人类行为的形式，其发挥的功能与社会体系有密切的关联。

宗教社会学研究中，开宗教功能论之先河的是杜尔凯姆。20世纪50年代，社会学界从斯宾塞的时代进入了帕森斯的时代，功能论，尤其是结构功能主义，处于巅峰时期。在宗教问题上，帕森斯批判了杜尔凯姆的思想。他认为宗教是文化价值观、信仰和象征领域的主要方面，是人类生活中的普遍现象。而文化模式是在独立于社会结构的不同层次上运转的，它为社会行为体系和个人提供了意义世界和一般道德标准，以及表达的象征和基本的信仰。因此不能像杜尔凯姆那样把宗教简单地归结为社会本身。他明确地指出宗教有两种功能：首先，它"使道德的价值、情感和行为体系的规范具有认识上的意义"；其次，它"平衡了合理地期待行为后果与实际能看到的后果之间的差异。"①

美国社会学界的另一位大师默顿批评了帕森斯的功能主义。默顿认为，任何一个事物或现象对整个体系的作用都是多方面的：既有积极的正功能的一面，又有消极的负功能的一面；既有已被人们意识到的显功能，又有未能认识但却发挥着作用的潜功能。在默顿看来，很多对于宗教功能的分析都只看到了宗教对社会（尤其是原始社会）具有统一、整合、内聚的力量，却忽略了宗教对于社会的无功能甚至负功能的一面；或者说，宗教的显功能被充分意识到了，但其潜功能却常常被忽视。

默顿的思想对于功能分析无疑是个极大的推动。在其影响下，许多宗教社会学家开始研究宗教造成社会分裂的作用，并注意到宗教的一些价值观和信仰体系有时对于社会需要具有正功能的作用，但对于个人的需要却具有反作用，另一些价值观和信仰体系则相反。

功能论发展至今，已有近百年的历史。这种理论方法在宗教研究中是具有积极意义与合理因素的。首先，功能分析始终把宗教作为一种社会现象，一种体制化了的人类行为形式，否定了宗教的神圣性。其次，功能理论的发展，即从研究宗教单一的正功能——社会整合、社会一体化的内聚

---

① 弗兰克·惠灵顿编《当代研究宗教的方法》第2卷，芒顿出版社，1985，第155页。

力到注意到宗教的多功能——对人建构意义体系的作用、对人类基本生存以及人格形成的作用,再到研究宗教的负功能——分裂社会、延缓改革,对作为社会子系统的宗教与社会的相互关系和宗教长期存在的原因提供了比较全面的分析。第三,功能理论分析对于揭示宗教本质有积极的意义。任何事物的本质都必然从事物的各个方面表现出来,功能探索也是探索宗教本质的一个窗口。虽然宗教功能并不等于宗教的本质,但由于两者不可分割,所以从功能研究入手有助于认识宗教的本质。

功能论当然有其不完善、不全面的方面,它也受到来自各方面的批评。首先,功能论,尤其是早期的功能分析,过分强调了宗教对于社会稳定的作用,忽略了社会冲突始终存在这一基本事实。其次,这种理论过分强调满足需要的功能,而忽视了人类社会发展的历史过程的重要性。事实上,每一种特定宗教,无论世界三大宗教还是地方性的小宗教,都是特定历史环境的产物,其自身的特点都是在特定历史环境中形成的。第三,宗教功能论所关注的一直是那些影响信仰和被信仰影响的事实,忽略了对宗教的怀疑所产生的不可低估的正负功能。第四,宗教功能论者,无论新老,几乎都强调宗教不可或缺的作用,视宗教为社会永恒的现象;这就使得当代宗教社会学家们去寻求世俗社会中的宗教替代物,甚至把爱国主义、民族主义、科学主义乃至足球运动都视为某种"代理宗教",大大地扩大了宗教的外延。但是,尽管有这些批评,功能论仍一直活跃在宗教社会学的舞台上。

3. 冲突论

冲突论是以批判功能主义为契机而产生的一种研究方法。这种理论的基本思想在于,社会是由诸多的利益团体构成的,每一个团体都追求自身的利益,能够促进社会团结的统一的价值观和信仰并不存在。冲突论认为:现代社会的特征就是冲突、压制以及各个团体的权力分割,社会之所以出现稳定状态,只是因为力量均衡所致;只要各利益集团的权力分配保持均衡,稳定就能持续;有时社会的稳定也在于各利益集团在各方面的相互依赖,尤其是经济上的相互依赖。宗教社会学研究中的冲突论把宗教组织也看成社会中一种具有自身利益的社会组织。这种理论强调的中心是,自身利益是形成社会关系的关键因素,共同信仰相对来说并不重要。

冲突论认为,宗教是社会分裂的源泉。持冲突论的理论家们常常诉诸历史:从历史的纵面看,天主教、犹太教、伊斯兰教、新教以及各种宗教之间的冲突一直不断；从历史的横面看，各种宗教内部的冲突，如伊斯兰教什叶派与逊尼派的冲突、美国各教派之间的冲突，从未间断过。这些冲突就是社会分裂、动荡不安的源泉。此外，宗教也与世俗社会发生冲突。宗教的信仰核心、价值体系、道德准则可能与世俗社会的体系造成冲突。甚至当种族的纽带、经济利益的共同性使社会统一体形成时，宗教上的不同仍是差异的象征，仍是冲突的火山口。

冲突论认为，冲突是宗教团体内存在的普遍因素。它不仅存在于宗教群体之间，也存在于各群体之内。群体内部对于权利、特权、威望的斗争，群体内成员源于不同层次而造成的冲突，总是存在的。

另一方面，冲突论也强调，冲突在较小范围内是统一、整合的源泉。各宗教之间的冲突可能导致一个较大社会的分裂，但它同时也使各个宗教团体内部的团结增强。冲突产生内部凝聚力的原因在于，外界的镇压和敌意能增加宗教群体成员对于共同处境和共同命运的关切，从而共同反对某种对象，并有助于加深信徒自身的信仰。

冲突论着眼于变化问题。宗教冲突引起社会变化，社会变化引起宗教冲突。变化可能增加社会的纷争与分裂，但也可能有利于某个团体内的整合与统一。冲突论修正了功能论那种静态的、忽略社会特定模式的来源的理论，提出了集团自身利益对于观念和行为的影响，包括对宗教观念和宗教行为的影响。

当然，冲突论也存在一些问题。它只看到社会压力、权力分配以及不和谐的一面，因此，尽管它说明了社会变化的某些原因，但在解释社会的内聚力和社会合作方面是不完全的。其次，这种理论倾向于把自身利益看成一切行为的动机，而这个"自身利益"又常常是指经济方面的利益，这种看法是片面的。引起人的社会行为的因素是多方面的，宗教方面的情绪和动机对于信仰者的行为具有普遍、持久、强烈的影响，冲突论恰好忽略了这一方面。

在多元化的现代学术研究中，没有任何一种理论可以长久地占据统治地位，这似乎已成了多元化社会的特征。随着功能理论的问世，其批判者、补充者也随之而来。如果说冲突论是对功能论偏重静态的反动，那么，后来出现的交换论、符号互动论则是对宏观研究的反动。总之，宗教社会学界呈现出来的百花齐放的状态，是学术研究发展至今的必然结果，而各种理论的交锋、融合也体现了当今宗教社会学理论的面貌。

第二章
宗教及其特征

对于科学研究而言，首先要确定我们从事研究的具体对象是什么。对研究对象有了明确的界定，才有可能规定研究的范围，对相关材料进行取舍与分析。

宗教社会学是宗教学与社会学交叉的边缘学科，它同宗教研究领域的其他学科——宗教史学、宗教现象学、宗教人类学、宗教哲学、宗教心理学、宗教地理学等一样，研究对象都是宗教，但研究的具体范围、方法及角度有所不同。本书在导论中对宗教社会学作为一门学科的发展历史以及宗教社会学的性质、范围、特征与方法已作了简明的阐述。本章将介绍宗教社会学家们从他们研究的角度是如何看待其研究对象宗教的，并对此作出一些评估，同时根据我们对宗教本质及其特征的认识提出对宗教的界定。

第一节 什么是宗教

一提起宗教，往往使人联想到上帝、大佛、神仙、真主，那些香烟缭绕的庙宇、庄严神秘的教堂，还有那些每日虔诚念经礼拜的信徒。然而，要说清宗教究竟是什么，或者说，要给宗教下一个确切的定义，却绝非易事。虽然从事宗教研究的学者们曾给宗教下过上百种定义,但是至今没有取得共识,而是仁者见仁,智者见智。

韦伯在《经济与社会》一书中曾这样说过,"要给宗教下定义,也就是要说清它是什么,这在研究的开端是不可能的。如果一定要下定义的话,那也只有在研究的结尾才能做到。"应该说,韦伯在宗教学研究方面做了许多开拓性的工作,取得了一定的成就,但他关注的不是宗教的本质,而是"一种特殊社会行为类型所产生的条件"。韦伯对宗教的研究也从未达到过他所说的那样一个结尾,拿出一个他所承诺的在研究结尾提出的定义来。韦伯的说法,突出了为宗教下定义的困难之处,指出了对于宗教这样复杂的现象不应仓促地或草率地提出定义。但是我们不能接受他的说法。因为,如果定义只能出现在研究的结尾,那么在研究的过程中,研究对象始终是模糊不明的,这样的研究结果又如何能在逻辑上一以贯之,使人信服呢?事实上,只有在界定了研究对象的范围后,实质性的研究才有可能进行。

还有一种对定义问题的看法,我们也是不能苟同的。美国社会学家贝格尔把定义问题说成"乃是趣味的问题,因此应该服从关于趣味的箴言"[①],那是一句拉丁谚语:趣味问题无可争辩。他认为各种定义无真假之分,却有用处大小之别,讨论它们各自的用途是很有意义的。另一位美国社会学家弥尔顿·英格也说:"定义是工具,在某种程度上它们是任意的、抽象的,也就是说它们是高度简化的。我们应该摒弃这种想法,即存在着一种正确的、令大家都满意的定义"[②]。下定义如果随意,就失去了定义揭示事物固有的本质属性的科学意义,研究对象自然也就成了不明确的、与本质脱节的一团现象。

汉语中"宗教"一词是个外来词。中国古代典籍中原无"宗教"这个概念。但是中国古代人早就有神道设教的思想。《易经·观》中说,"圣人以神道设教,而天下服矣"。《礼记·祭义》中认为,"合鬼与神,教之至也"。《礼记·祭统》谓"崇事宗庙社稷,则子孙顺孝;尽其道,端其义,

---

[①] 彼得·贝格尔著《神圣的帷幕——宗教社会学理论之要素》,高师宁译,上海人民出版社,1991,第205页。

[②] J. Milton Yinger, *The Scientific Study of Religion*, New York: Macmillan, 1970, p. 4.

而教生焉"。《中庸》里称"天命之谓性，率性之谓道，修道之谓教"。古人把对鬼神的信仰与崇奉，作为教化大众的一种手段，强调宗教对社会与道德的作用。现使用的"宗教"一词，一是来源于印度佛教，佛教以佛所说为教，以佛弟子所说为宗，宗为教之分派，合称宗教，意谓佛教之教理；一是来自英语中的 religion，它有一个拉丁词根 religio，该词根究竟是源自 religare（意为重新联结）抑或 religere（意为重新集中或重视）还有不同看法，但都涉及人对神的信仰和人对神灵的态度。本世纪初中国留日学生又直接将日语中的"宗教"一词引进到现代汉语中。日本历史上接受中国文化的影响，在使用汉字"宗教"时不免已蕴涵了中国古代"宗"与"教"两字的含义。在现代日语中，"宗教"一般指被人们信仰和崇敬的超自然、超人间的东西及这样的信仰体系。从"宗教"的词源我们可以看到人们对宗教认识的历史足迹，但它本身不可能为我们提供一个对宗教本质或定义的完满的解答。

在定义问题上存在诸多分歧的情况，就像 19 世纪宗教学奠基人迈克斯·缪勒所说的，"每个宗教定义，从其出发不久，都会激起另一个断然否定它的定义。看来，世界上有多少宗教，就会有多少宗教的定义，而坚持不同宗教定义的人们之间的敌意，几乎不亚于信仰不同宗教的人们"[①]。虽然如此，但是我们仍然认为，如何给宗教下定义是宗教社会学家解释宗教这种社会现象的必要前提，因而定义问题也就成了宗教分析的首要问题。而且宗教社会学的历史证明，对宗教的界说不同，研究的视角、取向、方法与结果等往往会有极大的差异。

美国学者罗伯逊对宗教学家们（包括宗教社会学家）关于宗教的种种定义进行了分析，并根据各种定义的特点，把它们分成了包容性（或开放性）定义与排他性（或封闭性）定义两大类。所谓包容性定义，其特点是外延广，没有严格的界限。杜尔凯姆和弥尔顿·英格的定义均属此类。在杜尔凯姆看来，宗教乃是"一种统一的信仰和行为体系，这些信仰和行为与神圣的事物，即被划分出来归入禁忌的东西有关，它把所有信奉者团结到一个称为教会的单一的道德共同体之中"[②]。换言之，宗教是与神圣事物

---

① 迈克斯·缪勒：《宗教的起源和发展》，上海人民出版社，1989，第 13 页。
② 杜尔凯姆：《宗教生活的基本形式》（英文版），纽约：麦克米兰出版公司，1915，第 47 页。

有关的信仰和实践的统一体。英格则把宗教定义为"人们借以和生活中的终极问题进行斗争的信仰和行动的体系"①。在杜尔凯姆那里,把不同于世俗凡物的东西称为"神圣的事物",它既可以是物,也可以是人,甚至是人说过的话。而在英格那里,他所指的生活中的终极问题就是人生中"存在"的问题,它包括了人生旅程中的痛苦、不幸、罪恶,甚至死亡。因而在这两位学者的定义中,与神圣事物和人生的根本问题相关联的信仰和行为的体系,实质上成了人们无法准确把握的、含义非常宽泛的东西。

西方现代著名宗教学者范·得·里欧和蒂里希也曾下过类似的定义。范·得·里欧认为宗教是对那种使人生神圣与升华的"力量"的独特关系。蒂里希则说"宗教是人的终极关切"②。他们把人们对世界本原或人生意义的种种追求、探索、愿望与意识都同宗教联系在一起,大大地扩展了宗教定义的外延,以致宗教与其他上层建筑、文化现象都无法区别。包容性定义的这种特点,使一些学者把爱国主义、民族主义、美国精神,甚至足球运动这类非宗教的东西也包括在宗教的范围之内。这种外延扩大化的原因在于,只看到这类非宗教现象所具有的类似于宗教的作用,而未能从本质属性上将它们与宗教区分开来。

罗伯逊认为有两类社会学家倾向于使用包容性定义。第一类社会学家所理解的社会体系这一概念,强调的是个人需要受制于他对于一套信仰与价值观的忠诚。第二类社会学家的兴趣集中于微观研究方面,如对特殊宗教团体的研究,因而对使用精确的定义不屑一顾。

封闭性定义有比较严格和狭窄的参照框架,常常被那些采取特殊态度的宗教社会学家使用。所谓特殊态度是指,一般来说,这类宗教社会学家否认社会体系必然由对一套核心的价值体系的共同信仰所构成,在他们看来,实际的力量和势力更为重要。另外一些希望探索关于社会秩序的宗教概念与非宗教概念之间的冲突的社会学家,也比较喜欢使用这类定义。例如米歇尔·希尔的定义就是如此。他认为,宗教是"一套信仰,这种信仰假定经验实在同与之有关的重要的超经验实在之间存在差异并企图调节这

---

① 弥尔顿·英格:《宗教的科学研究》(英文版),纽约:麦克米兰出版公司,1970,第7页。
② 参见蒂里希:《文化神学》,工人出版社,1988,第8页。

种差异，是与这种差异相关而使用的语言和象征，是与这种调节相关的活动和机构。"① 我们可以看到，在这个定义中，重要的几个宾词——信仰、象征、活动、机构——都有严格的限制，因而宗教所指的范围也有了明确的界限。但与此同时，封闭性定义也常常把属于宗教范围内的某些东西排斥在外。

除了罗伯逊的定义分类之外，还有一种分类是将定义分为三种：实质性定义、功能性定义及象征性定义。如果说罗伯逊的分类法依据的是宗教定义外延的广狭，那么这种分类法根据的则是宗教定义内涵之差异。所谓实质性定义，顾名思义，就是力图抓住宗教特有的本质属性，据此作出界说。要把握宗教的本质并非易事。在宗教研究中，一些学者曾围绕传统宗教信仰的对象、崇拜的形态对某些现象进行比较研究。他们着力于对信仰对象的认识论与本体论的探索，提出抽象的概括，使用了诸如"精灵"、"无限存在物"、"超自然的存在"、"神的绝对"、"神圣的真实"、"超世而具有人格的力量"等概念，以说明宗教的本质。例如：西方宗教学奠基人迈克斯·缪勒把宗教说成是"一种对无限者的渴望，对上帝的爱"②；英国人类学家泰勒提出万物有灵论，把对精灵、灵魂、精神本原的信仰作为一切宗教的主要标志，从而将宗教定义为"对精灵实体的信仰"③。但持反对意见的人认为：如果把宗教规定为对各种神及神性的信仰，就与哲学上的唯心主义无多大本质区别，同时这也不适用于所有社会的所有宗教信仰。后来有些宗教学家为了克服上述困难，回避使用宗教信仰与崇拜对象的具体称谓，使用一些最广义的概念来代替"神灵"概念。在宗教社会学领域，杜尔凯姆的宗教定义也可划入这一类。他强调宗教与神圣事物有关，即被划分出来并设置了禁忌的事物；同时又把宗教视为一种社会现象，宗教崇奉的神圣事物及宗教的本质是把社会自身加以人格化和象征化，换言之，即认为宗教在本质上就是社会。这种把事物分为世俗与神圣的观点，后来也得到宗教学家埃利阿德的肯定。埃利阿德认为，宗教生活与世俗生活不可能共存于同一时间内；他还进一步强调，如果一个社会不将时间分

---

① 弗兰克·惠林顿编《当代研究宗教的方法》，芒顿出版社，1985，第108页。
② 迈克斯·缪勒：《宗教学导论》，上海人民出版社，1989，第12页。
③ 丁·哈斯延斯主编《宗教与伦理百科全书》第10卷（英文版），爱丁堡，1918，第663页。

为神圣和世俗两个部分，那就根本不可能有宗教存在。在此，我们不难看出埃利阿德也把这一点看成宗教的本质特征。当然，有些宗教团体并不接受这种观点。他们为表明其信仰的虔诚，声称他们的全部生活都是神圣的。使用此类定义的社会学家一般都倾向于赞同这种二元论。对这类定义的批评意见则认为，这样定义太狭隘，容易使研究者的注意力过于集中在宗教的传统形式，不能说明或涵盖存活于现代更趋多元、多变、复杂社会中的以各种新形态、新方式出现的宗教。

功能性定义以宗教的功能为定义的内涵。前述英格的定义就是一个典型代表。在英格的定义中，宗教的功能在于使人生旅程中的不幸与痛苦转化为最高幸福的因素，宗教就是这种转化的手段或工具。在西方宗教社会学中，结构主义与功能主义为主流，它们的影响也最大。一般而言，他们对宗教的定义多从宗教的功能入手。在他们那里，宗教被看成具有在心理上和精神上满足人类生存基本需要的功能，也就是说，宗教是"人们适应吉凶祸福的最基本'机制'"[1]，宗教赖以产生的社会因素变成了人类本身"存在"意义上的共同特征问题。贝格尔的定义也颇具代表性。他认为宗教是人类活动的产物，是人的异化投射的结果，使人的法则变成了神圣的秩序，"宗教意味着把人类秩序投进了存在之整体"[2]。他把宗教解释为一种"用神圣的方式来进行秩序化的人类活动"[3]，也就是说，宗教的主要功能是建立一种"神圣的秩序"，即建造并维系人自己意义的大厦。

我们认为，从宗教功能的角度来揭示宗教的本质，无疑是一种积极的思路；因为在我们看来，把宗教作为一种社会现象，强调宗教的社会功能，加深人们对宗教的认识，显然是一个重大而有益的进步。结构—功能分析法是研究工作中的一种重要方法，马克思、恩格斯在研究宗教问题时，也曾采用过这种方法，并把它同其他科学方法有机地结合起来，纳入辩证唯物主义与历史唯物主义的体系。但是我们不能同意将事物的功能混

---

[1] 托马斯·F. 奥戴、珍妮特·奥戴·阿维德：《宗教社会学》，中国社会科学出版社，1990，第11页。
[2] 彼得·贝格尔著《神圣的帷幕——宗教社会学理论之要素》，高师宁译，上海人民出版社，1991，第36、33页。
[3] 彼得·贝格尔著《神圣的帷幕——宗教社会学理论之要素》，高师宁译，上海人民出版社，1991，第36、33页。

同于事物本质的观点。功能与本质不可分割，然而功能只是本质的外在表现，是本质的体现与客观的效果。事物的本质可以体现为多种功能，有时正、负功能同时存在；不同本质属性的事物也可体现出同样的功能。宗教可以有社会整合的功能，但也有在一定社会条件下使社会发生冲突与分裂的功能。一些社会上层建筑或文化现象，如唯心主义哲学、某种政治法律体系或道德规范也可以具有同宗教相类似的社会功能。因此功能性定义只是认识宗教本质的一个方便的但并非全面的、准确的方式。正因为有这种方便，一些研究者把具有类似宗教功能的东西也划入宗教的范围。实际上，将功能与本质等同，也就是没有真正揭示出事物的本质。连英格本人已意识到功能定义的缺陷，他说："从功能的观点看，宗教与非宗教是连续的统一体，其中没有根本性区别，因而在定义上含混，以致越来越不能应用。"① 同时，从功能上给宗教下定义的宗教社会学家们，都是把宗教看成是一切社会中人们适应生存条件必不可少的手段或工具，自不待言，宗教也成了万古永恒之物。英格就说："正像我们认为每个人都操某种语言一样，我认为可以断言每个人都信仰宗教。"② 这样的结论和定义方法显然是不科学的，也是不可取的。

值得我们注意的是，近几十年来在西方宗教社会学的研究中，有不少人采取实用主义态度，从功能出发，任意扩大宗教定义的外延，把一些具有类似宗教功能、满足人类某种精神需要的东西都纳入宗教的范围，称之为"世俗的宗教"、"非宗教的宗教"、"无神的宗教"、"宗教的等价物或代用宗教"等等。1965年美国社会学家考克斯的《世俗的城市》一书出版，他在书中提出：宗教在现代社会中已被改造，可以不是传统宗教的面貌，可在"无神"概念的情况下存在，甚至在政党或社会服务事业中都可找到宗教。这样一来，实际上把宗教的本质抽掉了，许多东西都可沾上宗教的边，被囊括在宗教里面，结果也就没有什么是宗教了。

象征性定义通常用一大段文字对宗教现象及其所为进行描述。克利夫德·基尔茨的定义最为典型。基尔茨认为："宗教是一套信仰体系，旨在

---

① 弥尔顿·英格：《宗教、社会和个人》（英文版），纽约：麦克米兰出版公司，1957，第118页。
② 弥尔顿·英格：《宗教的科学研究》（英文版），纽约：麦克米兰出版公司，1970，第7页。

通过对生存的一般秩序观念的表述和以对事实的预言的形式来表现的这些观念在人心中建立强有力的、普遍持久的情绪和动机,并使这些情绪和动机看起来似乎是唯一实在的"①。也就是说,这种象征会影响一个人的情绪、感情和行为倾向。其实,基尔茨的分析已不止是在下定义,而且是在描述宗教在社会中如何运转,干了些什么。后来有的学者干脆把这类象征性定义归入了功能性定义一类。

综上所述,我们可以看到,无论从定义的外延还是从定义的内涵来对定义分类,都是从不同的角度来理解复杂的宗教现象,虽不免有各自的偏颇、片面与局限之嫌,但都具有一定的合理性。当然,由于分类的角度与依据不同,被罗伯逊划入同一类的定义,可能在另一种划分中被归为不同的两种,反之亦然。每一种类型的定义都有自己的长处,它们代表着宗教社会学领域内的各种不同的研究动向,对人们加深对宗教的认识是有助益的。但由于它们各自的缺陷,它们都缺乏适用于一切宗教的普遍效用。宗教定义如此多种多样,至少说明了两点:一是作为人类社会现象的宗教,历史悠久、形态纷繁,与社会生活各个方面的关系密切,无论纵向还是横面都是盘根错节,对这样一个内容丰富而复杂的客观对象,要理出头绪,抓住其本质所在,难度是很大的;其二,宗教是客观存在的事物,人们总是可以认识它的,但要认识它需要有个不断深化的过程,认识是否正确最终要接受实践的检验。因此认识宗教应是多层面、全方位的。要尽量多地把握第一手资料,吸收前人的一切有益的研究成果,同时要有客观的态度和科学的方法;既要观其外,又要察其内,不断去伪存真,去粗取精。

宗教社会学把宗教视为一种社会现象,把宗教组织视为一种社会组织,把宗教行为视为一种社会行为,并把宗教与社会的关系、宗教的社会功能视为自己的研究对象,其学科的特征与分工就是研究宗教的可见的外部现象。然而,就定义而言,我们认为还是应该从本质入手。一个事物的本质属性是决定该事物之所以为该事物,并把它与其他事物区分开来的质的规定性。宗教之所以为宗教,而有别于哲学、法律、艺术等其他意识形态或文化现象,正是因为宗教有一个本质特征:即对超自然、超人间的力量或神灵的信仰与崇拜。综观世界的宗教,无论原始宗教还是当代宗教,

---

① 基尔茨:《作为文化体系的宗教》(英文版),伦敦:塔卫斯多克出版社,1965,第4页。

亦无论源远流长的世界三大宗教还是各种应运而生的小宗教，概莫能外。这正是宗教不同于其他社会现象的本质特征。恩格斯在《反杜林论》中对宗教的这一本质属性有过一段精辟的论断："一切宗教都不过是支配着人们日常生活的外部力量在人们头脑中的幻想的反映，在这种反映中，人间的力量采取了超人间的力量的形式。"① 这段话深刻地揭示了宗教的本质就是人的本质，神性来自人性的异化，宗教是人类社会物质生活过程的必然产物。

然而，我们对宗教的定义若到此为止，那仍是不全面的。宗教的本质特征，还须通过其外部形式来体现，也就是说，宗教信仰的不可见的思想观念和情感体验，必然要通过宗教的行为与活动、组织与制度来体现。在借鉴、比较与分析各种类型的定义之后，以宗教的本质特征为基础，我们为宗教下的定义是：宗教是一种对超自然、超人间的力量或神灵之信仰与崇拜为核心的社会意识，是通过特定的组织制度和行为活动来体现这种意识的社会体系。本书对宗教所作的各种社会学分析，正是基于对宗教的这种界说之上的。

第二节 宗教的特征

宗教作为宗教而非别的什么东西，是由其本质属性决定的。当我们把宗教作为研究对象时，不论从哪个角度或层面出发，把握宗教的本质都是至为重要的。在上节我们在论述宗教定义时已表明了我们的看法。宗教的本质是通过外在的特征体现出来的。宗教是人类的社会现象，其特征同社会的活动密不可分，也是可以看到的。宗教社会学要研究宗教与社会的相互关系和它的作用，自然会对宗教的外部特征感兴趣并加以探讨。

我们认为，宗教有五个明显的特征。

一　宗教是一种社会群体现象

人类是群居的动物。人们生活在社会中，总是通过一定的社会关系结

---

① 恩格斯：《反杜林论》，载《马克思恩格斯选集》第3卷，人民出版社，1960，第354页。

合在一起的。"人的本质并不是单个人所固有的抽象物,实际上,它是一切社会关系的总和。"① 这就是说,一方面,人的社会性决定了人为了自身的生存与发展必须从属于一些群体,并参与群体的共同行动;另一方面,个人的物质需要与精神需要只有通过群体的社会行动才能得以实现,个人只有在群体的社会行动中才能实现自身的社会价值。

从社会学角度看,纵观历史与现实,各种宗教的产生与发展,人们参与的宗教活动与宗教行为,都足以表明宗教是一种社会群体现象。诚然,宗教是个人的信仰问题,在很大程度上涉及个人的思想与情感,反映了他或她对世界与人生的看法。每个人都可以自由选择自己所信奉的宗教。但是一个人对宗教的信仰并不是生来具有的,而是各种社会因素作用的结果;因为宗教信奉的对象(神)是人的幻影,神性是人性的异化,神与人的关系实质上是社会中人的各种社会关系在观念中的虚幻反映,个人的宗教信仰只有在社会及群体的活动中才能获得其真实的意义。确实,我们有时也能发现进行个人修持的宗教神秘主义者或隐士,但要完全做到离群索居、不识人间烟火,是极为困难的。社会上的绝大多数信教者都从属于某一种宗教团体,参与各种规范化或制度化的宗教活动,表现出种种宗教行为。作为宗教社会学,我们认为,把注意力投放在宗教与社会的关系上,系统地研究宗教群体现象,即研究有组织的宗教或社会宗教,而不是把精力用于研究每个人的宗教信仰行为,这样做更有意义。

一般说来,社会群体具有以下五个主要特点。

(1) 一个社会群体是由一定数量的人(成员)所组成,成员之间建立互动(包括交流、理解和协调)的特定模式。群体由不同形式的社会实体作为载体,显现为比较有序的结构状态,而不是偶然的集合。社会实体规模有大小之分,组织化程度亦有松散与严格之别。群体规模越小,往往互动关系越简单,组织化程度越低,维系关系的手段也简单;群体规模越大,则反之。

(2) 社会群体具有某些共同的目标和期望,并具有独特的规范和价值体系。这些群体意识是集合、维系本群体的根据,也是同其他群体的主要区别所在。群体成员在确立了共同的目标后,还需有共同的价值观念与规范,借

---

① 《马克思恩格斯全集》第3卷,人民出版社,1960,第5页。

以指导成员的行动，努力去实现共同关心的目标。当然，群体意识超越成员的个体意识之上，但对群体外的人不能施加影响，起不到规范的作用。

（3）群体的成员都在群体中扮演一定的角色，占有一定的位置，显现出一定的结构状态。一般地说，群体成员间的关系是明确的，各成员担当的角色皆有专门的规范可循，各种互动关系也较为有序，以便为实现群体的目标服务。

（4）群体成员对所属群体有一种认同感和从属感。这就是说，每个群体成员都意识到自己与群体有"我属于"、"我是……"的关系。在同一群体的成员间一般都具有明显的共同心理因素和鲜明的感情色彩，相互间有较多的感情投入及交流，即"我群感"。每个成员对群体的认同感虽在程度上会有差别，但必须有最低程度的认同和对共同目标的确认，否则这个群体就难以维系。

（5）群体在时间上有相对的持续性与稳定性。群体总是由一批持续地、直接或间接进行互动和共同活动的成员组成。

群体的这五个特点皆适用于宗教群体。当然，在我们将宗教作为群体现象研究时，会进一步提出许多问题，例如宗教群体与其他群体有何区别，宗教群体的共同目标、规范、结构与角色又是什么等等。这些内容我们将在后文中陆续提到。

二 宗教具有一套以崇奉超自然、超人间力量或神灵为核心的信仰体系

纵观自古至今的各种宗教，表现形式可以说是千姿百态，多种多样，信奉对象的称谓五花八门，但是它们都有一个共同的本质特征：把支配自己日常生活的外部力量（包括自然力量与社会力量）幻想地反映为超自然、超人间的力量，构成了信仰和崇拜的对象。这些对象在客观世界并不存在，但也不是与世俗社会完全无关，而是与人们日常生活密切相关的自然力量、社会力量异化的产物。换言之，宗教是自然力量超人化、人间力量非人化、理想境界超自然化的结果；人创造了自己崇拜的对象，又赋予这个对象超凡脱俗的神圣性。宗教信仰与崇拜的对象可以与人同形，也可以被人格化为具有神性的神灵、魔鬼、精灵。一般说来，人类早期的原始人首先把自然力量幻想地反映为超自然的力量；随着社会的发展，社会力

量也被异化，被幻想地反映为超人间的力量。无论超自然的力量还是超人间的力量，均具有自然属性与社会属性的两重性。

各种宗教都有一套说明乃至论证其信仰的观念体系，特别是阶级社会后的人为宗教。它们通过各自的宗教经典、神学教义或宗教哲学解释与回答对世界和人生的看法，表述对政治、经济、法律、道德等方面独特的观点与信念，规定对信仰与崇拜对象的敬畏、恐惧、祈求、依赖、顺服或抚慰的必要方法并提供某种体验，规范宗教活动与行为方式，构架建立在信仰体系上的各种组织与制度。同时，宗教还通过它的象征系统与活动场所为社会提供了一种文化形式。

各种社会群体都有自己共同的目标与期望，有各自的价值标准和行为规范。宗教群体与其他社会群体的主要区别就在于它的目标、期望、价值标准和行为是以对超自然、超人间力量的信仰为核心。这也是宗教群体的本质特征所在。

三 宗教有一套特定的实践活动

任何宗教都包含"信"与"行"两个方面。"信"指信教者在头脑中对宗教观念的确认，是一种精神上的内在信仰。它在信教者的心理、情绪上还会伴生出特殊的宗教情感或宗教体验。宗教意识内在的"识"与心理体验的"情"，必然会表现于"行"。这里的"行"指的是宗教活动及宗教行为。信与行是宗教不可分割的两个方面，互为表里，构成一体。换句话说，纯粹的宗教观念或个人内心的宗教体验，并不成为一种客观存在的宗教社会现象。一个世界观上承认某种超验绝对物的唯心主义哲学家并不等于就是一位宗教徒。只有当一个人的内在宗教观念通过特定的宗教行为与活动外化为"行"时，才能获得宗教的意义。宗教是一种可见的社会现象，就是通过宗教组织的宗教活动与宗教徒的宗教行为体现出来的。早期原始社会的氏族部落崇拜共同的神灵，有组织地把人们聚集在一起进行宗教仪式，加强了部落全体成员的凝聚力，重申了这一社会群体的共同价值观念，并成为代代相传的文化遗产。后来在阶级社会里，各种宗教或教派为自身的存在与发展形成了各种宗教组织，宗教礼仪逐渐制度化与规范化，趋于精细完善，进一步强化了群体自身的团结，宗教的社会化越来越明显。

任何宗教的神圣信仰对象，无一例外地在不同程度上被可感地或象征性地物化。多神崇拜的偶像是这样，某些一神教虽把信仰的对象说成是无形的超验物，但也都有一套象征系统。这样才能在人与神，即信教者与崇拜对象之间建立起清晰的关系，使信教者通过宗教活动和宗教行为表达自己的态度与情感，以得到精神上的寄托和慰藉。各宗教都有自己崇奉的对象和物化的象征系统。信教者要进行宗教活动，因此要有神灵的栖身之所或供奉之地，也需要从事宗教活动的特定空间或场所，各类宗教的寺观庙堂应运而生，为宗教的"行"提供了物质条件。

当然，宗教的实践活动只有当某个宗教群体将其作为特定的宗教观念的体现或宗教体验象征性地表示时才有宗教的意义。例如，吃一餐饭作为个人摄取每日正常营养或社交活动的手段是很通常的事情，但当它作为基督教会的特殊规定，成为一项"最后的晚餐"的纪念活动或"圣餐"的宗教活动时，其行为的意义就发生了质的变化。同样，同到一个著名的地方去，有人是去旅游观光，有人则是去朝圣，履行宗教义务。这两者性质是不同的，前者不是宗教实践活动，后者却是宗教行为。

四 宗教具有特定的感情与体验

宗教信徒对崇信对象的信仰，除了在头脑中表现为一定的观念形态外，往往在心理上、情绪上还会出现种种反应，表现为各种强烈的情感、感受或精神体验。人们不难发现，那些宗教创始人、先知、圣徒、高僧、萨满都曾宣称，他们同所信奉的神圣对象有过直接的或间接的交往。他们的这种宣传与"见证"，在一定程度上起到了使之具有"卡里斯玛"[①]的非凡性的社会效应，为其创立宗教组织或在宗教组织内确立权威地位提供了根据。各种宗教中，宗教体验一般成为一个重要的内容。基督教"因信称义"的信条，强调教徒个人内心中对于上帝及基督的精神体认与灵性感受。伊斯兰教的苏非派从早期的苦行主义和禁欲主义发展为神秘主义，强调个人通过各种修持同安拉直接沟通，由低级到高级，直到进入"无我无主[②]"、"人主浑化"、两体合一的"寂灭"和"永存"的境界。佛教中的

[①] 卡里斯玛：Charisma 之音译，意为凭人格的魅力或信仰的力量而产生的精神感召力。初由德国神学家、宗教社会学家恩斯特·特洛尔奇（Ernst Troeltsch, 1865~1923）提出，后为马克斯·韦伯所采用。

[②] 中国通用汉语的穆斯林称安拉为"真主"，此处的"主"即指安拉或真主。

禅定，通过内省静思、修心见性，从而获得一种宗教的特殊经验与悟解。

人们在头脑中形成某种宗教观念时，通常总是伴随着某种特殊的心理活动。在人类早期，社会生产力和人类的智力水平还十分低下时，面对着变幻莫测的自然现象（自然力或自然物）和巨大的破坏性灾难，人们感到不可理解，从而产生了恐惧、依赖的心理，进一步产生了原始的宗教观念。到了阶级社会，人们除了感受到自然力量的压迫外，又遭到社会力量的压迫，这时的神灵既有自然属性又有社会属性和道德属性。当所有这些属性都被集中到一个万能神的身上时，就出现了一神论。万能的一神往往具有两副面孔：既凶恶、威严、不徇私情、严格执法，又仁慈、宽恕、爱人、大度。它一方面疾恶如仇、惩治罪恶；另一方面又讲善恶报应，允许人犯错误、改邪归正和赎罪。这时人们的宗教观念无疑是原始宗教观念的升华，是抽象人的反映，是阶级社会中复杂的社会关系的人格化。同时，它也是人们在社会生活中对不可抗拒的异己力量或命运怀有敬畏感、罪恶感、卑微感、依赖感、安宁感、责任感等复杂心理活动的产物。宗教观念可以诱发信教者的种种宗教体验；宗教体验则会强化宗教观念，进一步激发信教者对神灵或神圣事物的依赖和顺从，从而深化信仰自身，并增进宗教群体的凝聚力。两者互相依存和相互制约。

宗教体验同其他体验有所不同，通常有以下几个特征。

（1）宗教体验的对象是超验的、不可知的，不是真实存在的。在日常生活中，人们也会产生恐惧感、敬畏感、依赖感、罪恶感、安宁感等体验；这些体验有时同宗教的体验类似，但它们有本质的区别。宗教体验出自对人与神的关系的反应，而神则是支配着人们日常生活的外部力量被异化为人脑中幻想的反映，本身并非客观的实在，因此对于神或神性物的体验是没有任何存在于感觉之外的客观对象作为其真实依据的。即使一些信徒在见到十字架、圣像、圣地或圣墓时触发了某种心理、情绪上的反应，那也是通过与神灵或具有神性的神圣事物的联系，由并非客观存在的神圣对象的象征意义所唤起的。宗教体验纯属个人的心理活动，每个信徒的宗教体验的内容（例如个人与神的关系、来世、极境等）不可能完全一样，也不可能用科学知识或普通常识去验知。宗教总是强调"信则灵"，把对事物的认知引导到神秘的个人体验中去，最终以神秘的个人幻觉代替理性的思索。由于宗教体验的神圣对象不过是人自身主观观念的对象化，是人脑幻象的产物,因此宗教体验的对象不仅是超验的,而且具有一定的模糊性和不可捉摸的特点。除此之外,宗教体验是一种比较复杂的心理活动,有时在没有客观对象的情况下,主观的观念、印象或气氛的刺激也会引起反应。例如,在听到某种宗教宣传,受到教徒的言传身教、宗教凝重氛围的感染时,亦能出现特殊的心理幻象或宗教体验,尽管他们谁也没亲眼见到过他们心目中崇信的对象。因此这种体验往往是相当模糊的,通常也难以清晰地表述出来。

（2）宗教体验的对象具有超凡性、多义性。宗教信徒心目中所崇奉的对象——神灵或神圣事物,一般都是"玄奥而隐秘"的东西,兼有自然属性、社会属性和道德属性多方面的权威力量,通常具有巨大的吸引力和神秘的诱惑力,足以引发他或她对它的恐惧和敬慕,使他们对它有所企盼与祈求。宗教体验无非是对这种超凡威力表明自己的态度,教徒从中获取一种似乎已抓住命运之绳的信念与感受,因此它能起到精神慰藉的作用。

（3）宗教体验与宗教感情可以成为人们强烈的感情宣泄,释放出巨大的行动能量。它既能拨动心弦,促发激情,给予信徒精神上巨大的支撑与满足,使他们暂时摆脱或克服日常生活中遇到的困惑与痛苦,获得一时的抚慰、寄托及安全感；同时,它又给信徒带来催人行动的强烈的责任感与义务感,使信徒感到所崇奉的神灵或神圣事物向他们提出了道德及行动的要求与召唤。历史上有许多教徒在宗教体验与宗教感情的激发下不惜去受难或赴汤蹈火、自我献身,甚至把为宗教而殉道视为无上光荣之举,可以由此直接进入"天国"。一般说来,愈是文化层次较低的信教群众,愈重视自身的宗教体验,宗教感情与宗教行为也愈强烈。当然,在社会生活中我们不难发现,在世俗的政治理念或道德信条的驱使下人们也会在心中产生类似的神圣感、使命感和义务感,但其内容与导致的行为目的同宗教体验与宗教感情有所不同：前者与理智相联系,为现实的目的；而后者却来自神意,与个人来世的归宿相关联,也更狂热。

五 宗教是一种文化现象

文化是人类特有的一种复杂的社会现象,是人类社会的产物。人类为了生存与发展,在同严酷的自然界进行的斗争中不断认识世界与改造世界,从而从动物界中分化出来,有了思维能力与表达思维的语言。因此人类是通过自身的实践活动才创造出文化来的。

关于什么是文化，对它的界说是人们长期争议的一个问题。到20世纪70年代，据不完全的统计，各类有关文化的定义已达170多种。人类学家爱德华·泰勒首次将文化概念系统地表述为，"文化或文明是一种复合物，它包括知识、信仰、艺术、道德、法律、风俗以及作为社会成员的人所获得的其他任何能力和习惯。"[①] 后来美国的一些社会学家、人类学家又把实物增补进去，作为文化的内容之一。现代社会学中，有的把文化看作是人类在社会互动过程中相互适应的结果，视文化现象为象征符号；有的则把文化看成是观念流或是一种社会结构。许多定义往往视角不同，侧重点和所揭示的内容也就有所差别。一般来说，文化有狭义和广义两种含义。狭义的文化主要指人类的社会意识形态及与之相适应的制度和设施。广义的文化指人类为了获得生存与发展，在社会实践过程中创造的物质财富和精神财富的总和。社会学中所说的文化通常是在广义上被使用的。文化现象纷繁杂陈，因为标准不一，分类的结果也多种多样。但其内容大致有精神方面的（如哲学、宗教、文学、艺术、科学、知识等）、价值取向及意义方面的（如价值体系、思想观念、符号体系、思维方式等）、规范准则方面的（如社会组织及社会制度、经济结构、法律制度、风俗习惯、生活方式等）及物质产品（各种人造的物体）。实际上，这些文化内容是无法严格区分的，而是交互作用。诸文化现象无非具有物质的和非物质的两种基本形态。文化是人类特有的创造物，是人类在不断适应与改造环境的过程中自觉地、有目的地活动的产物，是后天学到的。同时，文化不仅促进了人类自身的进化，也不断增进了人类适应与改造环境的能力，因此在一定意义上文化反过来也创造了人类。

宗教是人类历史上一种最悠久而又普遍的文化现象，可以说这是一个共识。

（一）宗教与人类文化同时形成，并成为人类文化早期阶段的主要表现形式

宗教不是人类一出现就有的，而是人类原始社会发展到一定阶段的产

---

① 参阅泰勒：《原始文化》（*Primitive Culture*）第1卷（英文版），伦敦，1871。转引自G. 邓肯·米切尔主编《新社会学词典》，上海译文出版社，1987，第75页。

物。人类大约在二三十万年前开始向智人进化,也就是相当于旧石器时代的中期和晚期,那时正是氏族和氏族制逐渐形成的时代。人类到这个阶段达到了能进行抽象思维的智力水平,有了语言,最早的宗教观念和宗教崇拜活动才随之出现。在原始社会,生产力十分低下,人既受到自然力量的支配,又受到社会力量的压迫,对人与自然、人与人之间的相互关系,对事物间的联系及事物的本质,都不可能有科学的认识,而是把支配原始人日常生活的异己力量在头脑中幻想为神秘的事物。对自然力量和氏族祖先的崇拜成了原始氏族宗教的基本对象。

如前所述,文化是人类有了思维能力与语言之后,在社会生活中创造出来的物质的和精神的产物。例如,图腾崇拜就是一种最早的宗教形式,也是社会制度,体现了氏族社会群体的文化特征。原始社会的氏族宗教既是物质现象又是精神现象,不仅是氏族社会中最活跃的社会意识形态,而且涵盖了所有的上层建筑,直接影响到经济生活乃至文化习俗,发挥了多方面的功能。原始时代的各类文化活动,包括神话、传说、诗歌、音乐、舞蹈、绘画、雕刻等艺术形式,虽然直接源自生产劳动,但无一不与原始宗教观念相联系,往往同宗教活动相结合成为原始崇拜的手段,并被赋予宗教的含义,作为宗教的附属品。当然,原始宗教虽在一定程度上能满足原始人物质和精神上的需要,但它也含有非宗教性的意义,反映了原始人要求了解与控制自然力的渴望,闪烁着智慧与积极创造的精神。随着人类社会的发展,生产力的提高,认识世界与改造世界能力的增强,科学文化知识的积累,人类文化不断增加了新内容,世俗文化才越来越远离宗教,甚至与宗教对立起来;但在这种情况下两者仍然是不断相互渗透的。到了近现代,特别是当代世界,科技文化的发展一日千里,宗教为了求得自身的存在与发展,必须不断适应现代社会生活和现代人的文化环境,在许多方面不得不吸收世俗文化的内容,对宗教的部分教理、制度、组织、活动方式进行自我调整与变革,或是作出一些新的诠释,或是改变其内容的侧重点,以迎合当代社会与文化发展的潮流。当今世界的某些新兴宗教或教派,在吸收世俗文化方面已走得相当远,同传统宗教有很大的区别。

(二)宗教是人类文化的载体之一

宗教是人类精神文化的一个重要组成部分。它提供了人们对宇宙及人生意义的某种回答,对真、善、美与假、丑、恶提出了自己的看法。尽管这种认识是颠倒的世界观，但不失为一种价值评判与认知体系。马克思指出："宗教是这个世界的总的理论，是它的包罗万象的纲领，它的通俗逻辑，它的唯灵论的荣誉问题，它的热情，它的道德上的核准，它的庄严补充，它借以安慰和辩护的普遍根据。"① 宗教作为人类的精神文化，其内容的主要特点就在于：它把客观上并不存在的超人间的、超自然的力量作为最高的真理；它把自然界与社会的发展视为神意的安排，把对神灵的虔敬和追求作为最高的善；它以艺术形象体现宗教观念，把对神灵的向往和讴歌作为最高的美学情趣。宗教实质上是对人本质的异化和对物的神化。然而，任何一种宗教及宗教哲学、宗教道德、宗教文学、宗教艺术等都是人类的精神产品，是人类文化的表现。

宗教也是一种规范文化。宗教随着人类社会的发展而发展。从氏族宗教演变为民族宗教，再到世界宗教，即从自然的宗教到人为的宗教，宗教发展得愈益成熟，表现为宗教神学的教条化、宗教准则的经典化、宗教礼仪的固定化和宗教组织的制度化，成为一种规范文化。在阶级社会中，统治阶级往往对宗教采取扶植与利用的政策，例如，在中世纪政教合一的社会里，统治阶级通过国家宗教化和宗教国家化的做法使宗教渗透到社会生活的各个领域，成为强化人民群众思想与行为方式的某种指令与规范，以维护和巩固其统治秩序。伊斯兰教就是这方面的突出例子。7世纪初，穆罕默德创立伊斯兰教的活动自始就是与变革阿拉伯社会的运动相结合的。伊斯兰教的一神信仰成为统一阿拉伯半岛、建立民族国家的意识形态。随后，阿拉伯人在对外征服活动中建立了各个王朝和帝国，伊斯兰教始终是强大的统治手段与精神支柱。建立在古兰经、圣训基础上的伊斯兰教法，以体现安拉意志的形式出现，集宗教义务、法律和道德规范于一体，对伊斯兰国家的政治、经济、社会生活各个方面起着重要的指导作用与规范作用，产生了广泛而深远的影响。到了现代，虽然社会生活发生了剧变，但伊斯兰教仍然是伊斯兰国家传统文化的主干，同穆斯林家庭和个人生活密切关联，遵行教法被穆斯林视为信仰虔诚和道德高尚的标志。

语言和符号系统是人类文化的重要组成部分，也是文化创造、传播、

---

① 马克思：《〈黑格尔法哲学批判〉导言》，载《马克思恩格斯选集》第1卷，人民出版社，1972，第1页。

储存、学习的重要工具与手段。宗教有一套语言和符号系统，它不仅表达了宗教观念的深邃含义，而且直接同人们的社会生活相联系，其中有的在传播中已引申为一般的世俗意义，同时也影响到使用它们的民族的思维方式。人们可以发现，像天堂、地狱、天使、魔鬼、救世主、伊甸园、禁果、替罪羊、觉悟、世界、因缘、解脱、劫难、境界、立地成佛、心心相印及十字架、和平鸽、橄榄枝等等已成为许多不同民族的生活词汇和采用的典故、寓言。至于犹太教、基督教、佛教、伊斯兰教、印度教、道教等宗教经典，对于许多民族语言文字的形成与发展都起过重大作用。

一般地说，宗教文化是各民族文化不可分割的重要成分。犹太教是犹太民族文化的灵魂，伊斯兰文化是信奉伊斯兰教各族文化之根基，犹太—基督教文化是欧美许多民族文化的主要来源之一，佛教文化则是南亚佛教国家及中国藏族、傣族等民族文化的基本成分。宗教文化渗透在各民族人民生活中的许多方面，关系到民族感情、民族心理、民族性格、民族精神、生活方式及民风习俗的形成与培育。许多民族在每个人成长过程中的重大转折时期，如出生、命名、成年、结婚、死亡等，使用的一套仪式，多源自宗教。许多重大的宗教节日也演变为民族节日或全民节日。各民族和社会群体在行为、饮食、场所、禁忌等方面都有不少与宗教文化传统相联系的约定俗成的规定，并长期沿袭。在历史的进程中，宗教文化往往作为民族个性的一部分，成为各民族自身团结、统一和荣誉的标志及纽带。

宗教文化不但是人类精神生活的产物，也是人类物质活动的产物。宗教生活需要有神圣的象征及活动场所，而宗教信徒往往需要通过物化的表征来与神灵沟通，激起神圣的宗教感情。人们创造的各种宗教物质文化，既用以表达自身对宗教的理解，也展示了对神圣物或灵性的虔敬与炽烈的向往。正因为如此，在创造宗教物质文化时，人们通常都投入了大量的心力和聪敏才智，不惜时间与财力。中国敦煌壁画和经卷，龙门、云冈、大足的石刻，北京房山云居寺的石经等都是佛教文化的精华，中国文化史上灿烂的传世珍宝。世界各地著名的宗教建筑比比皆是，其设计之精美、工艺之精高、施工之精细，令人叹为观止。

（三）宗教是各种文化模式中起重要作用的因素

一个区域、一个民族或一个国家在不同的生态环境和社会条件下，由于各种文化特质长期的交互作用，通过特定的构成方式历史地系统地形成了一种具有稳定特征的文化联结，这就是人们通常所说的文化模式。[①] 任何一种文化模式都包含价值体系，而宗教直接影响人们的价值观念和价值取向，关系到文化模式的构成方式及其特征。例如，犹太民族曾在历史上遭受过种种苦难，犹太教成为维系散居在世界各地的犹太人民族意识的重要纽带。犹太教在自身的演变与发展中，把神学信条和自由思想、统一性和多样性巧妙地结合起来，强调律法，注重教徒对人生的道德伦理态度。在此影响下，犹太文化模式中比较突出个人对知识、公义和独立性的追求。

美国却是一个多民族、文化多元的国家。按美国人的说法，在20世纪50年代前，美国文化模式是WASP，即"白人—盎格鲁—撒克逊—新教"；50年代后逐渐被PCJ，即"新教—天主教—犹太教"的模式所取代。美国虽没有官方的、国家确定的宗教，但美国人认为自己是个笃信宗教的民族。"美国人是上帝的选民"几乎成为大多数人的共识，尽管信奉哪种宗教，或不信仰宗教是个人的选择。整个社会以"公民宗教"的方式使宗教成分渗透到美国生活方式的各个部分。这种"公民宗教"虽然不是指哪一种具体的宗教，但它在社会生活中是广泛和普遍存在的，被广大的美国人所接受。美国人把国家的命运、民族的利益、市场的变化乃至个人的境遇都同宗教相联系，甚至把宗教作为证实和表现自我的一种方式。在美国人的语言中，宗教与文化往往混为一谈，上帝成为人们普通的口头禅，宗教成为文化的象征。美国文化，特别是在早期，受到新教徒的清教主义（尤其是加尔文主义）道德与精神传统的强烈影响，认为只有在世上勤奋工作和挣钱，取得个人事业上的成功，才是获取上帝选民的资格并在天堂得到拯救的途径，从而把自己的行为与宗教的基本义务结合起来。这就在一定程度上影响了美国人的价值观念，如实用主义、个人奋斗、效率、追求科学与理性的精神等。

中国文化在数千年的历史长河中由多种成分汇合而成。虽然中国从未有过宗教的一统天下，没有国教，非宗教信徒占了人口的大多数，但是儒、释、道及其相互渗透与交融，对中国的社会生活及思想文化传统却有

[①] 参见司马云杰：《文化社会学》，山东人民出版社，1986，第259～269页。孙本文：《社会学原理》，商务印书馆，1935，第314～317页。

广泛而深刻的影响,以至在中国文化模式中,尊祖先、重人伦、崇道德、尚礼仪、讲诚信、求实际等显著特点无不与中国宗教的历史特点直接相关联。

(四) 宗教是文化传播与交流的重要方面

人类每时每刻都在创造文化,每个人都生活在一定的文化氛围中,自觉不自觉地在接受文化教育,同时也在社会交往中进行文化的传播与交流。人类社会就是在文化互动的进程中不断发展与前进的。文化的传播与交流是一种社会活动,必然会受到社会环境、历史条件,以及群体或个人的意识、心理、价值观念、生活经验、情趣等诸多因素的影响,并伴随着文化的冲突、整合、变迁、控制等错综复杂的情况。

在历史上,宗教通常是各国各民族人民文化交流的媒介,宗教的传播往往是文化交流的一种形式。民族宗教演变为世界宗教的过程,除了借助政治或军事力量外,本身就是各民族的文化兼容并蓄、相互吸收与融合的结果。佛教通过西域与中国内地长期的交通往来与文化交流于两汉之际从印度传入汉地。自汉至唐的六百年间,佛教在中国得到巨大发展,教派不断创立,教理时有创新。伴随佛教东传,印度的哲学、逻辑学、天文学、占星学、医学、数学、历法、文学、绘画、雕刻、音乐、舞蹈、建筑等文化内容也带到华夏大地。经过长期的吸收、消化与交融,以佛教为代表的印度文化的许多因素便汇入中华民族文化之中,为中国文化注入了新的活力,也为中国佛教开辟了创造发展的新天地。4 世纪后,佛教经由中国传入朝鲜,6 世纪传入日本,并同它们各自的民族文化相结合,形式和内容都发生了相应的变化,有了各自的文化特点。伊斯兰教在唐朝经陆上与海上的丝绸之路,由阿拉伯、波斯和中亚的穆斯林传入中国,在其后的发展中,同中国各族文化相交融而具有中国的品格。在伊斯兰教传播的过程中,阿拉伯、波斯文化也随之传入,其中天文学、历法、数学、医药学、建筑、火炮、音乐、诗画的知识与技艺,对中国文化的发展做出了积极的贡献。与此同时,穆斯林也成为中国文化西传的桥梁,把中国的造纸术、炼丹术、指南针、火药、印刷术、医学、算术、制图、艺术等带到阿拉伯世界,其后又传入欧洲,推进了当地历史文明的进程。基督教四次来华传教,几经挫折,最终在这个古老国度站住了脚。在这个复杂的传播过程中,基督教"曾有过被殖民主义者利用作为侵略工具的历史,但它对传播西方科学文化，如建立医院，开设学校，提倡男女平等，出版报刊图书，等等，在客观上都起了一定作用"①，成为西学东渐，东学西传的重要媒介。

文化在传播与交流过程中，不同特质的文化不可避免地会发生碰撞与冲突，同时在不断地整合。各种宗教文化在传播与交流时也不例外。中国文化之所以具有无限的生命力，就是因为过去两千多年来本土文化与外来文化不断整合，中国文化得以不断更新、创造和发展。佛教传入中国后，历经依附、冲突、适应、调和、整合诸多过程，成为与原印度佛教不同的中国佛教，教理经改造有了创新，出现了众多的中国化的佛教宗派。后来宋明理学吸收了儒、释、道三种文化并加以整合，从此佛学成为中国传统哲学的一部分。伊斯兰教、基督教传进中国，直到今日能生存、发展，也大致经历了这样的过程，也是与本土文化交融与整合的结果，同样具有中国化的特点。当然，各种文化的交融与整合同当时当地的社会、政治、经济条件分不开，也同各种文化自身的成熟与稳定程度，即它的生命力与活力有关。大体上说，一个国家或民族的文化体系愈有活力，对不同文化的特质的整合力就愈强，文化体系的涵盖面和吸附力也就愈大。

当今的国际社会是开放的多元文化的社会，各种文化处于十分活跃的互动状态中。在开放的社会里，一个国家或一个民族要积极地对待文化的传播与交流，对外来文化与原有文化不断进行扬弃，去其糟粕，取其精华，在弘扬自身优秀文化传统的同时，不断吸取别种文化的长处，丰富与发展本民族的文化。宗教是人类的文化现象，是文化传播与交流中不可缺少的组成部分。不容否认，宗教文化具有两重性，既有积极方面也有消极方面，能起到强化或削弱社会制度、维护或破坏社会稳定的作用。任何社会系统往往运用其组织机制，对文化的生产、传播、氛围、交流手段与途径、信息的选择进行调适与控制，以达到有利于统一社会规范、社会稳定与发展的目的。在现代国家，一般通过国家的法制采用积极的、稳妥的、疏导的社会调控方式对宗教文化的交流加以管理。

---

① 《中国大百科全书·宗教》，"宗教"条（罗竹风、黄心川），中国大百科全书出版社，1988，第6页。

第三章
信教者及其宗教活动

在上一章中，我们对宗教的本质及其特征从社会学的理论层面作了简要的叙述。本章我们将把注意力放在宗教的载体——宗教徒上面。在社会中宗教的特性总是体现在具体的人，也就是那些具有特定宗教信仰及宗教行为的信教者身上。在现实社会里有一部分人是信教者（教徒），另一部分是不信教者（非教徒）。他们的主要差别并不在于政治态度和经济行为，而在于具有不同的信仰和由此而产生的部分不同的社会行为。至于如何去判断一个人是否是信教者及其虔诚度，是个十分复杂的问题；信仰的标志又如何去标定，也是个十分复杂的问题。这些问题引发了宗教社会学家的各种争议。我们在研究信教者的问题时，不可能仅从现象上观察，因为一个人对宗教的信仰不是生来具有的，而是同生活的社会条件与个人的情感体验直接相关，换言之，要同信教者的信教动机联系起来考察，才能得出宗教信仰是否存在的比较完整的判断。本章将围绕信教者的标志、宗教性的测定、成为信教者的原因、信教者的宗教活动等问题作些初步的介绍与分析。

第一节 信 教 者

当我们讨论有关信教者的问题时，首先会提出，何为信教者？这个问题似乎很容易回答，其实问题并不简单。

首先，我们发现，在当今世界没有一个国家能提供一份较精确的信教者或不信教者的统计数字，更不用说全球教徒的统计数字了。宗教团体或教会组织的教徒统计数，往往出于扩大自身的影响或某种原因有所夸大或缩小。在许多国家，宗教信仰被国家视为纯属个人的私事，官方的人口统计或行政表格中是不设"宗教信仰状况"的，信教人数通常是一种估算。由于各国的历史、政治、人文背景不同，各种宗教所处的地位及对社会的影响不尽相同，有时也会给某种宗教的信教者人数的统计带来许多具体的困难。例如，在进行调查统计中，当被问及人们的宗教信仰状况时，有人愿意作出正面回答，也有人不乐意或回避回答。

其次，由于对信教者没有统一的标准和理解，依据不同，结果就出入很大。例如，据欧洲价值体系研究小组 1981 年在欧洲九国（英、西德、法、意、西、荷、比、爱尔兰、丹）广泛调查的基础上提供的报告称，在每 100 个被调查者中，有 63% 的人宣称自己是宗教徒，但其中 18% 的人却又申明不属任何宗教，其中 36% 的人表示自己从不上教堂。[1] 在美国，1980 年代初，约有 94% 的美国人表示相信上帝或万能的神灵，[2] 可是只有 67% 的美国人自称属于某种宗教团体，而每周参加礼拜的人数仅占 40% 左右。[3] 宗教团体或教会组织在统计信教者时采用的标准也不一致。有的将接受入教洗礼或特定宗教仪式的算作教徒，有的将传统宗教家庭的所有成员（包括未成年的子女）都计入，有的把民族的所有成员等同于该民族主要宗教的信教者，有的宗教组织则把他们认为应属于其派别的整个团体成员都包括在它的教徒人数之中，也有的仅把那些积极参与宗教活动的成员认作该教的信徒。更使人感到难以理解的是，西方某些所谓权威的教徒统计资料把当代中国及东亚国家为数众多的人口都归为儒教信奉者。其实，何为儒教尚有争议，看法并不一致。宗教社会学家普遍感到，仅仅根据某个人是否公开宣布信奉上帝或神灵，抑或去不去教堂做礼拜或参加某些宗教活动，并不能成为信教者的可靠证明。在对欧洲七国的调查中，人们发

---

[1] 让·斯托策尔：《当代欧洲人的价值观念》，社会科学文献出版社，1988，第 65 页。
[2] 戴维·波普诺：《社会学》，辽宁人民出版社，1987，第 372 页。
[3] 尹恩·罗伯逊：《现代西方社会学》，河南人民出版社，1988，第 587 页。

现有些人自称无宗教信仰,却又经常参加宗教弥撒,其中约有1%的人每周都进教堂。西欧几乎有6/10的人经常进行祈祷或潜心默思,但其中有1/3的人不参加宗教活动,1/4的人没有宗教信仰,约1/5的人是无神论者。① 在中国,许多人把打坐、入定、默思作为日常健身养性的活动,他们的这些活动并不具备宗教的特性。即使在宣称信奉某种宗教的人当中,每个人对教义的了解程度、参加宗教活动的频度、信教的缘由及信教的虔诚度都有所不同,情况是错综复杂的。宗教社会学家威尔·赫伯格曾在分析美国人的宗教信仰时指出,美国是一个"最世俗同时又最笃信宗教的社会",为数众多的美国人信奉宗教主要是出于社交方面的原因,而不是为了宗教的目的,因为在他们看来,信奉宗教是做一个美国人的条件,是"美国生活方式"的体现。② 这些情况说明了对信教者的判断及信教者标志的标定既是理论上的又是实际操作性的问题,它同对宗教的界定及对宗教本质的理解相关连,比较复杂。

考虑到社会在不断的变革与发展,宗教也在不停地变化之中,我们在研究有关信教者的问题时就必须在社会的动态中去把握它。特别是在当今社会,科学和生产力在急速发展,社会的现代化与世俗化对宗教产生着巨大影响,带来冲击和挑战。人们的信教状况在各种社会因素的制约和影响下经常发生变动。换言之,各种宗教的信徒是个变量,随着时代的发展,其变动的速度或许会愈来愈快。例如,在欧洲"宗教制度正在受到削弱,只有半数的欧洲人对教会表示完全或部分的信任,而新教徒的信任度比天主教徒更弱。相反,各种精神需要应运而生"③。在美国,宗教的变化也随处可见,新宗教不断涌现;信教者变化不小,有的从某一种宗教转向另一种信仰,或成为形式上的教徒。马丁·马蒂分析这种现象时曾指出,许多美国人利用宗教作为证实和表现自我的一种方式,他们甚至像挑选某种能满足自己消费需要的商品那样选择某种宗教。④ 在社会急剧变革的国家里,社会的巨大变迁带来信仰的变化,信教者与非信教者处于较大的变动中,有时界限是相当模糊不清的。信教者成为非信教者,不信教者转向宗教,这些情况是屡见不鲜的。

---

① 让·斯托策尔:《当代欧洲人的价值观念》,社会科学文献出版社,1988,第61、65页。
② 转引自尹恩·罗伯逊:《现代西方社会学》,河南人民出版社,1988,第575页。
③ 让·斯托策尔:《当代欧洲人的价值观念》,社会科学文献出版社,1988,第206页。
④ 转引自尹恩·罗伯逊:《现代西方社会学》,河南人民出版社,1988,第585页。

一 宗教性的测定

20世纪50年代以前，宗教社会学家们还比较热衷于给宗教下一个单一的定义。但是到了50年代，应用社会学盛行，宗教学受其影响，开始向微观方向发展；此时单一的宗教定义或宗教概念已不能使宗教社会学家感到满足。加之统计分析的方法在宗教研究领域的广泛使用，使得很多研究者开始关注"宗教性"的问题。所谓宗教性，是判断一个人是否是信教者及其虔诚度的标准。于是，什么人可算是信教者及对宗教性的测定问题，一时成了宗教社会学研究的热门。一些研究者为此对信教者的若干现象或特征及其虔诚度的强度提出了可观察测定与可操作性的解释。正如宗教的定义一样，对宗教性的测定也不存在统一的见解，而不同的观点又使研究者的研究和结论呈多元状态。

对宗教性的测定，起初使用的是一种一维测定法，即只用一个单一的标准，以参加宗教仪式的频率为标准来判断。一维测定法包括两个方面：一是统计人们上教堂或参与礼拜的次数，二是通过问卷征询人们参加宗教活动的情况。这种测定法本身就设置了这样一个前提，即假定了上教堂的次数与频率能反映宗教行为的所有方面，以它为标准能够评估出宗教对某个人影响的强度。事实上，这个前提是不确切的。参加教堂活动并不能完全反映某个人的宗教意识和宗教情感，上教堂的原因是多种多样的。脱离人们的宗教意识，不考虑行为的动机，仅以某种外在表现形式来判断宗教性，难免有所偏颇。在60年代初，宗教社会学家杰哈德·兰斯基在其《宗教因素》一书中指出："尽管美国人到教堂去得更勤，但他们的思想感情和价值观念的培育，很少是由于宗教本身的原因，而主要是由于各种世俗的原因"。因此不联系宗教信仰的多种复杂因素，仅以去教堂为标准测定人们的宗教性是缺乏说服力的。除此之外，我们还需要尊重这样一种客观事实：不同教会、不同教派对作为信仰标志的行为的强调是各不相同的。例如：传统的天主教认为，要获得拯救，就要参加一定数量的弥撒仪式；有的新教团体认为，真正基督徒的标准在于向教会捐款的多少；有的教派强调祈祷和个人的虔诚；美国基督教联合教会中的自由派则认为，参加社会活动，如保卫和平运动、反对种族主义运动等等，才是基督徒的标准。除了教会、教派团体方面的要求之外，个人对其信仰的最佳表达形式的认识也是各不相同的。也就是说，除了团体的标准外，个人内心还有一种衡量自己虔信度的标准，这是一维测定法无法测量到的。此外，一维测定法还忽视了非常规的信仰以及不参加传统的宗教团体仪式及活动的信教者。

在一维测定法中，有的是根据被询问者自己的陈述，即表明自己是否为某一宗教群体的成员，或表示个人对宗教的态度，指出宗教在其生活中所起的作用（如"非常重要"、"相当重要"、"有些重要"、"完全不重要"等），来判定此人的宗教性。这种以人们对宗教的表白及主观态度作为宗教性判断标准的做法，近似于身份测试，虽然有助于了解人们对宗教的态度与认识，考察各种宗教群体的状况，但并不足以确定信教者与非信教者以及信教者的虔诚度。例如，美国社会学家弗农根据埃尔姆陶恩市大学生的征询材料说明了这种测定结果的不可靠性。被调查的大学生全部都宣称自己是信教者，但其中9%的人说不出自己所属宗教群体的名字，51%的人同宗教组织毫无关系。[1]

随着研究的深入，社会学家们发现宗教性不是单一的一维现象，因为各个信教者是在不同层面上，以不同的方式信仰宗教的。某个人可能在某些测度上表现得比较充分，得分较高；而在另一些尺度上体现得则不充分，得分较低。因此宗教性是一种综合的反映，要在多层面上、以多维尺度去衡量。在社会学方法的运用上，从一维测定法走向多维测定法。

首次突破单一测定法的是美国社会学家约瑟夫·菲赫特。他开始把测定标准公式化，并注意到了宗教性的不同层面。例如，为了确定一个人是否为天主教信徒并测定其虔诚度，他提出了以出席弥撒的次数、参与或投身于教会活动的程度、对宗教的热情与兴趣等为标志的宗教性的四重类型学。但他的多维测量法还是初步的，测定标准仍以参加正式宗教礼仪和活动为基础，有很大的局限性，类型也比较简单。美国社会学家杰哈德·兰斯基研究了"团体参与"（associational involvement）与"共同参与"（communal involvement）的区别。前者指教徒参加教会活动的频率和参与这个团体的其他工作的频率，后者指教徒的三亲六戚、至交好友当中有多少人与他或她属于同一个宗教。兰斯基的研究表明，这两方面并无多大的

---

[1] Vernon, G. M., *Sociology of Religion*, New York, 1962, p. 22.

关联，但它们对教会成员的影响是不同的，"共同参与"比"团体参与"对一个人的信仰影响更大。

美国社会学家查尔斯·格洛克在 50 年代末提出了很有影响的多维测定法。格洛克的测定公式最初包括四个方面，后来他与其同事罗德尼·斯达克一起，将公式又扩展至八个方面，从体验、仪式、虔敬、信念、知识、伦理、社会关系以及个人得救信念等方面来评价一个人的宗教性。在此，体验是指个人与神交往的感受（即认为已体验到了与上帝的关系）。仪式是指参加崇拜活动的情状与次数。虔敬是指个人有规律的祈祷及表达忠诚的行为（如研读圣书、向宗教组织布施等）。信念是指个人对其宗教团体之信仰赞同的程度。知识是指对其团体的信仰及教义的了解。伦理是指宗教信仰与宗教行为对个人日常生活的态度与行为的影响程度。社会关系指个人的亲朋好友与他或她是否同属一个宗教团体。个人得救信念与普救论相对，是指个人相信自己的信仰能提供得救之希望的程度。

相比一维测定法而言，这种多维测定法自然是大有进步，它注意到了宗教性的多种层次和不同方面，提出了某些能反映问题的可操作性的测量指标，增大了可信度与有效度。但是这种方法仍有许多缺陷。这些测定法大多基于西方传统的基督教社会背景，会把许多信仰原始宗教或其他非传统的宇宙论的人排斥在信教者之外；另外，宗教群体的多样性、不同倾向与宗教性的关系未能在其中得到充分反映。使用这种方法得出的结论往往是，自由派成员比保守派成员的宗教性弱，贵格会教徒似乎比南方浸礼会教徒的宗教性弱，而天主教徒比公理会教徒的宗教性强等。这种结论并没有充分的理由，而且贵格会教徒和公理会教徒从来也不认为他们的宗教性比别的信教者弱。

为了避免这些问题，美国学者詹姆斯·戴维德逊和蒂恩·克努德森又提出了一种新的测定法。他们认为，由于各个宗教群体的信仰有别，因而不能笼统地一概而论，应该在"宗教取向"和"宗教信奉"上作出区别。宗教取向包括特殊的信念、个人得救信念的倾向，信仰在日常生活中的伦理作用、社会关系和宗教知识。宗教信奉分为两个方面：宗教意识和宗教参与。宗教意识指信教者对宗教在其生活中之重要性的评价，例如，根据信仰者个人关于重要性的标准来评价宗教是否重要，宗教在使人生有价值方面是一种积极的还是消极的力量，宗教信仰有助于在日常生活中作出决定的程度等等。宗教参与则指清楚可见的宗教行为：参加仪式、参加宗教团体赞助的各种活动。宗教参与的程度可以通过下述问题来测定：一个月中参加仪式的次数，参加一般的宗教团体活动的次数，在教堂之外是否祈祷或读经，饭前是否感恩等等。他们的研究发现，宗教意识和宗教参与之间有较高的相关性，即宗教意识强的信教者，宗教参与性就强，反之亦然。

  总的说来，以上各种方法，无论一维的还是多维的测定法，都属于传统的方法。在变化迅速的现代社会，宗教为了自身的生存，也会随着社会的变化而变化，宗教的新形式也会出现，因而用传统方法测定新形式中的宗教性就会出现问题。鉴于这种情况，美国社会学家弥尔顿·英格另辟蹊径，提出了一种新方法。这种方法的理论基础是他关于宗教的功能性定义，即宗教是人对付终极生存问题的工具。他完全抛开了从传统宗教性概念入手来确定宗教对日常生活影响的方法，而关注真正能对人生提供意义和目的的东西。它既可通过宗教群体来表现，也可完全存在于传统的宗教形式之外。英格提出了几个命题，要求被调查者说明自己同意或否定的程度，以便确定其基本的宗教性。这几个命题是：

  （1）苦难、不义，最后还有死亡，都是人的命运，但它们不一定是否定性的体验，它们的意义和影响可以通过我们的信仰而形成。

  （2）无论如何，我对于"人的根本条件"和"人性的终极问题"这类说法不可能感兴趣。

  （3）一个人最困难、最有害的体验常常是增进悟性和持久力量的源泉。

  （4）尽管人类生活的环境常常非常混乱，但我相信，对生存来说，仍然有一种秩序和模式，有朝一日我们终会理解它。①

  英格认为，对这些命题的回答，可以表明一个人的基本宗教性，然后再要求被问者回答以下问题，就可以确定什么是宗教信仰者的终极关怀：

    在你沉浸于反省的时候，当你的思考超越了日常的生活问题（不管这些问题如何重要），超越了看来最显眼的事情，超越了短暂无常

---

① 弥尔顿·英格：《宗教之亚结构的比较研究》（英文版），1977，第76页以下。

的事物之时,你认为人类必须面对的最重要问题是什么?换言之,你把什么看作是人类基本而又永久的问题?①

由于英格认为宗教从本质上说是一种群体现象,他还设计了一些问题,以便发现个人所参与的、支持并强调这种终极关怀的宗教团体是怎样的团体。

你是这么一个团体——不论此团体是大是小,对它来说,这个基本而又永久的问题和与之有关的信仰是它关注的核心和生活的最重要的理由——的成员吗?如果是,请简要说明这个团体的特征。②

我们从英格的上述问题中可以看到,他把解决人生最高的终极问题的一切企图都视为宗教现象,在此框架下进行宗教性的测定,不仅超出了大多数人对宗教及宗教性理解的范围,而且使得宗教性融入广泛的各种社会表现之中,实际操作和测定是十分困难的。另外,英格使用的是一种诱导的方法,他企图发现人们最终关注的和为人提供意义、希望的东西,而不事先假定宗教是什么,或者人们有哪一种信仰。这种方法不利于清晰的关联分析和统计分析。因此,作为研究的工具,英格的方法需要修改和进一步完善。在使用英格方法测定宗教性的研究中,有的报告发现,在传统的测定宗教性的答卷中得分高的人,在英格方法的测定中得分也高。也有一些报告认为,用英格的方法所得的结论,有助于发现人们不可见的或非常规的宗教信仰。由此可见,英格测定法具有自己的某些长处。总的说来,英格的方法虽然不像格洛克和斯达克或戴维德逊和克努德森的方法那样明晰有效,但对于那些只对个人层次上的宗教感兴趣的人,或者那些只对作为文化体系的宗教感兴趣的人来说,英格的方法给人们以新的启迪,在一定程度上开拓了一个新的视野。

前苏联的宗教学者从20世纪60年代开始加强了对宗教性及宗教社会

---

① 弥尔顿·英格:《对宗教的结构考察》,《对宗教的科学研究》1969年第8卷,第1期,第93页。
② 弥尔顿·英格:《对宗教的结构考察》,《对宗教的科学研究》1969年第8卷,第1期,第93页。

学的研究。尽管他们对一些概念有不同的解释，但大都把注意力集中在宗教对个人、社会群体的意识与行为的影响和宗教性的具体表现、特点、强度、变化等方面。多数学者认为，应借助于一系列可操作的判断标准，从宗教意识、宗教行为及个体参与宗教团体活动的状况等三个主要方面去判断某个人的宗教性，确定信教者宗教信仰的内容和虔诚度。宗教意识指信教者相信或认识哪些宗教教义、思想观念和神话传统，有何宗教要求、宗教感情、信仰动机等。宗教行为包括三个方面：一是与宗教动机和宗教意识直接关联的崇拜行为，如参加宗教仪式、家庭祭祀、祈祷等活动的情况及频率；二是非崇拜的宗教活动，如通读宗教经典、参加教会组织的活动、家庭的宗教教育、在亲朋好友中宣传宗教等；三是宗教对个人日常生活的影响，包括对社会生活、家庭生活、道德伦理、风俗习惯等各领域的影响。除了宗教意识和宗教行为之外，个体对宗教关系的归属性指标，即是否加入宗教团体，也是判断宗教性的标志。

　　前苏联学者为了测定宗教性，将访谈、观察、填写书面调查表等方法结合起来使用。通过抽样的调查材料与统计资料，对被调查者的主观特征（对宗教的态度）及客观特征（宗教行为）加以综合、进行分析，从两者的关联中考察每一个体的宗教性。同时在此基础上对特定的人群进行分类。由于分类的标准和着眼点不同，学者们提出了各种方案，有的依据人们对宗教和无神论的态度，有的则重视个体所具有的宗教特征，也有的通过教派、宗派、教区成员所具有的信仰特征的不同强度来进行分类。从1978年起，前苏联社会学学会无神论与宗教社会学中央分部的会议曾多次就宗教性和无神论信念的方法论问题进行了讨论。德·英·乌格里诺维奇提出的以对宗教和无神论的态度为主要依据的世界观群体的类型学模式得到了众多学者的赞同。这个分类模式制定了测试宗教性的各种主观特征与客观特征的经验指标，把被调查者分别归入虔诚信徒、信徒、动摇者、漠不关心者、消极无神论者、积极无神论者六类群体，实际上就是把人群分为信教者、不信教者和无神论者三大类。这种类型模式强调意识形态中宗教观与无神论的对立，甚至把是否与宗教作思想斗争作为被调查者行为特点的标志之一。这种将世界观的分野放在重要位置上的分类模式，客观上不利于团结信教者与非信教者共同为社会服务。另外，这种分类法十分繁琐，对"无神论者"概念的界定又含混不清，其经验特征及指标基本上是参照传统的基督教提出的,其他一些宗教的行为特征未能在其中得到完整而准确的反映。但是,前苏联学者在宗教性测定中将个体的宗教意识、宗教动机、宗教知识同宗教行为以及所属的宗教关系综合起来加以考察的思路是有借鉴价值的。

在中国,民族众多,历史悠久,不同地区社会与文化的发展又不平衡,宗教现象十分复杂纷繁。既有土生土长的宗教,如道教,又有外来的宗教,如基督教,还有从外国传来但在中国已有悠久历史并发生了变化的佛教,更有无数的民间宗教;既有与中国伦理道德交融在一起的儒教文化,又有与民族问题密切相关的伊斯兰教。正因为中国国情的诸多复杂情况,对于宗教性的测定具有较大的难度,不是几个简单问卷或公式就可以做到的。同时,宗教社会学的研究在中国起步较晚,大规模地使用统计分析的方法和抽样调查来研究宗教的工作尚未全面展开。目前只有一些零星的局部的调研资料及关于教会或信教者发展方面的统计数据,而统计的标准又未必十分科学、严密。毫无疑问,以上所介绍的各种测定方法对我们今后开展统计分析、定量定性研究具有参考价值,可以成为我们的借鉴;但是如何根据中国的宗教实际情况,进行科学的宗教性测定仍是一个值得进一步加以探讨的课题。

二 成为信教者的因素

每个人从降临到这个世界的那一时刻起,就是一个社会的人。人的本质就是一切社会关系的总和。人在婴儿的时候,并不存在什么"宗教的本能",也是不可能接受宗教信仰体系的。一些人在人生的历程中,接受了宗教信仰成为信教者,绝非"傻子遇上骗子"那样简单,而是同他生活的社会条件、生活方式以及其自身的主观因素相关联的。换言之,宗教现象的存在和个人信仰宗教的根本原因要从一定的历史条件下客观的社会环境(包括生态与文化环境)中去寻找。当然,仅是客观的社会因素也不足以使一个人成为信教者。事实上,在同样的社会物质生活条件下或有同样生活际遇的人并不一定都会产生宗教信仰,这还同每个人的主观因素有关,即与个人的认识、感情、意志等心理活动或同个人精神生活和感情生活的多层面、多元性的需要分不开。同时,成为信教者往往不是单一原因造成的,而是多种主观与客观因素共同作用的结果。

具体地说，成为信教者有自然的、社会的、文化的与个人的诸方面因素。

(一) 自然因素

恩格斯曾深刻地指出："一切宗教都不过是支配着人们日常生活的外部力量在人们头脑中的幻想的反映"①，这里所说的外部力量指的是自然力量和社会力量。人类最早的神灵观念的出现就是原始人在与自然界进行的斗争中，由于生产力与认识能力的低下，将巨大的不可抗拒的自然力量幻想地反映为超人间的力量的产物。随着人类社会的发展，社会生产力与科学技术有了巨大的进步，经济基础和生活质量有了明显的提高，特别是现代社会的发展变化一日千里，人类战胜自然的能力和信心日益增强，宗教所反映的超人间力量的内容已渐趋缩小。但是人类利用自然力和抗拒自然灾害的能力还是有限的，具有异己性的自然力量的压迫也未完全消失。世界上每年的地震、风灾、水灾、旱灾、海啸、火山爆发及天然火灾等还给人类生活带来严重的威胁与损害。在发展中国家或生态环境比较差的地区，社会生产力的水平还不高，科学基础和设施较落后，自然经济和半自然经济仍占有相当比重，在一定程度上未摆脱依靠大自然的"恩赐"或靠天吃饭的状态，减灾抗灾能力薄弱，对自然因素造成的各种困苦还不能应付裕如，人们还未能从自然界的压迫中真正解放出来。据联合国认定，从1963年至1992年的30年间，世界上共发生了1531起大灾害，尤其是洪水、台风和干旱这三大灾害呈上升趋势，90%以上的大灾害发生在发展中国家。② 这种情况影响了某些人对自然力量的正确认识，把自然的灾害和生态的严峻与某种神意或天命联系起来，视某种自然力量为异己的压迫力量或人格化的神秘力量，对它产生盲目信仰并顶礼膜拜。

在自然条件恶劣的地区生活，或从事一些受自然条件的影响较大而易发生危险事故的行业（如航运、渔业、采矿业等）的人们，由于容易遭受不测事件，经常生活在恐惧与不安中，因此，为了求平安、祈丰收、消灾

---

① 恩格斯：《反杜林论》，载《马克思恩格斯选集》第3卷，人民出版社，1972，第354页。
② 参见联合国1994年5月24日在日本横滨举行的世界减灾会议上发表的世界灾情调查报告。该报告是对179个国家的5000起以上、15种自然灾害的情况进行分析后提出的。报告认为大灾害的判断标准是：财产损失超过该国年国民生产总值的百分之一，受害者超过该国人口的百分之一，死亡人数超过100人。

避祸，更容易皈依宗教，从中寻求神佑和精神慰藉。

在当代，一方面，随着社会进步和科技的迅猛发展，人们对自然现象及其规律的认识日益加深；另一方面，就目前的科学水平而言，在宏观或微观的自然科学领域中尚有许多有待认识和发现的对象，大自然的奥秘远未被人们掌握穷尽。例如，在宇宙科学、原子科学和生命科学中，不少现象之谜尚未解开。只要人们还不能达到用科学手段制造出生命，自然力量的异己性也就不能最终消失，宗教的神创说、三世轮回说、两世论等就还会有一定的市场，被某些人所接受。当一些人尚不能辩证地对待个人的有限认识能力与无限发展的客观世界之间的矛盾，正确地解决相对真理与绝对真理、偶然与必然的关系时，就有可能打开宗教信仰之门。

（二）社会因素

社会生产力总水平的低下，物质经济上的贫困，科学文化的不发达，是人们产生宗教信仰的重要社会根源。马克思、恩格斯说过："当人们还不能使自己的吃喝住穿在质和量方面得到充分供应的时候，人们就根本不能得到解放。"[1] 要提高人们衣食住行的质与量，就需要强大的社会生产力与物质经济基础，有赖于强大的科学技术手段。处于贫困而又无力摆脱贫困的人们为了缓解精神上的压力，往往求助于神灵，以消灾降福、治病祛难。联合国在关于世界灾情的报告中认为，多数大灾害发生在发展中国家，主要原因就在于"贫困带来人口爆炸、人口流入大城市、破坏自然环境等结果，造成了面对灾害无力应付的脆弱结构"。[2] 说到底，也还是生产力低下，无力摆脱贫困所致。

在阶级社会里，阶级压迫和社会不公正现象的存在是人们到宗教中去寻找精神寄托与安慰、成为宗教信徒的主要社会原因。在现代资本主义社会里，尽管社会生产力有较高的水平，人们的文化水平也普遍较高，但是，只要阶级剥削和压迫制度存在，资本主义生产方式仍然是一种支配人的日常生活的社会的异己力量，人们就不可能从根本上改变谋事在人、成事在神的状态。当人们还不能掌握自己的命运时，"在各阶级中必然有一

---

[1] 《马克思恩格斯全集》第42卷，人民出版社，1972，第368页。
[2] 参见联合国1994年5月24日在日本横滨举行的世界减灾会议上发表的世界灾情调查报告。

些人，他们既然对物质上的解放感到绝望，就去追寻精神上的解放来代替，就去追寻思想上的安慰，以摆脱完全的绝望处境。"①列宁也说过："现代宗教的根源就是对资本盲目势力的恐惧……因为人民群众不能预见到它，因为它使无产者和小业主生活中随时随地都可能遭到，而且正在遭到'突如其来的'、'出人意料的'、'偶然发生的'破产和毁灭，使他们变成乞丐，变成穷光蛋，变成娼妓，甚至活活饿死。……只要受资本主义苦役制度压迫、受资本主义盲目破坏势力摆布的群众自己还没有学会团结一致地、有组织地、有计划地、自觉地反对宗教的这种根源，反对任何形式的资本统治，那么无论什么启蒙书籍都不能使这些群众不信仰宗教。"②对于无情的资本的盲目势力，各个阶级，包括剥削阶级成员，都无法控制和预测它，因此视之为一种异己力量而感到恐惧。在现实中得不到的东西，在宗教中可以得到补偿；心灵上的紧张、不安与不平衡，在宗教中可以享受到暂时的宁静与安和；充满罪恶与不公正的世界，可被死后"天堂"的幸福生活所取代；社会的无情与冷酷，可被宗教的"兄弟情谊"化解；自身虽无能为力，但有神的万能与威严可仰赖；人间的尔虞我诈与罪恶的贪婪，可被上苍的赦免所涤除；生命的短暂与不幸，可被"灵魂永生"所补偿；人生的痛苦与炎凉，可用宗教中的"平等"与"精神自由"去消解。这一切正如马克思所言，"宗教是被压迫生灵的叹息，是无情世界的感情"，也是"现实的苦难的抗议。"③

在社会的变化运动中，每当处在剧烈的社会变迁或社会转型时期，往往伴随着宗教的变迁。在这种历史时期，一些群体在社会剧变中会发生解体，原有的价值观及社会规范产生了动摇，造成某种"失范"或"无规范"状态。某些群体的个体成员丧失了安全感和认同感，思想上出现混乱与困惑，产生一种明显的挫折感或失落感。他们一方面抱怨旧时代的败坏、物质的匮乏及道德的沦丧；另一方面去追随一种新的价值观，依附可以重新获得安全及共鸣的新的载体。这时，宗教会成为这部分人获得内心平衡与精神抚慰的最易理解、最方便的一种途径或手段，因此他们就会转

---

① 《马克思恩格斯全集》第19卷，人民出版社，1972，第334页。
② 《列宁选集》第2卷，人民出版社，1960，第379页。
③ 《马克思恩格斯选集》第1卷，人民出版社，1972，第2页。

到宗教中寻求出路与寄托，成为某种宗教群体的一员。

社会生活中存在种种现实的矛盾，人们一旦得不到合理的、妥善的解决，又不能取得科学的认识时，信仰宗教就难以避免。即使在阶级已不存在的社会主义社会，仍然有宗教存在的社会根源，就会有人成为信教者。换言之，只要合理的人际关系尚未完全建立，就还存在支配个人生活的社会异己力量，宗教也就会存在。在当今的中国，大规模的阶级斗争已经结束，我国转入了以经济建设为中心、建设有中国特色的社会主义的新时期。虽然这时产生宗教的阶级根源已不存在，但在一定条件下各种社会矛盾仍会通过信仰宗教反映出来。在上层建筑领域，社会主义民主政治制度、各项管理制度和社会主义法制都需要逐步完善，管理工作中的失误、环节上的缺陷、干部中的某些特权与不正之风、社会上种种不合理的东西及陈旧落后的思想意识，以至某些消极腐败与丑恶现象仍然存在。在经济领域，社会主义市场经济正在形成之中，还不成熟；各地区及各部门的经济发展不平衡，多种经济成分并存，竞争机制的引入及生产、流通、分配、消费过程中的各种复杂局面等，都必然引起各种社会关系与利益格局的变化，改变了人们原有的思维定式、生活方式和生活节奏，造成个人与社会间、个人与个人间、群体与群体间、现实与理想间、眼前利益与长远利益间、失败者与成功者间诸多矛盾。在迅速变化的社会中，各种关系一时难以理顺，一部分人的生活、思想、心态难以适应现实或无所适从；有些人获得成功，有些人却遭到不幸与失败。一个人如果没有树立起科学的世界观、人生观、价值观、劳动观和生死观，对于各种复杂的社会矛盾未能妥善地加以对待与处理时，就会感到命运难以捉摸，不能发挥个人的能动创造精神。一旦遇到挫折与打击，就难免对生活和未来失去信心。"只要人们还有一些不能从思想上解释和解决的问题，就难以避免会有宗教信仰现象。有的信仰具有宗教形式。有的信仰没有宗教形式。"[①]

婚姻与家庭是社会生活的一个重要组成部分。婚姻本身是一种社会制度。家庭作为社会的细胞，是一个动态的社会实体，它除了血缘关系外还是社会关系（包括经济的、道德的、法律的关系）的体现者。婚姻与家庭的组成、状态，可以给人们带来生活的美满、和谐与幸福，也会给某些人

---

① 《周恩来选集》（下卷），人民出版社，1984，第267页。

造成不幸与痛苦。在一些国家或社会、经济不发达的地区，在相当一部分群众中，男尊女卑、重男轻女的观念十分严重，包办婚姻、买卖婚姻，甚至拐卖妇女儿童的现象仍然存在。在当代工业化社会，表现为婚姻破裂和离婚现象的婚姻危机呈上升趋势。家庭成员间往往因为利益纷争和感情上的摩擦出现各种矛盾。有些人因婚恋或家庭生活遭受挫折而感到"不完美"、"不如意"、"不幸"时，在精神的重负下对尘世生活悲观失望，为摆脱烦恼和痛苦、寻求心灵上的宁和，投入宗教的怀抱，成为信教者。

（三）文化因素

宗教是一种重要的社会文化现象，其内容有极为丰富的文化蕴涵，是各民族传统和精神财富的组成部分。宗教为了自身的生存与发展，伴随着社会生活的演变，在教理内容和活动方式方面不断进行自我调适，有较大的顺世随俗的适应性，通过对世俗文化的吸收日益走向世俗化。

宗教群体一旦形成后，在其社会化的进程中，总是会通过系统的或非系统的、正规的或非正规的种种途径与手段将其宗教信念、思想、主张、知识和行为方式传播给周围的人们，或努力影响他们。长期生活在宗教家庭或宗教氛围中的人是比较容易接受宗教影响而信教的。家庭的宗教教育及宗教团体举办的各类学校在对儿童、青少年实施的系统的宗教教育中所起的教化作用是不可低估的。例如，在一些虔诚的天主教、佛教或穆斯林家庭中，在家长的言传身教下，子女通过长期的耳濡目染和潜移默化的作用普遍遵守家庭的宗教要求与约束，学习与参与宗教的崇拜活动。当今世界范围内的大多数宗教组织一般都建有正式的教育机构，把教育活动作为宗教的重要活动内容，作为传播宗教、增进宗教品质、保存宗教传统生活方式的一种手段。在西方国家，天主教、基督教的教会学校吸引了不少教徒家庭和非教徒家庭的青少年入学，由专门的教师授以教理等系统的宗教知识，对学生的宗教生活进行正规的训导。

宗教都有比较严密的组织与制度，有一系列仪式和活动，不仅能增强信徒的信仰和凝聚力，对非教徒也会产生一定的影响。各宗教群体的成员在社会互动中通过恳谈、交友、旅游、建立互助组织（如团契、青年会、俱乐部、妇女会、老人之友等团体）与婚姻关系等在正式宗教关系之外增强与密切联系，传播宗教思想，这种活动自然会扩及他们周围关系密切的非信教者，吸引后者参加进来。当今的宗教活动更趋实用与简化，并采用现代化传媒手段和现代语言，加上便捷的现代化交通、电讯工具和频繁的交往，这一切都为社会上更多的人（包括非信教者）了解宗教与接触宗教提供了方便。有些原无宗教信仰的人就是通过较多地接触宗教或参与宗教活动获得了宗教知识，并逐步接受宗教信念，最终皈依了宗教。事实上，从不信教到信教的转变是个渐进的过程。皈依只是一个标志，表示对宗教信仰与宗教生活的一种更自觉的接受。

各种宗教道德中都有一部分内容是反映人与社会的普遍关系的，同社会公德对人们的基本要求相一致。宗教徒还受到反映人—神关系的宗教道德观念与戒律的约束，对自己的行为起到某种自律的作用。在社会生活中，大多数宗教信徒行为端正，富于友爱与团结互助精神，具有良好的道德风范。不容否认，宗教道德对社会中一部分人有一定的吸引力，有些人由此对宗教产生好感，或为了从宗教道德中寻找实现自我价值与自律的精神力量而去信教。

宗教是精神世界的产物，它具有多种表现形态和丰富的文化内涵，不仅与人类史上特定的时代相联系，而且还表现出强大的传统力量。宗教文化涉及人生价值与理想意境的追求，故较之一般意义上的文化有更深的层面。宗教典籍、建筑、音乐、绘画等保存了大量的民族历史、社会、科学、艺术的宝贵资料，宗教的寺、观、堂等场所通常就是文化传播的中心。因此人类文化的传承过程不可避免地向人们传递着宗教的信息。虽然这种宗教信息更多地会作为一种文化给人们以知识和精神的享受，并不一定会导致人们皈依宗教，但是也会有一部分人在对宗教文化发生浓厚兴趣或进行探讨的过程中出自个人的情趣与爱好，或精神上、心理上的需要而皈依宗教。

世界上许多具有强烈宗教文化传统与背景的国家和民族，对于人生中重要的时期或事件，如出生、命名、成年、结婚、死亡等，用一系列的宗教仪式来表达庆祝或抚慰，提供指导与教诲，给人生以社会的、文化的意蕴，人类学家称之为"生命礼仪"。这种礼仪不只是为宗教家庭的成员举行，也为非教徒所采用，这就在事实上为部分不信教的社会成员提供了选择宗教信仰的机会。虽然这种"生命的礼仪"对于一个婴儿或未成年人来说或多或少是被动的、不由自主的，缺乏名副其实的宗教意义，但伴随着个体生活体验的增多，在社会舆论或宗教氛围的影响下，这种宗教意义往往会逐渐内化为真正的信仰。

世界上有的民族几乎全民信奉某一宗教，宗教文化渗透到民族的生活方式、节日、风俗、饮食等各个方面，乃至影响到民族共同心理素质的形成，成为民族传统文化的重要组成部分与核心内容。在这种情况下，宗教对每个民族成员的关系是十分密切的，在思想观念及行为中都会留下深刻的烙印。在这些民族中，孩子一出生就被视为本民族宗教群体的自然成员。

（四）认识与心理因素

每个人都生活在特定的社会环境之中，但是，能否皈依宗教、成为信教者，是同每个人的具体社会背景与个人阅历分不开的，强大的社会因素和社会影响对个人起着重大作用。只有在社会环境与情境的先决条件同个人的心理需要及认知活动、可受性有某种程度的结合时，才会出现对宗教的信仰。对宗教信仰的过程往往是渐进的，包括许多阶段和程度的递增。

宗教信仰的产生同人的认识活动直接相联系。人对事物的认知是主客体相互作用，由感性上升到理性、由特殊到一般、由具体到抽象，逐步深化的结果。人类的认识能力是无限的，物质世界是可知的，但是个人的认知能力则会受制于历史条件、知识水平、思想方式、生理与精神状态等因素。在对客观事物近似圆圈式、螺旋式的认识过程中，一个人如果将曲线中的任何一个片断或环节片面地加以夸大或绝对化，使主观脱离客观，就有可能使认识脱离客观事物的原本，产生唯心论或宗教。因此人的认识有可能正确地反映客观事物，获得正确的结论；也可能歪曲地反映客观事物，得出错误的结论。同一个人在不同场合、不同条件下的认识也会出现差异，有的正确，有的错误；在不同时间认识也会发生变化，产生不同的结果。正确的认识与错误的认识、各种思想和观点可以同时存在于一个人的脑中。例如有的科学家，其自然观是唯物主义的，但他的世界观却是唯心主义的，或是个虔诚的宗教信徒。同样，由于认识的变化，可以从无宗教信仰转到有宗教信仰，也有可能从信仰宗教转到不信仰宗教。总的说来，人类的认识能力和认识领域在不断增强与扩展，但人类对自然与社会现象的认识远未穷尽，未知的对象还很多。只要人们对自己的命运尚不能把握，社会力量和自然力量还具有异己性和盲目性，人们的错误认识就有可能将他们导向宗教信仰之路。

人类是高级生物，既有复杂的、多种多样的精神需要与感情生活，也有各异的心理素质与心理活动。心理素质同每个人的个性和自我意识的发展又密切相关。人生的道路短暂而曲折，有各种各样不可预料的机遇与境况，至于生离死别、悲欢离合更是每个人都会碰到的事情。当人在苦难或险恶的逆境中感到无力摆脱、难以驾驭自己的命运时，有时就会失去斗争的勇气与信心，出现恐惧、孤独、空虚、紧张、压抑、苦闷等复杂的心理感受，需要援助、爱抚、宣泄与解脱。例如处于青春期阶段的年轻人，由于生理上正发生变化，又刚步入社会、涉世尚浅，知识、认识能力与适应能力都不足，如果在生活道路上遭遇不幸（失学、失业、失恋、事业不顺心、人际关系不如意、意外事故、身患重病、亲人亡故等），就易导致极度的紧张、躁动不安，在心理上与情感上出现困惑。如果人们通过惯常的解决问题与减缓精神紧张的办法不能有效地释放精神上的重负与感情上的不适，往往就会到宗教中寻找依托，寻求精神上的慰藉与感情上的满足。费尔巴哈在分析宗教心理时曾说："宗教的前提，是意志与能力之间、愿望与获得之间、目的与结果之间、想象与实际之间、思想与存在之间的对立或矛盾。"① 他还说："只有依赖感才是表明和解释宗教的心理根源和主观根源的唯一正确而普遍的名称和概论。"②

人都有对爱的渴求；世间有了爱，生活才感到丰足，有了色彩。人在生活中总是需要从周围的人们那里获得理解、同情、共鸣、援助、怜悯和抚慰，这是比较普遍存在的心理需求。"宗教是被压迫生灵的叹息，是无情世界的感情"，③ 因而它最易拨动人的心弦。各种宗教都宣扬博爱，讲普度众生、灵魂拯救，十分迎合人们心理与感情的需要，特别是对在人生旅途中漂泊不定、生活境遇凄惨坎坷的人有很大的吸引力，因为它提供了心灵宁和与安全的避风港，赐予人们感情上的温暖，并许诺未来永恒的幸福。当人际交往中缺少温暖、友谊和理解时，有的人就会寄希望于宗教，

---

① 《费尔巴哈哲学著作选集》（下卷），三联书店，1962，第462页。
② 《费尔巴哈哲学著作选集》（下卷），三联书店，1962，第533页。
③ 《马克思恩格斯选集》第1卷，人民出版社，1972，第2页。

借以弥补现实中的不足。此外，宗教道德具有较强的精神力量和感情作用。由于宗教的道德与戒律被信徒认为是神的旨意，若违背就会受到惩罚，故能起到趋善避恶的自律效应。同时，它既有神圣权威的一面，又有宽容的一面。宗教里的神总是被塑造得既威严、不可抗拒又慈爱、祥和、宽恕，具有双重品格。也就是说，宗教"剥夺人和大自然的全部内容，把它转给彼岸之神的幻影，然后彼岸之神大发慈悲，把一部恩典还给人和大自然"[1]。在这个意义上，宗教具有一种释减人们的羞耻感与负罪感的心理安慰作用。有些人为了追求自我完善，加强对行为的自律及对社会的责任感而趋向宗教；也有的人因错误行为而产生内疚感和负罪感，陷入精神苦闷与迷惘之中，希望改过自新，因而去寻求宗教的慰藉和神灵的宽赦，以获取心理平衡。

人们在生活中时常会受到外部力量的限制与压迫，抑制了主体的能动精神，隐伏的思想、感情、欲望往往要通过某种方式有意无意地宣泄出来，否则会导致精神的失调或生理上的疾病。如果正常的宣泄渠道不通畅，那么在一定条件下宗教就为感情的宣泄提供了方便的途径。精神上被压抑的人有时通过各种宗教活动可以暂时忘却现实中的一切苦恼与困扰，排除各种杂念，使精神上的紧张与抑郁在某种程度上得到缓解，尽管这种缓解并不能改变人们的生活条件。

宗教群体是一种具有凝聚力的群体，成员都有某种共同的信仰和期望、共同的心理与情感、共同的道德行为规范和价值取向，因此会产生特殊的认同感及亲和感。宗教群体通过集体的宗教活动不仅能增强与坚定宗教信仰，而且也能使成员间的感情交融，从而增进了群体的团结与活力。正是宗教群体的这种社会联系作用，对某些心理上有失落感、感情上有冷漠感、生活上有孤寂感的人颇有吸引力；他们皈依后，可以到这种群体中去获得情感的交流及精神需要的满足。

宗教有时还能产生解脱精神痛苦的作用。人生的短暂与对人世的眷恋永远是一对矛盾。对终极的关怀，对老、病、死的畏惧与对健康、幸福、长生的追求是人之常情。不少人为此而苦恼，特别是风烛残年的老人或病魔缠身的病人，面对无情的现实，往往思想负担沉重。他们之中的一些人

---

[1] 《马克思恩格斯全集》第 1 卷，人民出版社，1956，第 647 页。

被宗教的来世说、轮回说以及长生不死、成仙的幻想所打动，或半信半疑，或"宁可信其有，不可信其无"，或祈求神灵带来奇迹与护佑，而去皈依宗教。在某种情况下，信仰的强烈依赖感和思想的集中使得心理与生理的关系得以重新调整，有可能起到精神治疗的作用，从而延缓病情或增强人体对疾病的抵抗力及对病痛的承受力，提高自身抗击衰老及战胜疾病的信心。于是有人把此归结为神和宗教的作用，也有人为此作"见证"，到处传播，进而扩大了宗教的影响。

第二节　信教者的宗教活动

在现实社会中人们总是在一定的社会规范中活动。人们的所有活动也都是在社会中实现的。个体、群体、社会三方面的互动使得社会生活丰富多彩，推动着历史的前进。人们的活动包含物质的活动与精神的活动两大类，宗教活动则是联结物质和精神的特殊活动。初时，宗教活动同人们的物质活动有直接关系，后来随着物质生产的发展和社会活动的分化，宗教活动才逐渐相对地独立出来。

宗教活动是信教者通过一系列外在的语言、身体动作及象征性媒介从物质与精神两个方面表达其宗教观念及宗教体验的活动。宗教活动的表现形式多样，不同的宗教、民族及人文背景，其宗教活动各具的特点。各种形式在各个宗教的发展中都经历了从自发、分散到制度化、社会化的过程。概括起来，主要的宗教活动有巫术、禁忌、祈祷、崇拜仪式和宗教修炼等。

一　巫术

巫术起源于原始社会，普遍存在于世界各民族、各地区和各种宗教中。直至今日，巫术不仅残存于原始宗教、萨满教、民间宗教当中，在系统化的宗教中也有反映和表现。巫术活动的内容广泛，通过一系列行为来实现，包括象征性的歌舞、被认为具有魔力的咒语及运用某些有象征意义的实物，并在特定的时间和场合进行。行巫术无非是力图利用、求助或操纵某种超自然、超人间的神秘力量，去实现自己的能力与知识不能达到而又期望达到的目的。它不是借助经验知识和科学，而是建立在神话传说的基础之上；同所有的宗教活动一样，它是在人与神之间所特有的一种敬畏、神秘、超凡而奇异的气氛中进行的。

巫术通常由从事"通神接鬼"的宗教职业者主持。中国《说文》中载，"巫，祝也，女能事无形以舞降神者也。"女为巫，男称觋。据称他们能通过歌舞咒语，在鬼神与人之间进行沟通，调动神灵之力，祈神降雨、占卜梦事、卜知休咎、除祟驱鬼、医治疾病，为人祛灾降福。商代，"殷人尊神，率民以事神，先鬼而后礼"①，宗教巫术有较大发展。商巫操掌宗教大权，在奴隶主贵族统治集团中据有重要地位。直到汉代以后，情况有所变化，巫术转为民间信仰，俗称"黑巫"。

巫术行为的表现形式多样，门类繁杂，奇特怪异。中国历史典籍中就有方术、法术、妖术、邪术、魔术等分类。西方人类学家和宗教学者曾对巫术按不同的标准进行过分类。大致地说，按巫术产生的原理为标准，可分为"模仿巫术"和"接触巫术"；按巫术在人类生活中的功能为标准，可划分为"生产巫术"、"保护巫术"和"破坏巫术"；根据巫术的道德价值在社会生活中的功能，又可分为"白巫术"与"黑巫术"。②

大凡在人的力量和技术工具无法控制、偶然性和危险性充斥的场合，人们想达到某一具体的目的，又不甘无所作为，都有巫术活动的余地。在原始社会，原始人大量使用巫术手段，成为原始宗教重要的宗教活动。阶级社会形成后，在人为宗教中，仍然存在巫术的成分，新约圣经中就描述了耶稣基督在传教过程中的巫术行为，只不过把它说成是种种"神迹"罢了。在中世纪的欧洲，巫术相当盛行，以至在 15 世纪初，如果一个人不相信巫术，不承认女巫的存在，就会被视为异教徒。在此后的两个世纪中，欧洲几乎是生活在女巫的恐怖之中。这种局面直到官方态度发生了变化后，焚烧了多达 50 万名所谓的女巫才告终。到了现代社会，除了在某些地区的原始宗教中巫术仍为重要的宗教活动外，它已被各种制度化、系统化的宗教排除。有的西方学者对巫术与宗教严加区分，将巫术说成是与宗教对立的不同质的东西。但是这样并不能真正表明巫术与宗教在本质上的区别。事实上巫术只是发生了形式上的变化，成为次要的和补充的宗教行

---

① 《礼记·表记》。
② 参见吕大吉主编《宗教学通论》，中国社会科学出版社，1989，第 267~270 页。

为。在反映人神关系中，宗教与巫术的目的相同，手段各异。求助于神灵，"在一般情况下总是软硬兼施，奴隶式的祈祷、贿赂式的献祭与权术式的巫术一齐用上。"① 例如，现代宗教中某些求神降雨、招魂、占卜吉凶的活动，身佩护身符、吉祥物或避邪物，特别是驱魔治病或捉鬼祛病的活动，都不同程度地与巫术缠绕在一起。

巫术的宗教功能在人类早期社会中十分显著。在人类控制自然的能力低下、知识贫乏的条件下，当出现"生命转机、重要业务的失望、死亡与传授部落秘密的戒礼、失恋与莫可如何的愤怒"②等情况时，巫术为处于困境和厄运中的人们提供了一个超自然的避难所，增强人们驱害、征敌的勇气与信心，在一定程度上减缓了他们的恐惧、焦虑、仇恨的情绪，使他们在精神上得到某种抚慰与满足，尽可能地保持平衡与统一。可以说，在原始社会巫术是适应人类社会的需要应运而生的。规范化的巫术既是一种整合力量，又是一种制度，它使社会成员组织起来，投身于解决各种冲突的活动之中，并在某种意义上成为推动原始人有组织、有计划地安排劳动的积极因素。但是巫术毕竟建立在对于事物之间因果关系的虚妄认识的基础上，它不是科学而是原始的宗教行为。因此，它虽能一时鼓舞原始人的斗志，增强其信心与勇气，却不能保证成功，真正达到现实效果，最终会使人陷入迷信的深渊，得到相反的效应。信赖巫术的程度愈大，探求科学真知的阻力也就愈大。比如用巫术去治病，反而会贻误医疗而导致死亡。有的巫术甚至为人们以象征的方式发泄其侵犯、占有欲或敌意提供了机会，对个人、群体、社会都带来了直接的危害。人类文明只有摆脱巫术迷信的羁绊，在科学与理性的基础上才能得到发展。在物质文明与精神文明已经高度发展的当代中国，巫术已失去存在的客观依据，与时代精神相违背，只能是愚昧、落后的表现，应把它从正常的宗教生活中排除出去。至于少数在社会上以不法手段骗取钱财、伤人害命、扰乱治安或进行反社会活动的巫婆神汉，他们的种种巫术活动已为法律所不容，作为封建迷信活动而被取缔。

---

① 吕大吉主编《宗教学通论》，中国社会科学出版社，1989，第261~262页。
② 马林诺夫斯基著《巫术、科学、宗教与神话》，李安宅译，中国民间文艺出版社，1986，第75页。

二 禁忌

禁忌是一种应用范围较广且常见的现象，源自玻利尼西亚土语 tabu，原意为"禁止做的"或"被禁止的"，指某事做不得。禁忌既有世俗性的，也有宗教性的。宗教的禁忌行为是体现和处理人与神关系的一种特定的态度和方法。有些直接同人们所崇奉的神圣物相关联，出自对它的畏惧、尊敬及屈从，因而这些关联物受到某些限制与禁戒。在信教者看来，神圣就是非世俗，意味着圣洁，与污秽或不净相对应。神圣物地位高尚，人们不能随意处置或使用；不净物为神所厌恶或排斥，人们也应规避与禁用，否则就构成了对神的亵渎。有了神圣事物与凡俗事物的区分，就会有相应的宗教禁忌出现。世俗生活中也有禁忌或避讳，若有违背，只关系到好运还是厄运；但违背了宗教禁忌则关系到终极命运，会带来有罪感，存在忏悔或赎罪的问题。世俗禁忌与宗教禁忌的出发点与后果是有区别的。巫术与宗教禁忌同为宗教行为，但是"在表现形式上，巫术是积极的、进取性的，禁忌则是消极的、防范性的；在目的上，巫术是为了达到某种有利于己的目的，禁忌则是为了避免某种有害于己的结果发生。"①

各种宗教都有自己的禁忌规定，范围和内容十分广泛。凡涉及神圣物自身的东西，包括具有超自然神力或神性的人与物，体现神圣对象或事件发生的时间、场所，表达与宗教观念有关的事物，都可成为宗教禁忌。原始宗教中的禁忌往往同传统的习俗结合在一起。在阶级社会出现后的人为宗教中，宗教禁忌除吸收各民族传统文化的因素外，还受到当时社会生产关系的影响，通过神学教义或教法学演变为制度化与规范化的宗教戒律和礼仪，从而有了新的社会意义。例如，犹太教的"十诫"被认为是上帝同以色列人订立的约法，成为犹太教的最高律法。"十诫"中的许多诫条反映了当时社会人际关系的需要，是世俗社会生活中人们行为准则的宗教化，变成了宗教禁戒及宗教的道德规范。

各种宗教都有一套复杂、繁琐的禁忌与戒律，它们随历史的演变和教派的分立也会发生变化。从其内容看，大致有以下几方面。

---

① 吕大吉主编《宗教学通论》，中国社会科学出版社，1989，第274页。

1. 关于神或神圣事物的禁忌

在原始宗教中，许多氏族部落以某种特定的动植物或其他物种为图腾，视它为本氏族的标志而具神圣性，加以尊崇与爱护，往往禁触、禁食它们。例如鄂温克族崇拜熊神，禁食熊的心、肠等，因为这些内脏被看作是熊的灵魂的居所。有的禁忌经过特具灵力的巫师、祭司的处理后或经过某种仪式方可变通。在一神教中，只有唯一的至高神，严禁拜唯一神之外的任何神；即使在称谓上也不能妄称主（最高神）名。犹太教、基督教的"十诫"对此都有明确规定。在伊斯兰教中，"真主"独一，严禁多神或偶像崇拜；安拉有99个美名，除此不能妄称。在一些宗教中，对神圣物的称谓以谐语或隐语代之，以免冒犯而带来凶祸。

2. 体现神圣对象或事件发生的时间、场所的禁忌

宗教中神圣对象的存在或事件的发生总是同一定的时间、空间相联系的，因而这些与神圣相关的时间、场所也相应地具有某种神圣性，从而有了禁忌的规定。宗教中的神圣人物（包括祭司、经师、长老、宗教创始人、教主、圣徒等）是神圣世界与世俗世界的中介，通常被教徒视为神圣的化身，他们的诞辰、忌日以及神圣事件的发生日都有重大的象征意义，往往形成一些宗教节日，在此期间都有宗教禁忌规定。穆斯林在伊斯兰教历9月（莱麦丹月）要斋戒一个月，此间每日从黎明至日落禁止饮食和房事等（病人、旅行者、孕妇和哺乳者可例外，以延缓补斋或施舍的办法罚赎）。定9月为斋月，是纪念《古兰经》在该月首先"降示"，穆罕默德受安拉之命为"使者"；也是在该月，穆斯林在早期白德尔之役（624年）中取得了第一次军事上的重大胜利。

对于神圣时间的禁忌，也被引申到同人类生产与生活有关的季节转变及个人成长过程中的重大转折时刻或事件发生时刻的种种禁忌，因为在宗教信徒的观念中，这些关键时刻与事件的发生同神圣物相关，在此时间里规避一些神灵所不悦或不洁的行为是必要的，以示感谢神灵的赐予，并求得其欢心和继续给予护佑。

宗教中有关神圣的地点或场所，例如宗教发源地、重大宗教事件发生地、举行特殊宗教仪式的场所、圣殿、寺庙、圣墓等，被视为圣洁之处而具有不可侵犯、不可亵渎的特殊意义，有相应的禁忌规定。许多宗教要求信徒在进入圣地之前或之后须禁欲、净身、斋戒、禁猎杀、禁嬉耍，甚至

不得口出狂言秽语。伊斯兰教把麦加城中的"克尔白"视为人类始祖阿丹依天上的原型而建的"天房"，在该地禁止凶杀、抢劫、械斗，故亦称"禁寺"。伊斯兰教规定，凡有条件的穆斯林一生中最少朝觐麦加圣地一次，并有一系列朝觐礼仪。其中包括朝觐者进入"戒关"时，要净身（包括大、小净）、脱下常服、穿上戒服、戒修饰、戒房事、戒争吵、戒流血、戒狩猎或伤害陆地生灵、戒砍伐树木等，完成主要朝觐仪式后须剃头或剪发、剪指甲，象征受戒状态结束。中国西南地区彝、佤、纳西、哈尼、景颇等少数民族寨子里有"神林"，被认为是神灵的住地，严禁在此砍伐、拾柴以及破坏树林的行为。

3. 体现某种宗教观念的禁忌

各种宗教观念中都有自己的神圣物或应受尊重的神圣对象；同时，也有一些被认为是与不洁、不义、邪恶相联系，与神圣相对立的事物，对此则有所禁忌或规避。这方面的内容很宽泛，名目繁多，不同的宗教情况也不尽相同。由此而产生出对于各教教职人员的禁忌与戒律往往数量多，十分严格。

这类禁忌大致有以下几种：

（1）杀生禁忌。例如，佛教认为一切生物皆有灵性，生死不息，不应伤害。杀生被视为一种罪行，直接同其一切无常、因果业报、轮回转生等宗教观念相联系。耆那教、摩尼教的杀生禁忌，也是源自它们的教义思想。

（2）性生活与婚姻的禁忌。许多宗教对性问题十分敏感，认为性欲是罪恶的根源之一，特别视乱伦和婚外性生活为不洁之大忌而加以弃绝。在原始宗教中，原始初民认为血缘近亲间的乱伦和性混乱行为是冒犯神灵的罪行，惩罚十分严厉。在后来的人为宗教中，仍然把纵欲、乱伦看作是不洁净、不高尚的事情，为神明所厌恶的可耻行为，故在宗教戒律中把"不奸淫"列为重要的一条。对宗教的教职人员（如修士、神父、僧尼等）甚至规定不得婚嫁，以示超凡脱俗，显现其净身敬神的高洁品性。有些宗教派别提倡禁欲和苦行，包括断绝或节制性生活，注重宗教的精神修炼，以求达到超脱凡俗，走向神圣世界的所谓神秘境界。有的宗教对性生活的禁忌同重大的宗教仪式活动、神圣的时间、神圣的场所相结合。例如，伊斯兰教规定，在教历9月的斋月中，从黎明至日落禁止房事，在朝觐"克尔白"期间也戒禁房事。基督教的某些教派在大斋节（复活节前40天）期内教徒不得举行婚配。

（3）饮食禁忌。许多宗教出自对神圣对象的情感，或因某些可食物与其特定的教义有联系而具有宗教的意义，对某些饮食有禁忌的规定。图腾民族一般不食被尊为图腾的动植物，有的经过特定仪式后或在特殊情况下才可食。中国大乘佛教经典中有反对食肉的条文，故信奉大乘佛教的汉族僧人乃至许多居士都不吃肉，有食素的风习，历史上经梁武帝的提倡而流行起来。古印度的佛教僧侣过着"三衣一钵，日中一食，树下一宿"的生活，这种传统至今在东南亚上座部佛教中仍有影响，僧侣们过午不食。犹太教的饮食禁忌较为严格，《旧约圣经》中的《利未记》第11章和《申命记》第14章都有明确规定。凡是被认为不洁的和可憎的东西都不可食，如不反刍的和蹄未分两瓣的动物（猪、兔、骆驼等）、无鳍无鳞的水生动物、自死之物、地上爬行的动物、动物的生肉、血液等。屠宰牛羊禽类时须一刀致命，是否洁净要由专人检验。伊斯兰教在饮食上要求以"清洁的为相宜，污浊的受禁止"。《古兰经》中明文规定禁食自死之物、动物血液、猪肉以及未诵安拉之名就宰杀的牲禽等，也禁饮酒。在非自愿而迫不得已的特殊情况下食禁物，可采取变通办法，不为罪过。宗教中的禁食规定有的是要求在特定的时间和空间，如重大宗教节日、斋戒期间或进入圣地时实施，各教情况各异。犹太教徒在逾越节时不食一切含发酵物的食品。成年穆斯林在斋月期间，每日从破晓至日落禁止饮食。虔诚的天主教徒、东正教徒一般于星期五不食肉。在某些原始宗教中，在孩子行成年礼期间、妇女分娩后或妇女月经来潮期间等，都有短期的或特定的饮食禁忌规定。

禁忌是宗教生活中的重要内容，成为教徒的一种宗教行为，随着伦理含义和民俗成分的融入也成为社会生活的一部分，具有明显的社会功能。禁忌与神圣对象和宗教观念相联系，宗教生活中的禁忌行为反过来可以强化宗教意识，使神圣对象处于圣洁而不可侵犯的地位。信教者通过严守各种宗教禁忌抑制了某些生理上的欲求，磨炼了精神，在心理上获得某种圣洁的宗教体验，进而提高了克己顺从、畏神守法的宗教灵性。宗教禁忌的社会作用与影响在不同的社会背景下与不同的历史阶段是有所不同的。原始禁忌是原始初民对于灾祸的一种防御手段，对于人类自身的进化及维护社会秩序起过积极作用。在原始时代，通过自发宗教的禁忌规定，原始初民区分洁净的事物与污秽的事物，区分应受保护、能保护自己的事物与不受保护或不能保护自己的事物，也区分开危险与安全，表明他们不仅已注意到人与自然的关系，而且注意到了不同图腾标记的社会群体间的关系。社会群体的成员遵行其所属群体的禁忌规定和特定的宗教仪式，不做被其群体视为危险的或会带来灾害的事情，就在一定程度上增强了社会集团成员的认同感，巩固了群体内部的凝聚力和传统力量。杜尔凯姆认为，社会集团的神圣物是社会本身的反映，相应的禁忌制度不过是把社会神圣化，在一定意义上是一种集体的社会制度。这种观点是不无道理的。不难发现，原始人通过宗教禁忌抑制了人类动物式本能的潜欲，有助于伦理意识的培育，推动了文明的发展。在人类社会尚未产生法律之前，宗教禁忌曾起到了类似律法的作用，它调节着人与人之间、社会群体之间的关系，制约着人们可能会给社会秩序带来危害的某些行为，具有社会整合的意义。人为宗教出现后，宗教有了明显的社会属性，宗教禁忌加进了更多的伦理、道德内容而进入世俗社会生活。弗雷泽认为，同神圣观念相联系的禁忌制度在社会生活中对政治的稳定、婚姻神圣性的维护、生命和私有财产的尊重都起过积极作用。这个看法是有一定道理的。在特定意义上可以说，禁忌在某种程度上和范围内是对法律的补充。在当代社会，某些国家的宗教教法（包括宗教禁忌与戒律内容）仍是国家立法的基本依据之一，并作为强大的传统力量在民间规范与制约着人们的社会行为。当然，宗教禁忌同法律毕竟不是一回事，不能等同。随着人类社会的发展和文明的进步，人们的认识能力与道德水平提高了，社会关系的整合与个人行为的制约由一整套法律制度来实施。宗教禁忌日益成为人的消极、软弱状态的表现，束缚人的主体精神、积极性与创造性。另一方面，有的禁忌原本是一种宗教行为，在以后的历史发展中，宗教的神秘色彩与含义渐被淡化，积淀于意识的深层，延伸与转化为人们的一种社会习俗，与民族文化的传统相融合，成为影响人们心理与社会生活的文化模式的一部分。这也是客观存在的事实。

三　祈祷

这是信教者的宗教生活中最常出现的宗教行为。它出自信教者对所崇奉的神灵或神圣物的依赖感和敬畏感，用来沟通人与神的联系，表达人对神的顺从、感恩、赞美、忠诚、奉承、祝愿、祈求、悔过等宗教情感与态度。祈祷的目的是讨得神灵的好感、喜悦与悲悯，祈求神实现自己的愿望、赐予各种福分，摆脱苦难、罪恶与精神上的孤独感与绝望感。费尔巴哈认为祈祷体现了人的本质，是宗教异化的心理基础。祈祷不仅是对神灵的祝福，而且含有人们自身的目的与需求，借助神灵的仁慈与力量实现自我完善和克服困难。18世纪德国新教徒习用的一本通俗手册中，有一段话十分清楚地表达了信教者作祈祷的心态："除了祈祷和感恩，我们生活中的一切全都无有，这也就是说，我们每天都要在祈祷中吁请上帝赐予我们福乐、援助、安慰和恩典，一旦我们获得这些东西，我们就应全心全意地感谢上帝。"①

每个人的需求都是多方面的，且因人而异。要实现自己的愿望谈何容易，因此各种宗教要求信教者不断地进行祈祷，而且强调祈祷时信念要"诚"。于是"诚则灵，不灵则不诚"成为祈祷者的基本条件，也是检验愿望能否实现的标准。这样一来，能否实现愿望的最终责任在人不在神，无论成败，神皆有理，祈祷者都要心悦诚服。为了达到"至诚"，信教者除了坚定信仰外，还须不断进行周而复始的祈祷，信心和忍耐力就必不可少，祈祷也就成为每日离不开的宗教活动了。

祈祷是人与神交往和联系的行为方式，要通过语言和身体动作来表达。祈祷时，借助语言神与人双方都成了发话者和聆听者，缩短了人与神之间的距离，直接传达了信息，具有一种特殊的心理作用。祈祷可以有出声的"口祷"，以语言的音量或韵调来增强效力，烘托气氛；有不出声的"默祷"（"心祷"），突出与神沟通的神秘感与敬畏感。祈祷者可用宗教现成的祈祷书文，也可无成文祷韵地随口祈祷。许多宗教都有精致而规范的祈祷词或祷文，有的是宗教诗篇。一些宗教祈祷中还用一些专门词语，例如基督教的"哈利路亚"、"阿门"，印度教的"奥姆"等，用来增强情感与加大力度。祈祷大多是个人单独进行的，但在宗教场所或重大宗教活动时往往集体进行，由神职人员主领。有的祈祷伴有某些类似礼拜的身体动

---

① 转引自斯特伦著《人与神——宗教生活的理解》，金泽、何其敏译，上海人民出版社，1991，第57页。

作。由别人代为祈祷,称为"代祷",宗教中把彼此间代祷或主动为他人祈祷视为一种美德。

祈祷有时同献祭相联系。献祭同样表示对神灵或神圣物的敬畏、感恩与祈求,只是在方式、手段上有所不同。献祭是通过贡献牺牲或其他供品以物质手段来换取神灵的恩惠与帮助,祈祷则偏重于精神手段,它们本质上是一致的。祈祷并不一定要求献祭相伴随,后者主要是作为整个宗教礼仪活动的一部分进行的。

祈祷的内容与表现形式有以下几种:

(1) 祈求。恳求神灵消灾赐福,实现或满足个人、亲友、群体在物质生活与精神生活中的欲求。

(2) 忏悔。向神灵认罪、悔罪,以求得神的宽恕、原谅、拯救与赐福。

(3) 表白。向神灵表明自己信仰的坚定与虔敬。穆斯林口诵"清真言",作为对伊斯兰教信仰的公开表白或"作证",是五项宗教功课中的一项。

(4) 崇拜。是同礼拜仪式相结合的祈祷行为。往往同念祷词、诵经文、唱颂歌、鞠躬、叩拜及其他身体动相结合,充分地表现对神灵的敬畏感。新教"主日"教堂举行礼拜时,祈祷是重要内容之一。伊斯兰教礼拜规定,礼拜者要完成抬手并口诵"真主至大"、端立、诵经、鞠躬、叩头、跪坐等"六仪"。在许多宗教中,礼拜被视为最崇高的祈祷形式。

(5) 发愿。向神灵明确表述自己的某种愿望或意向,请求给以佑助。祈祷中一般采取向神灵发誓或许愿的方式。天主教修会的修士或修女以当众公开发愿或个人默念发愿的方式誓守神贫(绝财)、贞洁(绝色)和听命(绝意)的清规。佛教徒常向佛发愿,要求解脱苦难,往生净土或成佛等,称为"发心"。祈求者向神灵发愿的同时,往往伴随着还愿的信守,表示在某种愿望实现后将以各种善行或功德加倍进行补偿与谢恩。

(6) 灵交。各种宗教神秘主义派别或专注宗教修炼的教徒,比较强调通过崇拜性的祈祷与神灵直接沟通,获得与神灵性相通甚至神人合一、如痴如醉、忘我的神秘体验。当代新教神学家内尔斯·费里在《怎样使宗教为真》一书中把祈祷说成是将自己融于上帝之中的关键。他说:"祈祷是使宗教变成实实在在之物的重要途径。我们除了在祈祷中与上帝交流之外别无他路，因为祈祷本身就是与上帝交往。"这类祈祷往往在神秘、寂静、宁和的气氛中进行，有的伴有剧烈的身体动作，甚至声泪俱下、神志不清。所谓灵交，无非是由于专注入神而产生的某种幻觉境界。

祈祷可以说是信教者最普遍的宗教行为，是宗教生活中不可缺少的内容。20世纪80年代初，国外的某些统计资料表明，整个西欧约有6/10的人经常祈祷，其中以老人、妇女、鳏夫和寡妇及有孤独感者为多数。在美国，75%的美国人每周祈祷一次，52%的人每天至少祈祷一次，有的人甚至把祈祷作为"扩展生活领域的一种方法"。宗教神学家都十分推崇和特别宣扬祈祷的意义和价值，因为他们看到祈祷强化了人对神的依赖感和顺从感，有利于固定人与神的关系和坚定信教者的宗教信仰。祈祷增强了信教者个人对神"真实存在"的体验，使灵魂得到"充实和欢乐"；在祈祷时，"令人获得新生的生命之泉沐浴了整个内心世界"[1]。祈祷体现了人对神的顺从、敬慕、谦卑、崇拜，教徒在祈祷中按神的旨意自省个人的行为，从而在某种程度上提升了人的精神品位，有助于维护社会秩序、增加道德义务感和加强统治集团的社会控制。这种社会功能对社会发生积极作用还是消极作用，显然要同时代背景与社会发展的需要联系起来，因时因地因事具体分析，不能一概而论。

四　宗教礼仪

任何宗教都包含信念和礼仪两大部分。信念指的是宗教的观念意识，礼仪则是表达宗教信念与体验的行动方式。两者一内一外，互为表里，相辅相成，相互作用，是宗教缺一不可的两个方面。宗教礼仪通过人的语言与身体动作来表现，各种宗教根据其信仰内容及教义要求有各自的规定。尽管不同宗教的礼仪不尽相同，但其共同的特点是具有集团性、相对稳定性、神圣性。换言之，各种宗教有各自基本统一的规范化的礼仪程式，它适用于同一宗教社团的所有成员。因为宗教观念的基本内容同神灵或神圣物相关联，所以与之相应而生的礼仪也具有一定的神圣性、权威性和约束力。

---

[1] 转引自斯特伦著《人与神——宗教生活的理解》，金泽、何其敏译，上海人民出版社，1991，第56页。

人类早期宗教有各种巫术、禁忌、献祭、祈祷等宗教行为，往往混合组成某种宗教仪典。阶级社会出现后，人为宗教的宗教礼仪渐趋系统化和制度化，日臻精细与完善，并具有道德意义。宗教礼仪在制度化的过程中一般都是根据当时的社会背景和需要继承并改造各民族原有的崇拜习俗，逐步形成规范的；一旦确立，就具有强制性，成为信徒必须遵守的神圣义务和职责。宗教礼仪表现出来的是人与神的关系，但本质上是人与人的关系的宗教化，是人与社会的关系的异化。而宗教神学家却把宗教礼仪说成是神的启示和旨意，是神订立的"圣事"，为此涂上神圣的油彩。

宗教礼仪的内容可分为以下几类：

（1）同崇拜的神圣对象与重大的宗教事件直接相关的礼仪活动。其中，有的是向神圣对象表白信仰与坚贞，有的是纪念神圣对象或创教人的诞辰、忌日、圣事、圣迹与重大历史事件，有的是向神圣对象表达敬畏、赞颂、感恩与亲近的情感。

（2）同个人成长过程中的重大阶段或社会生活中的重大转折点相关的礼仪活动。例如婴儿出生后的命名礼、青春期的成人礼、婚配礼、亡人的丧礼或追思活动。人类学家称之为"生命礼仪"。

（3）同祈求实现某种世俗欲望相关的礼仪活动。例如祈求降雨、丰收、平安、和平、消灾的宗教祝福仪式或法事活动。

（4）同某个人入教或担任圣职相关的礼仪活动。例如基督教的受洗礼、佛教的受戒仪式、天主教的授圣职礼。

宗教礼仪应用一系列象征形式体现人与神的关系，把现实世界与虚幻的想象世界融合起来。宗教象征是宗教观念的物化与标志，例如宏伟壮观的神殿庙宇，各种雕塑、绘制的神像，精制的法器、徽标，具有特殊含义的自然物品，特定的服饰物饰等，甚至某种特定的色彩也被广泛地用于宗教仪式当中。宗教仪式还需要庄严肃穆的气氛及各种艺术形式的配合，例如舞蹈、戏剧、音乐、有序的形体动作等，它们不仅可以弥补形象的不足，而且可以烘托气氛、激励参与者的情感。当形象、意境和情感融于一体时，宗教礼仪活动就把人们领入一种和谐的、神秘的、充满活力的、超凡脱俗及超越自我的精神境界之中，以展示与领悟宗教的含义，寻求对神圣对象的宗教体验。

宗教礼仪活动是信教者对神圣对象及神圣力量的基本态度的表达，也是对信仰内容的反复陈述，而且这种宗教行为是不断重复进行的。由此"一方面，宗教信仰为行为规范套上神圣的光环，并为它们提供最高的辩护；一方面，宗教仪式则又引发并表现出种种态度，以表达并因此而强化对这些行为规范的敬畏。"① 宗教礼仪活动从根本上起到了强化与坚固信徒信仰的作用，并加强了他们对宗教的兴趣与依赖感。宗教礼仪活动还在某种程度上消除了信教者精神上的某些疑虑，增强了他们生活的勇气与信心，提供了适当的感情宣泄的机会，给予他们暂时的安定感和满足感。

宗教礼仪把信教者纳入了一个规范化的行为模式和统一的宗教生活之中，特别是通过对宗教的基本信仰与价值观的不断肯定增强了宗教群体内部的联系和凝聚力，在帮助信教者产生认同感的同时，为这种群体成员资格提供了保证，并给以宗教的共同信念与价值观、道德观的指导及教诲，使他们适应新的社会角色和要求，具有与之相适应的道德使命感。宗教的"生命礼仪"在这方面更有其特殊的社会功能与文化的、道德的意义。在人类早期，宗教礼仪活动起到了保存部落传统、增进内部团结、教化部落成员的社会作用。在阶级社会中，宗教使现行的社会规范与价值观念神圣化，宗教礼仪一般也就成为统治阶级利用的工具，有助于神化剥削制度和统治阶级对社会的控制，有助于化解人们对现行统治秩序的不满情绪，抑制人们的反抗精神，充当了一种阻碍社会变迁的力量。制度化的宗教礼仪往往使人们的行为不易适应社会发展的变化，神圣光环笼罩下的僵化的规范成为束缚理性、科学与社会进步的绳索，也为宗教自身的分裂与社会的冲突播下了种子。

宗教礼仪包含着人类的各种文化因素，在历史上凝聚了许多人类文明的杰出成果，在保存与推动人类文化艺术方面是有巨大贡献的。另一方面，因为宗教依赖的是超验的观念意识和不同于经验领域的神秘体验，所以它对文化艺术的需要与利用建立在一种虚幻的、不稳定的基础之上，表现的是神圣对象的"真实性"及人与神的关系，而非现实的人，这样势必在一定程度上割断了文化艺术与现实生活的联系，从而又限制了文化艺术的发展。

---

① 托马斯·F. 奥戴、珍妮特·奥戴·阿维德著《宗教社会学》，刘润忠等译，中国社会科学出版社，1990，第25页。

五 宗教修行

宗教修行是信教者为了获得一定的宗教上的阶位或神秘的宗教体验而采取的宗教行为。不同的宗教及教派根据其神学思想体系与传统的文化背景采用不同的修习行持的方法，对宗教超验状态的描述也不尽相同。但修行的目的大体上是一致的，即集中思想与意志，通过内省与修炼排除各种情欲、摆脱物质生活与社会生活的干扰，使身心达到超凡脱俗、超越自我的神秘境界，实现"神人合一"或"自然神通"。

宗教神学家对宗教修行十分推崇，称之为使信教者与"终极的源泉"神灵合一的手段，或是修心悟道、净化精神、获得解脱的重要途径。佛教认为，人若要摆脱痛苦，唯有依经、律、论三藏，修持戒、定、慧三学，超越生死轮回，达到"涅槃"或"解脱"的最高境界。佛教的重要修行方式禅定，必须通过内省静思、精神集中、专心致志才能参悟真理，显发智慧，明心见性，解脱自在。中国道教认为神仙可通过道术修炼而成，故重视修命与养性。修炼之术有吐纳引导、外丹内丹、养气服气等，可以达到"精神充足而自守，心性圆明以自然，恬淡虚无，若存若亡"[①]，心神虚静、精神逍遥、自然解脱的"返璞归真"的状态，获得长生久视。伊斯兰教苏非派的修炼一般在严师的指导下，通过对安拉的爱和沉思入迷，用忏悔、禁欲、断念、守贞、坚忍、赞念（齐克尔）等方式历经数个阶段，拾阶而上，最终达到"寂灭"、与安拉永存的"既醉又复苏，两体合为一"的神秘境界，实现真正的"返本还原"。当代西方的某些神学家甚至宣称，宗教修持构成了宗教的核心，决定了宗教的各个方面。基督教的某些教派强调"因信称义"，不承认"圣事"，对宗教仪式并不重视，而是注重信徒的内心诚信和精神体验，即所谓个人内心与上帝的灵性交感。

宗教修行的方式和具体做法各式各样，名目繁多。有集体进行的，也有个人独自进行的。天主教、东正教有男女修会，还有各级修道院或隐修院，设有各类正规的教义、神学课程及修习活动，以培养专门的圣职人员及传道人员。有些宗教由信众组成某种教团群体，在导师或教主的带领与引导下从事宗教修行活动。有的信徒采取隐居方式、居家方式，或云游方

---

① （清）汪昂：《勿药玄论》。

式进行个人的宗教修行活动。也有集体与个人兼而有之的方式。一般说来，宗教修行是极其困苦的，同禁欲、守戒、苦行等联系在一起。

信教者参与宗教修行活动的程度，往往体现了其宗教意识的强度和虔诚度。在意念高度集中的情况下参加宗教修行活动，较易出现各种神秘的宗教体验或幻觉，反过来这种宗教体验或幻觉又作为神圣对象或神性的"真实性"的根据或验证，进一步强化了他们自身的宗教信仰。在社会生活中，人们面对大量的经常发生的天灾人祸、战争、邪恶和不公，充满了恐惧与不平，因此虔敬的宗教信徒容易产生对世俗生活的厌倦感，力图在精神上摆脱情感、欲望、痛苦带来的束缚，向往一种永恒的福乐和超脱，达到既生亦死，既是无意识无形态的自我，又是无意识无形态的"真我"的复活。因此在某种意义上说，他们的宗教修行一方面是对社会的消极抗议，另一方面在一定程度上是按宗教教义的要求净化自己的道德行为，以获得精神上的完美自由，战胜各种暂时的苦难。对这种社会与道德的功能在不同的社会及不同的历史时期所起的作用是要作具体分析的。在阶级社会，逃避现实的社会斗争，忍受现实的苦难，对维护统治阶级的统治秩序显然是有利的。某些修行方法，例如佛教禅定过程中的调身调气、息心静坐，道教的坐忘入静、内丹炼养等，若抛开其神秘的宗教内容，在正确指导下运用，可作为健身强体，祛病延年的辅助疗法。但有的宗教修行采用禁欲苦行、弃绝物质生活、抑制情感甚至自虐的做法，无疑有悖于人的自然本性，是不人道的，不利于社会发展的客观要求。

第四章
作为社会组织的宗教

　　宗教是人类社会中复杂的社会现象。它不仅仅是一种主观的观念形态的东西，而且是一种客观存在的社会实体，是社会组织系统中的一个子系统。宗教的各种要素及其社会作用集中体现在信教者身上，他们都不是游离于社会生活之外的抽象的人，也不可能不食人间烟火，而是活动于现实社会中的人。信教者由于具有某些共同的信仰和期望、感情和志趣、行为规范和价值取向，有同样的宗教生活与满足宗教心理的需要，因而形成了各种宗教群体，并为了达到这些特殊目的而有意识地建立起各种宗教组织、团体。宗教组织一旦建立，必须依靠一定的制度与手段加以维系。宗教组织是社会历史的产物，与每个历史阶段的社会、经济、政治、文化关系密切，具有社会属性。在宗教组织制度化的进程中，往往具有两重性，为宗教自身与社会带来积极的与消极的两方面后果。由于宗教的差别和各个民族、国家的历史条件的差别，宗教组织数量繁多，类型不一，变化复杂，千差万别，需要一些学科的具体研究（如宗教史、教会史、宗教组织制度史等）。本章只就西方宗教社会学中有关宗教组织的结构要素、形成与发展、类型学等方面的问题略加介绍与讨论。

第一节 宗教群体

一 对宗教群体的社会学理解

作为社会的人，必然反映他们那个时代的一切社会关系。人生活在社会中，各个方面都须和别人打交道，而且都生活在各种各样的社会群体中，不断地在各种群体中与他人发生相互作用，因此群体生活是人类生存的基本方式。从社会学的意义上讲，社会群体是具有共同的社会身份，通过一定的社会关系和联系纽带所形成的具有某些确定的共同目标与期望，并有指导行动的共有规范，相互间表现出一种认同感，建立起特定的互动模式的相对稳定的整合体。社会群体规模不等，小至家庭，大到民族群体。宗教徒作为具有宗教信仰与体验的人同样离不开社会群体，尤其离不开宗教群体。具有各种不同的宗教信仰、宗教体验和宗教感情的信教者组成了各种宗教群体。在宗教群体的共同宗教活动中，宗教信徒不仅获得了实现个人信仰的宗教意义，而且通过群体内个体角色在共同目标与规范的指导下，相互沟通与认同，也获得了群体意义。宗教群体的规模大小不等，小至家庭，大至跨国界的教会组织。宗教群体通过信教者的宗教活动与实践在社会生活中发生一定的影响，获得了与其他社会群体发生互动的社会意义。

二 宗教群体的若干表现形式

宗教不仅是一种文化现象，而且是一种社会现象。作为一种文化现象，它表现为教义经典、物化的宗教象征（如佛教的念珠和基督教的十字架）、建筑艺术以及宗教伦理等等；作为一种社会现象，则突出地表现为有较大数量的宗教徒的群体活动，宗教群体及其集体性宗教实践活动是宗教徒与外界社会发生联系的主要媒介体。换言之，宗教群体既是一种具有宗教意义的社会群体，又是一种与其他社会群体发生互动的群体。

具有宗教性与社会性的宗教群体，其行为与活动方式是多种多样的。例如基督徒传教讲道所形成的宗教聚会，宗教家庭或家族中的集体祭神或拜祖的仪式活动，伊斯兰教清真寺的集体礼拜活动，佛教、道教的法会、道场活动，天主教修道院和修女院中修道士和修女们的集体隐修生活，以及宗教圣地常见的宗教徒的集体朝觐活动等等。它们的共同特征是都具有同一目的，即都是为了宗教目的所进行的社会性集体行为；其差异在于集体行为的内容和制度化程度有所不同。听牧师传教布道的宗教聚会，显然与具有严格组织制度的修道士的集体隐修生活的制度化程度相差甚远。

在人类社会历史发展的进程中，宗教群体在不同国度、不同民族、不同地域和不同的历史时期经历了纷繁复杂的变化，呈现出千姿百态的形式。从宏观上讲，它主要表现为宗教家庭、宗教社区和高度制度化的各种宗教组织。

1. 初级宗教群体——宗教家庭

社会学一般将社会群体分为初级群体和高级群体（或称次级群体），高级群体就是社会组织。

初级群体指至少由两人或两人以上组成的规模不大的群体，其成员经常面对面地进行接触，因而关系亲密，并具有共同的价值规范。初级群体的存在和发展依赖传统习惯和人际关系的力量而非制度化的规章制度。

家庭作为通过血缘和婚姻关系形成的一种基本的初级社会群体，对人的幼年和成长发育阶段的影响较大。以血缘和婚姻关系为纽带形成的家庭群体是社会结构中最基本的单位，其基本功能除了性的满足及其控制、繁衍后代、教育后代和经济功能（即维持家庭生活的功能）之外，在某些社会中还具有政治功能、宗教功能和娱乐功能等扩大性功能。宗教家庭就是宗教功能在家庭中扩张的产物。

一般而言，宗教家庭是指整个家庭成员都信仰某一宗教的家庭。宗教家庭往往用宗教的教义和教规来规范其成员的行为，宗教伦理与家庭伦理、宗教生活与家庭生活合而为一，家庭成员一生下来就是宗教徒或者一生下来就行入教仪式。天主教、伊斯兰教、藏传佛教、犹太教等宗教中的宗教家庭尤多。

2. 初级宗教群体的扩展——宗教社区

在现实社会生活中，人们会发现不少村庄里整个村子的居民都信奉某一宗教，形成天主教聚居村、伊斯兰教聚居村等等类似宗教社区的宗教聚居地。在西方的某些社区也存在类似现象，形成了诸如犹太教聚居区、基督教各教派聚居区等等宗教社区。

"社区"是社会学研究最常用的概念之一。社会学把"社区"界定为在一定地域内按一定的社会制度和社会关系组织起来的、具有共同人口特征和社区意识的地域生活共同体。它的主要特征是：①它是一个人口集团，即以一定的生产关系和社会关系为基础形成的人群；②它有一定的区域或地域；③它有自己一定的行为规范和生活方式；④它的成员有共同体感和社区共同意识，具有共同的地域观念和认同感。

任何社区都是社会体系中的一个子系统，各自均有制度化程度不等的社区管理和服务系统。现代人们的日常生活几乎都隶属于一定的社区范围之内，因而人们的生活方式既受到各自家庭的熏陶，又受到各自所处社区环境的影响。

依据不同的标准可以将社区分为不同的类型。依照不同的社会结构，社区可分为农村社区和城市社区等；依照不同的社区功能，可分为工业社区、农业社区、商业社区、文化社区和行政社区等等；按照社区的历史发展，可分为血缘社区、地缘社区和业缘社区等；按照民族、宗教、风俗习惯，可分为民族社区、宗教社区和种族社区等等。

宗教社区除具有一般社区的特征与功能外还具有宗教功能。它是一定地域范围内的宗教徒以某一宗教作为本社区成员所认同的主流文化和社区意识而形成的地域共同体。"国中之国"的梵蒂冈就是天主教最著名的宗教社区。美国的犹太人社区通常为犹太教社区。中国历史上以一个清真寺为中心的穆斯林聚居区所形成的"教坊"（又称"寺坊"），一定意义上也是伊斯兰教宗教社区。

可见，宗教社区是初级宗教群体——宗教家庭扩大到邻里和社区范围的结果，是宗教家庭的扩展和延伸。一个家庭信奉某种宗教，称为"宗教家庭"；一个村落或居民区（统称为社区）信奉同一宗教，则称为"宗教社区"。对宗教社区的研究和跟踪调查通常具有重要的社会学价值。

第二节 宗 教 组 织

一 社会学对"社会组织"概念的解释

在考察宗教组织之前，我们有必要说明一下社会学意义上的"社会组织"的一般含义。

"社会组织"在社会学中通常可以从社会结构—功能及社会群体两个角度进行解释。

按照美国社会结构功能学派大师帕森斯的观点,社会组织是社会结构中社会系统的构成成分之一,是社会体系中四个结构性因素之一。社会体系的四个结构性要素是:角色(role)、集合体(collectivity)、规范(norm)和价值(value)。角色是社会体系中的基本单位,集合体是一群扮演角色的人,规范是约束个人行为的社会约束力,价值是社会的目标和社会需求的方向。① 这里的"集合体"就是社会组织。

帕森斯的社会系统结构分析是与其功能分析密切相关的,按照这种联系,社会系统的存在与其结构性因素的功能要求相始终,即社会系统的各个组成部分均具有一定的社会功能。帕森斯将这些功能分为如下四种:适应环境(Adaptation)、目标的实现(Goal Attainment)、整合(Integration)和模式的维护(Latency 或 Pattern Maintenance),简称为"AGIL"。并且可以将社会体系的结构性因素与功能需求对应起来:角色对应 A,集合体(社会组织)对应 G,规范对应 I,价值对应 L。可见社会组织具有实现专门目标的功能,换言之,实现特定的组织目标是社会组织的基本功能之一。

从研究社会群体的角度看,人类社会是由各种各样、大小不一的社会群体及其相互关系构成的,进行群体性的社会生产和社会生活是人类存在的基本方式。社会群体分为初级群体和高级群体,高级群体就是社会组织。

高级群体是在社会生产关系和社会分工基础上发展起来的,基于政治关系、思想意识关系和宗教关系等等复杂的社会关系而形成的社会组织体。以社会组织的方式将人类组织起来,是社会分工不断发展的结果。

---

① 帕森斯(Talcott Parsons)有关社会组织的论述见于 R. Jean Hills, "The Organization as a Component in the Structure of Society", in Jan Loubser, et al. (eds), *Explorations in the General Theory in Social Science: Essays in Honour of Talcott Parsons*, vol. 2, New York: Free Press, 1976, pp. 805 ~ 828。此外还有 William Foote Whyte, "Parsons Theory Applied to Organizations", in Max Black (ed.), *The Social Theories of Talcott Parsons*, Englewood Cliffs, N. J.: Prentice Hall, 1961, pp. 250 ~ 267。

我们将以上两个角度联系起来看，社会组织就是为了特定目标（该目标是具体的、阐明的，并为成员充分理解的）而有意识地建立起来的高级社会群体。

二 宗教组织

社会组织之间不是彼此孤立存在的，而是相互联系与影响的一个整体——社会系统。作为一种社会组织，宗教组织是社会系统中的一个子系统。

社会学作为研究人类社会的发展、组织及行为的社会科学，其核心问题是研究社会角色和行为的相互作用与影响。宗教社会学的基本观点就是认为宗教生活和宗教组织在其结构和制度表现上完全是社会性的。

法国著名宗教社会学家杜尔凯姆在《宗教生活的基本形式》[①] 一书中提出，宗教是与神圣事物（区别于世俗事物）有关的一种统一的信仰与行为体系，它将所有信奉者结成一个统一的社会群体（即道德共同体的教会）。他的中心思想就是把宗教视为社会崇拜和社会团结的形式，并将原始社会中各种氏族部落自身特有的图腾崇拜视为宗教的最初形式和最基本的形式。图腾既是神的象征，也是社会本身的象征。后来的一些宗教社会学家继承了这一思想，并且将一切能维系社会团结的意识形态体系均纳入宗教或"准宗教"的范畴，下文将要提及的美国的"公民宗教"就是一例。

杜尔凯姆的观点后来对不少美国宗教社会学家，尤其是结构—功能学派的社会学家，影响甚大。他的观点的可取之处在于，不是孤立地研究宗教现象，即不是把宗教视为外在于社会体系的孤立存在，而是将宗教与社会联系起来，尤其是指出最初的宗教形式——图腾崇拜具有社会整合与团结的社会功能。不过他的观点也有缺陷，即将宗教视为维系整个社会系统存在的必要前提，也就是说，宗教是社会的完全必要的条件，且是必然的，这就错置了宗教与社会相互关系的位置。社会历史事实一再表明宗教

---

① 此书英译本有 Emile Durkheim, *Elementary Forms of the Religious Life* (tr. J. W. Swain), New York: Free Press, 1965。中译本有芮传明、赵学元译的《宗教生活的基本形式》，（台湾）桂冠图书股份有限公司，1992。

现象是一种社会现象，是一定社会历史阶段的产物，不同的宗教现象与各自不同的社会历史背景相关联，先有人类社会，后有宗教。至于宗教群体，尤其是高级宗教群体——宗教组织，则更是随着社会分工的发展，出现了制度化宗教以后的产物。与政治组织和经济组织等其他社会组织一样，作为社会上层建筑，宗教组织的出现和发展归根结底是由社会经济基础决定的，是社会生产力和社会分工发展到一定阶段的产物。宗教组织只是社会体系中诸多社会组织之一，它不可能成为决定其他社会组织存在的条件，它与其他社会组织间的关系只是相互影响的互动关系而已。

宗教社会学家们从不同角度对宗教下的定义很多，对宗教组织的界定却不够严格，只是把它理解为宗教的若干构成要素之一。对宗教组织的界定，既要使它区别于其他社会组织，又要使它有别于初级宗教群体。我们认为，宗教组织是一种与统一的宗教信仰与行为体系相联系的、由共同遵守一定的制度规范的信奉者所结成的社会群体。

第三节 宗教组织的特征与结构

一 宗教组织的社会特征

宗教组织是社会生产和分工发展到一定阶段的产物，是宗教制度化发展的结果。在各种制度化的宗教中，宗教组织形态各异，具有不同的表现形式。不同名目和形态各异的宗教组织成为不同宗教的象征，例如：寺、庵代表佛教，宫、观代表道教，教堂代表基督教，清真寺代表伊斯兰教等等。虽然名目繁多、形态迥异，但是作为存在于社会系统中的社会组织，各种宗教组织都不同程度地具备一般社会组织的某些要素。例如，角色[①]是各种宗教组织都有的构成要素，虽然在不同的宗教组织中角色的名称、作用有所不同。宗教组织在其结构与制度上具有与一般社会组织相同的共性及其特有的个性，使得这种社会组织被笼罩上一层神圣的光环，成为一

[①] 角色指一个群体内或社会关系中具有某种特定社会身份的人的行为模式。角色是社会的产物，是社会身份的动态表现。社会身份和社会角色是一个问题的两个方面：社会身份是个人在一个群体或社会关系中的位置，社会角色是个人在社会关系位置上的行为模式。每个人都可以在若干个不同的社会组织中承担不同的角色。

种颇具神圣性的社会组织。

与其他社会组织一样，作为社会系统中的一个子系统，宗教组织具有一定的社会性，并且具备一定的社会内容。例如，宗教徒作为一套角色丛[①]，既可以是宗教组织中的角色，也可以在其他社会组织中充当一定的角色。宗教组织不但具有作为社会组织所必须具有的结构性要素，例如权力机构、制度、经济资源和成员资格等，还具有不同于其他社会组织的一些社会特征。

首先，在整体上任何宗教组织均标榜自身具有"神圣性"，从组织的象征体系到其行为与活动都笼罩了一层神圣的光环。

其次，宗教组织是宗教徒的联系纽带，每一个宗教组织都是培养、维护和实践宗教体验与信仰的团体，因而具有反映宗教一般本质的特征。这基本上表现为两方面：一方面，宗教组织的成员是宗教徒，他们具有一种身份意识，即一种认为其组织有别于其他社会组织和异教组织、具有排他性的宗教意识；另一方面，宗教组织以宗教信条、教义和经典为依据建立起组织的价值规范和道德约束机制，以此指导和约束其成员的行为与活动。

总之，宗教组织是以共同的宗教信仰为组织目标的社会组织，这是把它与其他以别的信仰或利益为组织目标的社会组织区别开来的最显著的社会特征。

二 宗教组织内部的领导成员

宗教徒是宗教组织的成员。在宗教组织中不同的宗教徒充当不同的角色并相应地承担不同的义务。

在宗教组织中，权威体系，即领导集团或组织领导管理体系的确立和制度化是首要的环节，它是其他制度得以推行的前提；只有权威体系合法化和制度化了，组织内成员间的相互关系、组织内资源的调动、流通以及组织的目标才能得以实现。

宗教组织的领导成员通常为宗教职业人员，他们主要来自以下几个途径。

[①] 角色丛是与特定社会身份有关的一套角色。每个社会成员都可以在若干个不同的社会组织中充当一定的角色，一个人在各种社会组织中充当的角色的集合，总称为"角色丛"。

1. 宗教的创始人

大多数宗教在其创立时尚未制度化，因而其组织较为松散。当宗教的制度化发展渐趋完善，宗教组织与制度逐步形成时，各种宗教组织一般均尊崇或追认其创始人为其当然的领袖，或"教祖"、"先知"、"圣人"，享有崇高的威望。例如，基督教新教各派组织都公认耶稣为其崇拜的核心。佛教各支——无论大乘佛教抑或小乘佛教，均尊崇佛陀释迦牟尼为其佛祖。宗教的先知（如耶稣、穆罕默德）一般都成为后来形成的各种宗教组织的法定领袖或权威，其言行和著述则成为各个宗教组织的制度和规范的滥觞。

2. 世袭宗师制或门徒制

一些宗教组织的领袖或权威来自师徒相承制度或祖师制度。这一现象既存在于一些大的宗教组织中，也存在于较小的宗教组织中。例如，耆那教和锡克教就是两个较大的宗教组织中祖师制和门徒制的典型。在印度流传的耆那教是祖师制的代表。传说耆那教有二十四祖，其真正创始人是第24祖筏驮摩那（Vardhamāna），教徒尊称他为"大雄"，他在世时就曾组织教团，成为耆那教僧团组织的领袖。锡克教的名称源自梵文锡克（Sikha），意为门徒，因其信徒自称是祖师的门徒而得名。该教从创始人古鲁那纳克（Nānak）开始就建立了祖师制，共有十代祖师，那纳克为第一代祖师。早期锡克教祖师制的建立使两代祖师成为锡克教教团组织的法定领袖，被教徒们奉为神明。在较小的宗教组织中，祖师制和门徒制度的典型例子是佛教各宗派组织的寺院组织。禅宗和净土宗等大乘佛教分化出来的各支宗派组织均采用祖师制度，如禅宗初祖菩提达摩，二祖慧可，三祖僧璨，四祖道信等。在佛教的寺院组织中，作为较小的宗教组织，各个寺院都有自己的领导人，其制度采用门徒制或曰传法制，如大的寺院组织设有掌管全寺的最高领导人——方丈，其继承人通常为衣钵相传的传法弟子。

3. 宗教教育途径

上述两种宗教组织的领导成员的来源途径均为确定宗教组织领导人的传统组织制度。随着宗教教育制度的发展，大的宗教组织的领导成员大多来自其教育系统培养出来的具有较高宗教神学造诣并有一定领导能力的宗教职业人员或"大师"。例如，天主教、基督教、佛教和伊斯兰教等制度化程度高的宗教均不同程度地由各自的教育机构培养并通过一定程序产生出其各类组织的领导成员。

天主教非常重视宗教教育。最早是修道院学校，专门培养研读《圣经》的修道士。到11世纪，修道院的教育衰落了。12世纪后出现了以士林哲学体系（即希腊哲学与基督教教义相结合的体系）为核心内容的制度化大学，产生了托马斯·阿奎那等著名的神学家，巴黎大学成为当时世界上最著名的神学中心。13世纪时，圣多明戈在法国的图卢兹建立了强调神学教育、提倡学术研究、传播经院哲学，并且教徒可以依据神学教育选择领导成员的传道者修会（托钵修会），从而在天主教历史中开启了从宗教教育途径选择领导成员的先河。后来天主教和基督教均通过独立的神学院或一般大学中附设的神学院培养教会组织中的神父和牧师等领袖人物。

伊斯兰教的教育制度亦由来已久，主要是在清真寺内附设学校（"马德拉萨"），开展宗教教育。中世纪时，有的马德拉萨发展成为正规的伊斯兰教大学，如著名的埃及爱资哈尔大学，由此培养伊斯兰教的各类宗教职业人员和宗教学者。

佛教发展到近现代出现了一些制度化的佛学院，不少佛教界的领导人物出自这些佛学院。但佛教的领袖人物基本上按一定的程序召推产生或以转世形式产生（如藏传佛教），通过佛学教育产生的以佛学学者为多。近现代一些佛教领袖还来自在家居士等。

三　宗教组织的成员资格

社会组织的重要特征之一是其成员资格的规定性和相对固定化，即加入组织和退出组织均须履行一定的手续，或符合一定的条件。换言之，宗教发展到一定阶段，出现了制度化的宗教组织之后，相应地形成了一定的成员资格规定，这在许多宗教组织中均有所体现。这里所谓的"成员"，主要指有组织的宗教徒。有的宗教没有严格的入教手续，一般信徒只要信仰该宗教即可，因此它的信徒人数是无法统计的。在正式的宗教组织中，成员间关系较为密切、制度规范较为严格，如教会组织、教派组织、修道院组织和寺院、宫观组织等。履行某种入教仪式是确认宗教组织成员资格的必要程序之一。天主教徒和基督教徒的入教程序是在其出生或成年时行洗礼或浸礼，犹太教徒出生时须行割礼。皈依伊斯兰教，需按教法规定当众念诵"清真言"或作证词,表示誓证,遵奉伊斯兰教信仰,履行宗教功课,行善止恶,即被视为正式的穆斯林。佛教徒有在家男女二众与出家男女二众,合成为双重的教团。前者主要在家修持,皈依"三宝",奉行五戒和持斋。后者有僧伽组织,出家为僧尼,需根据佛制剃度、染衣、受戒(持受具足戒),方能取得僧人资格,由传戒师授给"戒名"或"法名",发给"戒牒"。早在古代中国,就有为出家受戒的僧尼颁发的受戒证明书——戒牒。唐宣宗大中十年(公元856年),"敕法师辩章为三教首座。初会僧尼受戒给牒"[①]。此前唐玄宗天宝五年(公元746年),"制天下度僧尼并令祠部给牒。"[②] 这种牒即唐代祠部给合法出家者的证明书——祠部牒。另外,许多民间宗教和19世纪以来大量涌现的新兴宗教组织往往有更为严格的入教程序。

关于宗教组织的成员资格,由于实际操作上标准不一,统计方法是不同的。一些组织将那些受过洗礼或经过一定仪式的入教者视为其成员,有些则把积极参与其活动的人也统计为正式的组织成员。事实上,宗教组织成员的统计的确是比较复杂的,情况有较大的差别。有些个人声言自己信奉某一宗教,但未与任何组织发生关系;也有人认为,自己的宗教信仰只表现为在道义上与其父母或亲属或他们所属民族的信仰相一致。在严格意义上说,这些人能否算作某个宗教组织的正式成员是有争议的。前章中我们也就此问题作了阐述。一般说来,宗教组织规模愈大,成员愈多,其成员间信仰的虔诚度的差异也就愈大。

四 宗教组织的权力结构与制度

任何组织除了有明确的共同目标外,组织自身还需要有成员的分工、权力的集中与活动的规则。必须通过有效的交往模式(组织结构)及一套井井有条的工作模式(组织制度)来协调组织内成员的行为和工作,用以实现其共同目标和价值观,为组织的存在、运行及获得实际利益提供保证。宗教组织与其他社会组织一样也有自己的权力结构以及与之相应的制度。例如,佛教寺院有僧尼制,天主教有等级分层的权力结构——教会教

[①] 《释氏稽古录》卷三。
[②] 《佛祖历代通载》卷十二。

阶制和隐遁修道的修道院制度。在任何一个宗教组织里，对于信仰的特定教义、思想，都需要有权威的界定与解释；对于宗教的崇拜行为与仪式，都需要有统一固定的规定与章法；对于成员的生活态度，都需要有宗教道德的约束。每种宗教的复杂的教义、信条、教法、戒律及程式化的宗教礼仪构成了一种广泛的规范体系。通过一致的规范与宗教制度，才能将分散的个体的宗教信念与崇拜行为纳入共同组织的统一信仰体制中，并加以约束，形成组织内成员必须遵奉的传统。这是宗教得以巩固与发展的必要的手段与前提。

在社会的发展中，新的宗教观念或信仰内容不断出现，势必关系到组织目标的坚持或修正或变更，从而与维系组织的传统规范及制度发生矛盾、冲突，这就导致宗教组织通过内部的调适与控制加以强制性的干预，以维持原组织的正常运转。这种冲突也有可能造成原组织的失范和危机，结果原组织出现分化或衰退，有可能建立起与新宗教观念相适应的规范及宗教制度，即形成了新的宗教教派或组织。

宗教组织的形式与结构，受制于该组织的信仰内容或社会目标，并为之服务。需要指出的是：①在人类社会中，特别是人类早期社会，宗教的组织结构与机制往往与社会的组织机构与管理职能交叉，甚至合一或重合。在古代的氏族社会中，原始宗教同氏族社会密不可分，宗教组织同氏族社会组织融为一体，其组织结构与机制起到了当时社会组织的功能。换句话说，在历史的一定阶段或某种特定的历史条件下，宗教的组织机构常常同政权机构、司法机构、文化教育机构全部或部分重合。至今在某些伊斯兰国家仍存在政教合一的现象，伊斯兰教法是世俗法律的主要依据，伊斯兰法庭仍管理与处置民间的民事纠纷。穆夫蒂（伊斯兰教教法说明官）、伊玛目（教长）、乌里玛（有名望的宗教学者）在社会中享有较高的地位，成为社会生活及教徒的日常行为的指导者与监督者。②宗教本身是复杂的社会现象，与社会的经济、政治关系密切，又同哲学、法律、道德、文学、艺术、教育等上层建筑有一定的关系，相互发生影响。宗教组织作为一定历史条件下的产物，必然要随着社会与宗教自身的发展，经历衍化和完善的过程，从自发到自觉，由简单到复杂。在不同的历史时期、不同的民族与地域、不同的人文背景下，即在不同的社会历史条件下，宗教组织的内容与形态不尽相同。就是同一个宗教组织在与社会的不断互动中，即从不适应到适应，又出现新的不适应到适应的自我调节过程中，前后也会发生变化。

为了有序而正常地开展宗教组织内的宗教活动与有关的社会活动，协调成员的行为，一般说来，宗教组织从纵向与横向建立起相应的多层制的组织管理机构，体现决策、管理、监督三方面的机制与职能。它们分别有明确的责任与权限，各司其职，实行控制。机构的设置因各种宗教与教派、国家与地区、民族或人文传统的差异彼此是不同的。同一宗教在不同的国度、地区有不同的组织机构，往往屡见不鲜；同一宗教在不同的历史时期的机构设置也会发生变化，在不断调整。组织制度是社会上层建筑，总是离不开特定的社会历史条件，需要与当时的经济基础、社会状况、国家法令相适应。中世纪基督教的教阶制及其相应的一套组织设置，是西欧封建等级制度在教会内部的反映。基督教新教出现于近代，它反映了资本主义共和制的需要，其教会机构设置既表现出不同于天主教会的时代特征，又受其神学上特有的宗教性质的限定，往往分别采用主教制、长老制或公理制，各有一套组织体系。明清之际，在中国伊斯兰教内出现了苏非神秘主义与中国封建制度相结合的门宦，采用集政治、经济、宗教一体的封建宗法制度，内部建立了以清真寺为中心划为若干教区、等级森严的宗法管理体制。中华人民共和国建立后经过民主改革，废除了教主的封建特权与宗教特权，组织情况也随之发生了根本变化。

现代各种宗教组织还参与社会生活中的多项社会活动，如开设学校、医院，出版报纸、刊物，兴办慈善机构开展救济等社会服务。有的还参与金融、实业活动，有的成立政党、工会以及群众性国际或地区的社会团体，情况比较复杂，组织建制也较庞杂。有的宗教组织附属若干多领域、多层次的组织、团体，或建立非正式的或志愿的组织、团体。自然还有另一种情况：为了适应当代社会生活，有的宗教组织将庞大而复杂的机构与制度削减、合并或简化，以利于组织成员更多地直接而灵活地参与宗教生活及社会生活，也便于更多地吸引组织外的成员加入或参与本组织的宗教活动。

正式的宗教组织由于其社会性质与宗教性质各自所占比重及侧重点不同，主要有两种形式。一种是像基督教、天主教和伊斯兰教那种入世型的宗教社区，或类似宗教社区的以清真寺为中心的穆斯林社区。以教堂为宗教活动中心的天主教社区又称为教区，以教堂或聚会处为宗教活动中心的基督教社区又称为牧区或独立教派辖区。另一种是像东方佛教、印度教、耆那教和道教那种出世型的，注重个人修行得道的寺院、宫观组织。所谓"入世"与"出世"，皆相对而言，严格的出世型宗教并不多见，"出世"的程度也大小不等。有些宗教中的神秘主义或虔诚的信徒追求遁世修炼，多为个人的宗教行为，很少能形成组织。这里讲的"出世"，主要指的是出家（非居家）修行，并不意味着与社会生活完全脱离。当然在西方宗教中并不是没有重修行的修道组织，例如天主教的修道院和修女院，但是修道院或隐修院这类修道组织在西方宗教中并不居主导地位。西方宗教组织中的主流是大量存在于世俗社会中的教区、堂区或牧区，或者宗教生活与世俗生活融为一体的宗教社区。而东方宗教中也并非完全是出世型的宗教组织，例如，佛教中的居士组织、从日本佛教中演化出的新兴宗教创价学会就属于入世型的。然而纵观佛教的历史，其组织形态的主流是寺院僧尼的教团组织，寺院中的僧尼的主要目的是出世成正果。

以下考察两种宗教组织的结构与制度：一是以罗马天主教教会组织为典型代表的西方入世型的教会结构与制度，二是以中国佛教寺院组织为典型代表的东方出世型的寺院组织与制度。

1. 罗马天主教的教会组织与制度

这里描述的焦点并非罗马教会组织的历史由来和发展，而是罗马教会组织的结构与制度本身。

从中世纪起，罗马天主教会为了统治罗马帝国的需要，模仿世俗等级权力体制建立起罗马教廷组织和教区组织，与之相配套的是教阶制度、类似世俗官僚体制中的品秩制度。到目前为止，这种组织与制度是世界上各大宗教中世俗官僚化色彩最浓，制度化、科层化发展最完备的宗教组织权力体系。从表4-1中可以看到，罗马教廷是以教皇为君主的政教合一的城国（梵蒂冈城国），不仅有一套严密的组织管理和执行机构，而且拥有法庭等组织监督机构和司法机构。罗马教皇（教宗）被称为基督、圣父在世间的代表，是罗马教廷的最高统治者，集大权于一身，对整个教会和教徒拥有管辖权。自20世纪60年代中期，梵蒂冈第二届大公会议召开后，为适应时代需要，体现"集体权力"的精神，成立了世界主教团，与教宗共同行使教会的最高权力。罗马教廷目前由国务院、九个部、三个神圣法院、十二个委员会及若干行政办事机构、单位构成，教宗指导管理这些机构，每一部门都有由教宗任命的枢机主教为首，下设由教宗任命的秘书和助理秘书。枢机团是教宗的顾问团和高级助理，由枢机主教构成，教宗由枢机团投票选出。教廷的庞大组织体系参见表4－1。

表4－1 教廷的组织体系

教宗和世界主教团
｜
枢机团
｜
罗马教廷

─国务院（教宗事务院）：
1. 总务部；2. 各国关系部

─各部：
1. 信理部：①教义司，②婚姻司，③戒律司，④国际神学委员会，⑤宗座圣经委员会；2. 主教部；3. 东方教会部；4. 圣事圣礼部；5. 教士部；6. 献身生活会及使徒生活团部；7. 万民福传部；8. 册封圣人部；9. 天主教教育部：①修院司，②高等教育司，③专科学校司

─法院：
1. 宗座特赦法院；2. 宗座亲署最高法院；3. 罗马圣轮法院

─宗座委员会：
1. 宗座平信徒委员会；2. 宗座促进基督徒合一委员会；3. 宗座家庭委员会；4. 宗座正义与和平委员会；5. 宗座"一心"委员会；6. 宗座移民与朝圣者牧灵委员会；7. 宗座医职牧养委员会；8. 宗座立法条文诠释委员会；9. 宗座宗教对话委员会；10. 宗座与非宗教信仰者对话委员会；11. 宗座文化委员会；12. 宗座社会交流委员会

─行政办事机构：
1. 宗徒院；2. 圣座遗产管理局；3. 圣座经济事务局；4. 教皇宫廷管理局；5. 宗座礼仪庆典办公室

─其他机构：
1. 梵蒂冈秘密档案馆；2. 梵蒂冈宗座图书馆；3. 宗座科学院；4. 梵蒂冈电台；5. 梵蒂冈电视中心；6. 圣伯铎大殿管理委员会；7. 教皇福利办公室；8. 梵蒂冈印刷厂；9. 梵蒂冈出版社；10. 宗教事务院（梵蒂冈银行）；11.《罗马观察家》报（梵蒂冈官方报纸）

罗马教廷采用主教制（教区制）管理世界各地的天主教徒。主教制相当于教廷在世界各地的地方性教务行政组织，以主教为主体管理教会，其基本单位是大主教区和教区。大主教区是天主教固定的地方组织，有地域性大主教区和全国性大主教区，由总主教或枢机主教以及相应的国家或地区性主教团统一管理。教区是主教管辖的特定区域，其中央机构是主教公署，下设副主教、法官、书记和教区参议等负责各种教区事务的人员。与主教制相应的制度是教阶制，主体由司祭（主教和神父）、助祭和副助祭三个正级品位组成。主教品位又分为教皇、枢机主教、宗主教、都主教、总主教和一般主教。在正级神品（又称大品）之外，还有次级神品（又称小品），不同神品的人员分享不同的"神权"和行政管理权。

总而言之，在罗马天主教教会组织中居主导地位的并不是修会和修道院等出世修行组织，而是与教徒的宗教生活密切相关的教会教区组织和教廷官僚科层组织，这是一个庞大且具有世界性的复杂的官僚化体系，是一种跨越国界的超级社会组织。[1]

2. 中国汉地佛教的寺院组织与制度

佛教组织的主体是以寺院为中心的出家的修行组织。在佛陀时代，出家修道已在印度成为风习，佛祖释迦牟尼本人出家，使出家风气在佛教中得到鼓励，建立了最初的佛教僧团，开创了僧伽制度。后来佛教分出的大乘佛教和上座部小乘佛教均具出家修行的倾向。

佛教在不同的国家和地区形成了各不相同的寺院教团组织，例如，中国汉地佛教为丛林寺庙制度，藏传佛教为喇嘛寺庙制，南传佛教在泰国为僧王制度。

佛教徒本有四众，即出家男女二众及在家男女二众，合成为双重的教团。出家修行的佛教徒一般称为僧侣或僧人，负主持佛法之责。在家佛教徒负护持佛法之责，除皈依三宝外，还要奉行五戒和持斋。

出家人组成的僧团称为"僧伽"。在北传汉地佛教中，自唐代以后僧侣居住、修道的场所称寺院（又称庙宇，习俗上称比丘居地为寺，比丘尼居地为庵）。各寺院大多采用禅宗的组织形式及丛林制度，并采纳禅宗的

---

[1] 关于教廷组织机构的沿革及其功能，详见宗教研究中心编《世界宗教总览》（下编），东方出版社，1993，第 821~862 页。

丛林清规。"丛林"原初指禅宗寺院（"禅林"），如树林丛集，现泛指佛教僧众聚居之处。印度的佛教僧人大多数过着托钵乞食的生活，以戒律为生活规范。佛教传入中国汉地后，中国的僧团组织除戒律外还制定了其他一些约束僧尼言行的"清规"，并就寺中各机构和职能作出规定。丛林清规戒律就成为与中国佛教丛林组织相配套的管理制度。

汉地最早的清规（"僧尼轨范"）由东晋僧人道安（公元314～385年）创立。他要求僧人住寺修行。南朝梁武帝在佛教中推行素食制度，到唐代禅宗创立后形成了完备的丛林清规。唐代僧人马祖道创立了十方丛林制度，其嗣法弟子百丈怀海禅师（公元720～814年）制定了禅宗的清规，编了《百丈清规》一书（现已佚失）。元代皇帝根据封建统治者的需要假托百丈之名制定了《敕修百丈清规》，后又经明代统治者下旨执行，随后逐渐成为中国汉地佛教各派僧团组织的管理制度。大寺院的组织体系较为完备，一寺之主称为寺主、住持或方丈。"丛林"分为子孙丛林和十方丛林。前者的寺院主持或方丈师徒相承，不传外人。十方丛林的住持或方丈是在僧众的监督下在十方名宿大德中选贤担任，也有依法系相传承，称为传法丛林。当代某些佛寺作了革新，住持由寺院僧人用差额选举方式民主选举，任期有明确规定。在较大的寺院中，建有职责分明的管理制度。住持或方丈为一寺之首，下设四大班首，八大执事，各司其职，分管各类事务。四大班首主理或指导宗教修行活动。八大执事是："监院"，综理全寺事务及财务；"知客"，负责接待外来宾客；"僧值"，管理僧众威仪及治安；"维那"，主掌宗教仪式的法则；"典座"，分管斋堂伙食；"寮元"，负责管理云游来寺的僧侣及众寮事务；"衣钵"，辅助住持的个人事务与协调关系；"书记"，执掌寺院文书。较小的寺院一般设职较少，有的一身兼数职，情况不等。

五 宗教组织的经济资源

任何一个社会组织要实现其社会目标，在社会中开展活动，都需要掌握一定的经济资源，有物质手段作必要的保证。宗教组织也不例外。每一个宗教组织都有自己统一的宗教信仰目标，其成员要在日常的宗教活动中体现其信仰目标，并通过各种方式向社会宣传其信仰与主张。宗教本身就是上层建筑的一种特定的意识形态，它是一定社会经济基础的反映。尽管宗教似乎比政治、法律、文学、艺术等上层建筑更高地悬浮于空中，是更远离经济基础的意识形态，但是它与社会经济的联系始终是存在的。每一宗教或教派都有自己的社会主张，包含经济观，尤其是在开创的早期，往往特别强调社会公正，反对与抨击社会上横征暴敛、巧取豪夺、贫富不均、奢侈浮华等不合理的、不公不义的社会经济制度与现象，提倡勤劳廉洁、节俭守贫、助人为乐、好施奉献、趋善避恶，并描绘出一个没有贫困、痛苦、烦恼，公平、富足的极乐世界（天堂）的图景，给人期许、希望，以争取、吸引、凝聚信徒。这些有关经济的主张和观点，在每一个宗教的教义与道德中都不同程度地得到反映，成为宗教组织的社会目标的一部分内容。

宗教组织是每一种宗教的社会载体。只有作为社会的组织实体，宗教才有其存在的意义，才能实现其社会功能与价值。社会上的人都离不开衣食住行，然后才能从事其他各类活动，包括宗教活动。宗教组织有了必要的经济资源，才能生存、发展、开展活动，保有设施，在与社会的互动中产生自己的影响。历史上和当今世界上的宗教组织，无论传统宗教还是新兴宗教，都拥有自己的物质手段；一些历史悠久的或影响较大的宗教组织，一般都有强大的经济实力。在中世纪，教会与寺院组织拥有大量的土地和资财、文物和珍宝，有的甚至广设苛捐杂税，出卖圣物、神职或"赎罪券"，巧取豪夺，敛聚财富，以致与国家政权发生冲突，并引发宗教战争。在当代，世界各地规模不等的宗教组织普遍关心现世的经济利益，许多宗教组织除了靠教徒奉献或缴纳一定比例的宗教税收等传统方式获取财物外，还直接参与工商业、金融、土地、国际贸易、投资等活动，直接获取利润，实际上已成为拥有较大数量的经济资源、掌握强大经济实力的经济实体。

梵蒂冈就是一个当今的"金元大帝国"，它在国外有几百亿美元的投资，还握有大量的黄金、证券和外币储备。据某些报道，美国教会的财富，包括不动产、有价证券和各项投资，总额约1000亿美元，其中天主教教会的资产数额最大。另据报道，基督教救世军在20世纪80年代中期在全世界有150万成员，该组织1985年的年收入高达50亿美元，该派积极从事社会慈善与服务事业。1954年由文鲜明创立的新兴宗教——统一教会，其经济资源的主要来源有三：一是入教信徒须将前三年的收入全部交给教会，三年后则每年交什一税；二是不择手段地以各种名目搞社会募捐活动；三是办银行、工厂、商店、旅馆等，甚至做军火生意，成为一个拥有巨资的商业帝国。

伊斯兰教组织依靠天课制度获得可靠的经济来源。交纳天课是穆斯林应尽的宗教义务，为五项宗教功课之一。最初它是一种自愿捐助，被视为宗教上的"善功"；在哈里发国家时期成为以宗教形式征收的国税，按每年财产的收入分类，以不同税率交纳。当代伊斯兰国家的情况不尽相同，大多作为宗教上的自由施舍，与国家税收相分离。在中东的一些伊斯兰国家，伊斯兰宗教组织还可以从政府凭借石油资源获得的财富中得到大量的拨款。因此有些较大的宗教组织一手拿着经书，一手拿着支票簿，从事宣教活动及对国外的援助与投资。

佛教组织在不同的国家和地区、不同的历史时期，其经济资源的状况有所不同。我们以中国汉地佛教的寺院组织为例。北魏时期就已形成了一定规模的寺院经济，各个佛寺都有自己的田地和佃户（僧祇户），还有寺院奴隶（佛图户）。北周武帝废佛时将僧祇户和佛图户一并废除。隋唐时期，佛教寺院经济随社会经济的发展与繁荣又重新振兴，在官府的支持下佛教寺院拥有自己的寺田或寺庄，僧侣成为贵族，寺院经济演化为地主式的庄园经济。寺院不仅囤聚了大量资财，且不上税，不少人为逃税而出家，严重影响了封建国家的财政收入、兵役和赋税，以至引发了与当时社会的对抗，招致唐武宗时再度废佛。禅宗丛林制度中农禅并重的经济形式，解决了中国佛教寺院组织的生存问题，改变了僧人不事生产的风习。宋代后形成了"一日不作，一日不食"，自耕自食，独立发展的良性寺院经济模式，使佛教寺院组织走上独立自养的道路。在当代，各国、各个地区以及不同宗派的佛教组织，其经济来源的渠道是多元的。除了从施主的施舍或捐赠、各类佛事活动中取得收益外，有的佛教组织或寺院还经营工商业或服务业，或依靠旅游观光的门票、出售宗教用品和纪念品得到数额可观的收入。

1949年中华人民共和国成立后，中国基督教、天主教发起了三自（自治、自养、自传）爱国运动，割断了同外国教会在政治上与经济上的联系，走上独立自主、自办教会的道路；佛教、道教、伊斯兰教经历民主改革，废除了旧有的封建特权和压迫制度。随着以土改为中心的社会主义改革，汉地佛教、道教废除了寺庙、宫观的封建土地所有制与高利贷剥削。1958年后，结合少数民族地区政治经济制度的改革，藏传佛教结束了政教合一的农奴制度，废除了寺院的封建特权与压迫制度，实行政教分离；伊斯兰教废除了向群众征收宗教税、摊派无偿劳役及部分地区以教主为中心的门宦制度。各教都建立了以爱国宗教人士为核心的全国及地方的爱国宗教组织，在经济上逐步实现了自养。

第四节　宗教组织的形成与制度化发展的两重性

一　宗教组织的形成及其必然性

（一）宗教组织的形式

社会群体从同质性因素（如血缘等）构成的简单的初级群体（如家庭）向异质性因素构成的复杂的高级群体（社会组织）的演进，是社会生产力和社会分工不断发展的结果。各种高级群体，即不同的社会组织具有各自的社会分工和社会功能。个人可以同时参加多种社会组织，同时具有多重组织身份，多种角色。这样不仅使同一社会组织中的异质性因素增多，从而使社会组织的分化不断地进行，同时也使个人个性的发展具有更多的机会。

作为一种社会组织，宗教组织也经历了由初级群体的氏族部落宗教向高级群体的制度化宗教演变的过程。在原始社会，社会分工极不发达，社会群体以氏族部落为单位，这时的宗教与社会生活融为一体，宗教群体与氏族部落群体密不可分，合二而一。社会结构以机械整合为基础，其特征就是成员在信仰上和情感上的高度同质性。人一生下来就被动接受包括氏族宗教崇拜在内的氏族部落的一切传统习惯，个人在信仰方面没有任何选择的余地。社会生产力及社会分工的进一步发展加速了社会内部的分化，社会职能与利益分配更趋复杂化，社会便逐步形成高度的功能专一性，为履行某种特定的社会目标与任务的社会组织应运而生，专门的宗教组织的出现就是这种功能专一性趋势的产物与反映。社会从机械整合逐渐演进为有机整合。从社会分工趋于专门化的发展中，产生了一批职业神职人员阶层,他们具有显赫的社会地位,在阶级社会中往往成为统治阶级上层的一部分,对社会生活有巨大的影响。社会成员之间的利益冲突和个性的差异日益凸现,各种宗教体验也日愈丰富,特别是阶级社会中日趋尖锐的政治斗争与社会矛盾,这些必然会反映为宗教信仰上歧异的增加与多元化的发展趋势。换言之,作为一种社会组织,宗教组织的异质性因素增多,人们可以对多种宗教信仰和其他意识形态进行选择,对同一宗教的信仰内容作出多种诠释或实现目标的多样化,也可以有不信仰任何宗教的自由。异质性因素的增加及宗教本身的规模、传播范围的不断扩大,约束力与管理控制能力的相对缩小,促使宗教组织不断进行自我调节,又不断发生分化和衍变,从而在不同的社会历史时期和社会环境下呈现出不同的组织形式。

三大世界性宗教佛教、基督教和伊斯兰教的形成与发展就是最突出的例子,它们都经历了由同质性因素构成的初级群体(即以简单的师徒关系为纽带的先知及其门徒构成的小群体)向异质性因素构成的各种复杂组织衍变的过程。

三大宗教在形成宗教组织的初期均为民族宗教或地域性宗教。后来由于传教活动范围的扩大以及世界各国政治、经济、文化事业的发展与交流,这些宗教均发展成为世界宗教,并在不同时期和不同地域的文化背景下呈现出多元化的宗教组织形式;同时这些宗教组织本身还不断地分化衍生出一些新的教派或宗派组织,甚至分化出一些极端的膜拜团体,或把不同宗教信仰融为一体的新宗教团体。例如:历史上基督教的两次分裂(即公元1054年东正教与基督教的分裂和公元1520年马丁·路德宗教改革后基督教新教与罗马天主教的决裂);基督教新教各派组织的分立;佛教成为世界性宗教后分裂为在东南亚传播的小乘佛教、在东亚传播的大乘佛教以及在中国西藏地区与当地本教融合形成的藏传佛教,其中大乘佛教又分出禅宗和净土宗等许多宗派组织;伊斯兰教也分化为十叶派和逊尼派两大教派组织,此外还有苏非派各教团组织和中国伊斯兰教特有的门宦组织等具有地方特色的组织。三大宗教在不同地域的组织形式各异的例子还很多。例如罗马天主教,它在意大利、法国、西班牙、比利时和菲律宾等国家以教会组织形式出现,并在各宗教中占主要地位,同时又受罗马教皇的统一领导;而在美国,罗马天主教仅仅表现为与新教各教派组织以及犹太教地位平等的宗派组织形式,① 而且构不成教会的规模;另外在中国,天主教一方面与基督教新教、佛教、道教和伊斯兰教等宗教并列为中国法律认可的五大宗教之一,具有全国性的爱国会组织体系,另一方面中国天主教会又独立自主、自办教会,教务活动不受制于罗马教廷的领导。佛教也有类似的情形,它在中国有全国性的佛教协会组织体系和各地星罗棋布的寺院组织;在泰国表现为僧王领导下的等级权力组织(包括僧伽议会、僧伽内阁和僧伽法庭等)和地方行政组织(即各级僧伽委员会);在欧美的佛教表现为采用教区制的佛教教派组织;在日本佛教表现为大量的宗派组织及分化出来的新兴教团组织,据20世纪80年代的统计,共有13宗160余派。②

（二）宗教组织制度化的必要性

当宗教领袖领导一个宗教运动并且建立起最初的宗教群体时,这个宗教群体必须制度化为宗教组织才能生存下去,也就是说,宗教组织只有制度化才能得到发展,统一行动,实现信仰目标。

宗教领袖通常是具有开拓性的和宗教革命性的人物,他所创立的宗教团体最初往往不太稳固,必须经历一定的过程,发展成为一个由角色分层和制度规范构成的母体,这一发展过程就是制度化。换言之,宗教组织在制度化进程中,既要适应宗教运动内部的变化,使之形成稳定的结构,又要不断进行自身的调适,以适应社会的发展变化。

一般而言,制度化服务于宗教组织的两个主要利益——宗教信仰和物质资源。一方面制度化的宗教组织可以促进宗教信仰体系的维系和向社会的传播,另一方面还可以有效地处理每个教徒投入该组织的时间、精力和财力所形成的经济利益。

制度化的宗教组织是一种服务于宗教信仰目标的具有稳定的角色分层和制度规范体系的组织模式。它的核心内容,即主要构成因素一般有以下几个：

（1）合适的宗教组织领导成员继任或传承制度和官僚化的权力分层组

---

① 参见 Julia Mitchell Corbett, *Religion in American*, New Jersey: Printice Hall, 1990, pp. 28~29, p. 49。

② 黄心川主编《世界十大宗教》,东方出版社,1988,第155页。

织体系、管理体制；

（2）对宗教教义的统一解释及这种解释在该组织中作为组织制度和道德规范的基础的可信程度，并以此为基础制定出规范制度；

（3）稳定的经济资源和一定的物质设施；

（4）有关吸纳新成员的成员资格规定，以及对成员的教育、监督、惩治等有关制度。

总之，一个新的宗教运动要想存在和发展下去，就必须经历一定的制度化过程，建立起自己的制度化的宗教组织。各种宗教组织的制度化程度可以有所不同，但是某种形式的制度化必然要发生；否则宗教运动的生存就会面临威胁。

二 宗教组织形成的主要因素

（一）宗教领袖和社会条件

宗教社会学的奠基人之一马克斯·韦伯将宗教运动的创始人称为具有"卡里斯玛"品质的先知，"卡里斯玛"为英文 charisma 的音译，意为超人的品质与人格魅力（感召力）。韦伯将创立宗教的先知视为个人具有卡里斯玛灵性的人，可分为多见于西方宗教中的作为神与人中介的伦理先知和多见于东方宗教中的以个人德行为榜样的楷模先知两种类型。[①] 不论哪种先知，均为独具超凡品质与魅力的卡里斯玛式人物，即卡里斯玛领袖。

宗教运动一般由宗教领袖，即卡里斯玛领袖凭借其吸引力与感召力建立起最初的信仰崇拜团体。具体而言，卡里斯玛领袖运用自身特有的魅力和感召力吸引信徒，信徒对他有一种神秘感和敬畏感，甚至会认为卡里斯玛领袖与神具有特殊关系，可以通神或与超自然力量沟通，因而宗教创始人的言行在信徒的心目中往往被视为真理和真理的见证。可见卡里斯玛领袖及其言行通常成为一个宗教运动最初勃兴的原动力。

然而不能就此得出单靠卡里斯玛领袖就足以创立宗教并左右宗教发展的结论。在看到卡里斯玛领袖作用的同时还要看到社会条件让卡里斯玛领袖具有制约作用。社会条件既可以让卡里斯玛领袖具有传导力，又可以让卡里斯玛领袖具有绝缘力。只有卡里斯玛领袖和一定的社会条件这两个因

---

① 苏国勋：《理性化及其限制——韦伯思想引论》，上海人民出版社，1988，第61~64页。

素同时奏效，宗教运动的产生和一定的制度化宗教组织的发展才有可能。

以伊斯兰教为例，伊斯兰教创始人穆罕默德可以说是一位卡里斯玛式的杰出领袖，他创立伊斯兰教与当时成熟的社会条件有密切的关联。

穆罕默德生活于公元7世纪初，当时的阿拉伯半岛正面临日益加剧的社会危机和外族不断入侵的威胁，社会各阶层的人都在为自身寻找出路。要想摆脱这种困境，有必要联合各部族建立一个统一的国家，这是当时社会发展的大趋势。穆罕默德洞悉了当时的社会，看到了社会症结之所在，领导和组织了一场划时代的变革运动，肩负起历史赋予的使命，创立了伊斯兰教，并把社会变革运动与宗教革命结合起来。据传说，他40岁时（公元610年）来到麦加城郊希拉山的小山洞里冥修，一天夜里真主派天使哲布勒伊来向他传达神谕，并向他"启示"《古兰经》的真谛，使他受命为圣，从此他宣称自己接受了真主赋予的使命，开始传播伊斯兰教。随后他提出一系列改革社会的主张、伦理道德规范和法律原则，通过神学的折射，逐渐形成一套伊斯兰教的教规制度，用宗教的精神力量支持社会的变革。

成熟的社会条件和宗教领袖一起构成了新的宗教运动产生的主要原因。那么，什么是成熟的社会条件呢？

一般而言，产生变革性宗教运动及其制度化组织的成熟条件大多是在一个社会发生动荡、转型和危机的时期。因为当一个社会处于稳定状态时，既有的文化模式可以满足大多数人的需要，即便有一些文化调适，也会以渐进的方式出现，并不会威胁社会的安定；而当社会发生动荡和激烈变迁时，诸如政治上的改朝换代、经济危机或重心的转移、社会矛盾的激化、道德危机的蔓延、军事上的战败、人口迁徙或瘟疫天灾等等，此时社会成员的经济利益与个人的角色地位受到威胁，其紧张程度急剧增加，处于不得不作出抉择的命运关头。这时旧的社会文化模式已无法满足人们的需要，人们开始探寻新的能够减轻紧张度的文化模式，于是社会文化进入转型时期，一些人开始考虑世界观、价值观和文化模式的重新建构问题，卡里斯玛领袖就属于这种探寻新的文化模式的先锋。当卡里斯玛领袖形成自己的一套新的世界观、价值观后，就通过宗教说教和讲道规劝社会成员接受其说教，以获得自身省悟并改良社会，于是新的宗教皈依现象出现了，宗教运动的端倪也就应运而生。以卡里斯玛领袖及其门徒构成的小群体成为人们竞相皈依的核心集团。卡里斯玛领袖通过组织宗教运动冲击旧的社会秩序，最终影响社会秩序的变迁，或者以其世界观体系取代旧的世界观体系，从而从社会的边缘逐渐走向社会的中心。在这种发展过程中，宗教群体逐步制度化为稳定的社会组织。

总之，宗教革命与社会变革是密切相关的，新宗教运动往往与社会变迁相伴随。如果卡里斯玛领袖或先知生活在一个没有强烈的社会文化紧张度的社会环境中，他们就很可能成为凡夫俗子。可见社会条件对宗教运动和宗教组织的产生和制度化发展至关重要。

（二）宗教的观念体系

宗教经验涉及教徒归属宗教组织的认知过程，宗教仪式有助于强化教徒的集体意识，宗教组织就是为了支持教徒个人的信仰和行为标准而建立的。换言之，宗教组织就是为了支持宗教的观念体系而建立的，它是教徒个人与外部的其他社会组织相联系的最重要的纽带，也是一种组织内部的教徒成员所共同享有的宗教观念体系的集体表象和集体表达。

宗教观念体系是一种有关信仰的意识形态体系，是一种具有综合意义的解释体系。

在人类社会的发展进程中，宗教观念体系与其他意识形态体系进行着不断的竞争和较量，个人很少能够单独驾驭它，只能通过群体与组织的力量来共享某种意识形态，并实现与其他意识形态体系的对抗。教徒就是通过宗教群体，尤其是高级的宗教群体——宗教组织，来实践其宗教观念的。

宗教观念体系既解释了宗教和宗教组织存在的合理性，又是一种价值标准规范。因此在宗教组织和宗教观念体系之间存在必然的直接关联。一方面宗教组织通过教徒共同具有的宗教观念体系得到统一和巩固；另一方面宗教观念体系又以宗教组织为其社会基础及有效载体，只有通过宗教组织，宗教观念体系才能持续存在下去，并显示出其生命力。

杜尔凯姆早已认识到宗教组织作为集体纽带的重要意义。他认为宗教仪式和宗教符号是宗教组织的象征，这种集体象征是宗教组织对其成员表示集体纽带的重要性的方式。通过参与宗教组织中的宗教仪式，教徒个人加强了与宗教组织的联系，并接受了该组织成员共同享有的宗教观念体系，从而形成了对该组织的忠诚关系。

宗教观念体系要继续存在下去，需要一定的宗教组织作为其社会基础，美国著名社会学家贝格尔将这种社会基础称为似然性结构（Plausibility Structures），即看似有理的结构，或可信性结构（Believability Structures）。他将宗教观念体系视为宗教组织内部教徒共同具有的意义体系，这种宗教观念体系仅在该宗教组织内部被普遍接受。该组织的教徒成员将宗教观念体系看作是可信的，它成为教徒共同信仰的理所当然的观念体系。贝格尔认为：各种宗教为了使其宗教观念体系的可信性持续下去，必须有各自稳定的组织作为保障；反之，宗教组织要想维系下去，其宗教观念体系在组织内部的成员中必须具有可信性。[①]

总之，一种宗教的观念体系要想存在下去，并与其他意识形态观念体系相抗衡，就必须有宗教组织作为其社会基础，宗教组织的形成和巩固是宗教观念体系持续存在和发展的需要。

（三）宗教组织形成的其他因素

1. 某些社会阶级或阶层的经济地位或政治权利的被剥夺状态

在阶级社会里，一些宗教组织在其形成时往往处于社会的边缘，组织成员也大都来自较低的社会阶层，政治上处于被剥夺权利的状态，经济上处于被剥削状态。换言之，一些宗教组织在其形成时往往是由于其多数成员在经济上处于被剥削地位，政治上处于被压迫、歧视或排斥的异端地位的缘故，这一点在基督教的形成中表现得十分明显。

基督教最初是犹太教中的一个非正统的异端教派，从公元1世纪开始传布于罗马帝国境内的一些城市中；到公元2世纪中叶，它已发展成一个与犹太教完全分离的宗教组织，公元3世纪后逐步成为罗马帝国内除罗马帝国政权外最大的宗教性政治力量。然而在公元311年罗马帝国颁布"宽容敕令"停止迫害基督徒之前，基督教一直处于受罗马帝国迫害的状态。教会史学家认为，从公元64年罗马帝国皇帝借罗马城大火对基督徒进行捕杀开始，共发生十次大的迫害基督徒的活动。当基督教日益发展壮大成为与帝国政权相抗衡的力量时，罗马帝国便动用整个国家机器对基督教实行大规模迫害。但是一系列镇压和迫害都徒劳无功。公元311年，罗马帝国

[①] 参见彼得·贝格尔著《神圣的帷幕——宗教社会学理论之要素》，高师宁译，上海人民出版社，1991，第56页。

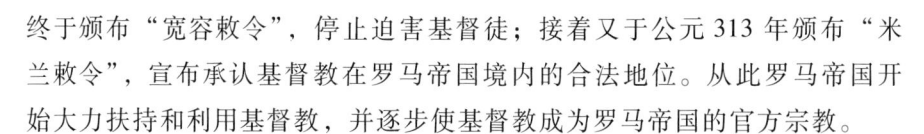

终于颁布"宽容敕令",停止迫害基督徒;接着又于公元313年颁布"米兰敕令",宣布承认基督教在罗马帝国境内的合法地位。从此罗马帝国开始大力扶持和利用基督教,并逐步使基督教成为罗马帝国的官方宗教。

2. 移民或人口迁徙

移民或人口迁徙也会对某些宗教组织的产生具有较大影响。移民或人口迁徙可以导致不同社会文化模式的碰撞与冲突,从而诞生出新的宗教组织形态。例如美国作为一个由移民组成的国家,近年产生的许多新宗教运动和新兴宗教组织就是各国移民带来的不同文化相互融合,此消彼长的结果,其中不少为亚洲移民带来的佛教、印度教和道教等东方宗教,与西方基督教新教各派相互融摄的产物。

三 宗教组织制度化的两重性

当代宗教社会学家奥戴曾经指出,宗教既需要制度化,又最易受到制度化的损害。[①] 换言之,对任何一个宗教运动的持续发展而言,制度化是必要的,这是积极的一面,与此同时,制度化中还存在消极的一面。这是一个问题的两个方面,是一种辩证关系。宗教组织的制度化既可以保障其延续性、稳定性和有效性,确立成员交往过程中具有伦理性或强制性的规范,增强内部的凝聚性与依赖性,又有可能产生出某种僵化的机制,从而限制教徒的创造力和灵活性。这一点类似于宗教观念体系。在某个宗教运动的初期,宗教领袖的言行或传达上苍的"启示"往往显示出一定的独创性和革命性,激励了最初一代教徒的信念。后来,当这种新的信念随着制度化宗教组织的形成逐步发展成为该组织的一种体系化的"可信性"宗教观念体系时,它便呈现出某种程度的教条化或僵化的特征。宗教组织的制度化也类似于此。最初如果不进行制度化,宗教运动就难以维系下去;但是随着制度化的开始和不断发展完善,它所带来的消极影响也同时相伴产生。宗教组织在制度化过程中,使许多相互对立的异质性因素结合在一起,特别是宗教所追求的是超验的神圣的精神价值,即人们对彼岸世界的取向,又要通过世俗制度化的社会组织作为载体,在此岸世界不断取得自

---

① Thomas F. O'dea, "Five Dilemmas in the Institutionalization of Religion", *Journal for the Scientific Study of Religion*, October, 1961, pp. 30~39.

我完善加以体现，必然带来自身的矛盾，形成矛盾的结合体。奥戴指出："在宗教的制度化过程中，超验性和具体经验形式结合在一起，脱俗性和世俗性的表达形式结合在一起，与来世的关系和现世的社会形式、观念形式和仪式形式结合在一起。"[①] 因此制度化对任何一个宗教组织而言都是必要的，但又必须面对制度化带来的消极的一面。以下就从五个方面考察一下宗教组织制度化的两重性。

1. 入教成员动机的变化——从单纯动机到复杂动机

一般而言，在宗教组织制度化形成的前后，其成员皈依宗教组织的信教动机会有所变化。在制度化之前由第一代宗教领袖所领导的第一代成员中，其信教动机往往较为单纯，他们对宗教领袖及其传述之"启示"或"预言"表现出绝对的信奉与忠诚，并且愿意为此做出最大的奉献甚至牺牲。历史上许多宗教运动在其初创期所表现出的虔诚、统一与团结甚至宗教狂热可为佐证。一些在其初期处于社会中被压迫地位的宗教运动尤其表现出其成员个人动机与其群体目标的一致性，如基督教和道教等。

然而，随着稳定的制度化结构的出现和发展，宗教组织渐趋稳定，利益冲突成为角色冲突的主因，而复杂的信教动机又使利益冲突加剧。入教动机的复杂化影响了成员对宗教组织的虔信程度，进而对宗教组织的发展产生了消极影响。复杂动机的目标显现出与单纯宗教信仰目标的分歧，这种分歧在历史上往往导致宗教组织出现两种情况。一种情况是宗教组织的分裂，分化出更小的组织，如宗派、教派或一些膜拜团体。另外在各教组织中保留单纯信仰动机的组织往往遵奉与恪守该教第一代领袖的启示或教诲，因而往往大多表现为原教旨主义倾向。第二种情况是一些宗教组织采取一些措施，包括兴办教会医院、教会学校及其他各类慈善事业，目的在于将教徒的动机吸引到宗教目标上来，扩大宗教组织的社会影响，使教徒动机趋于单纯的宗教信仰。因而，在一定意义上可以说，教会学校、医院和各种宗教慈善事业是宗教组织在制度化进程中为提高成员对信仰的虔信度，并净化成员及望教者的信仰动机而采取的适应性措施，它们是在第一代宗教领袖已不存在的情况下可以起到类似于第一代领袖及其启示的感召

---

① 托马斯·F. 奥戴、珍妮特·奥戴·阿维德著《宗教社会学》，刘润忠等译，中国社会科学出版社，1990，第98页。

力作用的替代品。

2. 成员与宗教组织象征体系的疏远

宗教感性的象征体系，作为教徒在组织中共同崇拜时为表达共同的信仰关怀与宗教经验而形成的一套共同的符号标志，在一个宗教组织的早期往往对其成员具有有效的崇拜意义。例如，许多基督教教堂的窗户上的彩色玻璃上往往绘有鱼，这是早期基督教的一个有力的信仰标志，鱼在当时被用来象征基督，鱼的标志成为当时基督教的标志之一。随着制度化的发展和成熟，某些宗教象征符号渐渐成为司空见惯或乏味的东西，被后来的教徒所淡忘。那些关于象征的某种规范程序的仪式由于连续不断的重复对一些教徒失去了昔日的吸引力，结果原本是借助世俗媒介体现神圣的东西，却导致了神圣性本身的失落，人与神之间在情感意义上的和谐与共鸣被淡化了；原本借助集体崇拜仪式来体现终极意义的东西，却变成了一种呆板的例行公事，导致了终极意识的削弱。

制度化过程中，象征体系所产生的另一个问题是象征体系被视为与神交流的障碍，因而出现了反象征主义，某些清教徒就属于这一情形。清教徒拒绝彩色玻璃窗户和用十字架作为偶像，以此与罗马天主教会相区别，他们认为有形的标志意味着繁冗的仪式和形式主义，而非超验的信仰体验。这种摆脱旧的组织形式、象征符号体系和仪式的异化倾向往往导致对原有宗教的反叛、改造或淡漠，以及对世俗化影响的反抗，或追求个人的消极遁世修道，或加深对世俗社会的反抗情绪。

可见，将宗教教徒对宗教的主观体认用象征体系予以客观物化、用宗教仪式加以模式化和规范化，这是宗教组织制度化所不可缺少的，对团结教徒并强化其共同信仰是必要的，但是随着时代的变迁，也会出现某些反象征主义倾向。因此，如果一个宗教组织的象征体系中的某些符号标志对其成员失去了效力和宗教意义，那么该宗教组织就必须产生出某种新的象征符号，或者寻找出替代物。

3. 行政制度化发展与官僚主义的滋长

宗教组织常在行政管理上会发展出一套具有科层结构制度化的规章和机构设置，这些机构和制度发展到一定程度常常形成类似世俗行政机构所常见的繁冗的机构和复杂的办事程序，这样就与制度化所要求的提高办事效率的初衷和目标相悖，从而形成权力、角色地位等级、特权、繁琐规章制度以及冗员等诸多官僚化因素的滋生，易使领导成员蜕变为官僚并带来官僚主义作风，与组织中的普通成员相脱离，失去了一个制度化组织所应具备的灵活性与解决伴随时代发展而出现各种问题的能力。例如罗马天主教会的机构就呈现出一定程度的官僚化特征，保守的罗马天主教会在办事效率方面和官僚设置方面也远比改革后的基督教各派复杂。在基督教新教各派中也存在着不同程度的官僚主义膨胀的趋势，六七十年代美国的联合长老会就曾陷于这种组织管理上的官僚主义所造成的困境中。1970年代后期，它虽然调整了组织机构，但收效不大。①

总之，官僚主义作风往往会导致不少组织的功能丧失，从而影响其工作效率和组织对社会变迁的适应性，宗教组织亦不例外。

4. 教义的界说、道德准则的程式化与原初精神被消解的危机

为维持宗教教旨的本意，体现宗教最初的道德准则，避免日后各种与原初精神相违背的曲解萌生，宗教组织在制度化进程中需要对宗教教旨做出严谨的界说，对宗教伦理通过一整套复杂的教规、教法予以固定化、程式化，以便其组织成员或新皈依者能理解掌握，在日常生活中可以操作，有所遵循。但是，这样做的结果又会导致另外几种结果。一是，持续不断地对宗教教义作出复杂的、教条式的、微妙的界说与诠释，使那些没有经过系统的或受过神学教育的成员感到费解。那些宗教伦理精神的睿见与道德准则转化为教规与教法后，形成了只需墨守的成规。成员拘泥于字面上的理解，不可避免地忽略了某些基本精神与本义。因此，在某些后来的教徒心目中，宗教教条成为拯救灵魂的信仰表白书、道德说教或道德评判标准，对于教义原来蕴涵的内容，则很少去深究。二是，教义一经界定，教法教规被固定化后，往往是不可更改的。这样一来，在这些领域中新思想的大门被堵死，适应时代变化需要及时做出调整与反应的能力被遏制，进而导致宗教组织内部的冲突、分化及宗教组织与整个社会或其他社会群体的关系紧张，乃至对抗局面的出现。三是，教义界说与行为条款过于繁琐，反而会"从学究层面向大众层面"逐步"下降"，使象征系统或仪式转化为"神圣对象的替身"或"与之建立联系的手段"。换言之，宗

---

① 参见 Keity A. Roberts, *Religion in Sociological Perspective*, Second edition, California: Wadsworth Publishing Company, 1990, pp. 157~158。

教象征系统可能退化为幼稚、机械而粗糙的东西,导致巫术或准巫术性质的出现。①

总之,抽象的启示、预言或原始经文教义必须被具体化为普通教徒都能够理解的日常生活与行为的道德伦理规范,这是制度化所不可缺少的,与此同时也会产生一些消极后果,即有时会掩盖住经文与教义最初的原始含义和本义。

5. 宗教组织制度化所带来的强迫性皈依

宗教组织的整合与团结建立在其成员价值观和行为规范一致性的基础之上。在宗教运动初期,基本上由自愿皈依者构成。皈依者忠实于第一代宗教领袖,对第一代宗教领袖所领导的宗教群体有一种非理性的感情色彩较重的皈依体验。随着制度化宗教组织的出现和发展,原先一些资深成员可能会对新领导集团因制度化而获得的权威地位和特权提出异议和非难。同时,宗教组织的发展中不可避免地会分化产生一些异端组织。为了保持宗教组织机构的完整性和权威地位,新的领导集团往往会采取强迫性的组织控制措施。例如天主教中开除教籍(即绝罚)就是一种维护宗教组织制度化的合法性和权威性的排除异端的措施。在天主教历史上,异端甚至要受到宗教裁判所酷刑的迫害。

与此同时,宗教为了生存、发展,宗教组织总是寻求与所处时代的社会制度及文化价值观相联系,与世俗的统治阶级联手,尽力用世俗法律权威与公众舆论及情绪支撑信徒对宗教信仰的忠诚。在阶级社会,特别是中世纪,宗教组织上层与世俗统治者相互利用,以维护统治秩序和宗教的权威,共同强化宗教的一致性。这种联盟通常建立在强力威慑的基础上,宗教组织与世俗政权更趋于保守。在这种情境下,对宗教的皈依及表面上对组织的忠诚却容易掩盖着某种深层的对社会与宗教组织日益增长的不满或怀疑情绪。其结果,政治上的反叛与社会的动乱必然变成宗教上的对抗,而宗教上的对抗又加深社会的动乱。历史上无数内乱与宗教战争就是明证。

宗教信仰原本是一些人的精神需要,参加宗教组织是个人建立在宗教

---

① 转引自托马斯.F.奥戴、珍妮特·奥戴、阿维德著《宗教社会学》,中国社会科学出版社,1990,第105页。

体验基础上自发自愿的行为,也是宗教制度的根本依靠,但在制度化过程中,宗教组织采用高压手段与严厉的惩治性措施,在一定程度上对维持教徒信仰的一致性与组织的团结有效,但失去了自发自愿的初衷,始终伴随着希望与失望、虔诚与怀疑、强制与离心、稳定与动荡,最终会导致信仰一致性的日益衰退。

总而言之,宗教组织的制度化发展不是一帆风顺的,它往往会不断产生并尽力克服某些制度化所招致的消极后果,及对社会发展适应性调节能力的退化和滞后。宗教复兴运动、新兴教派以及其他再生或改革运动都是宗教组织寻求克服上述这些机能性失调或功能障碍的途径。可见对制度化的宗教组织的反叛成为新兴教派发展的重要原因之一,宗教组织中多数内部冲突和分裂都可归结到对制度化弊端的反感和对再生的渴望。一个新的宗教组织的产生虽然主要是各种社会因素的产物,与社会结构及社会变迁的过程紧密相连,但也有不少宗教组织是在旧的宗教组织躯体内,在制度化所带来的消极后果的驱使下产生的,或者是从旧的制度化宗教组织中裂变出来的,面对新的不同的社会需求对其原有信仰的重申。显而易见,制度化对宗教组织是必需的,但同时也在不断增长和加剧宗教组织内部、宗教与社会的关系中固有的那些张力和冲突,这就是宗教组织作为一种矛盾统一体制度化二重性发展的必然结果。

第五节 宗教组织的类型研究

一 宗教社会学对宗教组织理想类型的基本研究方法

宗教有许多组织形式,对于不同的制度化宗教组织,可以从不同的角度依据不同的变量标准进行分类。按照所信仰的主要神灵的数量,宗教可以分为一神教和多神教;从政教关系的角度,可以分为合法宗教和非法宗教、正统宗教和非正统宗教,或者官方宗教和民间宗教(非官方宗教);根据传播地域范围的大小,可分为氏族宗教、国家宗教和世界宗教;按照救赎的方式,可分为入世宗教和出世宗教等等。那么从宗教社会学角度对各种形式的制度化的宗教组织又如何分类呢?由这一问题引发了宗教社会学对宗教组织的类型化研究。

宗教组织作为社会系统中的一个子系统，与社会中其他社会组织之间存在着相互作用和影响，不同形式的宗教组织与社会环境间的相互作用与影响的方式也不尽相同。

宗教组织形式的各不相同、新的宗教组织又不断涌现，使得宗教组织与社会环境及其变迁之间的关联的研究复杂化了。因而为了尽可能地理清各种宗教组织与社会环境及其变迁之间的内在联系这一宗教社会学的核心问题，发展一种理想的类型研究方法是必要的。于是许多著名的宗教学家便致力于宗教组织的类型学研究，企望从类型学角度并借助类型学抽象概括出的特征中找到宗教组织社会学分析的关键，这种努力从宗教社会学的鼻祖之一韦伯起，中间经历了特洛尔奇、瓦特、尼布尔、英格尔、威尔逊和罗伯逊等著名宗教社会学家们的不懈努力，取得了较为精深的发展，以西方基督教为主要研究对象，构建出了一种全新的理想型的类型学体系，即教会—教派类型学（church-sect typology）。虽然这种类型学遭到了不少批评，但是直到今天它仍在继续不断得到修改和发展，成为宗教社会学家研究西方宗教组织类型公认的研究方法。

这种方法的核心是一种理想类型，即设定一系列概念或范畴，如教会（church）、教派（scet）、宗派（denomination）和膜拜团体（cult）等等，这些范畴不是凭空臆造的，它们都有具体的内涵，它们都是宗教社会学家们根据大量西方宗教组织的经验研究得出的特征加以分类概括。具体的实证研究是理想类型的社会学基础，这是宗教组织类型化研究直到今天仍受到推崇和发展的根本原因。

教会—教派分类是从宗教社会学角度对宗教组织进行的分类，宗教与社会的相互关系问题是教会—教派分类的主要变量标准。换言之，从宗教与社会相互关系的角度可以将宗教组织区分为教会、教派、宗派和膜拜团体。

二　宗教组织类型研究的发展

（一）韦伯和特洛尔奇——初期阶段

最早提出教会—教派两分法的学者是韦伯和特洛尔奇。

韦伯十分关注不同类型的宗教组织与社会变迁有不同的关联。他首先注意到早期基督教中耶稣及其追随者形成的早期组织与当时的犹太教组织有质的不同。他认为卡里斯玛型领袖具有感召力和变革性，这往往会刺激社会变迁。为了保障卡里斯玛型领袖领导的变革具有持久性，组织上的制度化成为必要的方式。韦伯根据宗教组织的成员资格原则（即包容性还是排他性的原则）提出了教派的概念以及教会和教派的区别。[①] 韦伯认为：教派是一种排他的组织，其成员必须满足某些条件，诸如特定的戒律和宗教实践（如新教中成年人行浸礼或戒酒等）；而教会则是一种包容范围较广的组织，它鼓励所有社会成员加入其组织。

韦伯对教会和教派的简单区分得到了他的学生、德国基督教神学家和教会史学家特洛尔奇的发展。特洛尔奇本是一个侧重于研究基督教伦理和社会思想的神学家，因而他在发展韦伯的教会—教派两分法时强调的重点有所变化，他区分教会与教派的侧重点不是韦伯的成员资格原则，而是宗教组织与外在社会环境间的相互关系是拒斥还是妥协。他指出教会的最显著特征是它对世俗社会秩序的承认和妥协，而教派则倾向于拒斥社会秩序。在《基督教会的社会教义》（1912）[②] 一书中，他将其类型研究应用于基督教社会伦理这种历史学和神学的目的，指出他对教会和教派的概括仅限于基督教的欧洲文化，不可能适用于美国的基督教研究。此外，特洛尔奇还引入了另一个宗教组织类型——神秘主义宗教（或称神秘教），即侧重于个人的非理性经验的宗教组织。它不注重信仰者之间的亲密联系，不关心教义、圣事，由权威进行控制。他使用这一范畴的目的是描述18、19世纪德国路德教的独特的神秘主义现象。他预言现代社会将不断增加除教会和教派而外的第三种关联——"理想的神秘教"或"精神宗教"。[③] 特洛尔奇所提出的神秘教后来的学者称之为"膜拜团体"。

特洛尔奇对韦伯教会、教派两分法的发展的初衷仅在于比较研究具体的历史发展，而非有意于创造一种理想类型框架，但是客观上却为后来的宗教组织类型研究的发展奠定了基础。特洛尔奇对宗教组织分类研究的局

---

① Max Weber, *The Sociology of Religion* (tr. Ephraim Fischoff), Boston: Beacon Press, pp. 60~61.
② E. Troeltsch, *The Social Teaching of the Christian Churches*, 2vols (tr. Olive Wyon), New York: Macmillan, 1931. 其中有尼布尔（H. Richarch Niebuhr）的序言。
③ Grarrett, William R., "Maligned mysticism: The maledicted career of Troeltsch's third type", *Sociological Analysis*, XXXVI, 2, 1975, pp. 205~223.

限性在于未能指明不同类型宗教组织产生的社会条件。

(二) 尼布尔和贝克尔——发展阶段

美国神学家尼布尔是教会—教派类型研究的第三位关键人物。①

尼布尔对形成宗教组织的社会条件颇感兴趣，并从基督教的社会伦理入手研究宗教与社会间的相互关联。他将教会和教派视为宗教组织发展过程中的不同阶段，并且增加了一种新的组织类型——宗派。宗派以适应社会为特征，却缺乏支配或控制社会的能力。尼布尔根据特洛尔奇的宗教组织是否与外界社会相妥协的标准来考察教会与教派间的差异，同时还认为宗派也是"基督教与世俗世界之间更为巧妙的妥协……它代表着基督教对世俗世界的等级制度体系的适应。"②

尼布尔把从基督教组织分裂出的派别视为与基督教基本价值观相对立的排他的派别，特别是新教有一种产生新的变革性组织的持续性倾向。他认为一个组织的内在制度化结构会导致其组织上的变化，各种基督教组织的存在还表现出种族、氏族、社会阶级和地域上的差异。尼布尔是第一个将教会—教派类型研究从欧洲介绍到美国的人，但是他发现早期的教会—教派类型研究无法解释美国的宗教组织，例如，欧洲的教会——罗马天主教、路德宗和英国圣公会等——在美国历史上表现为教派，在现代的美国却表现为他所谓的"宗派"，各宗派彼此相容共存。他创造了"宗派"这一新的理想类型来解决美国社会中宗教组织解释的困难，从而发展了教会—教派类型研究。

特洛尔奇曾指出从教派向教会有一个变化发展过程，但是未指明引起这种变化的社会条件。尼布尔认为宗派是教派和教会间连续发展统一体中的一个中点，即教派→宗派→教会是一个连续的统一体。

理解教派向宗派发展的关键是宗教教育这一制度化因素的发展。教派第一代成员对其弟子进行宗教教育，宗教信仰知识成为其弟子皈依宗教组织的尺度之一。宗教教育为宗教皈依提供了新的标准，使宗教组织更趋秩序化和制度化，从而向与社会相适应的宗派的方向发展。他把主日学校视

---

① 其理论见 *The Social Sources of Denominationalism*, New York: Meridian Books, 1957.
② H. Richard Niebuhr, *The Social Sources of Denominationalism*, New York: Meridian Books, 1957, p. 5.

为教派向宗派发展的一个标志。随着宗教教育的发展,制度化进程加速了,一种更有文化、更有秩序且更具理性的崇拜组织类型——宗派开始代替教派。

尼布尔对宗教组织类型研究的另一贡献是他认识到了某些导致不同类型宗教组织形成的社会条件。宗教组织的意识形态与社会间的冲突就是一个因素。例如基督教的社会伦理呼吁社会上的所有人要有兄弟姊妹之爱,即博爱,并希望建立一个正义的人人平等的社会,这种社会责任与不平等的、充满偏见和战争的现实社会间的冲突会导致组织分裂,产生教派分裂和新的宗教组织。导致新的宗教组织出现的另一个因素是对制度化宗教组织的偏离。在制度化宗教组织中,非个人化和秩序化居支配地位,一些成员可能对组织崇拜中缺乏自主性和感情色彩不太满意,例如对一个文盲教徒来说博学而理性的长老会牧师的布道犹如听天书一般。因而成员崇拜的不同感情和认知程度也会造成不同的组织类型和分化出新的组织类型。产生不同类型宗教组织的最后一个因素是种族、民族、国家、地域或社会阶级。他认为宗派成员的社会地位高于教派成员,这是由于宗教教育在宗派中成为制度化因素的结果。宗派与社会相适应,其受过宗教教育的成员渐渐步入社会中上层。还有一些宗教组织是种族价值观或国家忠诚的表现,例如德国的卫理公会组织与其他卫理公会相分离,意大利罗马天主教会与爱尔兰天主教会相分离等等。有的学者分析指出21%的美国教派都是依据种族或少数民族身份建立的。[1]

贝克尔在特洛尔奇神秘主义宗教的基础上提出膜拜团体这一宗教组织类型。他提出了一种由膜拜团体→教派→宗派→教会的连续统一体。[2]

三 宗教组织类型研究的深入

上文简单介绍了宗教组织类型研究的初期发展以及教会、教派、宗派和膜拜团体等基本范畴的形成过程。尼布尔将教会—教派类型研究介绍到

---

[1] 参见 Rodney Stark, William Sims Bainbridge, *The Future of Religion: Secularization, Renewal, and Cult Formation*, Berkeley: University of California Press, 1985, p.132。
[2] 贝克尔的著作主要是 *Systematic Sociology on the basis of the Beziehungslehre and Grebildelehre of Leopold van Wiese*, New York: Wiley, 1932。

美国后，美国的宗教社会学家们对此进行了相当深入的展开和发展。

（一）宗教组织类型的变量标准

宗教组织类型研究首先要确立分类标准，即以哪些变量作为理想类型设定的参照标准。为此宗教社会学家们采用的变量标准不尽相同。

韦伯以成员资格原则（即包容性或排他性）作为变量标准区分教会和教派。特洛尔奇以宗教组织与社会环境间的相互关系（即拒斥还是妥协）作为区分教会和教派的变量标准。后来的宗教社会学家基本上围绕他们两人设定的变量标准建立各自的理论模式。

英格尔曾于1957年提出双变量模式，即"宗教组织的包容性或排他性程度和宗教组织在实现其满足个人需求的功能的同时对其社会整合功能的关切程度。"[1] 1970年他又将其模式扩充为三个变量标准：①宗教组织对社会成员的包容程度；②宗教组织接受或拒斥世俗价值观和社会结构的程度；③作为一种社会组织，宗教组织的复杂化程度、专业化程度和官僚化程度。换言之，第一个变量标准涉及宗教组织的包容性与排他性，即其包容程度；第二个变量标准涉及宗教组织与外在社会环境间的相互关系；第三个变量标准涉及宗教组织的制度化程度。据此他建立了一个较为详细的连续统一体发展模式，即膜拜团体→教派→国认教派（Established Sect）→宗派→教会（"Ecclesia"，希腊语的教会）→普世教会（Universal Church）。[2]

美国宗教社会学家罗伯逊也提出了双变量标准，即宗教组织领袖所理解的合法性基础和宗教组织所采用的成员资格原则。[3] 第一个变量可以表明宗教组织在多大程度上视其本身为具有唯一合法性的宗教组织，即宗教组织的包容程度，第二个变量标准类似于韦伯的成员资格原则。

英国宗教社会学家威尔逊根据神学取向和经济状况这两个变量分析了教派和宗派，指出有鼓励禁欲生活的神学取向的组织在一定程度上易于顺应社会，从而发展为宗派；而不主张禁欲神学取向的则不易于顺应社会而

---

[1] J. Milton Yinger, *Religion, Society and the Individual: An Introduction to the Sociology of Religion*, New York: Macmillan Company, 1957, pp. 147～148.

[2] J. Milton Yinger, *The Scientific Study of Religion*, New York: Macmillan, 1970, pp. 257～280.

[3] Roland Robertson, *The Sociological Interpretation of Religion*, Oxford: Basil Blackwell, 1972, pp. 120～128.

发展为教派。①

近年来的宗教组织类型研究主要集中于对教会和教派的亚变种或子类型的认识。英格尔曾把教会分为制度化普世教会（Universal Institutionalized Church）和弥漫型普世教会（Universal Diffused Church），前者以13世纪的罗马天主教会最为典型，后者以政教合一或宗教与社会一体化为特征。②

英国宗教社会学家威尔逊提出了教派的相当复杂的子教派组织类型：①以原教旨主义为特征的救世军（Salvation Army）和圣灵降临派（Pentecostal Sect）为代表的皈依派（Conversionist）；②以推翻现存社会秩序为特征的耶和华见证会（Jehovah's Witnesses）为代表的革命派（Revolutionist Sects）或称冒险派（Adventist Sects）；③以拒世和淡漠传福音为特征的阿马纳共同体（The Amana Community）为代表的内省派（Introversionist Sects）或称虔诚派（Pietist Sects）；④以强调神秘教义为特征的基督教科学派为代表的灵性派（Gnostic Sects）；⑤以科学学派（Scientology）为代表的控制派（Manipulationist Sects）；⑥以招魂术组织为代表的奇术派（Thaumaturgist Sects）；⑦以震颤派（The Quakers）为代表的改革派（Reformist Sects）；⑧以印第安人奥奈达人（Oneida）共同体为代表的乌托帮派（Utopian）。

从上述分类的各种主张中，我们不难看到，西方宗教社会学家们为宗教组织的分类设定了不同变量标准，其目的在于进一步廓清宗教组织与外在社会环境间的相互关系，并将其视为宗教组织分类的主要变量标准，其他因素则可视为次要的变量标准。

总的说来，教派理论在近年的发展大大超过教会和宗派理论的发展，对膜拜团体的研究大多表现为对新兴宗教运动的研究。在宗教组织类型研究的发展中必须看到它是以多元化的欧美宗教背景为依据和研究对象这一前提，同时还要看到欧美多元化的社会和新兴宗教运动和组织的大量涌现是宗教组织类型研究不断深化和发展的动力。

（二）宗教组织基本类型的概括

西方宗教社会学家在对基督教深入研究的基础上，为宗教组织类型研

---

① Bryan R. Wilson, "An Analysis of Sect Development", *American Sociological Review*, Feb., 1959, pp. 3~5.
② J. Milton Yinger, *The Scientific Study of Religion*, New York: Macmillan Publishing Company, 1970, pp. 257~258.

究设定了不同的变量标准模式,然而宗教组织的基本类型却是雷同的,即教会、教派、宗派和膜拜团体。在这些基本类型之下还有一些亚类型或子类型(又称亚变体)。

1. 教会

教会是规模较大的联合体,视其本身具有唯一的合法性地位,宣称具有普遍性,可包容社会各阶层的成员,并与世俗社会环境基本上相适应,倾向于支持社会现状;同时社会也承认并接受教会的存在与发展,教会成员同时也是合法的社会成员。它建有一个广泛的、有具体分工的科层制度组织起来的机构。中世纪欧洲的罗马天主教会和封建社会时期东南亚国家的小乘上座部佛教组织都是典型的教会组织。当代欧洲国家教会近似于这种模式,但已难看到这种类型的标准组织。

2. 教派

教派通常作为某一宗教中的对立派别而产生,并与教会一样视其本身为唯一合法性组织,由于其出现往往是某些成员对社会多种因素(如经济生活、社会地位、意识形态分歧、道德需求、心理补偿等)不满足而作为宗教抗议的表现,因而与社会环境处于消极紧张中,即不接受外在社会以及社会上存在的其他的宗教组织,具有较强的排他性,常表现出孤立主义倾向。教派成员往往表现出对精神复活的热烈追求,严格遵守道德规范和宗教戒律。教派与社会间的紧张关系对教派的生存是一个威胁,也是社会变迁的潜在动因之一。其典型代表是 19 世纪基督教改革运动时期的再洗礼运动、初期的摩门教和贵格会等。

3. 宗派

宗派与教派不同,它不声称自己的唯一合法性,而是接受其他宗教组织的合法存在,友好相处并与社会处于一种积极适应的关系中。宗派主张宗教组织合法性存在的多元化和对社会的适应性,并容忍神学上的多样化。其代表为当代美国主要的宗教组织——基督教新教各派、美国天主教和美国犹太教等。[①]

4. 膜拜团体

有的学者又称膜拜团体为边缘宗教(Marginal Religion)。膜拜团体拒

[①] Julia Mitchell Corbett, *Religion in America*, New Jersey: Printice Hall, 1990, pp. 28~29, p. 49.

绝社会上任何占统治地位的宗教形式，并往往加以对立，强调自己新的神启或神学上的洞见，并与主流社会及社会中居支配地位的统治者处于消极的紧张关系中，在这一点上比教派更走极端。在组织上膜拜团体往往规模较小，由一个卡里斯玛型领袖领导，表现出神秘主义的救赎倾向，注重个人精神上的发展和神秘体验。有的采取秘传方式或封闭式活动，但机动灵活性与流动性较大。有的并不要求其成员与其他组织断绝关系，有的则严加控制。它们处于较快的变化发展中，有的可能是短期的，随卡里斯玛式领袖的消失而昙花一现；有的却很有活力，不断构成新的运动，颇具吸引力而旺盛起来。在调整变化的过程中，有些膜拜团体往教派或宗派的道路发展。但也有的进一步走向极端成为反社会的邪教组织。有的学者认为膜拜团体盛行于传统宗教组织衰弱之处，而在传统宗教发达之处膜拜团体的影响不大。[①] 也有的学者认为膜拜团体组织制度化程度较低，只能作为一个过渡性的宗教组织或是一种亚变体、异端变体。其代表有美国的超觉静坐会（Transcendental Meditation）、圣光传教团（Divine Light Mission）、科学学派（Scientology）以及人民圣殿派（The People's Temple）等等。

四　宗教组织类型研究的评估及国内学者研究的近况

教会—教派类型最初是由韦伯和特洛尔奇用作研究宗教组织的描述性工具，经过后来尼布尔等人的发展和应用，使之成为研究西方宗教组织与社会关联的分析工具，成为多数宗教社会学家公认的研究方法之一。教会—教派类型研究的意义不仅在于比较研究宗教组织的类型本身，而是透过这种研究可以进而理清宗教组织与外在社会间的相互关联，区分类型的几个变量标准就反映了这一点。不过目前的发展趋势是尽可能简化基本类型的界定标准，而不是像特洛尔奇和尼布尔那样罗列出教会与教派相区别的十几种变量标准和特征。[②] 作为分析工具，教会—教派类型并不代表具体的分析研究对象，它们仅仅是理想设定的类型，因此教会—教派类型的复

[①] Julia Mitchell Corbett, *Religion in America*, New Jersey: Printice Hall, 1990, p.159.
[②] 参见 Keith A. Roberts, *Religion in Sociological Perspective*, Belmont: Wadsworth Publishing Company, 1990, p.185（Table 9.1）。

杂化只会导致混乱，为此少数学者提出了尖锐批评。① 前苏联的学者也认为西方教会、教派分类的重大方法论错误在于"仅仅划分出宗教组织的若干形式特征，而忽视宗教组织的社会条件"。② 因而前苏联学者指出不能将教会—教派类型看作僵死的结构，在对不同时空的宗教组织进行归类时要"考虑到社会条件这一因素是具有原则性意义的。"③

总之，教会—教派类型是基于西方基督教为主流文化的社会文化背景，从宗教社会学角度对西方宗教组织特别是犹太—基督教系统宗教组织进行的分类，可以将它看作基督教社会学中的合理内容，主要适用于西方基督教的社会学研究。至于从宗教社会学角度对西方以外的非西方的宗教组织及 19 世纪以来众多的新兴宗教组织的类型研究则是一个全新的课题。应该说，宗教是一种社会实体，宗教组织是宗教的载体，它不是抽象的，而是具体的存在。古今中外存在过的或现存的宗教难以计数，而且还在不断发展，新兴宗教仍在不断涌现。各种宗教的组织、制度既有共同点，也彼此不同，即使是同一宗教在不同的国家和地区又有不同的组织形式和制度，而同一种宗教组织又随着时代和社会的变迁亦在不断进行调整变化。当然，总的说来宗教组织形式相对于宗教的内容，变化相对滞后，具有相对的稳定性。因此，在研究宗教时，客观地透过各种宗教组织的表象，找出其共性与差别、分类的标准与依据，进行科学的归纳比较，深入对宗教组织的类型加以研究是有必要的，以便加深人们对宗教，特别是宗教与社会相互关系的认识。但是，不可否认，要对千姿百态、渊源深厚、变化不断的各种宗教组织作出简易而包揽无遗的分类法是几乎不可能的。

国内学者对宗教组织类型的专门社会学研究尚不多见，只在部分学者的著述或文章中有所涉及，其中有些仍属介绍性的描述。例如，吕大吉主编的《宗教学通论》有一章专门阐述宗教的组织与制度。对宗教组织作分类时，提出了三种角度的划分标准：①根据宗教组织的社会性质和宗教性

---

① Goode, Erich, "Some Critical Observations on the Church: Sect dimension", *Journal for the Scientific Study of Religion*, Vol. 6, 1, 1967, pp. 69~77.
② 德·莫·乌格里维奇著《宗教社会学引论》，王先睿译，上海人民出版社，1992，第 165 页。
③ 伊·尼·亚布洛柯夫著《宗教社会学》，王学富等译，四川人民出版社，1989，第 119 页。

质各自所占的比重，可分为"入世型组织"（如当今世界上由宗教徒结成的和平组织、环保组织、世界佛教徒联谊会、世界基督教协进会及各种宗教的青年和妇女团体、工会和政党等）和"出世型组织"（如佛教的禅林寺院、道教的宫观、基督教隐修院等）；②按宗教组织脱离其他社会组织而独立的程度，可分为"合一型组织"（如各种国家宗教、当代梵蒂冈教廷等）和"独立型组织"（如佛教的寺院、道教的宫观、基督教的修道院修会、伊斯兰教的神秘主义教团等）；③按宗教组织在社会政治上和宗教上所处的地位来看，可划分为"在朝型组织"（如伊斯兰国家的伊斯兰教、中世纪西欧的天主教等）和"在野型组织"（如佛教和伊斯兰教初创时期的组织、原始道教组织、基督教的大批异端组织、中国的许多民间宗教和秘密宗教组织等）。[1] 又如，陈麟书、袁亚愚主编的《宗教社会学通论》，书中对宗教的类别有所涉及，对西方学者提出的"卡尔特（cult）——教会连续体"作了较详细的介绍与评述。同时对学者们提出的几种较为常见或较为流行的宗教分类法及分类体系作了介绍。这包括：①以各宗教所信仰的神的数量及专一程度为分类标志，从而提出了一种"一神—多神教"分类体系（如一神教、主神教、多神教及"二元神教"等）或一神教、多神教、无神的伦理宗教、敬祖宗教、相信万物有灵的原始宗教等；②从发生学的角度对宗教进行分类，提出了"自然宗教"与"人为宗教"的两分法；③以宗教在国家和社会中所处的地位为分类标志，区分为合法的宗教与非法的宗教两大类，或者区分为制度化的宗教与非制度化的宗教两大类；④以宗教传播与流行的范围为分类标志，首先区分为世界性宗教与非世界性宗教，然后对后者区分为全国性宗教、民族性宗教、区域或地方性宗教；⑤从宗教演变史的角度以各宗教的学说和教义为分类的标志，建立了各种神学分类体系（如犹太教和基督教就被视为在神学渊源上具有共同性的宗教，可被划归同类，如婆罗门教、印度教、佛教神学与信仰相近也可归入同一类等）。[2] 上述分类大多从不同角度提出不同的标准，且有些标准本身具有相对性及交叉现象，有的标准更多属于现象层面而非本质层面。但是，提出这些宗教类别的划分，进而对宗教组织类型问题加以思考

---

[1] 吕大吉主编《宗教学通论》，中国社会科学出版社，1989，第325~328页。
[2] 陈麟书、袁亚愚主编《宗教社会学通论》，四川大学出版社，1992，第92~101页。

研究无疑是有益的。

近年来，国内学者在对新兴宗教、东方宗教、儒教研究的同时，在文章或著述中有的也谈及宗教的类型问题，但一般仍处在初步探索阶段。例如，陈麟书、袁亚愚主编的《宗教社会学通论》中对"新宗教"的基本类型归纳为避世型、救世型、涉世型、自救型、超欲型和罪恶型六类。[①] 又如，近年在对儒教问题的学术争鸣中，也引申出对宗教本质的理解与宗教的类型问题有诸多不同看法。例如，有的学者认为宗教有"混合宗教"与"独立宗教"之分，前者如儒教，系宗教制度与世俗制度的混合，独立宗教指独立的教团组织、教会或教区，教义不依附其他宗教。有的则将宗教区分为"超世宗教"与"现世宗教"，儒教则属后种类型。还有的学者认为：宗教具有两种形态，一是制度化宗教（如世界三大宗教），二是精神化宗教；形式不具重要性，旨在安身立命，关切精神的终极超脱与内在的超越，如儒教。[②]

综上所述，宗教组织类型学的研究，国外学者，特别是西方学者，开展得较早较多，但尚未摆脱基督教中心的模式，具有很大的局限性，对西方以外的宗教及大量出现的形式多样的新兴宗教适应性很差。对于西方宗教，由于划分标准的不同也有不少争议。而国内学者对宗教组织类型学的专门研究问津者不多，还属刚刚起步，有待进一步开展。

---

① 陈麟书、袁亚愚主编《宗教社会学通论》，四川大学出版社，1992，第336~341页。
② 参见《中国哲学几个问题的研究评析》，人民日报1998年7月11日。

第五章
宗教的社会功能

马克斯·韦伯曾经指出，资本主义之所以在信奉新教的西方国家而不是在信奉其他宗教的国家产生，主要原因之一是因为新教伦理促进了资本主义精神的发展。这无疑是在说，宗教有促进社会发展变革的功能。这里，我们姑且不去议论马克斯·韦伯的观点正确与否，但对以下几个问题是必须搞清楚的，那就是：宗教到底有无其特殊的社会功能？如果有，是哪些？它们有什么特征？宗教的这些社会功能是一成不变的还是随时代和社会的变化而变化？是什么在影响着宗教社会功能的变化和发挥？

第一节 宗教是一个社会子系统

何谓"系统"（system）呢？综合一般学者的看法，似乎可以给它下这么一个定义：系统是指由具有互动与依赖关系的要素所组成的整体。一个系统的特征是：

（1）构成系统的各要素之间，必须有相互依赖与互动的关系；

（2）系统有较为清晰的外延；

（3）系统大于各部分之和，它是由各部分有机联系而成的，而不是各部分的简单相加；

（4）系统内每一要素的变化，将会影响其他要素或整个系统的功能；

（5）一个系统若要保持均衡状态，必须有配置（allocation）过程及整合（integration）过程；

（6）任一系统，对外界压力及内部各要素的变化均须作全面的调整，以有效控制内外环境的变化，维持整个系统的均衡。

很明显，社会就是一个符合上述定义的系统。它由很多要素组成，我们把这些要素称之为社会的子系统。子系统依附于整个系统——社会而存在，它受社会大系统的控制和影响，但也有其相对独立性，可独立进行运作，这种运作的优劣也会对其他社会子系统或整个社会大系统产生影响。

每个社会子系统都有其他子系统所不可替代的特殊的社会功能，并因这些特殊功能而存在，正如人体之耳目口鼻，各司其职，共同为人体服务但又不能互相替代，因此缺一不可。宗教即是这样一个社会子系统，它依附于社会整体系统，但也可以反作用于社会整体系统。

作为一个社会子系统的宗教与社会整体的关系是密不可分的，此关系是双向的、相互的，但不同的是，社会整体系统对宗教子系统的作用是制约性的，它决定着宗教子系统的结构、性质、内容和形式。原始社会，宗教随氏族制的形成而形成并逐渐体制化，它反映氏族社会的需要，作为上层建筑来为维护氏族的传统和巩固氏族制度服务。而当原始氏族制的社会关系发生了变化时，氏族宗教的内容和形式就随之发生变化。母权制时期氏族宗教的主要形式是图腾崇拜、女始祖崇拜、女祖先崇拜及女阴崇拜等等，而到了父权制时期，氏族宗教的主要形式则随之改变为"且"崇拜（男性生殖器崇拜）和男性祖先崇拜等等。再如中国封建社会，占统治地位的是儒家思想，因此，佛教、伊斯兰教与基督教等外来宗教传入中国后，无一不依附于儒家思想，且都是在与儒家思想有一定程度上的融合后才能立足的。

从另一方面来看，宗教这个子系统对社会整体系统的作用也是很明显的。作为一种上层建筑，它通过对社会进行价值整合，对社会成员进行心理调适，促进个体社会化，稳定、协调社会或促进社会变革来对社会整体系统的存在和发展施加影响。尤其当宗教作为一个社会主要的意识形态时，这方面的作用就更为明显。国教就是由统治阶级或执政当局定为国家全民性信仰的宗教，它是一定社会中占统治地位的官方意识形态，是维护统治秩序的最重要的精神支柱。在国教体制中，国教的祭司和僧侣往往享有很高的地位和特权，对国家的社会政治生活发挥着重大的影响，并排斥其他宗教或其他意识形态，造成意识形态单一化的状况。而国教在封建国家是十分普遍的现象，封建统治阶级就是利用宗教的这些作用为巩固其统治服务的。

第二节 宗教的社会正功能

"功能"一词常易与"作用"混淆，这是因为二者之间有很多相似的地方，尤其是它们都指一事物对它事物的影响力。但"功能"又和"作用"有所不同，"功能"总是来源于某一结构或系统，换言之，它依附于某个结构或系统而存在。

社会功能指某一社会子系统或社会现象在维持社会秩序、保护社会系统正常运作方面所具有的影响力。一个社会系统是有其工作目标的，较低的目标是保证社会各部分的正常运作，较高的目标则是促进社会向更好更完善的方向发展。任何一个社会子系统，必须具有为达到这个目标服务的特殊社会功能，否则，它便不可能在这个社会中长期存在。这一点和人体系统颇为相似。当人体的某个器官对人体不再具有特殊功能时，它就会逐渐退化、萎缩；当它的存在反过来对人体构成危害时，就必须及时去除。人所共知，阑尾就是因其功能的退化而萎缩，一旦它发炎并危及人的生命，就必须及时摘除。一个社会系统相似于人体系统，却比人体系统更能动、更果断，它决不会容许一个毫无正功能（我们这里所说的正功能指能增进所在社会的团结与合作，使社会各部分趋于和谐一致的功能）的子系统存在于其中。因为当一个社会子系统不再具有正功能时，它就会成为社会的负担，破坏社会的正常运作，阻碍社会向前发展。也就是说，某个社会子系统一旦成为社会中的异物，社会系统就会毫不留情地将其清除之。

纵观人类历史的长河，自宗教产生至今日，它虽经历了无数变迁兴衰，却一直持续发展着。横览现今的世界，不管仍处于农业文明时代的社会还是进入工业文明的社会，乃至已跨入信息时代的发达社会，无一处没有宗教存在。宗教得以在人类社会中长期并广泛存在的事实，难道不正是由于它有其特殊的社会功能吗？不难看出，宗教的社会功能是一种客观存在，这个已为宗教存在的本身所证实。即使在其与所在社会的主体意识形态有着尖锐矛盾的形态下仍是如此。

那么，宗教到底具有什么样的社会功能呢？特别是它有哪些有利于社会的存在和运行的积极功能呢？

从比较广泛的角度看，我们认为，宗教对社会主要具有以下几个方面的社会功能。

一　心理调适功能

一个社会是由具体的社会成员组成的，大多数社会成员心理的稳定与平衡是社会系统正常运行的必要条件之一。但人类生活在偌大一个无时无刻不在变化运动着的世界上，其生存到处充满着危机与不确定性。在无情大自然面前，我们常常是软弱无力的；在由人类自身组成的社会中，很多时候我们也无法把握自己的命运。客观世界中一切事物的本质皆由其自然规律所决定，事物的发展进程始终伴随着偶然性的因素。原始社会由于生产力水平低下，人类对世界的了解、驾驭、控制能力都很差。今天世界虽然已进入现代文明，但仍有许多不可预料的灾祸会随时随地向人类袭来，火山、洪水、地震加上环境污染、癌症、艾滋病……这些东西的肆虐无时不在威胁着人类的生存。在这个充满危机和不确定性的世界上，人们时时被惊扰，加上现代社会的快速运转和高度竞争所带给人的精神压力，使人们的心理更为高度紧张。原始人有原始人的烦恼，古代人有古代人的忧虑，现代人有现代人的精神压力，而宗教作为一种心理调适机制，在从原始社会至现代社会的若干种社会形态中，始终执行着它的心理调适功能。

宗教可以为人们提供安全感和某种慰藉，使之消除心理上的焦虑与恐惧。由于客观世界和人类社会存在的复杂性和偶然性，许多事物的客观规律尚未能被认识，人们极易对周围的环境产生恐惧、困惑与许许多多的焦虑：对自然灾难的恐惧、对日益增多的社会性灾难的恐惧、对无法预测的个人前途的焦虑、对感觉自身过于弱小无法对抗周围种种压力的焦虑以及对不可避免的死亡的焦虑。而宗教则可以通过对神灵、超自然力量和彼岸世界的追求为无法掌握自己命运和再度丧失了自我的人提供对未来的安全感，使人摆脱焦虑与恐惧心理。宗教还直接指向人们的终极关怀——死及死后到哪里去？它的彼岸世界说可消除一些人对死亡的恐惧与焦虑，给现实生活中被死亡折磨的人们以慰藉。

宗教可以满足人们对爱的渴望。社会的现代化带来了人情的日渐淡薄，传统社会中那种紧密的人际关系已不可多见。不少人感觉自己是孤独地行走在人生路上，孤独地面对社会和世界的种种压力，活得很累、很孤单，他们希望在社会中得到人情的温暖，希望有人爱自己，也希望把自己内心的爱释放出来。而宗教讲求博爱，它为那些在寂寞、摇曳的人生道路上和无情的制度下渴望爱与被爱的人们提供了抒发感情的对象。除了教徒对神的敬爱可以平静他们的心境外，一个宗教组织内的人们可通过相互关怀与帮助使彼此感到温暖，有了某种心灵上的沟通，也可通过向组织外的人广施博爱与仁慈以满足自己的爱心。

宗教还可消除人们的愤懑与怨气，从精神上来补偿社会的一些不公。现实社会总是有缺陷的，难免存在着种种不公，但人的心理却总是理想主义的，一直在追求社会公正。心理和社会现实的这种巨大反差往往使人们不能接受社会不公正，哪怕是微小不公正的现实。因此，当一些人在现实生活中受到不公正待遇后，往往不可避免地产生愤懑与怨气，且不易化解。宗教则可通过对一些事情进行宗教解释，比如提倡宽容与忍让、宽恕及因果报应等，帮人化解胸中块垒，消除愤懑和怨气。使受伤害的心灵得到舒缓。

宗教也可以通过使人的精神超然于现实，帮人暂时摆脱现世与人生的各种烦恼。现实社会由于自身的一些纠葛与症结，极易使人缠绕其中，剪不断、理还乱，不能自拔。宗教追求是超越现实与自我的。它往往能淡化人对现实的关注，松动人心中的死结，逐渐通过超脱来求得解脱。许多佛寺都有一副对联，其上联为"天下事了犹未了，奈何以不了了之"，说的就是这个道理，意在劝人从现实的纠葛中解脱出来。一些在现实生活中不如意而遁入佛门，伴青灯古佛终其一生的善男信女不也是求助于宗教来寻求某种心理解脱吗？

据现代心理学研究成果表明，宗教的这种心理调适功能也会引起生理上的良好调节作用。一个经常受到精神折磨、心情苦闷的人，其生理上的免疫功能就会下降，甚至下降50%。这样的人寿命短，得病率高，死亡率也高；相反，一个人心情愉快，心胸开朗，其生理上的免疫功能就会提高，有益于身体健康。宗教的某些修持方法，通过清静养心，往往能使修持者的心态调节到较佳状态，使人由修身而达强身。道教的内丹和佛教的坐禅就是能达此种目的的修炼强身方法，而且已被移植到国内外的医疗中运用并获得良好的实际效果。现代心理学研究也已证明，人们通过精神放松的方法，其中包括宗教修身养性的修持方法，可以提高人体镇痛物质内啡肽的质量和数量，调节心理平衡，有益人体健康。[1]

世界著名的社会人类学家 B. 马林诺夫斯基在研究原始宗教的功能时曾认为：原始社会的巫术使人"在愤怒、仇恨、单恋、绝望和恐惧出现的情况下，能够确有把握地保持心理生活的完整稳定。巫术的功能在于把人的乐观主义仪式化，使人信心百倍地以希望战胜恐惧……没有巫术的力量和指引，原始人就无法顺遂地克服实际困难，无法达到更高的文化。"[2] 在这里，马林诺夫斯基实质上是在谈宗教的心理调适功能，并指出这种主观调适对客观社会产生的影响。

在宗教的社会功能这个问题上，以往有许多不同的观点，但每种观点都不排斥宗教对人的心理调适功能，尽管它们的表述可能各不相同。马克思曾经指出宗教是人民的"鸦片"[3]，它指的是：第一，宗教使人超脱现实，在人们的意识中创造出幻想的世界；第二，宗教使人得到寄托于空想的自我安慰。过去我们在理解马克思这段论述的含义时，只注重了其批判性，用以确定宗教的性质，而忽略了马克思在其中首先指出的宗教的心理调适功能。也正是在具有这种功能的前提下，宗教才得以发挥它良与不良的社会作用。在奴隶社会、封建社会那漫长的黑暗年代，宗教曾作为统治阶级手中的工具，用以维持其反动统治，但同时它也作为止痛剂和心理调适剂，给了在无尽苦难中挣扎生存的广大人民以暂时的精神安慰，使他们能够缓解一下承受着极度压力、充满痛苦的心灵和肉体。诚然，这种主观调适绝不能触动任何反动社会的本质，更扭转不了人民受欺凌、压迫和剥削的命运，社会大问题的真正解决出路还在于社会的大变革。但在社会大变动前的相对静态时期，宗教的心理缓释功能还是有其积极的社会作用

---

[1] 参考陈麟书：《宗教的基本功能》，《世界宗教研究》1990年第3期。
[2] B. 马林诺夫斯基：《巫术、科学和宗教及其他文稿》（英文版），天国，1948，第70页。
[3] 《马克思恩格斯全集》第1卷，人民出版社，1956，第453页。

的，起码它使那些因社会极度不公正、不合理而承受痛苦的人不至于因压力过大而造成心理崩溃，同时也可减少由其他原因引起的一些心理失衡。

二 社会整合功能

社会整合是指将社会存在和社会发展的各要素联系到一起，使它们一体化。社会整合有三个层次。一是通过社会制度进行的社会整合。社会制度通常表示为一系列的规定、行为准则，人们按照这些规范行事，就能使整个社会关系表现得结构完整，活动有条不紊，各方面配合默契，使整个社会机体运转灵活、生气勃勃。二是社会组织的社会整合。各种制度的实施都是由一定的社会组织来完成的，在制度的执行过程中，如发现少数人有违反制度的越轨行为或发现制度本身存在缺点，这时社会组织管理机构就自动地控制越轨行为，或调整某些社会制度，从而达到社会整合的目的。三是舆论的社会整合。国家通过各种大众传媒工具开展宣传教育，在全体国民中形成共同的意志和目标、共同的价值体系，也可起到重要的社会整合作用。

社会有赖于其成员的自愿合作。通过普通的社会化过程，虽然可以达到大部分合作，但这种影响毕竟是有限的，不可能十分完善，因为在一个社会中并非所有的团体和人员都有共同的需求和动机。而宗教却有使社会、集团结成整体的功能。宗教的一大特点是：它既是一种观念性的上层建筑，又是一种体制性的上层建筑；它既可以作为普遍的价值法则影响社会成员，又可以作为制度、组织统辖其组织成员。因此宗教可以在与主流意识形态不矛盾的情况下充分发挥自己的这种特长与优势，在社会制度、社会组织和社会舆论三个方面对社会进行整合。

宗教作为一种社会制度，有自己一系列特定的不同于其他社会制度的规范和行为准则，其他社会制度均呈现世俗性，而宗教的规范和行为准则则依赖某种超自然的"神圣性"。正是这种"神圣性"会对社会成员施加更为深刻的影响，使人认为不仅要遵守某种宗教规范，而且必须遵守它，如果不遵守，将会受到某种"神圣力量"的惩罚。换言之，宗教把自己所定的规范和行为准则说成是来自"神意"，因而具有"神圣性"，并由此对人们产生刻骨铭心的影响与强大的自律作用。同时，宗教又作为一种社会组织，来具体实施这带有神圣性的制度。如果发现一些教徒有违反宗教制度的行为，它就会给以不同程度的惩罚，以此来维护宗教制度的神圣性和现存社会的稳定性。罗马天主教会以"异端邪说"的罪名烧死了布鲁诺，就是实施这种惩罚的极端例证。当然，历史发展至今天，宗教组织制度也在不断地进行调整和改革，以适应时代的变化。宗教还借助于传教和办教会学校来宣传其教义及规范，教育年长教徒并影响青年一代，形成舆论整合。

宗教的这种整合功能清晰地指向现存社会制度，在与社会的主流意识形态不矛盾的情况下，尤其是相重合的情况下，它能紧密配合现存社会制度并为之服务。宗教以其"神圣性"把社会上各个不同的利益集团的价值观综合统一起来，形成一个供大家共同遵守的规范，以此增加社会的稳定性。宗教还往往赋予统治者超自然的神秘色彩，以在整合社会方面发挥巨大的凝聚作用。在中世纪的封建社会，无论中国还是其他国家，一般统治者都以"君权神授"的名义来增加社会的整合力。中国的皇帝被奉为"天子"，日本的天皇被奉为"天照大神之子"，罗马皇帝被奉为"神的化身"，印度的婆罗门被奉为"人间之神"，穆罕默德被奉为"安拉的使者"等等。西方学者罗伯特·沃德在总结日本明治维新以后，其国民意识凝聚力高度增强时指出，其最根本的一条就是：恢复并神化天皇的权力，将"神道"制度化，培养人们对天皇的效忠、服从和敬畏，从而使社会保持一种强大的向心力。即使现代西方的民主政治，也并没有抛弃对宗教这种整合功能的利用。布什在 1988 年当选总统后，就于 12 月 25 日圣诞节同黑人基督徒一起做圣诞礼拜。这至少在一定程度上赢得了黑人对他的信任感。伊朗宗教领袖霍梅尼之所以能在本国政治生活中达到左右一切的地步，首先是因为他被认为能体现伊斯兰教什叶派所认同的真主安拉的意旨。[①]

"价值的协调是社会整合的最重要的基本因素，就是说，某一社会体系的大多数成员所希望、所同意的那些共同目的和原则，是整个社会结构和文化结构的基础。价值体系是社会—文化体系的最稳固的因素"[②]。著名的美国社会学家 R. 默顿也认为，社会之所以达到团结，首先就因为某些最高的价值和目的是这一社会的成员所共有的。宗教的社会整合功能主要

---

① 参考陈麟书：《宗教的基本功能》，《世界宗教研究》1990 年第 3 期。
② P. A. 索罗金：《当代社会学理论》（英文版），纽约，1966，第 12～13 页、第 27 页。

体现之一就是它对社会成员进行的价值整合。人对人类社会规范的认可和尊崇是有限的，而对神圣的东西却容易认可、尊敬与服从。宗教正是把神的制裁力加诸人类价值上来支持社会规范，它变凡俗为神圣，把人类的价值规范神圣化，使个人愿望服从群体目标。宗教通过提供世界观，塑造人们的基本信仰和情感，使一些社会成员的价值观得到整合。当代基督教神学家 J. 马里坦在剖析基督教的具体历史理想时曾说道："在我们这个时代，在'以人为中心的人道主义'的巨大幻灭以及反人道主义的残酷经历之后，世界所需要的，是一种新的人道主义，一种'以神为中心的'即完整的人道主义，这种人道主义在考虑人时，要看到人所有的天生的崇高和软弱，要看到人的为神栖居的受伤的存在整体，要看到天性、罪恶和圣徒性质的全部实在性。这种人道主义承认人的一切非理性的东西，以便向着理性的方向驯服它；承认人的一切超理性的东西，以便让理性为之所激发，让人向着那下降而进入自己之中的神圣东西开放。它的主要工作，是使福音的酵母和灵感，深入于生活的世俗结构之中——这是一种使世俗的秩序圣洁化的工作"。[1]

宗教社会整合功能的另一个重要体现是，它可以对社会成员进行行为整合。宗教通过把社会规范神圣化来敦促教徒自觉遵守社会规范，从而对他们的行为进行整合。宗教向来是人们行为的调节者，在社会生活中发挥巨大的作用；它创制出行为准则和规范体系，不仅用以调节宗教崇拜，而且调节人们活动的其他许多领域。这在伊斯兰教里表现得特别明显。伊斯兰教沙里亚（Shariza，教法）不单是伊斯兰教法，同时也是一个无所不包的行为准则和禁戒体系，其中囊括了财产关系、税收条例、交易手续、宰牲猎兽和捕鱼制度、家庭和婚姻关系，以及有关恪守穆斯林节日和仪式的各项要求。[2] 通过"沙里亚"，伊斯兰教在人们的日常生活中根深蒂固，形成一整套生活方式。

三　社会控制功能

社会控制就是社会对个人行为施加的各方面约束。广义的社会控制指

---

[1] J. 马里坦：《基督教人道主义》，载《理性的范围》，纽约，1962，第 187 页。转引自《现代基督教思想》第 787 页。

[2] 参看 R. M. 克里莫夫：《伊斯兰教教法及其社会本质》（俄文版），莫斯科，1978。

人们依社会力量，以一定的方式对社会生活的各方面施加影响，协调个人与社会之间的关系，协调社会各部分之间的关系，以保持社会的相对稳定及和谐发展的手段和过程；狭义的社会控制指社会对犯罪行为及越轨行为的预防、阻止及处置的措施和过程。在实际的社会生活中，社会控制总是体现统治阶级或当权集团的意志，通过具体的手段和途径来对社会各方面施加影响，以保持社会内部的和谐稳定。为了与上述的社会整合功能有所区别，我们这里所谈的主要是指狭义的社会控制。

社会控制的主要手段包括法律手段、行政手段、习俗手段、道德手段、艺术手段、舆论手段及宗教手段。所谓宗教手段，就是用宗教信仰、感情、仪式、教义约束人们的行为。宗教对人的这种约束就是它的社会控制功能。在与其主体意识形态不相矛盾的社会中，宗教作为主要的社会控制手段之一，会更加有效地发挥自己的社会控制功能。

人类社会规范对人的约束力是有限的。一个社会中，成员万万千千，人心不同，各如其面。一部分和社会无利害冲突或心性较为柔顺的成员，只要对其灌输社会的行为规范，他们就会规矩地照办；而另一些和社会有着利益冲突或精力过剩，行为易于越轨者，尽管也知道社会的行为规范，但未必就受其约束，而往往我行我素。人类有时还是一种意志薄弱的生物，当个人利益与社会、群体利益发生冲突，依据社会规范便会失去某些个人利益或违反规范就可赢得某些近期利益时，人们往往会处于较剧烈的心理矛盾之中，面对实际利益的诱惑，极易表现出其软弱的一面。这时若有一种约束力能影响其内心，便可祛邪扶正；否则，个体便极易因实际利益的诱惑而产生偏离或越轨行为。诚然，每个社会为保证其社会规范的实施，都有一系列相应的制度、法律、措施来对其成员的行为进行控制和监督，但这些手段并非可以运用于所有的场合，有许多需要进行行为选择的时刻是在个人独处之时，这是社会的一切监督、控制工具所达不到的地方。而宗教（许多时候借助于神灵）却可以作为一种无形的观照者，时刻监督人遵守社会的行为规范，因而能够避免相当数量的越轨行为或偏离行为的发生。对少数不轨分子，宗教可以通过其仪式为他们赎罪，使他们从犯罪、越轨而导致的心灵束缚中解脱出来，重新整合到社会群体中去。宗教使国家及家庭分类的社会制度发出一股神圣的灵气，增进其权威，使人们更易接受世俗秩序。宗教还可以通过使社会目标神圣化来稳定社会。它使一个社会的一切都纳入合乎天理、神意的轨道，使人相信现存的一切都是符合统治者或神的旨意的。这种神圣性为现存社会目标涂上神圣的光环，使人炫目，使人乐于服从，使人愿为之努力奋斗。

宗教的这些社会控制功能在阶级社会中，常被统治阶级视为至宝，在实践中加以应用。统治阶级往往运用宗教来巩固自己的统治秩序，实现其多层面的社会控制。利用宗教进行社会控制所达到的极致就是国教统治，宗教成为全民性信仰，成为占统治地位的官方意识形态，成为维护统治秩序的最大精神支柱。此外，还有程度不同的政教合一，或支持一种宗教打击其他宗教等等。即使在社会主体意识形态与宗教不相一致的社会中，宗教客观上仍在维护世俗社会公德和正常秩序，在实现多层面的社会控制方面发生影响。

四 个体社会化功能

在社会学中，社会化是指关于人自身的一种成长发展过程，即人们通过社会互动，形成人的社会属性，促使人和社会保持一致性，实现人的社会化过程。个人在社会生活中，学习和掌握社会生活的知识技能，熟悉社会的风俗习惯、道德、法律，确立生活目标和道德观念，从而达到与社会一致，取得被社会认可的地位，成为一个具有"社会资格"的人。任何社会、任何时代的社会成员都必须经过社会化，但是不同的社会、不同的时代具有的生活方式、社会规范、社会制度和塑造人的模式各不相同，因此不同社会中人的社会化内容也不尽相同。

个体的社会化是一个长期的、复杂的过程，它贯穿于人生的各个时期。社会化由传授文化的物质载体和一些机构进行。家庭和学校是每个社会中主要的社会化工具，其次还有职业组织、大众传播媒介等。宗教尽管和以上几类社会化机构有很大不同，并且在不同社会和不同历史时期所起社会化作用也不尽相同，但纵观世界，就大多数国家而言，它仍是个体社会化的主要工具之一，尤其是在西方和中东阿拉伯世界的一些国家中。

宗教的个体社会化功能主要表现在以下几个方面。

1. 宗教传授给个体知识与文化

人在社会中生活，首先要学习一些文化知识。通过这种学习，使自己了解人类一些最基本的知识和自己所在社会一些最基本的文化，促使自己更快的社会化。

宗教是人类社会中一种最古老的文化现象，它有自身特殊的体系，也以自己特殊的方式帮助个体实现社会化，宗教教育便是促使个体社会化的特殊形式之一。在现存的若干种宗教教育中，无不带有传播人类或本社会、本民族文化的特征。

比如伊斯兰教对于中国回民的意义。伊斯兰教经堂教育是在清真寺中进行的，学习内容是宗教课程，学习目的是充任教职人员，其内容和形式都是宗教的。但就回族而言，它和回民文化活动有密切的关系，它培养的人才往往就是回民中的知识分子和一方领袖。原在回民中进行的经堂教育，学习阿拉伯文和波斯文，后经过改革，在学阿文和波文的同时，也学汉文，因为回回民族生活在汉族的汪洋大海中，通用汉语文，不熟悉汉语文的掌教阿訇是难以适应回民大众的需要的，而且回族中的伊斯兰教已经进行了和中国传统文化——儒家思想的结合，从王岱舆、张中开始的伊斯兰教汉文译著的发表，不只是为了适应广大回民习用汉文的需要，主要还是为了使伊斯兰教在中国士大夫阶层中站住脚跟，以证"回、儒二教同理"，是传教的需要。到清末云南的马德新（马复初）用汉语翻译《古兰经》，以便于普通穆斯林阅读，马联元首倡"中阿并授"，北京的王宽在牛街礼拜寺创办回教师范学堂、清真第一两等小学堂，推行"经书两通"，不仅读经，也学国文、历史、地理等文化知识[①]。

再如《圣经》，它是犹太教和基督教的正式经典，是基督徒的必读之书，也是现代人了解世界文化所不可或缺的知识宝库。人们在阅读这部洋洋百万言巨著的同时，也就是学习和了解人类古代的文学和文化。

中国现在的一些少数民族，如云南的傣族和西北地区的某些民族，仍把宗教教育作为学习本民族语言，传播本民族文化的重要手段。

2. 宗教教给个体行为规范

要在社会中生活，就必须掌握社会的行为规范，否则便无法立足于社会。社会规范以一定的社会文化价值为支柱。人类世代积累的文化，提供了决定行为取舍的价值标准，在不断进行他人评价和自我评价的基础上，经过肯定或否定的社会裁决，逐步形成社会成员自觉遵守的行为规范。因

---

① 李松茂：《伊斯兰教与回民教育》，《世界宗教研究》1988年第2期。

此，个体学习社会行为规范的过程，就是社会文化渗入人的意识，并内化为人的社会性的过程。

宗教不仅只是简单的宗教信仰，它还教给教徒一定的行为规范。通过它的教义、教规和礼仪方式，教给教徒该做什么和不该做什么。教徒逐渐从习得这些行为规范的过程中，加速了自己的社会化。因为一般情况下，宗教行为规范尤其是它的道德规范是支持社会规范并有助于社会整合的。在那些政教合一、国教制和宗教民族化的国家和民族中，宗教规范对个人行为的影响就更为巨大，宗教礼仪、制度往往起着法律法典的作用，甚至影响教民的整个生活习俗。犹太人虽然长期以来一直分散在世界各地，但犹太教严格的教仪和教规就是他们共同的行为规范，这使得他们"天涯若比邻"，仍然结合为一个犹太民族的共同体。伊斯兰教的宗教制度、教规、礼仪已经同民族的生活习俗融为一体，使大多数教民具有一种习惯性的遵从意识。即使在主体意识形态与宗教不一致的社会主义国家里，宗教道德规范仍然和社会公德规范是相通的。教徒仍可通过对宗教道德行为规范的习得来促进自己的社会化。

3. 宗教教人扮演社会角色

角色是指与个人的某种社会身份有关的规定了的行为模式。学习扮演社会角色是社会化的核心内容。每一个社会成员都在社会关系和社会组织中占有一个特定的位置，处于一定的社会地位。处在一定社会地位的人都要按照社会规范的要求作出各种各样的行为。人的社会化主要是通过角色学习和地位的获得进行的，人的整个社会化过程也可以说是进行角色学习的过程。

一个人在社会中不止处于一种位置上，他可以同时是一个丈夫、父亲、飞行员、儿子、兄弟、电影观众等等。因此每个人实际上都扮演多个社会角色，而且处于一定的社会地位上与各方面的人发生社会关系。如果有一种角色扮演不好，就会出现"角色冲突"现象。大多数宗教让人宽容、隐忍、利他，实际上是在教育教徒学会扮演社会角色，学会和他人在一定的位置上和睦相处，处理好人际关系，避免角色冲突。基督教、犹太教的"十诫"明确规定教徒"当孝敬父母"，让教徒扮演好为人子女的角色；又规定"不可奸淫，不可偷盗，不可作假见证陷害人，不可贪图别人的财物"等，让教徒避免不规矩的行为，遵守社会中的公德与法律，做良好的社会公民。其他宗教也有类似的教诲,让教徒扮演好自己的社会角色。这些都有助于促进个体的社会化。

五 认同功能

认同功能是指促使人们在思想上趋向于具有共同信念和价值观念的一种功能。各种社会意识形态和一切社会实体都具有这样的功能。宗教则因其至上的神圣性而拥有其特殊的认同功能。

宗教的认同功能主要是通过两条途径来实现的:一是作为一种社会意识形态,二是作为一种社会组织机构。

作为一种社会意识形态,宗教是以其非实证的虚幻神秘方式来说明神与人、人与人、人与自然之间的关系,并从这种关系中来规范人的本质、人的价值、人生的意义和人类的命运等等。通过使个人接受宗教价值及有关的人的本质命运的教理,帮助个人理解"我是谁""我是什么",进而使具有同一信仰的人们集结成某种宗教群体,达到群体认同。

作为一种社会组织结构,宗教把分散的具有同样信念的宗教信仰者组织起来。通过不同等级不同层次的神职人员对之传道布道,更紧密地把他们凝聚起来。教规对宗教徒的特定的约束作用,使宗教成为一个相对更加稳定的社会实体。在社会迅速变迁和大规模流动时期,人们往往产生惶惶不可终日,无所寄托无所依赖之感。这时宗教对群体认同感的贡献可能会更大。它使许多漂泊的心灵有所归属,更促进他们之间的群体认同,帮助人们度过因社会剧变而产生的不良的心理适应过程。

美国宗教社会学家威尔·海伯格曾经指出:"美国人建立其认同的一个重要途径,就是到新教、天主教或犹太教这'三个民主宗教'之一中去当教徒。"[①] 由此可见宗教在美国社会中的重大的群体认同功能。

六 文化功能

文化是社会生活的客观因素,它具有满足人们愿望的社会价值。美国社会学家、文化人类学家维莱曾下过这样的定义:"文化是一种复杂体,

---

[①] 转引自托马斯·F. 奥戴、珍妮特·奥戴·阿维德:《宗教社会学》,中国社会科学出版社,1990,第29页。

包括实物、知识、信仰、艺术、道德、法律、风俗及其余从社会上学得的能力与习惯。"① 可以说文化无处不在，无时无刻不在满足和影响着人类的生活。

宗教无疑是人类文化的一个因素，而且这一因素在特定的历史条件下，在社会的精神文化体系中，曾经发生过重大乃至主导的作用。作为人类最古老的社会现象之一，宗教一直在通过两种途径发挥自身的社会文化功能，一是通过它自身扮演的文化角色，二是通过它对其他文化现象的影响。

作为一种文化现象，宗教有它独特的文化构成，它的产生和发展本身就是一部宗教文化史，从它身上，我们也可以看到人类文化发展的某种缩影。正因为宗教在人类历史长河中形成了自己独特的文化，并给所在的时代和社会以极大的影响，因此才有所谓"基督教文化"、"佛教文化"、"伊斯兰教文化"之说。

但更广义地来看，宗教不仅自身是一种特殊的文化现象，而且与其他文化现象也有着千丝万缕的联系对之有深远的影响，特别在艺术方面。艺术史家研究过特殊宗教信仰与特殊文化或时代的艺术风格之间的关系。② 例如埃及的宗教是一种"葬仪"宗教，以死者与欲其不朽为中心。因此埃及传下来的艺术就大半是坟墓艺术。

由于埃及宗教以死亡为不朽的主题，因此埃及的绘画往往呈现出静态的性质，而埃及的雕刻也具有一种固定的渺茫与沉重的呆板。这种艺术风格似乎在争取一种没有时间性的意识，超越现在，展望过去与未来的永恒。宗教总是寻求与超凡的神圣性相结合，视红尘只是幻象，人生短暂而痛苦，希望在另一世界寻求超度。这种倾向对东方艺术有很大的影响，不但产生了遥远、深邃、抽象及因袭的埃及式作品，而且产生复杂及神秘的印度式艺术。这些艺术之间虽然变化很大，但只有一个共同的主题：不要抄袭或赞美现实的世界，这个世界只是艺术家想象精神领域的起点。

"佛教认为自然是由一种内在的力量赋予生命，此种力量是一种命令，

---

① 《社会学词典》，山东人民出版社，1988。
② 参见 Alessandro Della Seta, *Religion and Art*, New York: Serioner's, 1914; E. H. Gormbrich, *The Story of Art*, Greenwich Conn.: Phaidon, 1961; Emila Male, *Religions Art*, New York: Noonday, 1958。

整个宇宙服从这种命令，必然影响艺术的整个基础，因为艺术是现实或自然的外观后面超现实的一种代表。在佛教里面最使我们感动的特性是忍受，个人顺从命运——这形成一切的神灵。艺术家具有那种谦卑，他们唯一愿望是神交那种普及宇宙的精神。这种愿望的后果是：导致偏爱山水画更甚于人物画。……自然比人性更崇高，更接近宇宙的本体。但由于艺术家认为他所看到的自然只是事物骗人的外貌，因此他不致力模仿准确的外观而力求表现其精神。"①

而在古希腊的宗教形式中，并不要求或鼓励人逃避人性或这个世界上可能的东西。在希腊人的宗教思想中，人的世界与神的世界既相互对应又相互对立。因此古希腊的艺术工作室"不是一个孤独的沉思之洞，而是一个动人的精神世界。"② 希腊人在人类及其所能做的东西里边寻求神圣，他们认为"人类透过完善的人性得以不朽。"③ 因而希腊的艺术风格总是那样的矫健和富于生命力。

宗教越发达的地方，艺术发展就越繁盛，希腊、印度的艺术如此，中国汉地的艺术、西藏的艺术亦如此。在西藏，无论寺庙建筑、雕刻、绘画还是造像，几乎无不来自佛教的渊源，可以说中国藏族的传统艺术，基本上是佛教艺术。

艺术如此，道德亦如此，宗教为社会的道德准则涂抹上一层神圣的色彩。"一方面，宗教把道德抬高为宗教的教义、信条、诫命的律法，把恪守宗教关于道德的诫命作为取得神宠和进入天国的标准；另一方面，宗教的教义和信条又被神以道德诫命的形式强加于整个社会体系，被说成是一切人等行为当与不当，德与不德，善与不善的普遍准则。这就在历史上形成所谓道德的宗教化和宗教的道德化的现象。"④

宗教也在很多时候影响着人们的风俗习惯，一种宗教的信仰者经过年长日久的流变，往往会形成自己特殊的风俗习惯。基督教徒就把圣诞节作为一年中最重大的节日，加以隆重庆贺。伊斯兰教则把开斋节和古尔邦节作为最隆重的节日来庆祝，人们或载歌载舞，或亲友热闹相聚。

---

① Herbert Read, *Art and Society*, London: Faber and Faber, 1945, p. 53.
② Edity Hammiton, *The Geek Way to Western Civilization*, New York: Mentor, 1948, p. 32.
③ Edity Hammiton, *The Geek Way to Western Civilization*, New York: Mentor, 1948, p. 32.
④ 吕大吉主编《宗教学通论》，中国社会科学出版社，1989，第363页。

七 交往功能

宗教作为一种特殊的交际手段，在社会中行使自己的交往功能。

宗教可促进个人社会交往的增加。人们原本是独立的个体，因着血缘、姻亲、朋友或工作关系而有着一些私人间的交往。宗教也能实现人的交往。这种交往首先发生在祭祀活动中。教堂里的礼拜、参加圣礼仪式和社会团体的祷告被视为信教者同上帝及信教者之间交往和联合的主要方式。非祭祀性的活动与关系，也可保证信教者的交往。宗教是一种共同的信仰，凝聚力极强，它用信仰的纽带把教徒联系在一起，使他们彼此认同，感觉彼此为同一群体，因而生出许多亲切感。共同的宗教信仰促进了教徒间的交往，共同的追求使他们相处亲切并有着永不衰竭的谈话内容。同时，宗教也成为促进教徒与非教徒交往的途径。一个虔诚的教徒总觉自己有责任使本教发扬光大，因此他会寻找一切机会和教外人交往，传播教义以希求更多的人和自己皈依同一信仰。宗教也成为青年男女交往的途径之一。假如一个男孩爱上了一个天主教徒的女孩，但由于天主教家庭一般世袭宗教信仰，他又因为自己不是天主教徒而没有同女孩交往的机会，这时更大的可能是他也皈依天主教，希望在宗教活动中有和自己爱慕者交往相处的机会。近年来中国一些宗教现状调查资料说明，中国农村的一些宗教活动确为部分青年男女缔结百年之好架起了桥梁。

宗教也能促进各国人民交往的增加。国与国之间本有着许多正式的外交途径，但那只是官方的。而宗教却可因为信仰的凝聚力使居住在不同国家和地区的教徒彼此往来，并把各自的文化带到对方，久而久之，它就成为增进各国人民往来和友谊的一种途径。处于沙特阿拉伯境内的麦加是伊斯兰教的主要圣地，每年都有上百万的穆斯林从世界各地来到这里朝觐。早在中国古代，就有名僧玄奘于唐太宗贞观三年从长安（今陕西省西安市）西行求法，往返十七年，旅程五万里，"所闻所履，百有三十八国"，带回大小乘佛教经律六百五十七部。玄奘回国后撰写了《大唐西域记》，记述路途见闻和异国风情，并把中国一些经典如《老子》、《大乘起信论》等译成梵文，传入印度。中国唐代另一僧人鉴真也曾东渡日本，把律宗传入日本，被奉为日本律宗初祖。他把大量佛教经像和药物、艺术品带到日本，对发展日本医学、雕塑、美术和建筑也有一定贡献。今天宗教作为一种民间交往途径，也成为增加各国人民友谊与了解，促进中国社会改革开放的一支社会力量。近十多年来，国内外的宗教团体之间进行了大量的互访和交流，不少在国外的华人教徒捐资修复境内的寺庙。通过宗教还吸引不少外资用于我们的现代化建设。教徒个人之间的国际往来也增多，出访和来访络绎不绝，加之宗教景观旅游的开发，有利于促进和密切中国人民和其他各国人民的友好交往。在国际政局中，当某些国家或地区处于紧张状态时，有时可以通过宗教交往与对话增加彼此的相互理解，在一定程度上可以缓冲矛盾，淡化敌意。

以上阐述了宗教的几种主要社会功能，但这仅仅是就宗教对社会的积极方面即正功能而言。宗教通过影响人的思想与行为来影响社会，但宗教社会功能的发挥有有意识的，也有无意识的。每个社会的统治阶级或当政者一般政权观念都很强，只要宗教与其主体意识形态不直接相对立，或不去危害政权的存在，并能够处理好政权与宗教间的关系，一般来说他们会有意识地发挥宗教的积极社会功能，使宗教为巩固和稳定现存社会秩序服务。但就宗教笃信者而言，往往是由于虔诚而遵守教义、教规，在无意识间使宗教的社会正功能得到了很好的发挥。那么这是否就是说，无论在什么情况下宗教都只有社会正功能呢？它会不会还有其他负功能以及会有什么样的负功能？这将是我们在下一节继续讨论的问题。

第三节　宗教社会功能的两重性

社会功能有一个明显特征，即它的两重性。就社会作用而言，任何社会系统，都不会只有正功能，因为有些事情的后果，常会带来负功能（dysfunction），也就是说这些后果，会减少社会适应与调适。以科层制为例，科层制的功能原在以更有效、更理性的方式来运用人才，但其实行的结果却常僵化为一成不变的形式主义。所以虽然科层制是现代社会一种有效而理性的方式，是对封建制度的突破，但却因其不变的规章及以法则为上的特性，而带来了负功能，导致了另一种形式的专制，限制和妨碍了人的才能的充分发展。社会功能的两重性还表明，就其社会作用的强弱程度而言，社会功能可分为显性的和隐性的。显性功能（manifest function）是指显而可见，且是人们所期待的后果；隐性功能（latent function）则是隐而不显,一般未被人们认知,是在人们未察觉的情况下出现的。有些时候,表面上看也许只有正功能,但隐而未见的却是负功能;反之,另一些时候,在显著的负功能下隐而未见的却是正功能。认识社会功能的这种两重性特征,我们才能深入地找出使这些模式存在的社会因素及恰当的社会运作途径。

对于宗教的社会功能,早期的社会学家们持有不同看法。杜尔凯姆更多地看到宗教的正功能,欲扩展宗教情操为共同价值;但另一些社会学家则只看到宗教的负功能,视之为教条和对自由的迫害。现今的社会学家们观点渐趋一致,认为宗教和其他社会子系统一样,具有正负两种社会功能,换言之,即宗教的社会功能同样具有两重性。

宗教的正负功能相互对应,在每种正功能的后面都有一种与其相对应的负功能。如前所述,宗教有七种主要的社会正功能,在这七种正功能的后面,还存在着七种相应的负功能。

1. 使人相信宿命,消极对待或逃避现实

宗教具有心理调适功能,当人们遇到精神烦恼与障碍时,宗教可以通过对超自然力量和对彼岸世界的追求使人们得到慰藉,转移他们的注意力,降低他们的精神紧张度,使之超然于现实之外,以消除他们对现实社会的恐惧、不满等。但宗教也有相应的负功能。宗教讲"命定"、"前世"、"上帝的安排"等等,容易使人迷信自己的命运,从而产生宿命思想,消极地去依赖超自然的力量和听任命运的摆布。另外,宗教的心理调适功能还表现在它能转移人们对引起他们不快的现实世界的关注,使他们超然物外,缓解心中的苦闷;但与此同时,它也会使人逃避现实,不去直面惨淡人生,不去正视现实中的丑恶事物,更不能增加人们与之奋斗的勇气。宗教可能使人沉浸在对天国的幻想中而盲目乐观,减少自己可能的行动力和改革社会现实的愿望。马克思说宗教是人民的"鸦片",既指出了宗教的心理调适功能,也指出了它可能带来的后果与负功能,即只在幻想的世界中自我安慰,而不是去改造现实,改变命运。认识宗教的正负功能,是唯物辩证地认识宗教的必由之路。一个事物总有正反两个方面的因素,不要以此遮彼,也不要以彼遮此,才是客观科学的态度。

2. 易使教徒形成保守主义的价值观,有碍社会变革的进行

宗教是观念性又是体制性的上层建筑,它天然具有其他社会子系统所不可替代的整合性倾向。人们膜拜神圣，它就能使社会价值与行为规范神圣化，很容易对人们的价值观及行为进行整合，因此大多数统治阶级总是利用它来维护社会的现存秩序，取得人们对现实社会秩序的默契与遵守。但也正是宗教的这种至高无上的神圣性，容易造成教徒价值观上的保守主义及对规范理解上的僵化，因为宗教一旦形成，总要包含某些传统的材料，而传统在一切意识形态领域内都是一种巨大的保守力量。尤其是宗教强调信仰虔诚、强调神谕的不可变更性，因而容易把人对世界的认识引入歧途，妨碍人们对时代及社会变化的适应。在神圣力量的感召下，一般的教徒都循规蹈矩，忠于现实的政权与社会制度而不过问该政权和社会制度的性质。但当一个政权或一种制度腐朽没落需要推翻或大刀阔斧进行改革时，宗教就容易成为阻碍社会变革的保守力量。再如教内的改革，宗教的教义教规总不是一成不变的，它要随着时代和社会的发展不断改革以适应时代和社会。宗教由于对规范制度化的尊崇，往往不能及时改革已经过时的规则而使自己僵化保守，远远滞后于时代。历史上西方很多国家的天主教会有自己的"异端裁判所"，即"宗教法庭"，残酷迫害"异端分子"、"异端嫌疑者"以及反对封建势力的人士，包括进步的思想家和自然科学家，对他们秘密审讯，严刑拷打，没收财产，监禁流放，甚至施以火刑。仅西班牙一个国家的异端裁判所，1483年至1820年间的受迫害者多达三十余万人，其中以火刑处死者就达十多万人。后来异端裁判所虽然衰落了，但一些惩治异端的律条却延续很久。以异端罪名被处以火刑的意大利哲学家布鲁诺，在他所信奉的日心说被举世公认几百年后，才于1889年由罗马天主教会予以平反。宗教规范的某种僵死性使其远远滞后于时代，由此可见一斑。这种把规范神圣到僵化程度的意识，也是引起许多宗教与社会冲突的因素。宗教越具保守性，对社会的整合程度就越高；反过来，也可以说，宗教对社会的整合程度越高，其保守性就越强。

3. 导致偏离行为，促使社会解体

宗教既能使社会目标神圣化，以此来稳定社会现存秩序，同样也可以提出新的社会目标，并使之神圣化，从而促成动乱与革命，动摇和瓦解现存社会。在中国历代的农民起义中，有很多次都是假借宗教之名而举行的。例如元明清三代流传很广的民间宗教白莲教，曾在农民、手工业者、城市贫民、流民差役、下层知识分子中广为流行，一度也曾传入皇宫。元明清三代常被用来发动农民起义,著名的元末刘福通、徐寿辉等领导的红巾起义,明末徐鸿儒的起义和嘉庆年间川、鄂、陕的白莲教大起义,都是以白莲教的名义发动的。这些农民起义曾极大地动摇了元、明、清的封建统治,推动了社会的进步。宗教感情一般来说是深沉而持久的,由这种感情煽动起来的狂热,可能会造成宗教战争,成为一种破坏或变革社会的力量。16世纪初叶马丁·路德的宗教改革运动得到了大批信徒群众及下层神父、修道士的支持,一些地区出现了群众暴动,"再洗礼派"作为宗教改革运动的激进派,积极参与所在地区的农民战争和城市暴动。以宗教为由而引起的教派战争,不同宗教之间的战争及国家之间的战争不胜枚举,现今世界上许多民族纠纷、民族分裂的根源部分也在于宗教纠纷。宗教战争使人产生大量越轨及偏离社会规范的行为,导致了社会的分化和民族的离散。当然,负功能并不等于非进步,它仅指对当时社会政权的瓦解、破坏与动摇。至于客观上对社会起进步作用还是非进步作用,要视当时社会政权是革命的、进步的,还是反动的、腐朽的而定。

4. 宗教在促进个体社会化的同时也有相应的负面效应

宗教主要是通过宗教教育教给教徒知识、文化、行为规范,要求他们处理好人际关系,扮演好个人的社会角色等。但宗教教育也有以下几种负面效应[①]:

(1) 就教育内容来看,对宗教教育的强调,必然会造成知识的构成偏重于与现代社会及现代科学知识脱节的宗教教义、戒律和神学思想,使为数不少的民族共同体中的精英人物,皓首穷经地致力于宗教理论的研讨,却缺乏社会常识,公民常识,自然、地理及国家各个方面的知识,无形中造成个体与大社会的隔绝,妨碍了个体在这些方面的社会化。

(2) 就受教育机会来看,极不均等。在一些民族中,宗教学校所占比例甚大,或寺院教育处于垄断地位,教育的获益者主要为宗教教职人员,一般群众大都是文盲。新中国成立前中国藏族地区就是如此,民族知识分子全部集中于寺院,广大群众却没任何机会去享受教育权利。

(3) 就教育效果看,由于受具体宗教教育的影响,有时甚至诱发出对其他宗教文化或民族文化排斥的心理,使受教育者在本民族信奉的宗教文

---

① 葛壮:《宗教与民族教育》,《当代宗教研究》1991年第2期。

化光环的遮蔽下，难睹其他文化的异彩。过去在信奉伊斯兰教的回民中，一度认为"念书（接受汉文及普通教育）即反教"，不愿学习汉字和接受普通教育的情况曾在中国各省不同程度地存在过。中国另外一些少数民族地区，少数民族学生辍学现象至今仍很严重。由于接受义务教育的年龄与进庙学经的年龄冲突，许多人就弃学念经，将学龄子女送去寺庙当僧尼。

这些负面效应显示了宗教在教给教徒宗教知识文化、行为规范和人际关系的同时，也表现出它从其他侧面延迟、妨碍个体社会化的负功能。

5. 阻碍新的认同感产生，易导致宗教冲突与民族冲突

作为一种社会意识形态和社会组织机构，宗教通过使个人接受宗教价值及信仰，参加宗教仪式和崇拜，极易使他们达到自身认同。但对宗教的信仰会阻止更适合于自我的新的认同感的产生。原有的宗教认同感束缚着人，使他难以叛逆原有信仰和群属而去皈依更适于他的新的信仰与社群。宗教所提供的认同神圣化，也会深深嵌入人的个性结构中，使教徒易具不与对手妥协的排他性格，因而可能导致一些冲突加剧。在历史上的宗教战争中，对人的自我定义极为重要的宗教认同就曾使得冲突加剧。宗教的认同功能能促成强大的凝聚力，它可使同教者亲近，但由于这种认同的专注与执著，也容易引起排斥异教和同教其他教派的情绪，他们认定只有自己真正站在上帝或神的一方为正宗，真正忠实地恪守上帝或神的旨意，而视其他宗教、教派为异己和非正统，极易对其产生排斥心理。印度的印度教、伊斯兰教与锡克教之间的怨恨和争端就是强烈的宗教认同所带来的负效应。在全民族信仰某种宗教的地区，宗教所带来的认同感往往会导致狭隘的民族主义，因而造成与其他民族与国家的紧张与冲突。

6. 有反科学、反异教艺术的倾向，遏止对文化艺术的自由追求

宗教一度与科学存在相当程度的对立。在西方漫长的中世纪时代，宗教神权高于一切，任何与宗教学说矛盾的东西统统被斥为"异端邪说"，科学因其对世界真实的诠释而得罪宗教，遭受残酷地扼杀，即使出现一些科学的火星，也会很快被扑灭。科学家被看作持"异端邪说"者和"疯子"而遭受惨无人道的迫害。因此可以说，宗教一度具有相当明显的反科学倾向。当然，这些极端倾向在现代已有了相当大的改观。随着时代的发展，宗教对科学内容的认同也越来越多，但是从根本上，二者之间的矛盾

和对立是不易化解的。因此可以说，宗教过去乃至今天仍有着阻碍科学进步的倾向。

宗教曾一度使艺术兴盛并蓬勃发展，但这种发展往往只限于宗教艺术。在宗教占绝对统治地位的时代和地区，对于其他有悖于宗教精神的文化艺术探索，一概限制、排斥与打击，不少洋溢着勃勃生机与才气的艺术家终生只能搞有关宗教内容的艺术而不能发挥自己的全部才华。"欧洲封建时代的审美理想带着浓厚的禁欲主义色彩，这种思想鄙视人的自然情感和感官欲望，把现实的感情看作一种低级的、有限的、甚至有害的东西，鼓吹对内心平衡的追求和对所谓神福的体验"[1]。在这种审美理想支配下，欧洲中世纪艺术充满抽象化、概念化、公式化的倾向，不论文学、绘画、雕塑还是其他艺术，其格调都十分枯燥、冷漠、单调与死板。欧洲中世纪审美理想的厚重阴暗压抑着文学家、艺术家们不能去赞美自然、赞美人生和标榜理性。"同时由于基督教反对崇拜任何偶像（除上帝之外，任何事物一受崇拜即为偶像），并把非基督教的艺术视为异教的偶像崇拜艺术，于是在蛮族人建立封建国家以后，基督教时代之前出现的古典艺术和基督教世界之外的异教艺术均遭禁绝。"[2] 一方面，古代艺术珍品"维纳斯女神像"被视为"女妖"到处毁灭；另一方面，一些充满基督教所不容的精灵妖怪的民族神话、传奇和史诗，虽然仍在民间流传，但已带上了基督教的色彩。这些都充分体现了宗教在其文化功能之外的对文化的负功能。在文艺复兴时期，尽管艺术家们通过宗教艺术也曾表达了人性的觉醒与对自由的向往，但这些艺术作品的主题仍然很单调，远不能展现艺术家们对自由的充分追求。

7. 交往背后的负功能

宗教能增加国家和人民间的友好往来，在有敌意的国家和地区之间也可作为催化剂，帮助彼此疏通隔阂。但与此同时，一些国家也可以通过宗教途径向其他国家进行渗透，尤其是在敌对国家之间，因官方交往渠道的不通，反对者很难入境，但在宗教神圣旗帜的掩护下，一些敌对分子利用宗教则可以堂而皇之地进入其他国度活动，并且往往不易被察觉。另一些

---

[1] 吕大吉主编《宗教学通论》，中国社会科学出版社，1989，第715页。
[2] 吕大吉主编《宗教学通论》，中国社会科学出版社，1989，第715页。

宗教往来则是更加隐蔽的，如某政府已明令禁止某教在其境内活动，但国外的某教教徒会以旅游者身份获得签证，先进入境内，然后再以宗教身份和所在国的信仰者秘密联络，以达到传播宗教的目的。这些宗教交往，并不一定都带有政治目的颠覆和反对所在国政府，但起码他们做的是所在国政府不愿看到的事情，因此对那个社会来说，这种宗教交往带来的只是一种妨碍社会适应和调适的负功能。

从宗教所具的与其正功能相对应的一些负功能，我们可以看到宗教社会功能这种两重性的特性。把握住这个特性，我们就会更全面更清楚地认识宗教这种社会现象的复杂性。

第四节 宗教社会功能的可变性

世界上的万事万物都处于恒久的运动之中，变化是必然的，不能变化就意味着僵死和灭亡。宗教这种最远古的社会现象之所以能够长期顽强生存于各个社会和时代，除了因为它对社会具备积极的功能之外，还因为它的社会功能可以随时代和社会的进步而不断作出各种调整或发生变化。

在不同的时代与社会，宗教的社会功能常因社会的变迁而作出各种适应性的变化，这些变化分析起来大致表现在以下几个方面。

一 功能内容的变化

在各个时代与社会，宗教所具备的基本都是上述几种主要的社会功能，也可以说，宗教的某一种主要的社会功能，可以存在于多个时代和多个社会之中，比如说宗教在原始社会和现代社会都具有对社会成员进行心理调适的功能。但仔细地比较，宗教在这两种不同形态的社会中进行心理调适的内容却是大相径庭的：原始宗教调适的是人们对自然界破坏力量的无知与恐惧，帮助它们消除内心的这种恐惧，产生乐观情绪，更有力量、更有信心地在这个世界上生活下去；而在现代社会，宗教调适的则主要是人们由于现代社会的快节奏及竞争过强而形成的紧张情绪、社会不公所带给人们的心理伤害及人们在现实人生中的种种新的烦恼和郁结。又如同样在今日的世界，在经济发达的社会中，宗教调节的是物欲横流带给人的不可名状的压力，解决的是物质相当丰富后人如何摆脱虚无感和孤独感的问题；而在经济不发达的社会，宗教则要调节人们在为生存、温饱而奋斗时产生的挫折感，以及辛酸、绝望的心态。

二 功能强弱的变化

宗教的每种社会功能对社会作用力的大小也是不断变化的。同样是一个整合功能，但它对社会整合程度的高低也即整合力的大小却很不相同。比如在一个实行国教的国家，宗教对社会的整合力是非常大的。它从政治、经济、文化、教育、艺术、道德、日常行为与习俗多个方面影响、控制着人们，使社会由于宗教的整合作用而呈现出高度组织化、一体化的特征，人们的行为乃至思想都被宗教紧紧制约着。如1979年伊朗伊斯兰革命成功后，什叶派在伊朗国内的社会、文化及政治等许多领域均起着主导作用。但在一个信仰多种宗教或只有一少部分人信教的国家，宗教对社会的整合力情况就大不相同，比如中华人民共和国成立后，由于信教总人数只占全国人口总数的十分之一左右，且是多种宗教并存，因此宗教对中国现今社会的整合功能就相当有限。即使在一些信教程度较高的国家，宗教社会整合力的大小也在因时代的变化而改变。在英国，1851年第一次对所有星期日去教堂者作了统计，根据这一材料，国内全体居民中平均36%去教堂做礼拜；而1903年，在伦敦所作的调查表明，去教堂的人降到居民的20%。到20世纪60年代末期，英国居民至多不过15%去做礼拜。此外，35%的居民从来不上教堂，而70%的人除非在特殊场合才去教堂。当然，偶尔去教堂做礼拜，甚至根本不去，并不能表示人们同宗教决裂，但上教堂人数普遍下降则是宗教对人约束力减弱、对社会整合力降低的一个指标。

三 正负功能力量比的变化

一个社会中，宗教有多种正功能，但也有多种相应的负功能，这些正负功能对社会作用力量之间的比率经常发生变化。一般说来，在社会平稳过渡时期，宗教的正功能总是大于负功能。但在社会发生变动或趋于失范、解体之际，宗教负功能的作用力就逐渐上升，有时甚至明显地压倒正功能。对宗教正负社会功能之间力量比的变化中国现在尚无确切测量，中国有的社会学者原认为，宗教的正负功能相对应且成反比，你消我长，此起彼伏。但最近的一些研究表明，宗教的正负功能之间不一定呈反比，有时可能还会同时出现正增长。当然，由于这些研究概念的确定和分组的方法不尽相同，因此会影响到研究结果的可比性。但总的来说，中国大部分宗教社会学研究者都认为，宗教正负功能对社会的作用力是在不断变化的。

1. 影响社会功能变化的因素

宗教具有特殊的社会功能体系，可完整地表明宗教对社会生活的影响。但这个功能体系又是可变的，这种变化来源于社会生活对宗教的影响。理解了这种相互作用，我们才能更深刻地理解宗教功能与社会生活之间的深层次关系。宗教社会功能的变化是受多种社会因素的影响与制约的，其中社会历史时期的不同，宗教与所在社会的主流意识形态是否矛盾，社会处于上升时期还是下降时期，是农业社会还是工业社会等，是影响宗教社会功能变化的几个最主要因素。

（1）社会的历史时期不同，生产力的发展水平也不同，人们认识世界的广度、深度和方式也不同，这些都影响着宗教社会功能的发挥。比如中世纪的欧洲，由于生产力与科学技术的不发达，人们对自然界还处于愚昧无知的状态，宗教当时对社会完全起着主宰作用，它的控制与整合功能此时得到最大限度的发挥。但当时代前进，生产力向前发展，科学的曙光突破中世纪的黑暗而照亮人们心灵时，随着宗教对人绝对控制的崩溃，宗教的社会整合功能和控制功能也在相当程度上减弱了。又如：原始社会的宗教极其简单，只是图腾崇拜，所适用的范围也只是自己的部落，因此原始宗教所发挥的认同功能虽强度较大，但范围极为有限；而后来一些宗教随着社会的前进发展为世界性宗教，与原始宗教相比，它的认同功能自然就要发挥得广泛、充分。如果在一个交通尚不发达的历史时期，宗教就无法更好地发挥它的交往功能，尤其是国际交往功能。宗教的文化功能、个体社会化功能等功能的发挥也都会因社会、历史时期的不同而受到影响，或发生各种变化。

（2）宗教与所在社会的主流意识形态是否矛盾，也会影响宗教社会功能的发挥。

所谓社会的主流意识形态，就是指一个社会中占统治地位的意识形态。宗教在与它所在社会的主流意识形态不矛盾的前提下（比如，西方社会宣扬的世界观、唯心史观和宗教对上帝、神的信仰是一致的），可以较多地发挥它的正功能，如它对社会的整合功能、认同功能、控制功能、交往功能等等。西方社会一般来说政治组织和其他社团都比较松散，对人没有什么约束作用，约束人行为的只有二者：一是法律，二是宗教。法律是"他律"的东西；而宗教则通过它的道德戒条使教徒具有一种道德观念，自己约束自己的行为，这种约束是"自律"的。宗教的这种道德约束力在一定程度上增加了社会的稳定性，而这种道德约束力在宗教与所在社会主体意识不矛盾的情况下能得到较为广泛的发挥，其作用力较大。

如果宗教与所在社会的主流意识形态相矛盾，它又会怎么样呢？能否继续发挥它的正功能？这个问题就较为复杂。在社会主义国家里，以实现共产主义为最高理想。"从来就没有什么救世主，也不靠神仙皇帝，要创造人类的幸福，只有我们自己，"全世界共产主义者同唱的"国际歌"的这段歌词再清楚不过地表明了共产主义者的世界观和社会观是唯物主义的，是无神论的。这种鲜明的意识形态和宗教历来尊崇的有神论的唯心主义世界观之间形成了尖锐的对立，因此每一个社会主义国家建立之后都着手调整本国宗教，使之与社会主义社会相适应。宗教此时就只是一种次级社会组织，它不再是全社会的精神信仰和占主导地位的上层建筑，而只是成为社会一部分人——宗教徒的信仰。社会主体意识形态与宗教世界观的不一致并不妨碍在政治上的一致性，也不影响信仰宗教的人们参加共同的经济活动和社会活动。即使在社会主义制度下要求所有人的世界观、人生观都一样，也是不可能做到的。不论信教与否，共同的对现实幸福生活的渴求与建设美好社会的热望，比起思想中有神无神的分野重要得多，现实得多。何况在社会主义社会主流意识形态的先进性并不排斥现实社会的多样化、多成分和多层次性，提倡先进，照顾多数，同广泛性相结合。宗教在与主导意识形态有尖锐对立的社会能够存在下去，说明它的存在仍有历史的必然性，同时它已经作了必要的自我调整，在许多方面发生了根本变化，主要表现为公民个人思想领域的信仰和历史文化传统的内在物而存在。它对这些社会仍有积极的社会正功能。只是由于意识形态方面的基本矛盾一直存在，因此这些正功能直接发挥的范围有限，是通过对局部的整合、控制和个体社会化等等间接作用有益于整个社会的。从另一个层面来看，宗教在每个社会主义国家历史上情况不同，传统地位也不尽相同，它在社会中功能的大小也会不同，当然这里说的功能不只是正功能，还有负功能。尤其是负功能，在具有较浓郁而广泛的宗教传统的国家有时很显著，如波兰的天主教在瓦解前波兰社会主义体制时所起的作用就相当显著。再者，每个社会对宗教的态度也影响着宗教社会功能的变化。同样是社会主义制度，由于国家制定和执行的宗教信仰的具体政策不同，对待与处理宗教问题的做法与能力不一样，也会导致不同的结果。如得当的话，就能保护公民的宗教信仰自由，依法管理宗教事务，并加以积极引导，使宗教与其他社会子系统能够和谐一致起来，使宗教徒能有满意的宗教生活，这就为社会减少了不安定的因素，增加了社会的整合与控制力；若造成教徒的不满与反抗，甚至诉诸武力，就会给社会造成过多的负面影响。

尽管具体情况有所不同，但总体上来说，宗教处于与其意识形态相矛盾或不一致的社会中，其正功能的发挥总要受到影响，它的社会正功能和其他社会相比总是呈下降趋势。

（3）社会的上升与下降时期，宗教功能的发挥也不相同。一个社会上升的时期，往往是社会系统寻找最佳搭配，各子系统之间也最和谐一致的时期。这时如果是处在与其主流意识形态相一致的社会，宗教就会发挥显著的正功能，从各个方面促成社会的稳定与合作。统治阶级也会利用宗教的那些正功能，为巩固自己的统治服务。如果处于与主流意识形态矛盾对立的社会，那么这个社会的上升时期就是宗教面临最大困境的时期，它只有通过自身的调适去和整个社会系统相适应，在转变时期求得存在及与其他社会子系统的和谐相处，才可能发挥对这个社会的积极功能。以社会主义国家为例，在它们的上升时期国际环境极为艰苦，常遭到敌对势力的四面围攻，这时它必然注重自己意识形态上的纯洁性，以形成整个社会的紧密一致与合作，来共同抵御外在的压力。因此在每个社会主义国家的初创及上升阶段尤其是初创时期，都开展过对不同意识形态的批判，都批判过宗教的有神论和唯心主义世界观。由于此时至为重要的是社会的紧密团结及绝大多数人信仰的高度一致，所以宗教的社会功能，不论正负，这时的作用力都较微弱，宗教与社会的适应正在建设中，还没有完成。但当社会趋于紧张与冲突增多的时期，宗教功能的发挥则大不相同。如在与主流意识形态不矛盾对立的社会，统治者此时在主观上往往想尽力运用宗教的整合与控制力，力图维持社会稳定，阻止社会的解体。但客观上，宗教这时也是"强弩之末，势不能穿鲁缟"，并不能发挥太多的积极功能来挽回败局，因为社会发展有其客观的规律，逆潮流而动的主观意图往往很难奏效。在与主流意识形态有冲突或对立的社会中，宗教此时往往发挥其社会负功能，加入反对者的行列，以其神圣性来"预言"社会的崩溃，以其号召力和凝聚力来加速社会的解体。中国历史上许多与官方相对立的民间宗教，在推翻封建王朝的过程中都发挥了巨大作用，显示了它对原社会极大的负功能。

本章所谈的社会正负功能是以其对所在社会的积极还是消极作用来划分的。凡能增进所在社会的团结与合作，使社会各部分趋于和谐一致的功能均为正功能；反之，能造成社会懈怠、紧张不安乃至解体的功能均为负功能。一些宗教研究者常用能否推动社会历史向前发展表示宗教社会功能的正负，而我们认为，用宗教对当时所在社会起有利或不利作用而不以社会性质来规定功能的正负似乎更为妥当。因为这样一来可表明社会学的客观性原则，二来也能和世界上多数社会学家有关正负功能的概念达成一致，三来也比较容易对之进行界定。如果以能否推动社会历史向前为划分标准，就必须再去陈述什么是历史向前或向后的标志，也易引起与自己社会历史观不同的读者的混淆与误解。

（4）以经济为标准划分的农业社会和工业社会也以其显著不同的性质影响着宗教功能的发挥。农业社会是稳态社会，保守、闭塞且发展缓慢，人们世世代代被束缚在同一块土地上，恪守着相同的价值观念和生活方式。由于交通不便、信息闭塞，人们视野狭窄，一切习俗几乎都是传统的。这样的社会生活特征使宗教的神圣性增强，人们一旦信教，差不多都极为虔诚。由于农业生产方式对人没有严格的时间要求，能充分保证人们有时间过宗教生活，而且几乎没有人怀疑宗教的神圣性，因此宗教的价值及道德整合功能得以充分发挥。同时由于农业社会教育相对比较落后，宗教场所也就成为给人们传授知识和行为规范的场所，可以较充分地发挥宗教的个体社会化功能。工业社会的社会生活特征和农业社会截然不同，它是动态的、开放的，一切都发展迅速、充满活力。由于交通发达、信息流通量大，人口流动的变量加大，人们的视野大为开阔，一切传统习俗几乎都不停地在受到冲击。大工业生产要求人们有严格的时间观念，人们要工作就不能像过去那样在固定的时间去固定的场所过宗教生活。宗教的世俗化在加强，虔诚教徒的数量在下降，尤其在年轻信教者群中，即使他们有时间也不一定按时去宗教场所过传统的宗教生活。工业社会由于发展很快，新东西层出不穷，其千变万化使人眼花缭乱。传统的价值观念受到冲击，人们的价值观趋向多元，宗教的神圣性也受到一部分人的怀疑，宗教在社会中的价值和道德整合功能的作用力亦随之下降。另外由于义务教育的普及，宗教的个体社会化功能也逐渐降低。与此相反，宗教在农业社会中作用力不强的交往功能与认同功能此时反而得到了充分发挥。总之，在现代工业社会中，宗教社会正功能的总量较之农业社会似乎有所下降。当然这种比较只是纵向的，即谈的是每一个社会农业主宰社会经济时期和工业主宰社会经济时期的比较，而不是社会与社会间的横向比较。就是在同一社会，宗教社会功能的起伏与变化也不是直线的。从传统农业社会转向现代工业社会时，它的正功能一度下降得较为急剧。但从西方现代社会向后现代社会的过渡中，宗教的社会正功能的作用似乎又有所回升：一部分无信仰的心灵漂泊者又皈依了宗教，使自己有所寄托；而一部分信教者在"道德回归"的呼唤中又倚重宗教的力量。

2. 宗教社会功能的扬抑

宗教对社会的功能有积极的，即正功能；也有消极的，即负功能。它们对立统一地存在于同一社会中。但一个事物的正负两种功能却很难半斤八两、均衡地存在于此事物中。某一时期，总是以一个为显著功能，另一个为潜在功能。显功能与潜功能之间也是一个量变质变过程，在某种正功能或负功能没有积累一定的量的变化之前，它不会向对方转变。而某种正功能若充分显著，就会自发地抑制负功能的作用或使它相形之下显得微弱。

阶级社会中，统治阶层根据自己的需要，对宗教社会功能的某一方面可以扬，也可以抑。所谓扬，即使其中某一性质的功能得以充分发挥；所谓抑，即排斥、抑制某种功能的增长。但对一个社会的统治者来说，它需要的永远只是其子系统的正功能，需要它作为社会整体不可或缺的部分来发挥它对社会的积极作用，以促成社会更多的和谐与合作，保证社会系统的正常运作。而对它的负功能，客观上虽不能完全避免，但总希望它越少越好。但有时统治阶级的这种主观愿望并不能达到相应的客观结果，因为宗教社会功能的变化取决于一定的社会条件，换句话说，是社会条件决定着宗教正、负社会功能的扬抑。

宗教社会功能的正、负与显、潜经常发生变化，但社会学研究强调有意识、人为的对与宗教有关的因素进行调整，以期达到社会所希望的变化。历史上一些统治者曾想充分地调动宗教的正功能，为巩固其统治服务，短时期内也曾收到过明显的效果，但时间一久，由于过分强制而造成人们的压抑与反感，潜在的危害就显露出来。还有些统治者，由于恐惧宗教对自己社会的负功能而采取一些过激的打击政策，如基督教出现的早期所遭到的迫害和镇压，但过分的压迫反而引起更强烈的反抗，结果制造出一种强大的异己力量，并引发更多的负功能。因此一个聪明的社会管理者既不能对宗教放任自流，也不能过分人为地对宗教进行干预或打压，而应该恰当地利用法律、政策、法令的杠杆，适度地对影响宗教社会功能正负变化的诸因素进行调节，有效地对社会进行控制。

在宗教与社会的主流意识形态有差距甚至对立的情况下，社会就容易将自己的注意力集中在防止宗教负功能的方面，而容易忽略创造良好的社会条件，让其发挥为社会服务的正功能的方面。实际上，在此种情况下，只有通过积极引导，充分发挥它的正功能，才能抑制它的负功能。人们要把更多的注意力放在对如何发挥宗教正功能的研究上，以避免由于消极地限制和打击而带来的教徒对社会的敌意和紧张。

第六章
现代社会的宗教与世俗化

马克斯·韦伯曾说过,我们的时代,是一个"理性化"的时代,是一个"祛除巫魅"的时代。理性化已成为一些社会学家判定现代社会的标准,祛除巫魅也成为现代社会的主要特征。现代社会以理性为特征的科学技术的控制,以追求社会各种组织制度的理智化,最有效地控制自然以及便利人类生活的目标,无疑是对传统宗教的经典教义、价值观念、行为规范、社会功用等方面的极大挑战。在这场关系到社会性质与宗教前途的挑战面前,宗教如何反应,是固守成规还是调节自身以适应现代化进程,已成了当代宗教社会学的热门话题。尽管对宗教与现代化的关系及其未来见仁见智,但现代社会现代化与世俗化之携手共进,却是学术界一致公认的全球性现象。

第一节 世俗化的定义

尽管世俗化的问题得到众多宗教社会学家的关注,但对于什么是世俗化、世俗化的原因、世俗化的结果等等,学者们并无一致的看法。secularization(世俗化)一词的拉丁语词根 saeculum 本身就有一种含糊的意思。它既表示一段长距离的时间跨度，又可指魔鬼撒旦统治下的此世。而世俗化一词的使用，也曾有一个变化的历史。它最初用于宗教战争结束之时，表示原被教会控制的领土或财产从教会手中的转移。在罗马教会法规中，这个词又表示有教职的人回归世俗社会。后来，在反教权主义的圈子里，它开始被用来表示现代人脱离宗教保护而获得自由，而在与传统教会有关的圈子里，它则作为"异教化"、"非基督教化"的代名词受到攻击。

世俗化一词的这种语义学上的歧义和使用史上的正反含义，似乎为当今学者们的众说纷纭增加了一种有趣的证词，当然，也为我们的探讨带来了一些有益的启迪。在对世俗化的讨论中，美国学者拉里·席纳尔的理解大概最为全面细致。

席纳尔在题为《经验研究中的世俗化概念》一文中，认为世俗化具有六种含义。第一，表示宗教的衰退，即指宗教思想、宗教行为、宗教组织失去了它们的社会意义。第二，表示宗教团体的价值取向从彼世向此世的变化，即宗教从内容到形式都变得适合现代社会的市场经济。第三，表示宗教与社会的分离，宗教失去了其公共性与社会职能，变成了纯私人的事务。第四，表示信仰和行为的转变，即在世俗化过程中，各种主义发挥了过去由宗教团体承担的职能，扮演了宗教代理人的角色。第五，表示世界渐渐摆脱了其神圣特征，即社会的超自然成分减少，神秘性减退。第六，表示"神圣"社会向"世俗"社会的变化。[①]

席纳尔的理解概括了世俗化的全部含义。但如果考虑到世俗化一词词根的含义和其使用史，再概括提炼一下席纳尔定义的六种含义，似可认为，世俗化就是非神圣化，它意指一个漫长的社会变化过程，这个过程涉及两个方面：一是社会的变化，即人类社会的各个领域逐渐摆脱宗教的羁绊，社会各种制度日益理性化；二是宗教本身的变化，即宗教不断调节自身以适应社会向"世俗"的变化。

这个定义有三方面的考虑。首先是强调了世俗化的时间跨度。尽管世俗化源于何时并无定论，但世俗化并非一日之寒，它是人类发展史上一个漫长的历程，这一点大概不会引起任何歧义。其次是社会的世俗化，这个

[①] 参见希尔·米歇尔：《宗教社会学》，纽约：基础图书公司，1973，第228~251页。

考虑是以人类发展的史实为前提的。人类的历史也是宗教的发生发展史。以西方社会为例，基督教自4世纪成为罗马帝国国教之后，西方社会在后来的一千多年中，一直处于它的统治之下，虽时时有世俗王权与教权的纷争，但最终还是教权占了上风。基督教统治的鼎盛时期被称为"信仰的黄金时代"。然而，当人类社会进入近代后，随着工业的发展，科技的腾飞，人类自我意识的上升，传统宗教的势力范围在日益缩小，最终在"工厂门前止步了"。[①] 第三是传统宗教自身的世俗化，即宗教从内容到形式，从组织到礼仪的一系列变化。这种变化的特点，一言以蔽之，是与社会的日益世俗化有关联的。

当然，对世俗化定义的任何一种思考，都与对宗教的定义有关。本书认为，宗教是一种以对超自然、超人间的力量或神灵的信仰与崇拜为核心的社会意识，是通过特定的组织制度和行为活动来体现这种意识的一种社会体系。作为一种社会意识，社会是宗教存在的基础，宗教必然随着社会的变化而变化；作为一种社会体系，宗教只是社会总体系中的一个组成部分，总体系的变动也必然牵动宗教的变动，反之，宗教的变化也会影响到社会的变化。这是对世俗化定义的思考基础。

第二节 世俗化的表现

世俗化是人类社会变化的一个过程，是整个社会不断向现代化迈进过程中的一个不可缺少的组成部分，也是现代化过程的必然结果。这个过程是漫长的，也是全球性的。因此，只要观察人类社会的历史，就可以看到世俗化的种种表现。

一般而言，世俗化最先出现在经济领域，但它在现代社会内的分布是极不均匀和极不平衡的。不同的个人、群体、国家所受的影响是不相同的。受世俗化影响的程度，就个人而言，男人强于女人，中青年人强于老年人，城市人强于农村人；就职业而言，与现代工业生产技术直接联系的阶层，如工人，强于传统职业阶层，如手工艺人、小店主等等；就西方宗

[①] 彼得·贝格尔著《神圣的帷幕——宗教社会学理论之要素》，高师宁译，上海人民出版社，1991，第154页。

教的信仰者而言，新教徒和犹太教徒强于天主教徒；就国家而言，西方发达国家强于发展中国家。当然，这是相对而言的，是与各国的地理位置、发展历史的不同与复杂密切相关的。就在西方世界中，欧洲各国情况又与美国的情况极不相同。

在欧洲，传统宗教日薄西山每况愈下。相信上帝存在、相信天堂、地狱、来世、积极参加宗教活动的人数日益下降。以法国为例，从历史上看，法国是一个天主教国家，但现在只有一半人相信上帝存在，相信天堂地狱的人则更少，难怪有神学家呼吁，现在的法国是需要传教的国家。美国情况则相反。从现象上看，美国宗教处于发展的上升阶段，参加教会仪式及各种活动的人员多，对宗教组织的捐款慷慨大方，各种新宗教方兴未艾。对此，许多宗教社会学家看法不一。例如德国学者托马斯·鲁克曼认为，欧洲各国宗教衰退状况与美国宗教相对的蒸蒸日上都是世俗化的结果。其不同只是在于，欧洲的教会未经过来自内部的激烈变化，因而由于社会世俗化，教会遭到了明显的挑战。而美国是个移民国家，因其历史和宗教史的独特性，任何宗教在这个国家立足的过程中都已经过了自身内在的变化即美国化，也就是把自身与美国人共同的"美国梦"联系在一起了。因此美国的宗教实质上是世俗化了的宗教，是现代化的产物。

关于世俗化的主要表现，我们可以从社会与宗教这两个范围来讨论。人类社会大规模的世俗化始于西方资产阶级革命前后，与之相关的启蒙运动、国家独立和民族解放运动的浪潮，大大加快了社会世俗化的进程。政教分离的原则（包括教育与宗教的分离、法律与宗教的分离）在资产阶级革命之后逐渐被越来越多的国家所接受。启蒙运动带来人类理性的提升，个人地位的上升，自我意识的加强，使曾经作为主要的行为准则和价值根据的传统宗教衰落。另外，科学技术的突飞猛进，也降低了传统宗教在人们心目中的地位，在改变了人们世界观与生活方式的同时，也改变了社会的结构。

东方社会的世俗化尽管起步晚、速度慢、波折多，但随着西方殖民者的入侵和西方文化的涌入，不论在伊斯兰教、印度教还是在儒教文化圈内都出现了许多政教分离的国家，这些国家在现代化进程中也加入了世俗化的潮流。

在宗教自身范围内，可以说基督教较为典型。在神学教义方面，基督教面临的危机是具有世界性的。这种危机是指传统基督教对于实在的解释，已遭到了人们普遍的怀疑。对此，天主教与新教所采取的反应不同。天主教虽然一直抵抗现代化与世俗化浪潮，但其内部在20世纪初仍出现各种形式的现代主义运动和强烈的自由化思潮。1964年梵蒂冈第二届公会议宣布了"普世主义"教令，并强调教会内部改革，提出了教会必须"赶上时代"的主张。教皇约翰—保罗二世对教廷当年迫害意大利科学家伽利略道了歉，最近梵蒂冈城国宣布与以色列建交，表示了天主教与犹太教的和解。新教几乎从一开始就采取了适应时代的态度。19世纪前出现的虔敬主义用种种形式的情感主义代替了客观教义，使被视为绝对真理的教义相对化。19世纪后出现的新教自由主义神学不强调基督教传统中的一切"超自然"成分，而是从进化论的角度去理解宗教史，从理性和伦理的角度去理解耶稣的人格，以积极乐观的入世精神去理解基督教的作用。除此之外，20世纪出现的各种新神学流派：世俗神学、经验神学、过程神学、妇女神学、黑人神学、生态神学等等，都是神学界对现代多元世俗社会作出的反应。在宗教组织机构方面，新教废除天主教等级森严的僧侣制度，提出人人皆可为教士的口号，就是对现代社会个人价值日益升值的适应。基督教的组织机构已成为社会机构中的一类，因而其内部的科层化和外部的世俗化已不可避免。就神职人员而言，务实已是其重要品格之一。在礼仪方面，从繁琐走向简单是主要的倾向。不少天主教会已很少举行坚振仪式，洗礼、婚礼也越来越世俗化。教会活动更像社会活动，如教会举办的老人俱乐部、婚姻咨询处、母亲育儿班、旅游观光等，在实际上都与宗教信仰关系不大。有些教会已成为同乡会或团契一类的组织。利用现代化的一切成果，已是当今各宗教组织的共同特点。开办电视教堂，用电话传教，用计算机传送经文……甚至连现代教堂的外观与内部装饰也采用了现代建筑风格和艺术手法。此外，许多新教主流教会中的自由派在承认同性者或有信仰与无信仰者皆可通婚、赞成避孕甚至堕胎等方面，都有了巨大的进展。

　　在此应该看到，各宗教自身世俗化的程度和形式是不同的。在伊斯兰世界，宗教与国家和政治纠缠在一起难解难分，有些学者以此为不赞同伊斯兰教世俗化的理由。的确，伊斯兰社会的现象具有与西方社会不同的特征。但如果我们将现代伊斯兰教与穆罕默德时代和四大哈里发时代的伊斯兰教相比，我们会发现许多的不同。很多穆斯林也认为，现在人们的信仰已偏离了早期伊斯兰教的原教旨。随着社会的发展，伊斯兰教吸收了新的成分，或对许多原来没有的东西作出了新的解释。

总之，从全球范围看，社会世俗化的趋势是将传统宗教由社会生活的核心移向了社会生活的边缘，使它不得不向在信仰上有选择自由的"顾客们"推销自己。于是，传统宗教就不得不为此而改变自己去适应"顾客"，宗教活动就得受到市场经济逻辑的支配。

这种种变化，使世人对传统宗教大有"江河日下"、"日薄西山"的感觉。以基督教为例，1989年全世界有基督徒164400万，比1900年时的55800万增长了2.95倍，但是与此同时的世界人口总量增加了3.1倍。这个差别虽然微小，但说明基督徒的人数与总人口的比例呈下降趋势。1900年时，基督徒占世界总人口的34.4%。第一次世界大战后，以每10年0.4%的速度下降，其中东正教信徒从1900年占世界人口的7.5%下降到1970年的3.1%（在此不能不考虑到十月革命的作用）。新教徒人数在70年代后也开始连年递减，在欧洲、北美、大洋洲则呈直线下降趋势。以北美洲为例，1970年时新教徒占该洲总人数的60.9%，1975年占57.2%，1980年占54.2%，1989年降至50.3%。[①]

当然，传统宗教的这种衰落还表现在信徒的宗教情绪低落，宗教观念淡薄，相信传统信条、教义的人减少，对教会依赖程度减少，进教会参加仪式的人数减少，捐助教会世业的金额减少等方面。

面对这种状况，神学家们似乎也只能这样说："彻底的世俗化本身，可以变成超越与对神圣恩典的意料不到的启示之机会"[②]，以此来号召教徒对前途充满信心。

第三节　世俗化过程的自我限制特征

已成为全球现象的世俗化洪流是否会全面地、无止境地席卷人类社会，直到将宗教的神圣特征冲刷干净，使社会成为一个无宗教的世界呢？

[①] 此处数据引自《当代基督新教》，第334页。80年代末以后，基督教信徒的人数有所回升，据1990年的统计，占世界总人口的32.9%。

[②] 詹姆斯·C.利文斯顿：《现代基督教思想》，四川人民出版社，1992，第977页。

这是一个十分有趣的问题，也是值得探讨研究的问题。我们认为：一方面世俗化洪流势不可挡，不会止步；另一方面，在这滚滚的洪流中又会出现一个个漩涡回流或浅滩深潭，它们使前进的洪流或倒转或驻足。这些漩涡回流、浅滩深潭与主流构成了一个不可分割的整体。世俗化过程正是具有这种特征，即自我限制的特征。这一特征采取了两种基本的表现形式：即伴随世俗化过程出现的宗教复兴与宗教创新。

一　宗教复兴

宗教复兴也就是传统宗教内部新教派的出现，其特点在于，新出现的教派在其信仰、组织结构和教义仪式方面，并未完全脱离其母体，但由于对其母体因各方面形成的状况不满，而另立山头，提出一些更为激进的主张，采取一些相应的行动，以达到恢复其宗教原初本性的目的。宗教复兴在世界各大传统宗教中屡见不鲜。

19世纪末叶，在美国出现的基要派是一个典型。在历史观方面，基要派反对社会和宗教的世俗化倾向；在神学观方面，反对一切自由主义和现代主义神学；在价值观方面，反对世俗的人本主义和科学主义；在自然观方面，反对进化论学说和生物遗传工程；在宗教观方面，反对一切与自己观点不同的宗教与教派。该派提出的口号是，坚信《圣经》无谬误、童贞女生子、基督变成肉身替人受过、基督肉身复活、基督将亲自复临。它是对当今科学对宗教之沉重打击的反击。到20世纪80年代，全世界持基要派观点的新教徒已达500万人。在天主教方面，教皇保罗二世上台后，梵蒂冈第二次会议会后的改革已逐渐放慢速度。

伊斯兰教社会在20世纪初出现的复兴运动也是一个典型。伊斯兰复兴运动的宗旨是回到《古兰经》和圣训上去，恢复伊斯兰教在社会政治、经济与生活中的支配地位。20世纪20年代埃及的"穆斯林兄弟会"是这一运动的先驱，而70年代末伊朗的伊斯兰革命将它推向了空前的顶峰，它使伊朗全面地复活了政教合一的神权统治。如果说10年前的伊斯兰复兴运动还只是地区性的，那么今天的伊斯兰复兴已成为一种席卷伊斯兰世界的浪潮。

佛教的复兴尽管不像基督教与伊斯兰教那么引人注目，但在亚洲一些国家如印度、斯里兰卡、日本等国，1950年代曾掀起过佛教复兴的高潮，进入 80 年代后，佛教的复兴运动仍在一些国家继续。

除此之外，我们还可以看到宗教在前苏联和东欧的复兴：被拘禁被流放的教会领导人相继被释放，被没收的教会财产、被占用的教堂归还了宗教团体，上教堂的人日益增多，宗教学校、宗教书籍受到更多群众的青睐。目前，前苏联和东欧的主要基督教派别东正教、天主教、新教和一些古老的教派，以及中亚的伊斯兰教都空前地活跃。同时，我们还听到印度原教旨主义者对其政府世俗主义政策的指责，日本复活国家神道教者的呼声，犹太教极端正统派对犹太教世俗主义派别的谴责等等。

尽管这种种的复兴有其自身不同的历史根源、社会根源与文化根源，而且对它们的评价也不能简单地以"进步"、"革命"或"倒退"、"保守"的口号来定论，但若从宗教社会学的角度来看，它们的出现以及它们的主张、口号、行动都与社会的变化和宗教自身的变化密切相关，都是对现代社会和传统宗教的世俗化的抵抗，也都是在为其宗教在现代社会中寻求出路，这一点大概是无可怀疑的。

二 宗教创新

所谓宗教创新，是指创造新的信仰，这种信仰或是在传统信仰之基础上进行的创新或与传统信仰没有任何关联。这类新信仰及其表现形式常被研究者统称为"新宗教"，事实上，并非所有的新信仰都能发展成为新宗教[①]。我们在此指的新宗教可分为两类：一类是 19 世纪在美国出现的一批与传统基督教不同的教派，如摩门教、基督教科学派等等；另一类特指 20 世纪五六十年代后出现的与传统宗教关联较少的宗教团体，它们主要出现在美国、日本、韩国等国家和地区。据估计，美国、日本的各种新宗教团体大致以每年近百个的速度增长。这类新宗教实际上有许多只能称为"膜拜团体"。我们可根据其对待现实社会的态度将它们分为三种。第一种否定或敌视现实社会，视现存社会秩序为腐败堕落，因而在行动上多采取怪诞偏激的方式以与世俗社会抗衡，人们熟知的人民圣殿教、大卫教派均属此种。第二种肯定现实社会，希望在社会生活中获得各方面的成功，日本的创价学会等即属此种。创价学会将"真、善、美"的追求改为对"利、

---

① 为了讨论方便，我们在此仍沿用此称谓。

善、美"的追求,承认个人的利益,鼓励积极涉世,因而吸引了许多社会地位低下的民众。第三种专注于灵性的修炼,与世无争,例如新五旬节派、新灵恩派等等。

一般而言,新宗教在教义的解释上比较自由化与实用化。其许多信徒比传统宗教信徒在信仰上更加狂热并且有献身精神,而且这类狂热更多是出于对其卡里斯马式的领袖人物的崇拜。在行为方式上,许多团体都标新立异,具有某种反对传统,反对既定道德规范的倾向。有的拒绝药物治疗;有的拒绝现代生活方式;有的要求信徒背弃家庭,隐居于森林湖畔;有的甚至群居乱交。当然,许多新宗教团体由于过分与世格格不入,因而犹如过眼烟云转瞬即逝,但是也有些发展迅速,甚至成为国际性的组织。

尽管新宗教与传统宗教在许多方面完全不同,但二者仍有其共同点,即它们都是时代的产物。传统宗教提供的对实在的解释,无疑是适合它产生的那个时代的。由于它们并非是为现代文化所设计所要求,它们必然与现代文化不相符。相反,大多数新宗教则总是在某方面与现代文化要求相符合,总能满足现代人某些方面的要求,因而它们能对传统宗教因世俗化引起的衰退提供一整套的补偿。

传统宗教与现代思想文化相悖的典型表现,是其教义与科学发现的冲突,而新宗教在这点上就不同。以摩门教为例,在《圣经》权威受到现代科学严重威胁之时,19世纪由美国人史密斯创立的摩门教就十分注意吸收已为人们所知的常识。摩门经中犹太人活动的地盘已不止地中海一带,而是把新发现的美洲大陆乃至西半球全包括进去了。此外,新宗教在组织形式等方面也具有吸引力,如19世纪后期由玛丽·贝克尔·爱迪创立的基督教科学派。尽管该派认为物质是虚幻不实的,只有上帝或精神是无限的,治疗疾病的唯一方法是信仰,但是该组织除了是一个宗教组织外,它还是一个由得到它认可的医生组织起来的医疗体系。加之它对世界持一种乐观、进取和积极的态度,从未退出世俗事务,并把拥有健康的身体看成是获取世俗财富和社会成功的条件,因此它吸引了众多的信徒。

有的学者认为,新宗教的出现是世俗化过程的主要象征。其理由是:现代社会为信仰提供了一个超级市场,由于社会的世俗化,这种种信仰都不能成为现代社会的主流意识形态,都不可能再拥有像基督教曾经支配过社会一切方面的那种能量,它们只能是各种对社会来说并不重要的消费品。这种看法虽不无一定道理,但这种看法使人忽略世俗化与宗教创新之间的某种联系,忽略了新宗教这一社会现象中的种种区别。根据这种看法,不会停止的世俗化过程必然不断地造就出大批不再有信仰的人,这些人既然对传统宗教失去了兴趣,从逻辑上说,也不会对任何一种新的、能称为宗教信仰的东西有意。因此应该说,在传统宗教衰落时新宗教也处于低潮才符合上述看法的推理。然而事实并非如此。美国宗教社会学家斯达克和贝恩布里基曾对美国 50 个州的新宗教运动作过一系列调查统计,他们发现新宗教的成员增长率与传统教会的成员增长率的比例为负值(-.37),也就是说,新宗教繁荣之日,正是传统宗教人员急剧下降之时。可从历史上找到和以上统计数字相符的史实,即基督教的早期历史。基督教最初也只是许多膜拜团体之一,而它的出现正是罗马多神教信仰走向衰亡的时期。因此我们赞同这样的结论:在世俗化过程中,传统宗教越衰弱,宗教的创新就越有可能出现,而且这些创新宗教就越容易被日益增多的正在寻求新的信仰替代品的人们所接受。宗教的创新不是世俗化的象征,而是对世俗化的一种反动。

世俗化的自我限定特征所采取的上述两种形式,对于世俗化的抵抗在许多方面是不同的。首先是宗教复兴与宗教创新所出现的背景不同。一般而言,当传统宗教与世俗社会的步调趋向一致时,它们内部就必然会孕育许多希望保持更神圣的信仰的新教派。因此新教派的兴起一般都是在世俗化过程未占统治地位的时期,可以说,它们是对传统宗教衰落的早期的反抗。而宗教创新则多在传统宗教衰落后期出现。根据斯达克等人的统计,80% 的宗教复兴出现在 19 世纪或 20 世纪初,但 60% 的宗教创新却是在 1959 年后出现的。由于两种形式在出现时间上的不同,它们的成员增长率与教会的成员增长率的比值也不相同。宗教复兴中新教派的成员增长率与传统教会的成员增长率的比值呈正值(+.25)。换言之,宗教复兴一般在传统宗教还比较强的时候出现。这种现象也说明为什么目前新兴宗教的出现要比新教派多得多。除此之外,宗教复兴与宗教创新对世俗化的反抗方式也不相同。宗教复兴中出现的教派,一般比其母体在教义、组织、礼义等等方面更为保守。它们常常与现代化世俗化为敌,提倡还其传统的原初面貌,因而其口号更为激烈,其行动与现代社会的关系相对来说更为格格不入。而新宗教的情况则复杂得多,其中有与世俗化对立,靠个人崇拜、迷信巫术或避世等手段来反抗世俗化的极端保守团体，也有对现代化世俗化采取顺应态度来维持自身信仰的团体。例如巴哈伊教，其教义以伦理道德为主，涉及环境保护、人权、教育乃至家庭婚姻、生儿育女诸方面，其组织形式也更为世俗。

应该说明的是，不论是宗教的复兴还是宗教的创新，都不可能替代传统宗教对实在的解释，因而也不能将向前迈进的更发达更世俗的社会扭转到万流归宗的时代。

第四节　世俗化与宗教的未来

任何关于世俗化问题的思考，都是以思考者的宗教定义为基础的。而在宗教定义问题上，可以说是有多少思考者，就有多少条定义。因此宗教社会学家们对世俗化的看法是形形色色众说纷纭的。但就其对世俗化的态度而言，却可大致总结为三类：积极的、消极的、中立的。这三类态度在对待与世俗化密切相关的宗教之未来的问题上，则呈现出三种相应的观点：乐观的、悲观的及中立的观点。

我们以美国宗教社会学家罗伯特·贝拉的看法为积极—乐观类型的代表。

贝拉把宗教定义为"将人与其生存的终极条件联系起来的一套象征形式和行为。"[1] 在贝拉看来，这套象征形式和行为随着社会的复杂化而逐渐向前进化。世俗化是现代工业社会日益增加的复杂性和差异性的一部分。在现代社会，宗教在世俗化的影响之下已变为主要是私人的事情了，但这种变化是一种积极的变化。按贝拉的观点，世俗化引起的这种宗教私人化，使宗教较少受到组织化的控制，它允许个人选择他们所要接受的世界观，个人有更大的自主性去创造其自己的意义体系。自主性是人类进步的表现，因而这种具有自主性的宗教，是宗教发展的高级阶段，即现代宗教。[2] 在此，贝拉为世俗化的进展欢呼，世俗化促进了宗教的发展，宗教

---

[1] 罗伯茨：《从社会学角度看宗教》，多尔西出版社，1984，第117页。
[2] 贝格尔的宗教进化论将宗教发展分为五个阶段：1. 原始阶段；2. 古代阶段；3. 历史阶段；4. 现代早期阶段；5. 现代阶段。参见贝格尔：《信仰之外》，"宗教的进化"一章，芝加哥大学出版社，1970。

在现代社会的前途是光明的。

美国宗教社会学家彼得·贝格尔的看法，则是消极—悲观类型的典型。

贝格尔认为，宗教是"用神圣的方式来进行秩序化的人类活动。"[1] 由于每一个人类社会都是一种建构秩序与意义世界的活动，因而宗教在人类社会中起着一种战略作用，它为人类建构的世界提供一种共同的意义，它意味着"最大限度地达到人的自我外在化，最大限度地达到人向实在输入他自己的意义的目的。"[2] 在贝格尔看来，世俗化引起了宗教的两极分化，向秩序和制度最公开与最私有的方面，即国家与家庭两个方面的分化。世俗化引起的政教分离，使国家不再是代表曾占统治地位的宗教制度的强制力量了。没有政治参与色彩的宗教，在某种程度上只是一种意识形态的修辞与点缀。在家庭方面，宗教虽然仍具有巨大的实际潜力，但这种私人化的宗教已不再有力量去完成传统宗教的任务：建立一个能够赋予每一个人以终极意义的共同世界。贝格尔认为，宗教提供的统一象征与统一世界观，就像一块神圣的帷幕支撑着人类建构的十分脆弱的世界。现在，世俗化使得宗教成了一块支离破碎的帷幕，即使它是神圣的，也不再能支撑整个人类社会。反之，产生并成为宗教存在之基础的人类社会，也因世俗化而丧失了对其具有神圣性的合理解释，它同样也不能再支持那块帷幕。为此，贝格尔为宗教在工业化社会的前途感到悲观失望。

德国宗教社会学家托马斯·鲁克曼的宗教定义，决定了他在世俗化与宗教未来这一问题上采取的中立态度。

鲁克曼认为，宗教是"人类有机体的一种能力"，这种能力"通过构造客观的、有道德约束力的、包罗万象的意义世界，从而超越自己的生物性。"[3] 在此，宗教不仅仅如杜尔凯姆所言，是一种社会现象，而且还成了典型的人类学现象。在鲁克曼眼里，宗教就是象征性的自我超越，因而一切真正属于人性的东西，本身就具有宗教性，因而他认为世俗化不会导致

---

[1] 彼得·贝格尔著《神圣的帷幕——宗教社会学理论之要素》，高师宁译，上海人民出版社，1991，第33页。
[2] 彼得·贝格尔著《神圣的帷幕——宗教社会学理论之要素》，高师宁译，上海人民出版社，1991，第36页。
[3] 罗伯德·罗伯特逊编《社会学对宗教的解释》，牛津出版社，1972，第41页。

人类宗教性的衰落。宗教之未来是宗教替换形式的出现。这种形式在大多数人看来不像宗教，因为它由于私人化而缺乏制度体制结构，不再具有传统宗教的特征。为此鲁克曼呼吁大家应理解宗教在当代的这种现象。

理论界的情况大致如上述三种类型，而宗教界的态度则相对一致得多。尽管在持续不断日益增长的世俗化倾向面前，宗教自身虽然显示出了复兴与创新的能力，但不可否认的是，信徒在现代化世俗化冲击中呈现出矛盾心态。以基督教徒为例，这种矛盾心态表现为"人不能没有基督教，人却又不能有现在这个样子的基督教。"① 对此，被天主教称为其当代革新设计师的卡尔·拉纳尔在思索基督教未来时所表达的情感，代表了对基督教之未来充满信心的基督徒的思想："教会总是身处于历史的长河中，而不是地位不动的河岸上，但是在这种运动中，上帝的永恒性总是与它同在，与它的生命、它的真理、它的忠诚同在。因此，比起其他任何历史中的实体来，教会更没有理由害怕自己的历史特性。因为历史潮流并不把它带向死亡之岸，而是带向永生。因此，教会能够而且必须有勇气作出改变，使自己拥有的永恒之物永远常新，并越来越适应于它的需要。"② 至于基督徒个人，拉纳尔希望他们拥有教会的勇气和耐心，希望他们去体验变化中的那种永恒性。拉纳尔认为，只有信赖这种种的变化，才会把握住教会中那永恒存在的东西。"是教会自己的圣灵，引导它越来越深入一切真理，进入丰富完满的上帝生命，从而在全部历史之中把这种种变化赋予了教会。"③

变化这个事实已得到了基督教界的承认。就教会立场而言，将这些变化解释为上帝赋予的使命，一方面是其信仰本身的决定，另一方面也表现了教会面对这种种变化而作出的改变自身的决心。当然，在世俗化这个问题上，伊斯兰世界的情况大不一样。如果说在西方世俗化使得宗教两极分化，宗教私人化的现象日益突出，那么，伊斯兰社会的现象则具有与西方社会截然不同的独特性，但目前伊斯兰社会的伊斯兰教复兴运动，并非是限于一般意义上的宗教的回归与复兴，而是伊斯兰世界用以解决其社会独

---

① 詹姆斯·C. 利文斯顿：《现代基督教思想》（下卷），四川人民出版社，1992，第962页。
② 卡尔·拉纳尔：《属于未来的基督徒》，伦敦，1967，第35页。
③ 卡尔·拉纳尔：《属于未来的基督徒》，伦敦，1967，第35页。

特问题，包括政治、经济、法律、道德、文化及社会生活诸方面问题的一种方式。这是一种既非西方式又非东方式的独特方式。

除此之外，目前世界的宗教状况也可说明一些问题。根据《1990年大英百科年鉴》的统计，全世界50多亿人口中，各种宗教的信仰者占75%，他们分布在全世界所有的国家和地区。而且从1980年至1990年这10年中，世界各宗教的信徒增长率几乎与世界总人口的增长率同步。[①] 这个基本事实实际上已经对宗教的未来作了一个肯定的回答。

当然我们应该看到，学术界对世俗化与宗教之未来的不同观点以及宗教呈现的不同现象，都增加了我们对世俗化与宗教之未来的评价难度。由于世俗化过程是人类社会一个漫长的变化过程，这个变化过程又涉及社会及宗教双方，而社会与宗教双方又呈相互依赖相互关联的辩证关系，因而世俗化过程既是人类社会前进的必然趋势，又是一个复杂曲折的过程。这个过程是社会进步的产物，是人类理智化理性化的结果。但是世俗化并不会导致宗教末日的到来。除了前述世俗化具有的自我特征之外，现代社会中宗教赖以生存的土壤及条件仍旧存在。虽然宗教的最大威胁来自科学，但科学只是一种解释自然的方法，它不可能从根本上解决人类的生、老、病、死问题，不可能为人类的种种苦难提供意义。除此之外，现代社会的单一化、非人化、非情感化所造成的人与自然的疏离，人与人之间的隔膜，对生态环境过分人为破坏的报复，物质财富与精神财富之间的空当给人带来的孤独感、冷漠感与空虚感，都为宗教的存在不断创造条件。再者，我们虽不同意鲁克曼将宗教视为人类有机体的一种能力的观点，但从人类学的角度看，人与动物的最大区别在于人对精神支柱的需要。尽管这种精神需要与现存的体制化宗教是否就是一回事不是本章的论题，但从这个视角看问题，可以说宗教在人类未来相当长的历史中是不会画上句号的。

---

① 在本章第一节"世俗化的表现"中，曾引用数据说明基督徒人数的下降。1970年代后，当欧洲、北美洲、大洋洲的新教徒人数呈下降趋势时，亚洲、非洲、拉丁美洲的基督徒却呈上升趋势。故从总数字来看，与世界人口的增长率同步。

第七章
中国传统社会中的宗教

　　中国的宗教作为一种社会现象，与世界各地的宗教有共性，但作为植根于中国这块土地上的一种社会现象，又有其独特性。任何事物都有一个发展过程，只有了解了它的过去，才能更好地了解它的现状，把握它的未来的走向。要更好地认识现代中国社会中的宗教，就要追溯它的根源，了解它在中国传统社会的整个发展历程及特点。所谓中国传统社会是指中国从原始社会、奴隶制社会到封建社会这一漫长历史阶段。研究中国传统社会中的宗教，主要是从中国历史有连续性的角度，对中国传统社会中的宗教的纵向发展演变，做一些回顾和分析。

　　中国传统社会的特征决定了作为上层建筑组成部分的宗教现象具有独特的多层次性和社会功能：除了有系统化宗教（制度化宗教）以外，如本土的道教，外来的佛教、伊斯兰教、天主教、基督教等，还有上层宗法性宗教信仰（以下简称上层宗教信仰）与民间宗法性宗教信仰（以下简称民间信仰）这两个层次；后者虽不具备系统化宗教具有的完整的构成要素，却有一种宗教性与世俗性相融合的双重性格，因而其社会功能的强度、广度常常超过系统化宗教。系统化宗教、上层宗教信仰与民间信仰构成了中国传统社会宗教现象的立体结构。由于传统社会是多民族的巨大复合群体，各民族地区经济、社会发展的不平衡性决定了宗教发展阶段存在着很大差异。系统化宗教主要传播于社会经济较发达的汉族地区及部分少数民族地区。汉传佛教和道教主要传播于汉族及中南、东南与汉族杂居的土家族、壮族、毛南族、布依族、京族、畲族、朝鲜族之中，藏传佛教主要传播于青藏高原及内蒙、东北地区的藏族、蒙古族、土族、裕固族、普米族、怒族中，上座部佛教主要传播于傣族中。伊斯兰教主要传播于西北地区的回族、东乡族、保安族、撒拉族、维吾尔族、乌孜别克族、塔吉克族、塔塔尔族、柯尔克孜族地区。基督教、天主教主要传播于汉族地区，南方一些少数民族中有极少数教徒；东正教主要传播于新疆和东北的俄罗斯、鄂温克族中。一部分少数民族地区直到20世纪上半叶仍停滞于农奴制以至原始公社解体阶段，宗教信仰仍停留于民族固有的鬼神信仰，带有浓厚的自然崇拜色彩的原始形态。

第一节 宗教与宗法传统社会

中国传统社会的一个重要特征是具有宗法性，这是与欧洲奴隶社会、封建社会特征的一个重要区别。各类宗教现象与宗法制度有不同程度的甚至非常紧密的联系，因而它们的发展演变也是相互联系的。

一 氏族社会的血缘纽带与氏族宗教

中国传统社会中宗教与宗法制度的联系可追溯到它们的源头：氏族社会的血缘纽带与氏族宗教。

血缘纽带产生于原始社会中、晚期的氏族社会阶段。人类生产、生活从结成松散的群体、从事采集狩猎活动发展到了结成较为稳定的群体，从事以锄耕农业、畜牧业为主、辅之以渔猎采集的活动，形成了聚族而居、以血缘为纽带的氏族社会结构。氏族社会从母系演变到父系，逐渐形成一夫一妻制的家庭结构，同时，氏族通过分化联合而形成部落。

血缘纽带自然产生血缘认同。血缘认同是氏族社会的重要特征，又是氏族社会向私有制社会演变过程的重要特征。血缘认同与原始宗教观念从一开始就联系在一起。它源于人类对超自然力量的崇拜，从对个别物的'灵'的观念扩展到'万物有灵'，再到图腾崇拜，图腾崇拜对象与氏族社

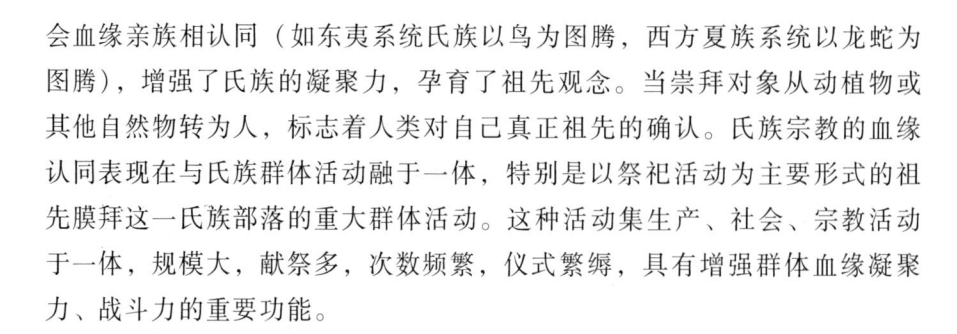

会血缘亲族相认同（如东夷系统氏族以鸟为图腾，西方夏族系统以龙蛇为图腾），增强了氏族的凝聚力，孕育了祖先观念。当崇拜对象从动植物或其他自然物转为人，标志着人类对自己真正祖先的确认。氏族宗教的血缘认同表现在与氏族群体活动融于一体，特别是以祭祀活动为主要形式的祖先膜拜这一氏族部落的重大群体活动。这种活动集生产、社会、宗教活动于一体，规模大，献祭多，次数频繁，仪式繁缛，具有增强群体血缘凝聚力、战斗力的重要功能。

二 传统社会宗法制度的特征与宗教内涵

1. 宗法制度形成的前提

中国从原始社会演变到私有制社会，与欧洲有两个主要的不同之处：一是经济基础的演变不同。欧洲实行领主制的庄园经济和农奴制。中国奴隶社会实行土地国有制，封建社会转为土地私有制，即以国家最高所有权为前提的一家一户所有制和租佃制相结合的小农经济。二是与经济基础相对应，欧洲从一开始就冲破了氏族社会的血缘关系，建立了在城邦制基础上的奴隶制帝国；而中国则是氏族社会中的血缘网络完整地进入私有制社会，形成家族、宗族这一社会细胞，家族、宗族保留了共同姓氏、祖先、坟地、财产以至军队，血缘认同成为维系家族，宗族生存、发展的纽带，这些是产生宗法制度的社会基础。

2. 宗法制度的基本特征与宗教内涵

宗法制度作为一种贯穿于整个中国传统社会的社会制度和政治制度，殷商时便已形成较完备的形态，具有以下一些主要特征：

（1）宗法制度总体上是以血缘为网络，家族为中心，区分嫡庶亲疏，确定主从依附、政治利益、财产等经济利益的分配。

（2）国家按照大宗、小宗原则，王位实行嫡长子继承制；王畿对四国四方实行宗法领主制。秦废分封，置郡县，实行官吏系统，然而宗法制仍在一定程度上长期存在，家族、宗族均实行嫡长子继承制。

（3）宗法制度以血缘关系确定国家、宗族、家族层次网络和主从依附关系。家族作为社会群体的细胞，是宗法制度存在、延续的基础；宗族（王族、公族等）是具有一定经济、政治势力的同姓家族的联合体；居于最高层则是以天子为代表的国家。血缘层次网络与行政官僚层次网络形成传统社会互相渗透结合的两根支柱，组成宝塔形宗法家天下社会结构。帝王作为一国之主，又是最大的族长、家长。

（4）对与宗法制度相关连的权利义务，有相应的法律保护，并以礼仪而巩固持久。

（5）宗法制度具有世俗性和宗教性双重内涵。世俗性体现为以"宗子"为中心的权力、关系、行为；宗教性则体现为以祖神为核心的，按离始祖的远近、亲疏划分贵贱等级的宗庙祭祀制度。

三 宗教与宗法制度的互动

在中国传统社会中，宗教与宗法制度均作为与经济基础相适应、"对历史斗争发生影响"、具有"交互作用"的"上层建筑各种因素"[①]之一而同时存在。宗法制度与不同层次宗教现象之间的相互融合与互动程度有所不同。

（一）上层宗教信仰、民间信仰与宗法制度的互动

在中国传统社会中，宗法制度与上层宗教信仰、民间信仰这两个层次的宗教现象结合得最紧密，互动作用力最强。

中国从原始社会向私有制社会变迁出现的上层宗教信仰，与世界上几个文明发源地（印度恒河流域、伊朗高原、西亚、两河流域、北非尼罗河流域）出现的一些学者称之"古代国家宗教"（如古埃及宗教、古巴比伦宗教）有类似特点，如自然物、自然力崇拜、主神、次神信仰，祭祀巫术等。然而，其他几个文明发源地，随着本民族、国家被征服，"古代国家宗教"存在时间不长，先后消失。中国则不同，氏族社会的血缘纽带随社会变迁进入私有制社会，成为宗法制度及上层宗教信仰、民间信仰形成的一个重要因素。上层宗教信仰作为国家上层宗教现象，融入国家政治制度、意识形态之中，成为国家的重大政治活动的宗教性内涵。民间信仰成为庶民百姓中普遍的含有宗教性的信仰和崇拜活动，它更多地保留了氏族宗教的影响，具有低层次、功利性、宗教信仰与迷信相糅杂等特征。

上层宗教信仰、民间信仰与宗法制度的互动，须要置于社会变迁的历史背景下，通过上层宗教信仰、民间信仰的主体活动，即祭祀活动反映出来的

[①] 恩格斯：《致布洛赫》，载《马克思恩格斯选集》第4卷，人民出版社，1972，第477页。

信仰对象、行为、功能等，以及与系统化宗教的比较加以多方位的揭示。

1. 祭祀对象——神的特性

对神的信仰崇拜是宗教现象区别于其他社会现象的重要标志。上层宗教信仰与民间信仰的神的信仰崇拜，是宗教与宗法制度相连接的内在基础。

（1）信仰至上神。某些系统化宗教信仰的神都属于绝对的唯一神。例如：基督教信仰的上帝"创造主宰世界"，"全知、全能、全善"，"独一无二"；伊斯兰教信仰的真主是"宇宙万物的创造者、恩善者和唯一的主宰"，"全能、全知、仁慈"，"无形无象、无所在亦无所不在"。中国上层宗教信仰和民间信仰则是信仰天帝（至上神）为百神之首，祖先为百鬼之先的多层次的多鬼神。

在至上神的信仰中，至上神与祖先神之间具有一定的模糊的等同性。至上神与祖先神信仰，在氏族社会就有内在的联系。"天""帝"最先既是祖先神的抽象，又是自然神的升华。卜辞和古文献中，殷商时"天""帝"作为祖先神和至上神两个概念，有时混同，有时又有区别。传说中的尧、舜、羿、颛顼作为部族领袖，名字前常冠以"帝"字，似是对部落祖先神崇拜标志，既是始祖的尊称，又是神祇的称号。《尚书尧典》中说舜"肆类于上帝"，反映了殷人作为强大部落，把本部落始祖凌驾于其他部落始祖"王""帝"之上，在这里殷人始祖神又有一定的至上神的含义。然而，"帝"、"上帝"作为祖先神又与至上神有地位高低和层次的不同。至上神属最高地位层次，自然神和祖先神的地位层次均低于至上神，至上神对各种自然神和所有祖先神具有至上性，部落领袖祖先神居于至上神左右地位。"下乙宾于（帝）""大甲宾于（帝）"① 地上的殷王通过祖先神向上帝祈福，殷人则视祖先神为天上至上神的象征。周人以"天"代"帝"，增强了神的至上性、抽象性和理性品格，同时也增强了神（天）与人（君王）的"血缘"的连接。"皇天上帝，改厥元子，兹大国殷之命。"② 周人正是用上天改变它的嫡长子接替殷的统治这种象征血缘纽带关系的"天命"，证明其统治的绝对合理性。这种带有宗法色彩的天人之间的象征血缘连接，始终是历代王朝维护王权统治的依托。

---

① 董作宾：《殷墟文字乙编》，7197，7343。
② 《周书·召诰》。

（2）突出神的功能性，这是与系统化宗教的又一重要区别。上层宗教信仰与民间信仰不过多强调神的本体性，而十分强调神的功能法，不是从神的本体、地位到功能，而是从神的功能到地位、本体。

殷人凡事求神，诸如年成、雨水、打仗、筑城等，均占卜求问"天""帝"，在卜辞中有大量记载："帝佳（唯）癸其雨。"[①] "帝其降堇（饉）？"[②] "伐盂方，帝受（授）我右（佑）"[③] "王封邑，帝若（诺）"。[④] 这种求诸至上神作出的吉凶、诺否的简单回答，属于神的功能的初级形态。

从西周始，神的功能性发展到以天命为核心的天道观，开始以天命肯定周取代商的统治的合理性。"不显文王，受天右（佑）命。"[⑤] 进而"以德配天"，增强了神的功能与伦常的结合。"我不可不监于有夏，亦不可不监于有殷"[⑥]。商亡是由于"失德"，"惟不敬厥德，乃早坠厥命;"[⑦] 周受"天命"取代商是因有"德"，"丕显文武，皇天弘厌厥德，配我有周，膺受大命。"[⑧] 天命向社会性倾斜，从天命→崇天→敬天，淡化了对"天"的崇拜，增强了人的主体性。西周末年大动荡时出现"天不可信"，[⑨] "天之抗我，如不我克"，[⑩] "浩浩昊天，不骏其德"，[⑪] 等怨天、疑天、骂天现象是不奇怪的。

天（神）的功能、地位，在传统社会中随社会变迁而发生适应性的变化。汉时出现的"天人感应"经学思潮，"天者，百神之君也，王者之最所尊也。"[⑫] "君权神授"从提高至上神的地位和权威而提高帝王的地位和权威。"天人合一"增加了宗教色彩，它以天为最高主宰，以阴阳五行为天帝的补充，以符命、灾异为主要内容，将神、自然与人、社会相连接，

---

① 郭沫若：《卜辞通纂》，364。
② 郭沫若：《卜辞通纂》，371。
③ 林泰辅：《龟甲兽骨文字》。
④ 罗振玉：《殷墟书契前编》（下）。
⑤ 《大盂鼎》。
⑥ 《尚书·周书·召诰》。
⑦ 《尚书·周书·召诰》。
⑧ 《毛公鼎》。
⑨ 《周书·君奭》。
⑩ 《小雅·正月》。
⑪ 《小雅·雨无正》。
⑫ 《春秋繁露》。

是维护封建大一统的需要。魏晋玄学的出现，又是在社会走向分裂时期，对"天人感应"的否定，而在天人关系上从本末、名实、天道、人事、才性、自然与名教等深层次上作新的探索，从哲学角度以天道论证人道的合理。在中国传统社会中，天人关系的不同说法、尽管对"天"与"人"的倾斜度有差别，本质上都是以"人"为立足点，"天"的至上性不过是服务于"人的功能"，"人"（君王）才真正具有至上性。

在民间信仰中，多神信仰尤为突出。庶民百姓对与自身休戚相关的经济生活、生老病死、血缘延续、行业兴衰等生活各方面十分关心，祈求超自然力量赐福祛祸，这是从庶民百姓的切身需要到神的功能再到神的逻辑过程。民间信仰的崇拜对象比上层宗教信仰要广泛得多，有天界的五帝、五神、日月星辰、风雨雷电、司中、司命、司禄，属地祇的后土、后稷、山川、岳镇、海渎、城隍，属人鬼的圣王、先烈、先师、历代帝王贤王，属物灵的旗纛、司户、司灶、四灵等，还有数不胜数的山神、水神，管百姓的土地、门神、灶神、路神，管农桑、医药的马王、药王、蚕神、蛇神、利市仙官、五路神等，管阴曹地府的阎罗王、酆都大帝等。

2. 祭祀活动的地位与特征

上层宗教信仰与民间信仰主要是通过祭祀活动得到体现和延续的。

（1）祭祀对象。祭祀对象是由神的功能而定，天神、祖先神列为主要祭祀对象。"凡谛、郊、祖、宗、报，此五者国之典祀也。"① 在上层宗教信仰中，以功能而定的其他诸神："加之以社稷山川，皆有功烈于民者也；及前哲令德之人，所以为明质也；及之三辰，民之所瞻仰也；及地之五行，所以为生殖也；及九州名山川泽，所以生财用也，非是不在典祀"。②

（2）祭祀活动的政祭合一性。上层宗教信仰与民间信仰的祭祀活动，与系统化宗教的崇拜活动，同属神人连接行为。不同的是，系统化宗教的崇拜活动是通过神人连接从人到神的纯宗教活动；上层宗教信仰与民间信仰则是通过神人连接，既有到神的一面，属宗教性，又有到人的一面（主要方面），属世俗性。中国传统社会从未出现过全国范围政教合一，却始终存在着全国范围政祀合一现象。祭祀活动在系统化宗教中是不可分割的

---

① 《国语·鲁语上》。
② 《国语·鲁语上》。

组成要素，在上层宗教信仰和民间信仰中则是作为宗教现象独立形态存在，并与宗法制度相融合。

（3）以"礼"规范祭祀活动。在中国传统社会中，"礼"作为社会制度和社会控制手制，含有一定的宗教观念。"礼"融入祭祀活动，构成了祭祀的世俗性与宗教性双重性格。

"礼"，在氏族社会原作为奉神之器。随着社会变迁，逐步演变成宗法性的完备的典章制度、伦理道德规范、祭祀制度规范，成为治国安邦的社会生活的根本准则。"礼有三本：天地者性（生）之本也，先祖者类之本也，君师者治之本也。"① 礼者，"所以别嫌，明彻，傧鬼神，考制度，别仁义，所以治政安君也。"② "非礼无以辨君臣、上下、长幼之位也，非礼无以别男女父子兄弟之亲、婚姻疏数之交也。"③ 周时祭祀已被列为五礼（吉、凶、宾、军、嘉）之首的吉礼，"以吉礼事邦国之神示，"④ 强调"凡治人之道莫过于礼，礼有五经，尊重于祭。"⑤ 礼又是祭祀活动根本原则，"祷词祭祀，供给鬼神，非礼不诚不庄。"⑥ 民间信仰的祭祀活动虽不纳入国家正式的"礼"的范畴，"礼不下庶人"，实际上庶民百姓仍遵循不十分严格的"礼"。在中国传统社会中，"礼"是宗教与宗法制度之间重要的融合剂。

（4）祭祀活动的功能。上层宗教信仰、民间信仰的祭祀活动与系统化宗教的祭祀活动的功能都是通过祭祀活动表达和灌输某种思想、观念和感情。不同的是，后者是较为单一的宗教性功能，前者是宗教、世俗相融合的双重或复合性功能，并且伸延面广，强度大。

上层宗教信仰和民间信仰的祭祀活动的主要功能包括四个方面。

第一，认同宗法等级制度。祭祀活动按照"礼"的规范，从祭祀对象，祭祀物和礼仪体现等级尊卑。天子和贵族方有正式、隆重的祭祀活动，然有等级差别。"礼唯天子得郊天，诸侯以下否。"⑦ 只有天子才能祭

---

① 《大戴礼记·礼三本》。
② 《礼记·礼运》。
③ 《礼记·哀公》。
④ 《周礼·春官大宗伯之职》。
⑤ 《礼记·祭统》。
⑥ 《礼记·曲礼》。
⑦ 《丧服小记》，《孔疏》。

天。"天子祭天地,祭四方,祭山川,祭五祀,岁遍。诸侯祭山川,祭五祀,岁遍。大夫祭五祀,岁遍。七祭其先。"① 祀以加举,祭祀物与祭祀者身份相一致。"天子举以太牢,祀以会;诸侯举以特牛,礼以太牢;卿举以少牢,祀以特牛;大夫举以特牲,祀以少牢;士食鱼炙,祀以特牲;庶人食菜,祀以鱼。"② 不同祭祀对象,祭祀物亦有等级之分:"以烟祀祀昊天上帝,以实柴祀日月星辰,以槱燎祀司中司命飌师雨师,以血祭祭社稷五岳,以貍沈祭山林川泽,以疈祭四方百物,以肆献祼享先王。"③ 社会阶层越低,祭祀对象越少,仪式越简单,庶民百姓只是在当地祠堂祭祀其祖先,在家中设祖龛,供祖灵,以及供奉民间社会神鬼。

第二,认同王权至上。王权的至上性、绝对性是宗法等级制的核心。"王者承天意以从事"。④ 帝王所有"承天之序"的敬天活动,无论是一年或二三年一次的隆重的郊祀活动,浩荡、宏大而稀少的封禅大典以及告天的重大政治活动,都是对天子至上地位的合理性、合法性的强调。百姓家中供奉"天地君亲师",以"上事天,下事地,宗事先祖而宠君师",实际上同样是对王权的强调,遵王命以祈求天命。

第三,认同血缘。祭祖配以祭天是祭礼活动的核心。"郊祀之礼,所以事上帝也;宗庙之礼,所以事乎其先也。"⑤ 宗庙祭祀制度体现了政治等级与宗法等级相对应。"天子七庙,三昭三穆,与太祖之庙而七。诸侯五庙,二昭二穆,与太祖之庙而五。大夫三庙,一招一穆,与太祖之庙而三。士一庙,庶人祭于寝。"⑥ 国有太庙,族有宗祠,家有祖龛;氏族有宗庙,宗族有祖庙,家族有祢庙。除了天子祭祖配祭天以外,社会各阶层都把祭祖排在首位,慎终而追远。"祖不歆非类,民不祀非族。"⑦ "合族而食,序以昭穆。"⑧ 上下尊卑有序、而无僭越的祭祀活动,起着增强血缘凝聚力的重要作用。秦汉起实行郡县制,削弱了家族、宗族关系。然而,适

---

① 《礼记·曲礼下》。
② 《国语·楚语下》。
③ 《周礼·大宗伯之职》。
④ 董仲舒:《天人三策》。
⑤ 《礼记·祭法》。
⑥ 《礼记·王制》。
⑦ 《左传·僖公十年》。
⑧ 《礼记·大传》。

应于中国传统社会小农经济特点和规模的宗法性家族群体仍然是社会的群体细胞，"五服之内聚族而居"，建立在宗法家族基础上的宗法封建制度，经久不衰，祭祀活动起着重要作用。

第四，教化。这是上层宗教信仰和民间信仰归根到底的功能，也是与系统化宗教又一区别之处。系统化宗教，如基督教的崇拜活动，通过忏悔，领圣餐等一系列崇拜行为，为了增强对神的虔诚和神性，从一定意义上说也是教化，然属纯宗教性质。上层宗教信仰和民间信仰的教化功能十分鲜明，"祭者，教之本也。"① "圣人以神道设教。"② 这种"教"具有宗教与世俗双重性格，是以宗教性手段达到世俗性目的，或者说两重性（宗教性为主）手段达到两重性（世俗性为主）目的。教化的过程是祭祀者从祭祀的仪式，即"礼"的外在形式"数"、"文"，进而体验"礼"的内在精神："义"、"本"。"礼之所尊，尊其义也。"③ 即接受以"分"（区别上下、父子、兄弟、内外、大小等等）为主导，以"仁"和"中"为辅的宗法政治观、等级观、伦理观。上述这些都贯串了超自然的神的功能。祭祀的教化，最后落于扩大和强化统治意识形态的覆盖性，从而维护封建制度的持久，所谓"亲亲故尊祖，尊祖故敬宗，敬宗故收族，收族所宗庙严，宗庙严故重社稷。"④ 历代统治者把祭祀列为头等大事，宗教观念也因此具持久生命力，必然无疑。

上层宗教信仰与民间信仰是不是宗教？学者有不同看法。本书称上层宗教信仰与民间信仰为宗教现象，意思是，凡宗教皆为宗教现象，然而宗教现象并不都构成宗教。这是基于本书对宗教的界定：它是一种以对超自然、超人间的力量或神灵的信仰与崇拜为核心的社会意识，是通过特定的组织和行为活动来体现这种意识的社会体系。宗教作为系统化宗教必须具有完整的构成要素及其内在联系。上层宗教信仰和民间信仰是宗教性社会现象，但不具备完整的宗教构成要素，中国传统社会决定了它没有独立发展成系统化宗教的外部条件。系统化宗教的形成经历了一个发展、演变、完善的过程，在这个意义上，氏族宗教可称为宗教，应视为宗教产生的初

---

① 《礼记·祭统》。
② 《易·象传》。
③ 《礼记·郊特牲》。
④ 《礼记·大传》。

始阶段；上层宗教信仰和民间信仰则是最终未形成系统化宗教的氏族宗教的两个演变支流。

(二) 系统化宗教与宗法制度的互动

宗法性是中国传统社会的政治制度、社会制度、统治意识形态、主体文化的一个基本特征，包括宗教在内所有社会子系统都与宗法制度有必然的互动关系。然而互动具有不同的特点，前者是独立的社会现象之间相互一定程度的吸收影响，后者则是两者相互融于一体中的作用、影响。

1. 宗教对宗法制度的吸收和影响

中国历史上的宗教必须依附、适应宗法制度而生存发展，即以不改变宗教自身的性质（核心是神的观念）为前提，对可适应的宗法成分根据教义、教规作出相应的恰当的解释，使之"宗教化"。宗教只作为宗法制度的从属部分存在，并不改变宗教的基本特征。然而正是这种一定程度的适应，无论对本土宗教的生存发展还是对外来宗教的立足发展，在一定意义上说，都起了决定作用，也是宗教具有的社会适应性的体现和运用。道教把以神权为巩固宗法制度、强化王权服务放在重要位置。道教的道德观中，有关维护天、地、人三个方面的纲纪，人的纲纪就是宗法伦理"三纲五常"。道教道德规范中，吸收融合有宗法内容，如："诸欲修道者，务必臣忠，子孝，夫信，妇贞，兄敬，弟顺。"[①] 然而宗法伦理的吸收并不改变道教的神仙信仰、长生久视、顺应自然、与道合一等基本意识形态。佛教的本土化过程，也是不断吸收、融入宗法思想的过程。封建社会后期出现儒、道、释进一步融合的趋势，有些名僧积极宣扬佛教教义融入一定的宗法伦理的必要性，有的把"五戒"与宗法"五常"相提并论。宋名僧契嵩说："夫不杀，仁也；不盗，义也；不邪，礼也；不饮酒，智也；不妄言，信也。"[②] 这些内容均丝毫未改变佛教的缘起性空、四谛、八正道、十二因缘、三法印等基本教义思想。伊斯兰教作为外来宗教，传入中国后逐步形成了带有强烈民族化性格的宗教，一个重要原因就是在"万物非主、唯有真主、穆罕默德是主的使者"的信仰原则前提下，融入了宗法思想和制度，如把子女孝顺父母、夫妻互相敬爱、长幼互敬、兄弟和睦、朋友忠信概括为"五

---

① 《妙林经二十七戒首》。
② 契嵩：《孝论·孝戒章》，《镡津文选》卷三。

典",与宗教功课"五功"(念、礼、斋、课、朝)相并列,使宗教的虔诚与宗法社会伦理道德相统一,增强了宗教及民族的凝聚力。部分地区实行的门宦制、嫡长子继承制,更有明显的宗法影响。基督教亦无例外。唐、元曾两次传入,都由于未与包括宗法制度在内的传统文化相结合而不能立足持久;明末基督教第三次传入时从研究"天主教教义的儒学化"入手,正是吸取了以往教训,抓住了立足的关键。他们找到了东西方文化的沟通点:在宇宙主宰方面,是基督教的上帝和中国的昊天上帝;在爱人方面,是基督教的为"兄弟舍命"、"爱仇敌"与中国的"仁者爱人"、"兼相爱";在重精神道德方面,是基督教的"祈祷"、"忏悔"、"以上帝的道德标准"与中国的"反身而诚,慎独克己","以道为天"等。传教士学习中文,尊孔读经,改饰儒服,广交朝野儒士名人,熟悉中国风俗礼节,容纳祭祖祭天,同时介绍西方科技文化,因而受到朝廷的宠信和士大夫的欢迎。"儒学化"作为传播的敲门砖,并未改变基督教的"三一论"、"赎罪论"、"终极论"等神学核心思想,只是进行了非本质的糅杂和适应性的装饰。

2. 宗法制度是各教相互竞争中争论的主题

在中国传统社会中,各教,主要是佛教与道教,始终是在竞争中生存发展的。这种竞争,一般不表现为武装冲突(不具备武装冲突条件),而是表现为争论、辩论,以至攻讦。主要围绕对反映外来宗教的外来文化的褒贬,一个主要的衡量标准即宗法思想、宗法制度。佛教传入后首先遇到的就是沙门是否跪拜帝王等一系列宗法礼教。东晋、南北朝时期,佛、道教双方即曾进行过较长时间的激烈争辩。道教一方攻击佛教"剪发旷衣","毁貌易性","下弃妻孥,上绝宗祀",认为"道教适用于华域,佛教适用于夷邦",反对"以中夏之性,效西戎之法"①;有的攻击佛教三破(入国破国,入家破家,入身破身)。佛教一方则寻找两种不同文化之间可连接点作为不悖于宗法之道理进行辩解,如"释氏之训,父慈子孝,兄爱弟敬,夫和妻柔,备有六睦之美。"② 沙门"是方外之宾","不处于王侯之位,亦已,协契皇极在宥之民。"沙门虽"不得与世典同礼",然而"内乖

---

① 顾欢:《夷夏论》。
② 《魏书·释老志》。

天属之重而不违其孝，外阙奉王之恭而不失其敬"①。对此作调和性解释。有的提出圣道"无近无远，不偏不党，不分夷夏"。外来佛教正是在竞争中实现的本土化。

3. 宗法制度对宗教的吸收

中国传统社会的宗法性有一个适度吸收、融合以佛教、道教为主的宗教思想而不断深化的过程，在封建社会后期尤为明显。

宋明理学就是吸收、融合佛教、道教的产物。宋明理学把宗法伦理本体化，上升为"天理"，如朱熹说的"君臣、父子、兄弟、夫妇、朋友，岂不是天理。"② 因此，"应对、酬酢、食息、视听之顷，无一而非理者，亦无一之可紊，一有所紊，天理丧失矣。"③ 王守仁说的："学者学圣人，不过是去人欲而存天理耳。"④ 这种把宗法制度进一步绝对化的禁欲主义思想中所内含的一定的神秘性的"天理"和僧侣主义的约束，宗教思想显然是一个重要来源。

表7-1 上层宗教信仰、民间信仰与系统化宗教的比较

	上层宗教信仰	民间信仰	系统化宗教
结构完整程度	不构成完整的系统化宗教，然而有较完整的宗教思想	不完整，非系统化宗教	有完整的系统化宗教结构
存在方式	依附于封建统治层	渗透于宗族、家族、家庭中	独立的社会子系统（次级）
与宗法制度连接程度	融于一体	融于一体	适度融合
功能	有宗教与世俗的双重功能，在祭祀活动中体现	有宗教与世俗的双重功能，在祭祀活动中体现	宗教功能服务于宗法制度，功能不仅体现于崇拜活动中

正是这种儒、释、道融合的"天理"，适应于维护封建制度的需要。

随着封建社会的消失，上层宗教信仰与民间信仰已失去依附体，然而

---

① 慧远：《沙门不敬王者论》。
② 《文集·答吴斗南问》。
③ 《文集·答廖子晦》。
④ 《朱子语类》卷十三。

上层宗教信仰、民间信仰所内含的宗教观念，仍将作为宗教的土壤而长期存在。

第二节　皇权下的宗教

在中国传统社会中，宗教与社会的互动，核心是宗教与皇权政治的互动。"皇权下的宗教"是对皇权与教权各自地位及相互关系的概括。同处于封建社会历史阶段的中国和欧洲，在教权与皇（王）权的关系上有根本的区别。欧洲是教权政治下的宗教，宗教组织与统治者之间是以权利和义务的形式相维系的，以教权作证；中国是皇权政治下的宗教，教权本质上只是服务于皇权的工具，教权从属于皇权。在整个中国传统社会中，宗教与皇权政治的互动始终围绕着强化皇权而进行，宗教与统治层的关系表现为借用、依托、扶植、顺应、吸收、融合、限制、禁毁、反抗、冲突等多种形式，影响着社会的稳定、冲突和变迁。

一　皇权与教权的主从关系

中国传统社会中皇权与教权的主从关系是在中央集权君主专制制度下，以君主为代表的统治层同所有社会子系统所体现的君臣、主仆关系在宗教领域的反映，是宗教与政治的基本关系。

（一）君权至上是中央集权君主专制制度的集中反映

君权至上、朕即国家的中央集权君主专制制度，在中国历史上较早即已形成和不断完善。夏初的"帝"（后）已有大家长和君主的双重含义，然带有氏族社会部落首领痕迹，君权尚不集中。夏代中后期和商代称象征军权的战斧为"王"（王），反映了君权的提高。周代称"天子"，以"天"为本源，使神权与王权相结合，强化了君权的地位。秦改称"皇帝"，秦王嬴政以"德兼三皇"，"功过五帝"，合"三皇""五帝"而称始皇（帝），标志着封建大一统君主专制形成。"皇帝"这一皇权与神权相统一，即人神统一化身的称号，为历代王朝承袭。

1. 君权至上的绝对性和极端性

"王"字的形成标志着王居于连通天、地、人的中枢地位，居于人间最高主宰地位和封建等级之巅，正如古人所云，"天无二日，土无二王，家无二主，尊无二上。"①

君主拥有的最高所有权和决策权包括：

（1）最高的人身统属权。"天子者，天下之父母也。"② 天子和所有臣民皆父（母）子（女）、主仆、尊卑关系。

（2）最高的财富所有权。"普天之下，莫非王土。"③ 君主拥有最多的财富。

（3）一切行政、立法、司法等最高政治权力。律、令、典均"钦定"。"明王之所操纵者六：生之，杀之，富之，贫之，贵之，贱之。此六柄者，王之所操也。"④ 诏、诰、谕、敕是具有最高效力的法律。

（4）认识的最高权威和最终裁决人。君主的认识和权力"一体化"。君主不仅是崇拜对象，而且是认识对象。君主有权"钦定"裁决认识。皇权下基本上不存在其他独立的认识主体。"一言兴邦"、"一言丧邦"，是对君权的充分估量。

2. 思想大一统强化君权至上的政治大一统

汉以后历代王朝基本尊尚的以儒学为主体的统治意识形态，是围绕着强化王权这一核心而完善的。诸如："贵贱有等、上下有序"的"三纲五常"，"君君、臣臣、父父、子子"的封建宗法等级，外在规范的"礼"，内在欲求的以"孝悌"为本的"仁"，道德本源的"人性本善"等系统的哲学观、道德观、政治观相统一的理论基础和行为规范，均起着强化君权至上的政治大一统作用。然而，君权至上的绝对性、神圣性实际上受到多种社会矛盾的一定的约制，始终存在着集权与分权、以君王为首的上层统治集团利益与包括官吏、士绅、宗法群体的地方利益的矛盾与斗争，始终存在着合作与冲突，即在维护王权前提下，一定条件地保护地方利益。

（二）教权的从属地位

中国传统社会中的皇权至上决定了不可能产生与君权相抗衡的教权。然而在皇权至上的前提下，多层次宗教现象的存在又决定了教权与皇权的关系也存在几个层次、几种形态。

---

① 《礼记·坊记篇》。

② 《盐铁论·备胡》。

③ 《诗经·北山》。

④ 《管子·任法》。

1. 君权与教权融为一体

这一形态存在于上层宗教信仰中。历代王朝都把"君权神授"作为维护君权至上性、绝对性、合法性的神学根据和理论根据。"君权神授"体现了神权与皇权的统一，立足点是皇权，神权乃皇权在天上的影子。它表明"人间的力量采取了超人间的力量的形式"，[①] 皇权借神权来巩固自身。统治者对"神"的崇信、敬畏、依赖和利用，是中国传统社会中宗教功能的发挥。君权既为神（天）授，君即为天在人间的代理人，由此天具有至上性。然而天（神）又不过是遥远而模糊的崇奉对象，现实而具有绝对权威的乃是神格化的人，即天子。因此皇权才具有真正第一位的品格，神权不过是皇权的护身符。"君权神授"的"授"，不过是"依存、利用"的"神圣化"。这与西方宗教的神权至上，以人格化的神来维护神权，神权真正高于皇（王）权迥然不同。神权与皇权的互动还表现为神权与皇权相互依存：皇权依靠神权而巩固，神权依靠皇权而延续。上层宗教信仰具有的皇权与神权相融合的特征，并不构成国家政权的政教合一，中国历史上从来都是政教分离，不存在全国性的政教合一。上层宗教信仰既然不是完整的系统化宗教，神权在这里只是宗教观念、宗教功能的体现。历代帝王是作为世俗政治首脑，而非政教双重领袖司掌具有宗教与世俗双重性质的祭天活动。

2. 教权从属于皇权

佛教、道教、基督教等系统化宗教均属这一类型。系统化宗教在中国传统社会中的次级社会子系统地位决定了其发展的限度。这与西方一些国家存在宗教极度发展条件、以至上升为国教不同。佛教从汉代传入，至隋唐而实现本土化，只有短暂的鼎盛，并经历过多次起伏，宋元即开始衰落。道教虽为本土宗教，形成缓慢，发展程度远低于佛教。基督教在唐朝和元朝两度传入，均昙花一现；明末第三次传入，也只存在了一百多年。近百年来能在全国传播，乃是皇权衰落、帝国主义列强侵略的结果。

3. 地区性有限的政教合一

这是某些少数民族聚居地区政教关系的特点。在这些地区，从局部看、政教均衡或教大于政，然地区从属于王朝中央政府，从全局看，仍政大于教，君权高于教权。不同地区的形态亦有差异，西藏即是中央君权下

[①] 《马克思恩格斯选集》第3卷，人民出版社，1972，第354页。

的地方政教合一体制，从 13 世纪藏传佛教萨迦派建立全藏性的政教合一政权，清朝正式册封达赖、班禅，建立地方噶厦政府，完善政教合一体制。朝廷在授权达赖管理西藏事务的同时，委派驻藏大臣作为君王代表，处理一切重大事务。伊斯兰教的掌教制度，唐宋传入初期在海运交通干线城市穆斯林商人（蕃商）聚居区设立的蕃坊穆斯林，政府任命藩长（卡迪），就是有限的政教合一，藩长的权力仅限于宗教事务及民事纠纷，刑事案件则归地方有司。元时在中央设"回回掌教哈的所"，回回较集中地区设哈的。哈的既是政府官员，又是宗教首领，也是民族的首领，因而兼有政教合一与民族自治性质。宗教是作为回族穆斯林自己的民族事务。明以后，教职制度又从卡迪掌教制度、伊玛目三掌教演变为阿訇掌教制。新疆维吾尔族伊斯兰教的政教合一，政权、教权与民族自治的融合突出了政权的功能，县以上设宗教法庭，由高级阿訇担任，按伊斯兰教法典处理一切民事案件。

二 宗教与皇权政治的互动

中国传统社会中系统化宗教与皇权政治的互动关系具有以下一些特点。

（一）适应与不适应的双重性

宗教作为中国传统社会上层建筑的组成部分，与作为上层建筑核心的皇权政治制度是相适应的还是不相适应的？对此，历史发展过程的回答是，宗教与皇权政治的关系有两重性：它们可以相适应，实现一体化，这是基本方面；另一方面，它们也可以不相适应。

1. **两重性的客观必然性**

宗教与皇权政治可相适应，根本上是由宗教存在的必然性所决定，是从君王到臣民对超自然力量的敬畏和精神需要。宗教与皇权政治的不相适应，则是由于强调出世、天国、彼岸、来世的宗教神学思想与强调入世、人间、此岸、今世的主流意识形态存在矛盾，反映外来文化的外来宗教与本土文化存在矛盾。此外，宗教与阶级斗争有一定的关联，它可为阶级斗争各方所利用，蕴藏阶级斗争的宗教与民族的矛盾交织也是原因之一。

2. **可相适应的主观因素**

宗教与皇权政治能否相适应，还与宗教自身的主观因素（自身的再生机制）相关联，即宗教在其意识形态的核心（神学的根源，如上帝、真主、神明）以及特有的社会功能均恒定不变的前提下，发生某些非本质的社会适应性的变化，包括神学的思想形态、生存条件、对所在社会的态度、组织领导等变化。

历史上各个宗教的生存、发展、衰落、消失过程证明，在诸多因素中，其自身再生机制的强弱占有重要地位。佛教传入中国，出现八大宗派后，再生机制的强弱就成为各派持续发展的关键。禅宗就是由于再生机制最强，能适应强化王权政治的需要和民间低层次文化素质的群众的接受程序，吸收儒、道文化（如性善论、良知说、人皆可为尧舜、任运自然），推行简便修行方法（顿悟），并与劳动生产相协调，因而持续到现代。净土宗在宋以后会通"禅、教（禅宗外诸宗）"也得以发展。密宗则是与民族相融合而生存发展。佛教其他诸教派，或因其思想与中国传统文化大相径庭，或因其经文、戒律深晦烦琐，均不能持久。自宋代延续到明清以后，中国汉地佛教实际上已逐渐发展为以禅宗为主体的融合型的佛教。

3. 适应与不适应的转化

宗教与皇权政治的适应和不适应两个方面的主导与非主导地位，会在一定条件下转化。一般情况下，这种转化只发生于某一宗教、教派或地区，对整体的关系不会产生大的影响。

（二）借用、顺应与社会稳定

在中国传统社会中，宗教与皇权政治的相适应是通过互动而实现的。互动的基本形式是借用、顺应。借用是指统治者一方借用宗教为强化统治服务，宗教一方则依靠皇权而生存发展。顺应是适应于借用的需要而进行的调适。借用、顺应均具有双向性，然而统治者一方主要表现为借用，宗教一方主要表现为顺应。总的说来，借用和顺应起着稳定社会、维护封建专制制度的作用。统治者对宗教的借用度及宗教对统治者的顺应度（依附度、服务度），常与王朝上层统治与地方力量的消长相关连。

1. 借用、顺应的主要功能是强化皇权政治

宗教为强化皇权政治服务的特点与其他社会子系统不同，它是借超自然力量而赋予皇权神圣性。各个教派既有不同特点，也有共同点。

首先是强化君权神授观。中国传统社会是以上层宗教信仰中的"天"（神）作为"君权神授"、强化君权的主体。这种君权神授观是古代社会从分割走向大一统在观念上的反映。至上神的观念从商周时的"天帝"到春

秋战国时转化为"五帝"（即黄帝、太皞、炎帝、少皞、颛顼），汉武帝时又转化为象征至上皇权的"太一"天神（五帝降为太一之佐），形成了新的"天（太一天神）人（君王）合一"观。系统化宗教出现以后，神学思想对"君权神授"的强化起着对上层宗教信仰"君权神授"功能的陪衬和补充作用。道教在这方面的功能最为明显，道教的形成、完善，这方面有较强的适应性是一个重要原因。道教最早的经典《太平经》中就提出"帝王，天之子也；皇后，地之子也；是天地第一神气也。"南北朝时道教这方面的能动作用很明显。北朝时天师道托言太上老君传有《录图真经》，受命奉持真经辅佐北方太平真君（即指北魏太武帝拓跋焘），正适应了拓跋魏入主中原的需要，因而受到北魏统治者的重视，太武帝曾在平城设天师道场，亲临受箓。南朝茅山道士陶弘景，也是以谶言"山丑木，为梁字"[①]奉表在征战途中的肖衍，以"应运之符"显示肖将取得政权为神授，从而赢得肖的恩礼，唐李渊在夺取政权过程中，绛州大道堡道士吉善行托言太上老君降世显灵，李渊将作皇帝，为"君权神授"的前奏，正适应了李姓唐朝借用道教的政治需要。从唐太宗正式宣布为老子后裔之后，对老子的神化逐步升级，不断封爵加号，如唐宗室圣祖、玄元皇帝、大圣祖玄元皇帝、圣祖大道玄元皇帝、大圣祖金阙玄元天皇大帝等。宣传"君权神授"，使道教在唐代一度蓬勃发展。

其次是强化占统治地位的意识形态。中国传统社会的统治意识形态的发展与完善，是吸收、融合了佛、道（家、教）思想而完成的，即统治意识形态基本上是以儒学"内圣外王"之道为主体，佛、道思想为辅翼。"天人之学"是儒学与佛、道思想的沟通点。儒学吸收了佛、道有关宇宙论、认识论、心理学、逻辑学等方面的某些思维方法和知识。历史上曾发生过多次的儒、道、释孰优孰劣的辩论，就是互相融合、吸收的过程。从汉至魏晋南北朝，适应于封建王朝从大一统到分裂后，恢复大一统的需要，经学思潮转向深层次地批判初期大一统需要的玄学。玄学从宇宙论进入本体论，经学进入思辨，是融合了佛、道思想及老庄哲学思想的"外儒内道"的儒学。佛教则从依附黄老进而依附玄学。大乘佛教依附玄学阐发般若学的"六家七宗"，既是佛教思想对玄学的吸收（以玄学阐释

---

① 《梁书·陶弘景传》。

"空"），又是作为统治思想的玄学吸收佛教思想而发展。适应于封建制度衰落、持续维护皇权政治的需要而出现的宋明理学，是统治意识形态对宗教意识形态的新的吸收、融合。宋明理学吸收了释、道哲学的思辨性，特别是吸收禅宗的"性命道德"之说，形成与新道教、新禅宗的"性命之道"相沟通的"心性之学"。宋明理学（无论程朱的"性即理"或者陆王的"心即理"）以理作为"宇宙的根本"及"道德的本原"，把"三纲五常"的封建伦理道德本体化，以此论证封建制度的合理性。宋明理学强调的"存天理、灭人欲"的禁欲主义的道德意识、自我认识和实践修养，显然渗有宗教僧侣主义，是具有宗教功能的世俗意识形态。宋明理学的"人皆可为尧舜"的道德实践和目标，通过"知礼（理）成性""穷理尽性"达到"心统性情"、"成圣诚明"，与禅宗的"顿悟成佛"道德心理有世俗与宗教之别，却有超现实彼岸的共同点。"存天理、灭人欲"原来是为抑制君权的过分膨胀而发，实际上反被用于强化王权，增强臣民的依附性。

伊斯兰教在强化皇权方面的作用与其他宗教有所不同，有其特殊性。主要不是体现于上述的共同点，以教义思想与传统文化相结合，而是体现于经济活动和政治活动的直接参与，文治武功的成效。隋唐之际，伴随着伊斯兰教的传入，擅长于商业活动的穆斯林成为中国与阿拉伯国家之间经济、外交往来的重要纽带。南宋国势虚弱、国库空虚，穆斯林的经济活动，市舶之利一定程度上支持了摇摇欲坠的王朝。伊斯兰教政治活动的参与作用在元代十分明显。元代蒙古贵族征服中亚、欧洲所组织的"西城亲军"中，有相当数量的信奉伊斯兰教的阿拉伯人、波斯人、中亚各族人被编入"探马赤军"，他们跟随忽必烈征战，统一中国，开国有功，因而受到元统治者格外的重视，包括穆斯林在内的色目人的政治地位仅低于蒙古人。一部分上层人士倍受统治者的重用。回回人阿合马，曾领中书左右部兼诸路都转运史，执掌财赋大权，后又擢升为中书平章政事，"授以政柄，言无不从。"[1] 辅佐丞相研究决定军国大事。

2. 容留并存是借用、顺应的主要形式

在中国传统社会中，皇权政治与宗教的互动大多数时期表现为借用与顺应的关系，体现于国家对宗教采取"容留并存"的方针，即凡是国家所

---

[1] 《元史》卷二〇五，《阿合马传》。

承认的宗教，均可以在规定的限度内存在与活动，发挥一定的功能，但不允许上升为国家宗教，更不允许超越皇权。首先，国家对宗教的"容留并存"是统治者对宗教的需要；其次，皇权下的宗教的发展存在局限性，不足以膨胀到与国家相抗衡的程度。各个教之间虽有矛盾和斗争，主要是在共同依附顺应皇权下和平共处，求生存发展。

"容留并存"有以下特点。

（1）兼容并存中有主有次。历代王朝都把主导的意识形态放在首位，以儒为先，然后排列各教，提倡尊孔读经。从汉武帝独尊儒学到唐颁《五经定本》，直到清代，尊孔均为国家头等大事。除了部分少数民族地区，宗教神学从未纳入过国家的正规教育之中。历史上虽常有儒学与佛、道教等宗教思想相对比，实皆以儒为先，其次是佛、道二教地位高低的较量，其他教或因势力微弱，影响面小，存在时间短暂（如摩尼教、祆教、景教）或只在部分地区成为主要信仰（如伊斯兰教），或大量发展的时期很晚（如天主教、基督教），都不具备抗衡力。主次先后，决定于统治者的政治需要、宗教观念的浓淡和各教的顺应力、竞争力以及对王朝的影响等，最终在于"钦定"。历史上佛、道发生过多次次序变换，佛居道先多。唐代是各教并存发展的兴盛时期，据《两京新记》记载，当时长安除有大量佛教、道教的寺、观以外，还有景教寺二所，祆教寺四所；高宗时诸州均立景寺；代宗批准摩尼教立寺，并赐额"大云光明寺"；广州还有婆罗门寺。伊斯兰教除长安有一座清真寺，海运干线一些城市还有"蕃坊"。唐高祖于武德八年下的诏书中列"老先、次孔、末释"，显然是"君权神授"政治需要的公开宣告。唐太宗阐明了统治者对待儒、佛、道的真正态度，"朕今所好者、惟在尧舜之道，周孔之教，以为如鸟有翼，如鱼依水，失之必死，不可暂无耳。"① 他在贞观十一年的诏书中提到"道士女冠宜在僧尼之前"，是因为，两教虽有共性，"老君垂范，义在清虚；释迦贻则，理存因果。求其教也，汲引之迹殊途；穷其宗也，弘益之风齐致。"然而，道教为"本土之教"，能"经邦致理，返朴还淳"，佛教"基于西域，神变之理多方，报应之缘匪一"，"天下大定，实赖天为之德"，因此，"宜有改张，阐此玄化"。说明白了，乃"今李家据国，李老在前，释家治化，则

---

① 《贞观政要》卷六。

释门居上。"①

（2）扶持与虔佞。这是指统治者对宗教容留、借用程度的两个层次。历代王朝绝大多数皇帝对待宗教都属于"扶持"这一层次。不同时期对不同教派的扶持程度有差别，大体上采取两类扶持方式。

一是物质方面的扶持。如支持修建庙宇、宫观、塔象，翻译、刻印经书等常见的形式，这些是宗教生存发展的重要的外部条件。以宋、明对佛、道的扶持为例，宋、明大多数帝王崇道亦崇佛，宋太祖赵匡胤曾派行勤等157人到西域留学。每人赐钱3万；支持刻大藏经《开宝藏》；耗资百万重修同州龙兴寺舍利塔。宋太宗赵昊亲创译经院，派遣朝廷大员充任译经使，组织一批僧人翻译佛经，并行效唐太宗撰《新译三藏圣教序》，敕令以重资在开宝寺建了舍利塔，并亲自安放舍利。和尚出身的明太祖朱元璋谙于佛教、道教，他认为："僧有禅有教，道有正一有全真。禅与全真务以修身养性独为自己而已，教与正一专以超脱特为孝子慈亲之设，益人伦，厚风俗，其功大矣哉。"② 登基之始即亲自召集僧人，举办法会，免费发给僧尼度牒，为大寺院选派住持，并每年都去大寺院召见僧人，诏天下沙门讲《三经》（《心经》、《金刚经》、《楞伽经》）及如何赶经忏做佛事。对道教尤为重视，称帝前一年，即命龙虎山四十二代天师张正常举办隆重道场。明成祖朱棣对佛教，曾撰有《神僧传》；对道教，因全真派道士曾为其夺位制造谶言"逐燕日高飞，高飞上帝畿"（朱棣原为燕王），即位后又进献《大和山祥瑞图》，兆武当山出现祥瑞彩云，北方真武大帝显现。朱棣乃命三十余万人大营武当山，赐名"大和太岳山"③，并赐正一天师银印，秩视二品。

二是重用、礼遇宗教界的上层人士。宗教界上层人士的地位提高了，本教派的社会地位也会相应提高。如元代对立下汗马功劳的回回的上层人士倍加重用，先后有49人被任命为中央和地方政府丞相、平章政事。在地方政府中任达鲁花赤的就更多。明代对道教上层人士的礼遇重用有过之。从明太祖开始，即礼遇重用道士丘玄清、张正常、张三丰等多人，到宪

---

① 《集古今佛道论衡》卷三。
② 《御制立教立成斋醮仪文序》。
③ 《明史·张三丰传》。

宗、孝宗、世宗时越来越多，也越滥，如孝宗时道士邵元节曾受一品之恩，"岁给……禄米百石，以校尉40人供洒扫，赐庄田30顷，蠲其租，又遣中便建道院于贵溪，赐名仙源宫。"① 爵至礼部尚书。清代前期即采取了礼遇、重用蒙藏宗教界上层人士、团结蒙藏民族的政策，以强化国家的统一。开国不久，即先后册封达赖五世为达赖喇嘛，班禅呼图克图为班禅额尔德尼。乾隆帝令在承德建普宁寺、普乐寺，为蒙藏王公贵族进觐和礼拜奉佛之用，并特为班禅六世建须弥福寿庙。公元1778年，班禅六世进京庆祝乾隆70寿辰，乾隆派大员携重礼亲往迎接，于承德仿札布伦寺建了一座大喇嘛庙供班禅六世诵经起居用，多次赏赐达数十万两银珠宝财物。班禅六世在京圆寂，乾隆命在西黄寺建清净化城，葬其衣冠经书、册封其兄、弟，并派人员随同护送灵榇至扎什伦布。如此隆重礼遇，正是为了"俾满所欲，无二心焉。"②

真正达到对宗教佞佞的帝王属少数。佞佞不同于对宗教的一般崇信，它表现为对宗教的崇信与热衷达到了潜心、迷恋的程度。崇信仍然务政，佞佞则疏政，以至不理朝政。统治者对宗教佞佞的时期，宗教由于受到格外扶持，会出现一个较大的发展。东晋、南北朝时期即很明显，帝王多属崇佛。东晋元、明、哀、简文、孝武帝等经常请僧入宫讲《般若经》，或亲去佛寺听讲经，或在宫中立精舍，引沙门居住修法。南北朝时，帝后经常礼佛愿，请僧进宫讲经，帝王还亲自主持大讲经会，或亲自讲经。梁武帝肖衍则属佞佛，不仅潜心研究佛教教义，著书数百卷，还靡费大量钱财支持寺院发展。建康一地的寺院就从东晋时的37所增加到700所，僧尼达到10余万。他还早晚到同泰寺礼拜，屡设救苦斋、四部（僧、尼、善男、善女）无遮会、无疑会，在会上讲经，而且四次舍身同泰寺为奴，群臣出资4亿赎回。③ 北宋真宗、徽宗也以佞佞道教著称，经常采用道法祈福禳灾，除妖驱邪，尊道教神赵玄朗为皇室始祖，自称是上天神霄王清王降世，为"教祖道君皇帝"。道教在帝王的特别扶植下又一次走向鼎盛，然而因宗教方面的大量耗费，更无力抗御南下金兵。明世宗也属佞佞道教，一生沉溺

---

① 《明史·邵元节传》。
② 乾隆：《普乐寺碑记》。
③ 《梁书·武帝本纪下》。

于建醮、青祠、追求"长生","不斋再醮,月无虚日"。他在位45年,有27年不理朝政,只跟臣民百姓见过4次面。

(3) 借用、顺应的双向性。在中国传统社会中,宗教的生存发展及功能发挥与宗教和统治者之间的借用、顺应的双向互动程度相同步。双向互动决定于驱动力的强度。统治者对宗教的借用,本质上都是在不同程度的宗教观念支配下的行为。唐太宗曾自称对宗教崇而不信。应该说历代统治者对于宗教完全不信是不存在的,所谓"崇而不信",只是对某个教不信,并不是从总体上对宗教不信。"崇而不佞"则是存在的。唐太宗曾称"神仙事本虚妄,空有其空。"批评秦始皇"非公爱好,遂为方士所诈",汉武帝"求仙""无验"①,还批评南朝梁氏父子"惟好释氏、老子之教,致使国破家亡"。② 这显然只是批评离开了强化皇权的前提对宗教的过分崇信。唐太宗就曾亲为其母穆太后追福造慈恩寺;对历经17年艰辛从印度取回佛经657部的唐玄奘,不仅亲自召见,还在亲撰的《大唐三藏圣教序》中盛赞玄奘"早悟三空之心","引慈云於西极,注法雨於东陲,圣教缺而复全,苍生罪而还福"。晚年也是由于吃胡僧长生药而死。唐太宗对宗教的态度,应是对"崇而不佞"的很好的解释,很有代表性。

宗教对王朝的顺应作用,很大程度上是通过对宗教上层人士的能动作用体现。统治者对宗教的重视程度及宗教在某一时期的发展程度,常与宗教人士的作用分不开,甚至宗教人士在一定程度上起了决定性作用。晋代佛教的兴起,与三大僧人释道安(传播佛教思想)、鸠摩罗什(翻译佛经)和佛图澄的作用分不开。佛图澄为后赵石勒、石虎政权奉为"神僧",参与军政大事。在后赵政权的扶植下,佛教在北方发展很快,建寺893所,前后门徒万人,加快了佛教的普及和本土化。又如全真道从元代兴起,发展成为道教的两大教派之一,除了革新教义,适应了儒道释进一步融合的新形势外,上层人士的顺应作用也是一个重要原因。在金元交替时期,全真道创始人王喆的弟子丘处机等,起初被金世宗、章宗召见,以后由于丘处机以70余岁高龄,率18高徒长途跋涉,接受了在征战途中的成吉思汗

---

① 《混元圣记》卷八。
② 《旧唐书·方伎列传》。

召见，以道家清静无为、敬天爱民、戒杀之旨相助，被尊为丘神仙。全国统一后，元世祖忽必烈封全真道所尊的王喆等五祖为真君，元武宗又加封为帝君，从而使全真道在燕京建立了活动中心，拥有可自由建造宫观、广泛收徒的权利，活动领域扩展到全国各地。

宗教与封建统治相适应，归根结底是由宗教的内因所决定的，即宗教的自身的再生机制的功能体现。宗教意识的社会适应性是宗教的社会性的重要方面，而宗教道德又是宗教的顺应作用方面驱动力最强的部分。宗教道德的善恶观的两个标准（宗教的、社会的）中，社会标准就是适应稳定社会、强化皇权的需要。佛教的道德规范（自利利他、五善五恶、十善十恶、四摄六度等）、道教的道德规范（戒害众生、戒以强凌弱等）、伊斯兰教的与"五功"并列的"五典"（子女孝顺父母、夫妻互相敬爱、长幼互敬、兄弟和睦、朋友忠信）和基督教的"十诫"（孝敬父母、不可杀人、不可奸淫、不可偷盗等），都与统治者的需要相一致。明太祖说过一段话："景张佛教，世人因是而互相仿效，人皆在家为善，安得不世之清泰。"[1]

3. 借用与控制

历代封建王朝为了维护王权统治，采取宗教、行政、法律相结合的手段，加强对宗教的管理，把宗教的规模及活动限制在有利于和不危害王权的允许限度内。管理宽严程度虽不尽同，多数基本上偏严，并形成比较完善的机构和措施。

（1）僧官制度。僧官制度是中国传统社会中逐渐形成的在政（政府）管教（宗教）的前提下，以教（僧道官统治教团）管教（宗教）的机构体制，是中国传统社会宗教管理的一个重要特点。僧官制度的发展完善是与君主专制中央集权政治制度结构从三公九卿到三省六部的发展完善相同步。秦汉时宗教事务尚无专门管理机构，而由职掌诸王侯与内附部族的封拜朝聘、宴飨郊迎之礼的大鸿胪（初称典客、大行令）兼管。最早有记载的宗教管理机构是佛教。北魏皇始年间（公元396～398年），沙门法果为监福曹道人统，令绾摄僧徒。秦王姚兴敕选道䂮法师为僧正，僧迁为悦众，法钦、慧斌掌僧录。[2] 北朝在齐时设立与太常、光禄寺平列的昭玄寺，

---

[1] 《释氏稽古略续集》卷二。
[2] 《高僧传》卷六。

设大统、统、都维那等僧官,州、郡、县设沙门曹,并有鸿胪寺廉管部分宗教事务。北周始有道官记载,置春官卯,下有司寂、上士、中士、下士,掌道门之政。隋时正式把宗教管理作为鸿胪寺的主要职事之一,下设崇元署,专掌佛道教事。唐袭隋制,从德宗时,置左右街大功德使,下设道录司、僧录司,分管僧道;地方各州设功曹、司功掌理。对于其他宗教,由祠部下萨宝府管理。广州等穆斯林侨商聚居区设都蕃长、蕃长管理。宋以后基本沿唐制。元设宣政院、集贤院掌佛道教,设崇福司、回回掌教哈的所等机构,掌握基督教和伊斯兰教。在此期间,宗教管理机构体系已基本形成。礼部祠部(祠祭司)为政府管宗教的职能部门,主要是管理有关宗教方面的政令颁布等宏观事务;鸿胪寺管具体宗教事务,如僧尼簿籍管理,依僧律惩治犯罪僧人与僧官,主持建佛寺,雕佛像工程活动,代表宗教组织向国家要求经济权益等。鸿胪寺有僧录司、道录司,由朝廷任命僧官。地方宗教管理机构是:府设僧纲司、道纪司,州设僧正司、道正司,县设僧会司、道会司。这种政府与宗教相连接的对宗教的双轨管理制度既体现了君权至上,又体现了作为封建社会子系统宗教具有一定的相对独立性,宗教既不完全附属,又不完全自治。

(2) 较严格的管理制度。与僧官制度相配套,还形成了相应的若干管理制度。例如:政府掌握官度僧道权,实行度牒和簿籍制度,控制宗教发展规模;寺、观的管理制度等。唐开始建立严格的官度(敕度)僧道及簿籍制度。国家规定,凡度僧道,必须按照皇帝专门发布的诏令,由州县主管部门掌握执行,严禁寺观私度僧尼,凡违者,按《唐律》除本人及度之者论罪,知情家长、寺观三纲以至州县官吏亦连坐治罪。国家对官度僧,由祠部发给度牒,作为身份证明。僧簿籍三年一造,由州将已度僧尼法名、俗姓、乡贯、户头、所司经书、配住人数等项填表祠部;受戒僧尼死亡、还俗,其度牒由寺纲维须于当天封送祠部。明太祖从开国之初,即清理释道二教,三年一度给牒,限制出家人数和出家年龄,规定"凡僧道,府不得过40人,州30人,""男年非40以上,女非50以上者,不得出家。"清乾隆时对全国的僧、道、喇嘛进行清理,造册,发给度牒;勒令一部分喇嘛还俗参加生产,限制强壮劳动力出家,规定"僧道喇嘛颁给度牒,其僧道素守清规者,只准收徒一人。"唐时对寺院管理即有若干规定,如寺观内"不得留客居住","僧尼道士除非本师教主及斋会礼谒,不得妄托事故，辄有往来，非时聚会"，僧尼不得随便"寓迹幽间，潜行闾里，或远就山林，别为兰若"，外出"凡止民家，不过三夜，出逾宿者，立案连署，不过三日，路远者州县给程"，等等。历代王朝因帝王更换等多种原因对宗教的管理有宽严、松紧的变化，但总的说来，宗教的活动与发展确有一定的限度。

（三）禁毁、反抗与社会冲突

中国传统社会中，宗教与王权政治的不相适应，表现为在一定条件下出现的禁毁与反抗，反映了统治者与宗教的冲突的激化。宗教方面的禁毁与反抗作为社会冲突的一个侧面，对社会变迁起量的积累作用，有的对社会变迁产生较大的影响。

1. 禁毁

禁毁是来自统治者一方对一教、数教采取严厉的打击、禁止措施，如强令拆毁寺（观）、圣像，没收田地，勒令大批僧、道还俗等。

禁毁反映了宗教领域的外来文化与传统文化的冲突的激化。佛教与道教之间常常发生借助皇权进行生存竞争的冲突。东晋、南北朝时期是佛教与道教的重要发展阶段，双方依靠、借用皇权力量的竞争冲突十分激烈，道士王浮所撰的《老子化胡经》开始了"夷夏之辩"。南朝帝王崇儒，扶植道亦敬佛，对儒道释的矛盾采取融解方式，北朝则采取严厉态度。北魏太武帝由于听信儒道联合对佛教的攻击"西戎虚诞，妄生妖孽"，"为世费害"，加上其他因素，断然禁佛，先是下令杀了两个高僧，接着又下令杀了长安沙门，在全国废佛七年。北周武帝时佛道互相攻讦，两败俱伤。武帝原崇佛，由于道士张宾利用北齐以来流行于北方的"黑衣之谶"［谶云：亡高（指北齐后主高纬）者黑衣（沙门披缁衣）］散布换代言论，曾七次集中和尚、道士、儒士，辩论儒、道、释孰优孰劣，佛、道双方会上吵骂不休。武帝诏禁佛、道二教，将一些寺观拆毁或赐予王公。也有外来宗教拒斥与中国传统文化相结合而被禁的，清朝前期发生于天主教的"礼仪之争"即属此。天主教明末传入后，其不同教派对待中国传统文化的态度各异，矛盾的焦点是是否要适应中国情况，对教义教规进行一些变通，如是否"天主"、"上帝"并称，是否可敬祖、祭孔等。罗马教皇采取敌视、拒斥态度，坚持"纯洁礼仪，维护教义，洗清异端邪说"。在《教廷禁约》中，对教徒立下若干禁条，如不许用"天"字，不许用"上帝"字眼，只许称呼"天地之主";春秋祭孔、祭祖大礼,不许做主祭、助祭之事,亦不许在此处站立;初一、十五不许入孔庙行礼;不许入祠堂行一切之礼;在家、在祭祖坟或逢吊丧之事,俱不许行礼;不许在家供牌位等等。[①] 从而激化了天主教与清廷的矛盾,清高宗连发两谕禁天主教,将天主堂改公庙,"礼仪之争"使天主教在中国的传播沉寂于康、雍、嘉三期。天主教、基督教之所以能在 19 世纪后半世纪将其势力伸展到中国各地,则是因为以帝国主义列强的武力为后盾及清王朝的懦弱腐败、丧权辱国。

禁毁还反映了宗教势力的过分膨胀。中国传统社会中宗教与王朝的关系的变化,似有下图所示的规律。

```
宗       扶植           扶植    膨    抑制          禁毁
   ─────→ 发 展 ─────→      ─────→ 削 弱 ─────→ 再削弱
教       限制           限制    胀
```

以上规律适用于佛教、道教等大的教派。有些小教派则属于下面的情况。

```
             扶植          禁毁
   宗教 ─────→ 发 展 ─────→ 消失
```

至隋唐时,各教,主要是佛教和道教,已发展到相当规模。据《新唐书》记载,共有佛教寺庙 5358 所,僧 75524,尼 5576,道观 1687 所,道士 776,女冠 988。佛教和道教的发展,特别是佛教的发展,导致它们的负功能开始上升。它们占有大量田地和财富,拥有一大批享受免服兵役、劳役、纳税等特权的僧道人员,有的名刹大寺还拥有僧兵等武装力量,"天下僧尼数盈十万。"[②]"凡京畿上田美产,多归浮屠","十分天下之财而佛有七八。"[③] 描绘虽有夸张,亦可见势力一斑。宗教势力的过分膨胀,经济上、政治上对封建王朝的稳定、巩固产生影响,上升至于一定程度,便成为统治者对某一教禁毁的重要原因。佛教比道教的发展规模大,遭禁毁也比道教严重。从唐到五代,连续发生禁佛事件。唐武宗灭佛,令拆毁山野招提兰若 4 万所,废寺(朝廷赐名号的)4000 余处,僧尼还俗 26.5 万人,

---

① 陈垣(辑录):《康熙与罗马教皇使节关系文书》影印本。
② 《全唐书》卷一三三。
③ 《全唐书》卷一〇一。

释放奴婢 15 万人，良人 50 万人，没收良田数千万顷，除奴婢每人给百亩，余皆没收充公；并规定西京留寺 4 所，每寺僧 10 人，东京留 2 寺，所有节度观察使治州留 1 寺，僧照西京例，其他刺史所在州不得有寺。这次持续六年的灭佛，对佛教是最大的一次打击。紧接着周世宗即位伊始，又裁减寺院 3636 所，毁天下铜象铸钱，解决国力极度的匮乏。然而"灭"佛并不意味着佛教的完全消灭，只是势力受到相当大地削弱。宗教有其长期存在的必然性。宋代佛教院寺就又增到 4 万多，宋真宗时僧尼增到 45 万多。

2. 反抗与社会冲突

反抗是指宗教或与宗教有一定联系的一方对统治者采取的暴动、起义等反抗行动。历史上某一个系统化宗教独立组织的对王朝的反抗行动不多见，多表现为宗教的某些因素与其他社会因素相结合，并与阶级斗争相联系的共同的反抗行动。因而一般不表现为单独的宗教功能，而表现为复合功能，其强度、冲击面和影响常不亚于统治者采取的禁教行动。这种反抗行动甚至成为社会变迁的催化剂。

（1）与农民起义相结合。宗教与农民和地主阶级之间的矛盾斗争的联系表现为农民起义利用神权。神权在中国传统社会中具有道义上的至上权威，统治者需要神授君权，被统治者同样需要神授夺君权，事例数不胜数。秦末陈胜吴广起义，假托鬼神打出"大楚兴，陈胜王"旗号。黄巢起义攻克长安，即以符命暗示天命"唐去丑""口而黄"，天意"令黄在唐，乃黄家日月也。"① 李自成在起义过程中，即打出"十八子，主神器"② 旗号。

宗教在初期形成过程中与农民起义相联系，道教即属此类。东汉时太平道以"苍天已死，黄天当立，岁在甲子，天下大吉"谶语为号召，发展道徒，形成席卷全国的几十万黄巾军，动摇了王朝的统治。东晋以五斗米道教主孙恩领导的农民起义，是统治阶级内部矛盾与农民反抗地主斗争相结合，农民队伍发展到几十万人，直逼建康，沉重打击了门阀地主贵族势力，加快了东晋的覆灭，也促进了道教的形成。

宗教在衰落消失过程中与农民起义相联系，摩尼教即属此类。摩尼教唐初期传入时曾以"邪见"被"严加禁断"。唐中叶借唐王朝对回纥参加

---

① 《旧唐书》卷二〇〇。
② 《明史》卷三〇九。

平叛安史之乱有功给予礼优而得来到长安和内地传教，一度发展成为仅次于佛教的一个大教。随着唐王朝对回鹘的打击，摩尼教也受到打击取缔。在逐渐衰落消失过程中，除了融入佛、道教外，由于摩尼教主张的"二宗三际"（明暗、善恶、过去、现在、未来）教义以及提倡节俭、善良、同党相亲、通财互助等，都易为群众接受，因而流向民间，与农民起义相结合，发生多起摩尼教策动的农民起义。明太祖恶明教（即摩尼教）"上逼国号"，以"左道乱正之木"而予严禁，摩尼教自此在中国历史上消失。宗教失去王朝的扶植，夭折无疑。

掺和某些宗教色彩或打着宗教旗号的带有一定政治性的民间组织与农民起义的结合，这是中国封建社会后期在农民起义队伍中较为普遍存在的现象。由元末明初兴起的白莲教孳生演变成的数以百计、名目众多的教、会、道、门等组织，多打着宗教旗号，或掺和某些宗教色彩。它们与宗教虽有某些内在的联系，如受某一教的影响，或由游离的僧、道为首发起组织的，然而不具备系统化宗教的完整的构成要素。一是随意性。常随聚随散，无宗教群体的稳定性、规范性。二是东拼西凑、杂乱的、低层次的教义。多抄袭或拼凑佛、道、摩尼等教的某些教义，如来自道教的"一生两仪、二生三、三生万物"，来自佛教的"弥勒"、"三阳"、"应劫"、"九六原子"、"龙华大会"等，编成"三期末劫、无生老母、真空家乡、弥勒降世、龙华大会、普度归根"等基本内容，以及简易的"修持"方法。它构不成反映自身特点的严密神学思想、教规教义。三是明显的政治目的。多与农民起义结合在一起，依附朝廷的是少数，绝大多数都被朝廷列为"以事论魔"的"邪教"、"妖教"，而予以查禁。这类组织对统治者的反抗活动决定了它们以秘密活动作为保护手段，然而秘密性不应是它的本质，本身具有破坏性的消极作用。这类组织具有正负两方面的功能。与农民运动相结合是前期的重要特点。元末以韩山童、刘福通为首的白莲教策动的红巾军农民大起义，队伍曾扩大到几十万人，韩林儿曾一度被拥为大明王，称国号"大宋"。曾参加红巾军的朱元璋，初利用白莲教，继以白莲教"妖言"，红巾军为"妖寇"，"焚荡城郭，杀戮士夫，荼毒生灵"，杀害了韩林儿，夺取了起义军的领导权，并在明开国之始，对白莲教遂即采取防范措施，于洪武14年（1381年）编"黄册"，发给僧道度牒，对"不循本俗，污教败行的出家人"，把他们与僧道"并而居之"。明末李自成的起义军中就有陕西兴平等地的"祆教"数千人参加，刘宗敏率领的别部，吸收了龙天道的一小股武装。敲响了两千多年封建专制制度丧钟的义和团主力队伍，是白莲教的支派与义和拳武术团体的结合。这类组织中的少数专门从事封建迷信、骗取钱财、原始巫术的活动。随着封建社会走向消亡，这类组织大多演变成为新社会的敌对力量和消极因素。

（2）与民族矛盾和斗争相融合。这类反抗主要发生于少数民族同封建统治者的斗争中，一般属于阶级斗争的反映，具有民族和宗教的双重性格，往往受农民起义的诱发而相呼应。由于清朝统治者对信仰伊斯兰教的回回采取了"以回制回"、"以汉制回"的民族歧视、压迫的政策，因而爆发了多起回族穆斯林的反清起义。这种斗争起于清初，乾隆后期从秘密走向公开。乾隆46年（1781年）和48年（1783年）先后发生苏四十三领导的陕、甘、青、宁地区撒拉族与回族人民的起义和田五领导的起义。清朝政府的政策从歧视、怀柔转为防范、高压、利用、挑动内讧，加剧了矛盾。19世纪中叶在太平天国运动影响推动下，在云南、贵州、陕西、甘肃、新疆爆发了一系列回、撒拉、维吾尔等族人民的起义斗争，其中云南回族杜文秀领导的回汉、彝、白族人民参加的反清联合起义，坚持了18年。同治3～4年（1864～1865年）间，维吾尔族人民发动并联合其他民族在库车、乌鲁木齐、吐鲁番、和田、莎车、喀什、伊犁、塔城等地掀起了大规模武装起义，在一定意义上成为太平天国运动的一个支流。

皇权下的宗教与皇权政治的基本关系是政治上不平等的社会制度在宗教领域的表现。这种不平等的互动关系，随着中国社会制度发生根本变革而转化为平等关系，宗教仍将作为新社会制度下的次级子系统而存在。上层宗教信仰虽消失，多层次宗教现象仍具有存在的长期性。这些都含有中国国情所决定的宗教现象一定的继承与延续。

第三节　宗教的人本主义倾向

与世界上各种宗教形态相比，中国历史上的宗教大都是重人世的宗教。它们具备了这样一些特点：把修道成仙与觉悟成佛立基于人的心性的自觉之上，人的心性成为成仙成佛的根据与素材；它们并不为了神的目的而去贬低人的存在与人类生活世界,也没有完全将此岸与彼岸、现世与来生割裂开来,从而彻底否定现世生活的意义,而是主张即俗求真,将人的成仙成佛安置于现实生活之中。中国的各种宗教形态具有明显的世俗化的因素,尤其是它们历史地包含了世俗的伦理道德内容。

中国宗教的各种形态都有一种入世的精神,强烈地呈现出一种人本主义的倾向。

一 传统与人文

一般说来,世界历史上的大多数宗教都将世界两重化,把人与神、此岸与彼岸对立起来,通过贬低人来抬高神,否定人的价值、人的现世品格和现实生活的意义。但是中国的宗教却并不完全如此,它们具有自身独特的品格,例如,佛教传到中国以后,一改它在印度的传统和特征,成为一种体现人本主义倾向的宗教形态。这不能不归因于中国的文化传统。中国各种宗教的人本主义因素就是在中国文化人文精神的洗礼之下获得的。

首先,中国文化天人合一的思维方式影响了中国宗教的理论结构。

学术界相当多的人以"天人合一"来概括中国文化,认为中国文化是围绕天人之际的问题来展开其基本内容和论证方式的,追求天人之间的和谐与统一是中国人思考问题的出发点和终极目标。这种思维方式把天与人、自然与社会、主观与客观、主体与对象、理想与现实、理论与实践等所有的方面都整合在天人合一的思维框架结构之中,对之作总体性的思考与把握,中国文化由此展现出对于形而上与形而下、道与器、自然与人为等等关系的一种系统的辩证的看法。

在中国文化的天人合一思维结构中,天与人也可以说是两个不同的世界,天可以被理解为价值世界或本体世界。但与西方文化不同的是,中国文化中的价值世界绝不是超验的,远离现实社会生活的东西,它恰恰是经验的,存在于现实社会的经验世界之中,并从中得到体现。如《易传》说,道不离器,道在器中,器表现为道。《中庸》说道不远人,不离器而言道,不离道而言器。同样,不离人而言天,不离天而言人;道与器、天与人都被整合在一起,它们浑然一体。因而对于道和天的肯定,都是从器和人的方面获得的。

同时,天人合一还表现在对现实的人生的肯定上。中国文化则认为天人之间是一种异形同体结构，天人合一不仅仅具有可能性，而且具有客观现实性，其根据就存在于人类本性之中。天作为价值之源与人类之本，它是完美无缺的，人来自于天，因而他也必然是完美无缺的。人性中自有为圣为贤的本性，人不是靠外来的救赎，而是靠自身的道德修养来不断地完善自我。这样就能最终使人性的光辉凸现出来，成为圣贤。至于现实生活中的人为什么不是圣贤，并不是人性本身有什么欠缺，而是现实社会生活的缺失与不完善遮蔽了人的完美的本性。这样一种观念就把人的成圣成贤立于人类本性之上，可以通过自身的努力、修养身心来达到。根据就在人自身。

其次，以人文"化成天下"这样一种重人世的精神构成了中国宗教的基本内涵，奠定了中国宗教的独特品格。

在中国文化史上，文献中第一次出现"人文"的词语，是在《易传》之中，它说："观乎天文，以察时变；观乎人文，以化成天下"[1]。从词语本身来说，《易传》中所提到的"人文"，按孔疏是指儒家经典《诗》、《书》、《礼》、《乐》所表达的思想内容，[2] 孔疏认为在处理人际关系时应效法这些经典所制定的规则，以化成天下。当然，在中国文化中，所谓的人文实际上包含着更为广泛的社会内涵，天文与人文相提并论，是中国文化人文精神的基本内容和品格之一。从文化史的角度来看，天文与人文之"文"所指的是纹理规则，引申而言是指自然与社会的秩序与法则，中国文化所注重的是从自然与社会的相互交融、动态互补上来展开其思想内容，这样，就把人及其社会存在放到一个更为广阔的自然世界的秩序中来加以考察，客观的自然与主观的人类自身相互依赖，密不可分，人生活于自然之中，自然又为人的目的服务。自然与人类社会的这样一种关系其实是以人为中心的，因而人类社会的存在成为中国文化所关注的核心内容。中国文化从来不把自然界看作一个纯客观的物理的世界，对之作纯客观的研究，对中国人来说，自然界并不是一个纯粹供人们认知的世界，它完全和人类生存及其生活目的相联系，所谓"正德、利用、厚生"[3]，就是指的这一点。

---

[1] 《易·贲卦·彖传》。
[2] 《十三经注疏》。
[3] 《尚书·夏书》。

同时，以人文化成天下，自然与社会的交融互补中所反映出来的以人为核心，如果对这样一种观念进一步加以分析，不难发现，它所强调的是人的社会性。人是社会实践的主体，而人之制礼作乐、宰制自然也只有在社会整体生活中才能完成。强调人的社会性，人作为社会整体中的一分子。这样，一方面，人区别于动物，孟子人性论的全部意义就是看到了人的社会性，把人从动物中提升出来，认为人之所以为人，人之区别于动物的根本之点，就在于人具有仁义礼智四端之心，有了它们，人就会在社会实践中表现出外在的美善的行为，从而完善自己的人格，并由此去改造社会，实现王道政治。举例说来，见到孺子入井，大家就会自觉地主动地去救他，因为人人都有恻隐之心；看到长辈自然会生出崇敬之心；这些都是人固有的，而区别于动物之本性。另一方面，人的社会性是强调把人作为一个类来把握，人不是一个个孤立存在的个体，而是类，是群体，因而必须从人际关系上来理解人。荀子就说过，人走不若马，力不若牛，而牛马为之用，究其原因就在于人是处于关系之中的群体，[①] 正是这种群体性使人能充分地去驾驭牛马，为我所用，从而真正成为社会实践的主体。这样一个实践主体有分工，懂礼义，治人辨物，制天用天。由这两个方面来看，通过对人的本性的深刻认识，中国文化历史地包含了和谐、宽容、义务、责任、贡献、仁爱等人文性内涵。

以人文化成天下，特别强调了注重现世的生活，注重现实的社会与人生，而对死后的世界则不作太多的考虑。如孔子就反复强调了这一点，他在《论语》中说："未能事人，焉能事鬼"；"未知生，焉知死"。其实在孔子的思想中，其重心是放在现实的社会与人生上，在他看来人们首要关心的是今生今世的生活，而不是来生，不是鬼神世界，人们在现实的社会生活中尽到责任，努力为善，完成有意义的人生。

第三，神道设教的文化精神强调的是宗教所具有的社会功能，这一点成为理解中国宗教形态关键之处。

以孔子为代表的中国文化所具有的现世主义品格，把重心放在现实的社会与人生上，而不太关心死后的鬼神世界，但是这不是说不需要一个鬼神世界，即便是孔子本人也并没有彻底否定它的存在，对于祭祀的过分重

---

① 见《荀子·王制》。

视就表明了这一点，如他说"祭如在，祭神如神在"，对于这种宗教祭祀活动始终保持着虔敬庄重之心，孔子本人则是入太庙，每事必问。而且当他的学生表示要去掉告朔之礼时，他极力加以反对。

中国文化既注重现世的精神，而又保留宗教的存在，这样一种双重性格，实质上是对宗教的一种新的理解。中国文化对于宗教的解释，主要不是在神学的意义，不是它的信仰体系和祭祀活动本身，而是它的社会功能上，尤其把宗教理解成一种与儒道文化相一致的教化形式，这就是神道设教的思想传统。所谓"观天之神道，而四时不忒；圣人以神道设教，天下服矣。"① 这就是说神道是存在的，但在中国文化看来，神道本身可以用来教化百姓，圣人就是利用神道来设教，以治理天下，因而可以看出，所谓神道设教，强调的是宗教的人文性因素，它所着眼的是宗教的教化作用。对此孔子本人是说得很明白的。《论语》中有如下一段对话："或问禘之说。子曰：不知也，知其说者于天下也，其如示诸斯乎！指其掌。"② 禘是王者祭祀祖先的祭礼。有人问孔子，什么叫做禘这种祭礼，孔子回答说不知道，接着他就发挥了神道设教的思想，说禘这种祭礼和治理天下有关，因为它所隐含的道理可以用来治理天下。由此可以看出，孔子并不关心禘这种祭礼的仪式或者信仰，他所关心的是通过这种仪式来发挥它的社会功能，把它和治理天下结合起来。

神道设教的传统，既然强调的是宗教的社会功能，而不是鬼神的权威，也不是宗教祭祀活动的神学意义，那么它必然是要建立在人的内在心性的主观自觉上，这样，在宗教信仰与祭祀活动中，主动权就不在作为对象的神灵一边，而是由人来主宰，它只能表现为一种人的诚服虔敬的心态。《中庸》讲"事死如事生，事亡如事存。"《中庸》还说："使天下之人，斋明盛服以承祭祀，洋洋乎如在其上，如在其左右。"《礼记·祭统》则说："崇祀宗庙社稷，则子孙顺孝。尽其道，端其义，而教生焉。"这种种表述所强调的都是人的主观态度，它必须诚服虔敬，而不能淡泊，这就使得敬天祀鬼的神道活动一转而为人们自尽其心的人道表现。

神道设教思想其实是一个矛盾的体系，既然神道是圣人为了教化百姓

---

① 《易·观卦·象传》。
② 《论语·八佾》。

而人为的创立出来的,讲述圣人如何创设政治制度、典章文物以治理天下的道理,因而,在中国的圣贤们看来,不管人们是否承认有一个神灵世界的存在,但假设存在着一种宗教,那么显然它对治理天下,教化百姓是有用的。这样,一方面,宗教神道是人为设立的,它的用处是在社会功能上,为教化百姓、治理天下服务,就没有一点神秘的因素,相反理性主义是其核心内容,而且在宗教神道中,诸如神与人、彼岸与此岸,今生与来世也并没截然分为两个方面。另一方面,圣人既然设立了宗教神道,它就必须具备宗教的形式与内容,祭祀活动也就不能缺少,并且要起到作为宗教本身所起的作用。神道设教所包含的神道与教化两个因素正好反映了中国文化在解释宗教时所反映出来的基本矛盾和本质特征。人们在神道与教化两个方面可以各取所需,所谓"君子以为文,百姓以为神。"[1] 并且神道与教化两个因素又组成了一个统一体,不管是以为文的君子,还是以为神的百姓,都认为神道不可或缺,也都认为神道的功能在于教化,神道与教化这矛盾的两个方面在中国特有的文化背景与思维结构中又统一在一起。

最后,中国文化的人文性传统是历史地形成的,由此可以说明植根于这种文化土壤中的中国宗教,它的人文化是以一种文化史程作为支撑,有着坚厚的基础。

人类社会的史前时期普遍流行神人合一,神人同构的巫术宗教文化气氛,我们的祖先也不例外,他们的一切无不打上史前巫教的烙印。早期的人类是用神秘的巫教观念和神人合一的思维方式来看待他们所生活于其中的自然、社会、人类自身及其相互关系的,宗教并不是简单地用来作为教化的工具,而是和整个社会生活的整体及其各个方面密切结合在一起,宗教是史前人类的一种生活方式,一套价值观念及认识方法。可以这么说,除了巫教系统外,就不可能有别的文化形态的存在。

随着社会生产的发展和人类思维能力的提高,进入人类眼中的神灵,影响人类生活的东西越来越多,于是出现了对之进行重新整理的必要,这样就产生了宗教与社会双重变革的要求。[2] 在颛顼"绝地天通"[3] 以前,

---

[1] 《荀子·天论》。
[2] 参见《中国宗教史》第一编第五章第二节。
[3] 《国语·楚语》。

社会生活的各个方面无不刻上宗教的烙印，经"绝地天通"以后，由于杜绝了一般百姓与神的联系，并且产生了专门的宗教职业者，世俗事务开始从巫教系统中分离出来，结果就有了"为民师而命以民事。"①

但综观整个从夏到西周的天命神学体系的发展进程，不难看出，此时的意识形态的核心内容仍然是史前巫教系统转化而来的神学形态，它在社会生活各个方面依然起着支配作用和统治地位。如大禹和夏启屡次讲到"用天之罪，"②他们把讨伐有扈氏、征有苗、杀防风氏等都看作是在执行上帝的命令，因而需要不折不扣地去完成。殷商人的中心观念是帝，在他们的思想观念中，帝是至高无上、决定一切的，它既是自然界的主宰，又是人类社会的主宰，自然与社会领域里发生的一切都是上帝在操作拨弄，体现了它的意志。在这样的思潮之下，就不可能产生出充分体现人文精神的世俗文化形态来。西周的意识形态仍然是天命神学的思想体系，并且最终完成了这个体系。我们从《周书》中发现，凡是讲到自然界的变化与人类社会的更替，如攻伐即位作王之事，都说成是天的意志。尽管在周文化的系统中，容纳进了敬德保民的新的思想因素，并且在相当程度以此作为是否能获得天命的内在根据，但这些新因素并没有动摇西周意识形态的基础，不是要根本否定它，而只是在重新解释天命神学，而且诸如敬德、保民一类的观念也只有放到西周天命神学的体系中才能得到完整的理解。

中国文化的人文精神的获得以及对后来的宗教各形态的影响是和天命神学的解体分不开的。随着社会的激剧动荡变革而导致的西周政治统治的灭亡，由巫教系统一脉相传而来的西周天命神学体系也发生了深刻的危机。春秋时期一些开明的政治统治者和思想家们开始清理传统的天命神学，根据变化了的时代和自己的生活经验及统治实践，提出了一些新的思想认识，从而打开了天命神学体系的缺口；同时传统宗教那些等级森严的祭祀制度也已经无法羁縻野心勃勃的诸侯们，天命神学开始解体了。但在春秋时代，开明的统治者和进步的思想家们还不可能提出一套全新的思想路线来取代天命神学。这个任务是由老、孔、墨等春秋末年的思想大师来完成的，他们的功绩是用人文的精神去转换传统的天命神学，将先前在天

---

① 《国语·楚语》。
② 《墨子·兼爱下》引《禹誓》。

命神学体系内所萌发的不同的思想交锋展开为突破这种体系的不同的思想形态之间的论争，人文精神、理性主义成为当时各种思想形态的核心内容，这在老、孔、墨诸大家的思想体系中都是可以感受到的。

春秋战国时期，百家争鸣的局面是有一个长期的积累过程之后才形成的，它们也并没有把天命神学所取得的思想成果完全推翻，而是批判地继承，创造性地转换，是扬弃，这样就解释了为什么在诸子的思想体系中仍然保留着许多传统天命神学思想因素。同时，这是一个继承与变革共存的时代，诸子百家们的思想取代转换了传统天命神学，成为意识形态的主流和核心，但传统宗教仍然有着深厚的基础，并没有完全退出历史舞台，在社会生活的某些领域还起着相当大的作用。由此看来，这是一种哲学与宗教之间共存和交融的时期。因而新时期的思想家，一方面以新的形态去改造天命神学，创立新的思想体系；另一方面对传统天命神学作出新的解释，寻找两种不同的思想体系之间的交融点，以便利用传统宗教所取得的成果和历史影响来为自己的目的服务，共同维系春秋战国时期的思想文化形态。

简述由三代到春秋战国时期思想文化形态的变化，尤其指出中国文化在其奠基阶段就出现了以人文精神转化天命神学，由此表明在诸如佛教初传，道教产生以前，中国文化就积累起深厚的基础，在中国文化的历史发展中，这种人文传统贯串了始终，成为中国文化的主流。而后的各种宗教形态首先必须去适应它，认同它，然后才能生存与发展，因此当我们在后面具体讨论中国宗教的人文性因素时，不难发现，它是以先前中国文化历程作为支撑的。

二　中国宗教的人文因素

从文化传统来理解宗教，就找到了探索这一课题的切入口，中国宗教所具有的人文因素当然不局限于某几种简单的论述，而是立足于中国文化精神这一深厚基础之上所培养出来的基本的思想倾向和独特品格，在宗教的领域内凸现出人文精神。可以这么说，中国宗教本质上是人本的，而非神本的；中国宗教所关心的主要不是信仰上的纯正性，而是这种信仰所导致的社会效果；人与神之间也不是截然对立的，在相当程度上两者是贯通与相融的。因而不必贬低人，否定人生的价值，相反，把现实的人生作为宗教的核心，通过宗教的形式来曲折地反映人的愿望与要求，高扬人的精神，以极大的热情肯定人的价值与意义。

（一）成仙成佛：以人为本

基督教是一种以神为中心的宗教，它通过贬低人、否定人的价值来抬高神、高扬神的精神，因而在人与神之间实际上是两种不同的实体，而且是对立的。如把上帝看作是全知全能的，是崇高与神圣的象征，美善行为的化身，真实存在的本体，上帝同时也是无限的。相反，人则是有限的，卑微的，不完善的，生来就有罪，人必须以上帝作为自己存在的根据等等。人神关系表现为一种救赎关系，即人在上帝的救助之下不断赎罪，才能进入天国，无限地接近上帝，但人永远不可能成为上帝本身。

中国宗教在神人关系上表现出与基督教完全不同的形态，一个最基本的特征是神人之间的贯通与相融，本质上表现出以人为本的倾向。人是各种中国宗教的核心内容与基本出发点。比如就佛道来说，佛与神仙的世界即是人的世界的再现，人性成为成佛成仙的素材与根据，道教的长生不死、羽化成仙其实是人在生前就随着肉体一起飞升，佛教的成佛其内在的根据就在于人内在的心性。可以这么说，如果否定了现实的人，佛道两教就缺乏了坚实的基础，佛与神仙的世界也就无法构筑。

我们先来看佛教。佛教徒的最终目标是追求成佛。佛教的创始人原来是净饭王子，他舍弃王位，出家修行，在毕钵罗树下，结枷趺坐，静思苦想，终于觉悟成道，成为创教佛祖，这表明现实生活中的人经过宗教修持实践，信仰佛教的思想，最后证得觉悟，就能成佛。佛教中佛、菩萨等谱系，仅仅表明个人在修行证得觉悟的层次上的不同，而本质上都是与人相通的。这样一种宗教传到中国，在中国本土文化的洗礼之下，直接把佛性与人性相连，佛性即是人性，成佛的根据就在于人的内在心性。这样佛教徒所追求的成佛目标最终是立基于人性之上，围绕人性来展开的。天台宗、华严宗，尤其是禅宗，都充分地说明了这一点。

如天台宗，它可以说是完成了中国化进程以后的第一个佛教宗派，建立了一整套具有中国特色的佛教理论，就佛与众生的关系，成佛的根据上，它提出了成佛的关键在于反观心性，反观心源，以觉心来解释佛性，灌顶说："观一念心，即是中道如来宝藏，常示我净佛之知见。"[①] 慧思明

---

① 《观心论疏》卷三。

确地把佛性理解为觉心,所谓"佛名为觉,性名为心。"① 这种一念心其实就是天台宗所谓的中道佛性,而反过来中道佛性也是一切众生之本原。与传统印度佛教相区别,天台宗对于佛性的分析上更具有中国特色,它深刻地体现出了以人为本的特色,认为佛性并不只有善的方面,犹如现实的人性那样,它也包含了善恶两个方面,这就是性具善恶论。天台宗的经典说:"问:缘、了既有性德善,亦有性德恶否?答:具。问:阐提与佛,断何等善恶?答:阐提断修善尽,但性善在。佛断修恶尽,但性恶在。问:性德善恶,何不可断?答:性之善恶,但是善恶之法门,性不可改,历三世无谁能毁,复不可断坏。"② 在天台宗的观念中,佛与众生一样具有善恶两种心情,佛与一阐提的差别不在是否有善恶的本性上,因为即使佛也有恶,一阐提也具善,他们的区别在于佛断除修恶,而阐提断除修善。但断除修恶,恶依然存在;断除修善,善也同样依然存在。由此可见,天台宗的性具善恶论,认为佛性既有善的方面,也有恶的方面,实际上是按照孟荀以来,包括董仲舒杨雄在内传统人性论来解释佛性,是用现实生活中的人来塑造佛的形象,佛之善恶也就由人之善恶而来,天台宗的佛其实就是由人修善除恶而成,这样佛与众生之间就立基于人之善恶本性之上而有了内在的同一性。佛性即是人性,成佛的根据也就在于人的本性。

在华严宗看来,佛与众生之间,其本源是同一的,这就是至绝至净,毫无杂染的清净心,或者叫做如来藏自性清净心,它是一切诸法之本原,也是众生成佛的根据。因而,佛教华严宗人所讲的佛性,其实也就是这种如来藏自性清净心。一切诸法乃至众生诸佛都是以此清净心为体,是这种清净心称性而起的结果。华严宗名僧法藏曾说这种清净心乃是"一切诸佛声闻缘觉,乃至六道众生等体。"③ 众生诸佛之间既然都以此清净心为本为源,表明两者没有什么区别,都是此清净心的体现,只是由于迷悟的不同,才有了众生与佛的区别:一个虚妄,一个真实;一个是迷,一个是悟。对此,澄观曾有明白的表述,他说:"夫真源莫二,妙旨常均,特由迷悟不同,遂有众生及佛。迷真起妄,假号众生,体妄即真,故称为

---

① 《法华玄义》卷一。
② 《观音玄义》卷二。
③ 《华严五十要问答》。

佛。"① 这就是说，世俗凡夫，由迷起妄，所以假号为众生，而学佛的目的也就是离妄还源，即证得自身本有的清净心，这样就能真正体会到众生本来是佛。正如宗密所说："谓六道凡夫，三乘圣贤，根本总是灵明清净一真法界心。性觉宝光，各各圆满，本不名诸佛，亦不名众生。但以此心灵妙自在，不守自性，故受迷悟之缘造业受报，遂名众生，修道证真，遂名诸佛。"② 严格说来，华严宗的清净心只是一种抽象的本体，但这种抽象的本体植入众生心中，众生离妄还源，证得自身本有的清净之心，那么众生即佛，这样一种佛性理论其实也是把成佛的根据安置在众生自身的觉悟之上，是众生觉悟到了自身的本体，这样那种一切诸法与众生诸佛共同所具有的清净本体实际上由抽象一转而为具体，成为现实众生所具有的具体的心性本体，这便是成佛的根据，其途径就是去证得这种心性本体，与之同一。

至于禅宗，它的最基本的观点是"本心本体本来是佛"，而这种本心本体已具体落实到了现实的人的心性之上，佛性与人性是直接同一的。对于中国佛教来说，佛性问题其实讲的是成佛的可能性与根据问题，禅宗佛性即人性，不离人的心性来讨论佛性，这样就把成佛的可能性与根据植入到人的心性之中，成佛就是具体的人的自我觉心，是在现实生活中证悟这种人所具有的内在的心性。佛性本有，不求外借，成佛自愿自力，即"自性本自具足"。惠能说："自心是佛，更莫狐疑，外无一物而能建立，皆是本心生万种法，故经云：心生种种法生，心灵种种法灭。"③ 佛与众生的区别仅仅是由于迷悟的不同，迷凡悟佛，一念若迷即佛是众生，一念若悟即众生是佛。这样，在禅宗看来，人人都能成佛，只要每个人都觉悟到自身内在心性即是佛性，那便是佛了。对此希运禅师说："即心即佛，上至诸佛，下至蠢动含灵，皆有佛性，同一心体。所以达摩从西天来。唯传一心法，直接一切人生本来是佛，不假修行。"④ 按照这种佛性本有的观念，佛性即是人内在的心性，那么"佛向性中作，莫向身外求"，成佛只是明心

---

① 《大华严经略策》。
② 《禅源诸诠集都序》。
③ 《坛经》。
④ 《黄檗山断际禅师宛陵录》。

见性。所谓"不识本心,学法无益,识心见性,即悟大意。"① 明心就是明白心是一切诸法之本,是洞见作为本体之心的本来面目,见性即是去发现自心本具佛性,明白自性本来是佛。因为人心本来一切具是,人性本来是清澈明朗的,只是由于众生横生妄念,执著于外境,不能识得自身本有的清澈明朗之心性。如果能识心见性,也就成佛了。禅宗对佛性与人的心性之间这样一种理解,表明与基督教外在于人的高高在上的上帝不同,佛内在于人的心性之中,佛性即是人性,佛不过是觉悟了的人,成佛不是向外的追求,而是识心见性,是人的心性的任运自然,人的本来面目的显现,禅宗的这种认识实际上把佛拉回到了人自身之中。

如果说,诸如天台宗、华严宗与神宗这些中国化的佛教宗派是在中国文化的洗礼之下把佛植入到人的心性之中,因而它们的成佛理论出现了以人为本的倾向,尤其是禅宗,那么道教则是在中国文化土壤中培植起来的。中国文化固有的人本主义倾向极大地影响到了道教观念,它通过对神仙的设定,强烈地显现了对于人的生命的尊重,在道教徒看来,生命是美好的,值得延年益寿,因而,长生不死,得道成仙成为道教徒追求的终极目标,也是道教观念中的核心内容。

既然人可以长生不死,维持这长生不死就能成为神仙,这就意味着,道教的神仙不是鬼神,不是死后的灵魂,而是现实生活中的人修炼而来的,是现实生活中生活的无限延伸和直接升华,人们经过修炼,把生命和肉体更紧密地结合在一起。因此就道教的长生不死、修炼成仙的思想实质来说,它是以人自身的存在为真实,是对自身真实性存在的肯定,也就是说,道教不把解脱的希望寄托于来世,而是主张现身成仙,不否定现实人生。正因为如此,北周释道安在《二教论》中区别佛道时说:"佛法以有生为空幻,故忘身以济物;道法以吾我为真实,故服饵以长生。"②

正如道安所说,道教徒求长生的办法是服饵,葛洪认为凡人可以修道而为神仙,达到长生不死,学仙修的方法很多,主要是服食还丹金液,所谓"服其药以求仙。"③ 葛洪认为通过药物可以养身延命,使得外患不入,

---

① 《坛经》。
② 《广弘明集》卷八。
③ 《抱朴子·对俗》。

内疚不生，从而达到肉体不朽，长生不死。① 在葛洪看来凡人与仙人之间没有什么不可逾越的鸿沟，只要掌握了修道成仙的方法，凡人就可以变为仙人，人只要外祛邪祟，内养形神，做到形神相卫，就可以达到长生成仙。

历史上许多人通过服食仙药或术数来追求长生不死、成仙证真，结果不仅未能长生，反而丢了性命。因此道教的发展不得不建立新的成仙的理论和方法，道教内丹学就是其中之一。内丹学相信，炼就内丹就夺得了造化之极，从此便可以自主生命，超出生死。并且像中国化的佛教一样，道教徒也把成仙证真立基于人心所具有真性之上。如全真道，这种真性是心之本体，成仙的根据，因此成仙在全真道看来当然不是像神仙道教那样靠服药或术数来达到，而是要通过内省的功夫，使人们顿见自己的真性，这样才使得人自主生命，超脱生死，从而长生不死。所以王重阳说："真性不乱，万缘不挂，不去不来，此是长生不死。"②

其实各种道教的方术，无论内丹还是外丹，从道教本身来说，都只是一种达到成仙证真的途径和手段，而其目的就是长生不死，肉身成仙，这样就否定了生死，把丹人与仙人联为一体，所谓仙不是别的，是凡人修炼而成，是肉体的飞升。这样，对于道教来说，修道成仙不仅不是要放弃生命，而是要延续生命以至永生不死，道教徒正是在成仙的旗号下，通过诸如服药、术数、内丹修炼乃至房中术等探索长生之道以自主生命，尤其像全真道把成仙证真建立在人的心性本体之上，认为只要内省自己的心性本体，明心见性就能达到，这样一种观念事实上是十分重视道教"我命在我不在天"的精神，在道教的成仙理论及方法中凸现出了以人为本的倾向。因此我们说这是对生命的尊重。

不仅佛道这两种中国宗教的主流通过对仙佛与人的关系的论证，把成仙与成佛立基于现实的人之上，中国宗教的其他形态，如伊斯兰教，在其教义上也反映出了某种人本的倾向，伊斯兰教认为，伊玛尼（信仰）是真主先天地赐给每一个人的，每一个人都有的。伊斯兰教传入中国后，明清之际一批回族著名穆斯林学者通过"悉本尊经，参以典籍"进行汉文译著活动，阐发伊斯兰教义。他们往往吸收苏非派的学说，采用中国传统文化

---

① 参见《抱朴子·论仙》。
② 《重阳授丹阳二十四诀》。

的概念、素材，加以改造、融合。在他们看来，"归真可以认主，明心可以见性，修身可以治国。"① 故认识真主不是向外追求，而是通过自身的内心观照，向内发掘，明心见性，这样才能达到"认己认主，复今归真"。由此贯通了真主与信徒的联系，因而认识真主并不是对人自身的否定，恰好相反，而是在肯定真主的存在中也肯定了自身，② 以超意识的自然观去体现真主。又如，中国伊斯兰教在论述"五功"与"五典"的关系时，实际上也是在对履行宗教职责和义务的规定中对人的某种肯定，它认为五功是体现信仰在宗教行为上的五种基本的功课，在伊斯兰教的宗教活动中必须遵守的。中国的伊斯兰教不仅讲"五功"，而且提出了"五典"，所谓五典实际上是儒家君臣、父子、夫妇、兄弟等关系的五伦，认为这是为人之道，并同"五功"相提并论，放在重要位置上，这就表明对于一个中国的穆斯林来说，只有既做好五种宗教功课，又能恭行"五典"的伦常，把尽主之道与尽人之道完美的结合起来，才算是一个合格的教徒。

（二）即俗求真：出世与入世的统一

作为一种宗教形态，中国的宗教也是将世界两重化，如佛教要营建佛国净土，道教则有一个神仙世界。佛教的根本宗旨是脱俗离尘，遁世修行，跳出三界外，因此自其创立之日起，佛教就主张远离尘世，不问俗事，以出世为终极目的。如释迦牟尼，本来是王子，他放弃了王位，入山修清净，他的弟子中大都不慕荣华、不恋世事，以出世解脱为高尚。对此，佛教有一种基本的理论，认为人生如苦海，只有跳出这苦海，证得真如佛性，在我乐常净的涅槃境界中获得解脱，因此，佛教徒常常是剃须削发，身披袈裟，以示离情绝俗，割断尘缘，在佛教徒的各个方面都表现出了他们厌弃人生、不染世间事务的风尚。道教神仙所崇尚的也是退身世外，归隐于山，以保全性命，视世俗生活为累赘，道教徒所主张就是要脱离社会，脱离现实，注重个人的养生得道，如全真道就具有强烈的出世精神，它要求人们离开人间苦海，去享受天上的真乐，主张看破功名富贵，财产妻女，放弃对现实幸福的追求，学道炼丹，以求成仙证真。

由此可见，中国的宗教具有一般的宗教特征。但是，由于受到中国文

---

① 王岱舆：《正教真诠》。

② 王岱舆：《正教真诠》。

化的洗礼，因而它又有不同于世界上别的宗教形态的独特品格。在中国文化对宗教的理解中，它主要不是出世的，而是出世与入世的统一，主张即俗求真。佛教是为了出世而入世，以入世为手段达到出世的目的；道教则企求在现实中去营建一个神仙世界，神仙不是天国的幸福，也并不是来世，而是现实生活的升华。

我们先来看中国的佛教。佛教传入中国，一开始就强调了它与中国本土文化的区别，认为佛教是出家修行，儒家是关心世俗事务。《牟子理惑论》就说："尧舜周孔修世事也，佛与老子无为志也。"并说："至于成佛，父母兄弟皆得度世，是不为孝，是不为仁，孰为仁孝哉。"① 而中国学者抨击佛教最激烈之处也集中在它的出世主义。《广弘明集》卷七中说佛教"脱略父母，遗蔑帝王，捐六亲、舍仁义。"把佛教看成是洪水猛兽，说它"入国而破国，入家而破家，入身而破身。"② 斥责佛教"浮屠害政"、"桑门蠹俗"、"无害于时政，有损于治道"③，主张把佛教退回天国。

佛教完成中国化的进程，尤其是禅宗惠能，把出世与入世统一了起来，从理论上调和了佛教的出世主义和中国本土文化入世主义之间的矛盾。禅宗的基本理论是"本心本体本来是佛"，佛性本有，不假外求，主张明心见性，觉悟成佛。那么成佛就不是在自身心性本体之外去寻觅，超声逐响，而是依赖自力。禅宗反对离俗，认为个人的修行成佛是即事而行，即俗求真，在世俗的生活中求得解脱，所谓不入世就不能出世，因此调和出世与入世的矛盾是禅宗理论的必然结果。

这样一种理论实际上已不再把修道成佛看成是离尘脱俗，超绝情缘，而是把出世与入世结合起来了。所谓"学佛不离世间，即世间求解脱。"惠能对此有许多精辟的说明。如："佛法在世间，不离世间觉，离世觅菩提，恰如求兔角。"这就是说，佛法与菩提只存在于世俗生活之中，人们也只有在世俗生活之中才能真正求得解脱，如果离开了人们现实的社会生活而去求佛法，那只能如求兔角那样徒劳无功。惠能思想的核心是即世间而超世间，所谓"世间法则佛法，佛法则世间法"。出世间与即世间两者实质

---

① 《弘明集》卷一。
② 《弘明集》卷八。
③ 《弘明集》卷三。

上没有什么差别，因而他教导人"勿离世间上，外求出世间。"事实上，离开了世间，也就无所谓出世间，因为在惠能的观念中，两者是统一的。

即俗求真，把出世和入世统一起来，是禅宗的基本特征。神会和尚认为佛就存在于世俗生活之中，无世俗生活也就没有佛法。他说："若在世间即有佛，若无世间即无法。"① 梵琦更说："处处无非佛事，头头总是道场。酒肆、淫坊了无挂碍，龙宫虎穴任使经过。亦可入魔，亦可入佛，然后佛魔俱遣，凡圣不存"② 由此可见，禅宗的发展，已不像以往的佛教，而是把佛法立基于世俗生活之中，强调佛法的现世主义品格，并且越是后来这种倾向越明显，入世即是出世，修习佛法也不过是如穿寓于常人常事，因而禅宗把解脱成佛融会到了个人的世俗生活之中，所谓"处处自在"，"便登佛地"。

基于此，禅宗强调"非离世间而求解脱"③。例如，惠能就反对向西天佛国去求佛法。他说："若欲修行，在家亦得，不由在寺。在家修清净，即是西方。"又说："菩提只向心觅，何劳向外求玄，所说依次修行，天堂在眼前。"惠能还说："东方人造罪，念佛求生西方；西方人造罪，念佛求生何国，凡愚不了自性、不识心中净土，愿东愿西，悟入在处一般，所谓佛言随所住处恒安乐。"④ 这就是说，佛国净土只在人的心性本性之中，不存在一个超脱世俗之上的彼岸世界的存在，这样，学佛修行就不必离开人间，孤栖远遁，而在于开悟识道，识得自身心中本体即可。

禅宗这种即俗求真，把出世与入世统一起来的特点不仅在佛教的其他宗派中反映出来，也在像道教这样的本土宗教中反映出来。一般说来，道教思想的核心既然是修道成仙，长生不死，这种思想其实是独立出世，要上升仙界，离尘脱俗，超情绝缘，从而与世俗的生活形成鲜明的对比。但道教的这种观念又与道教在历史上的实际情形有很大的不同。例如：葛洪改造神仙道教为上层统治者服务，陶弘景被称为山中宰相，唐代的道教徒积极参与政治、社会生活的各个方面，邱处机等全真七子和蒙古统治者也紧密结合在一起。这一种客观的历史说明道教并不是不关心尘世的生活，

---

① 《荷泽神会禅师语录》。
② 《梵琦语录》。
③ 《大珠禅师语录》。
④ 《坛经》。

甚至发展到不以俗为累,是在仙界与人间建立起沟通的桥梁,尤其是像孙思邈这样的医学大家,更是以济世救人为职志。

这样一种思想的进一步发展,就走向了把入世看得比出世更紧要,并以为只有入世方才能出世,如净明道就主张要尽人道世事,反对离俗出家。刘玉曾说:入净明道的人:"或仕宦、或隐游,无往不可,所谓忠君孝亲,奉先叔后,至于夏葛冬裘,渴饮饥食,与世人略无少异。只就方寸中用些功夫,非比世俗所谓修行,殊形异服,废绝人事,没溺空无。"① 净明道把出世与入世完全统一起来,认为"净明之道不废人事"②,"欲修仙道,先修人道"③,只有"人事尽时,天理自见。"④

总之,以佛道两教为主要形态的中国宗教,已并不完全是一种出世主义的宗教,而是把出世与入世统一起来,强调为了出世的目的而入世,即俗求真,在世俗生活中求得对佛法道法的理解与体悟。其实佛道两教这种即俗求真,将入世与出世统一起来的态度,在某些中国人对基督教的理解中也有相同的方面,他们把治世与修性统一起来,在某些中国的天主教信徒中,对于皈依天主教更主要的也是依据于神道设教的传统,把信仰天主和爱人救世统一了起来。徐光启就认为"必欲使人尽为善,则诸陪臣所传事天之,真可以补益王化",⑤ 并认为如果全国都信奉了天主教,那不要几年时间,"世道人心,必渐次改观。""兴化致理"这就是徐光启对于天主教的社会功能的理解。

(三) 世俗化的宗教伦理:忠孝仁义

中国的宗教大都是为了出世的目的而入世,把出世与入世结合起来,强调即俗求真,结果必然是走向世俗化,尤其是在其宗教思想体系中包含了大量的世俗化的伦理观念,忠孝仁义等中国社会中主要的伦理思想和规范,同时也成为以佛、道两教为主要形态的中国宗教十分注重的伦理观念。这一点是不难理解的,因为中国是一个注重现实人生,讲究实际的古老的文明国度,在佛教初传、道教诞生之前就已经奠定了中国的文化传

---

① 《净明忠孝全书》。
② 《净明忠孝全书》卷三。
③ 《净明忠孝全书》卷三。
④ 《明净忠孝全书》卷四。
⑤ 《辨学章疏》。

统，在这样的氛围之中，全然不顾中国人所极其看重的伦理纲常，过分地强调离尘脱俗，是不适合国情的。倘若那样，各种宗教就会被排斥于中国文化的传统之外。因此，中国宗教的人本主义倾向，也主要地反映在它的伦理规范和道德观念的世俗化上。我们且以在中国社会中有广泛影响的佛教与道教为例作些分析。

佛教在中国初传时，其在社会上曾受到的攻击主要的一点就是说它违背了中国的君臣父子之间的伦常关系，不合中国情。《牟子理惑论》就记录了当时人们攻击佛教的一些言论，如"弃妻子，捐财货，或终身不娶"，又说它："违圣人之语、不合孝子之道。""违貌服之制，乖，摺绅之饰。"① 东晋孙绰《喻道论》引反佛者的话说"佛教大乖于世教"，因为"沙门之道，委离所生，弃亲即疏，刊剃须发，残其天貌，生度色养，终绝血食。"② 可以说在这方面反对佛教的斗争从未停止过。到了南北朝，佛教已经有了长足的发展，荀济还上书反佛，说佛教违背五常，"使父子之亲隔，君臣之义乖，夫妇之和旷，友朋之信绝。"认为佛教所行之道是"君不君乃至子不子"，"不行忠孝仁义"，"俱断生育，傲君陵亲，违礼损化。"③

佛教徒为了求得在中国的发展，不断为自己的观念与行为进行辩护，调和佛教与中国文化之间的矛盾。庐山名僧慧远就说，信仰佛教的人出家为僧，不顾君臣之礼，父子之亲，表面上看来是违背了传统中国伦理，但实际上他们"道合六亲，泽流天下，虽不处王侯之地，固已协契皇极，大庇生民。"④ 因而在慧远看来，佛教不仅没有违背中国的孝道，而且是大忠大孝。

佛教徒在调和它与中国传统文化的矛盾时，为了适合中国的国情，在人伦道德方面大量吸收了传统中国文化的内容，尤其是忠孝仁义等观念，以为不仅儒家讲忠孝仁义，佛教的宗教伦理也注重忠孝仁义这一些人伦道德观念，因而中国的佛教中有大量的仁义忠孝的内容，从而使得其宗教伦理世俗化，在相当的程度上凸现出了其人本化的倾向。这种趋向在隋唐而后的中国佛教中表现得越来越明显。

---

① 《弘明集》卷一。
② 《弘明集》卷三。
③ 《广弘明集》卷七，《列代王臣滞惑解》。
④ 《弘明集》卷十二，《庐山慧远法师答恒玄书沙门不应敬王者事》。

隋唐所创立的中国佛教宗派实际上都在其宗教伦理方面表现出世俗化的倾向，大量吸收了忠孝仁义等儒家伦理的内容。如《内德论》说："儒之为教也，劝人以忠，劝子以孝，劝国以治，治家以和。"① 针对反佛者所说的佛教违背五常，佛教徒以五戒来比附五常，认为佛教的戒律其实就是儒家的五常。禅宗云门系的契嵩就说："吾之喜儒也，盖取其于吾道有所合而为之耳。儒所谓仁义礼智信者，与吾佛曰慈悲、曰布施、曰恭敬、曰无我慢、曰智慧、曰不妄言绮语，其目虽不同，而其所在立诚修行，善世教人，岂异乎哉。"② 他把仁义礼智信与不杀、不盗、不邪淫、不饮酒与不妄言直接等同起来，说："夫不杀、仁也；不盗、义也；不邪淫、礼也；不饮酒，智也；不妄言，信也。"③ 在契嵩看来，佛教的五戒与儒家的五常，叫法虽不同，但本质上是一样的，它们"异号而同体。"

　　事实上，佛教自传入中国，和中国本土文化发生碰撞，两种不同的文化系统之间所出现的拒斥与接纳、歧异与认同是一种必然的现象。对佛教来说，它要在中国生存发展，就必须首先认同中国文化，与中国的国情，主要是与儒家所强调的人伦纲常，相协调。因此在后来的发展中，它逐步把忠孝仁义这种中国世俗伦理的具体内容纳入到佛教体系中，成为佛教的一个重要内容。唐代禅宗名僧作《百丈清规》，对禅宗的发展产生了极大的影响；在后来的修改完善中，《百丈清规》大谈特谈忠孝，把它们列为开头的四章。后来的僧人更是撰文大讲孝道，如契嵩的《孝论》认为孝敬父母是"天下三大本之一。"明清以后的僧人还有所谓的《孝闻说》、《广孝序》等有名的佛教论孝名著。明代名僧智旭在《孝闻说》中说："世出世法，皆以孝顺为宗。"④ 在《广孝序》中说："佛以孝为至道之宗。"⑤ 他们皆大讲孝道，把孝视为佛教的根本宗旨。

　　佛教也通过对佛经的重新注释，以世俗化的伦理道德观念来阐发佛教中的思想，从而使印度佛经经过改造之后以适应中国的国情。印度佛教的《盂兰盆经》被称为中国佛教的孝经，隋唐以来极受重视。究其原

---

① 《广弘明集》卷十四。
② 《镡津文集》卷八《寂子解》。
③ 《镡津文集》卷三《孝论》。
④ 《灵峰孝论》。
⑤ 《灵峰孝论》。

因，就在于此经体现了中国文化所注重的孝道精神。如宗密的《盂兰盆经疏》，就强调目连救母这种精神，因而出家修行是为报答父母慈养之恩。①

中国本土的道教就植根于中国文化的土壤之中，同样的社会历史背景使道教也无法摆脱社会所要求于它的，对于人伦道德的推崇一开始就是道教的主要内容。《太平经》认为，"三纲六纪所以能长吉者，以其守道也"，实际上肯定了三纲六纪的合理性存在。《太平经》对于世俗的伦理道德有许多吸收，它说："吉者圣人像天地而行，以至道要德力教化愚人，使为谨良，令易治。"《老子想尔注》有这样一些话："道用时，臣忠子孝，""道用时，家家慈孝。"还说："会不能忠孝至诚感天，民治身不能仙寿，佐君不能至太平"。神仙道教的奠基人葛洪在《抱朴子》中明确地把求仙与忠孝联系在一起，他说："欲求仙者，要当以忠孝和顺仁为本，若德行不修，而但务方术，皆不得长生也。"②

道教的戒律大都肯定了世俗的伦理纲常，将忠孝礼智仁义等作为道士必须遵守的规范。因此我们在《十戒》中看到这样一些说法："不得违戾父母师长，反逆不孝"；"不得叛逆君王，谋害国家"。有些戒律宣称学道者要以忠孝为先，说："夫学道之人，先孝于所亲，忠于所君，慜于所使……不违外教，能事人道也。"③魏晋南北朝期间，天师道、正一道经过改变以后形成新的五戒，其主要内容也是仁、义、礼、智、信等儒家的五常，所宣扬的是尽忠、敬老、赏善、罚恶的思想。这五戒是：行仁，行义，行礼，行智，行信。④从中不难发现五戒的内容就是世俗化的五常，它一点都没有宗教的神秘因素。正一五戒是道士必须遵守的，只有遵守这五戒的内容，才能入正一道。由此可见，在正一道中能否信奉仁、义、礼、智、信，并在修道实践中严格履行，成为衡量道士的尺度，是道士必须遵奉的戒律。

在道教中反映出其宗教伦理的世俗化的还表现在一种《功过格》上，《功过格》是记录道士行为的一种小册子，分善恶两类。善言善行

---

① 参见方立天：《中国佛教与传统文化》，上海人民出版社，第277页。
② 《抱朴子·自叙》。
③ 《洞玄灵宝智慧本愿大戒大品经》。
④ 《无上秘要》卷六十四。

为功，登功格；恶言恶行为过，登过格。而区分善恶的标准其实就是社会上普遍遵循的世俗伦理规范。《功过格》的实质是劝人修善去恶，认为行善可以长寿成仙，行恶则减年夺命，不得善终，这样一种东西是把人的修养去恶和修道成仙联系起来，一个人能否修善去恶成为其能否修道成仙的前提条件，这样就在宗教的修炼实践中极大地渲染了善恶规范的意义。

道教在自身的发展中，越来越看重伦理纲常。如全真道，虽然它竭力主张离家出世，却对纲常伦理极为重视，把忠孝放在修炼的第一位，以"忠君王，孝顺父母师资"[1]为炼内丹的前提；还说："若要修行，须要修仁蕴德，济贫拔苦，见人患难，常怀拯救之心，或化诱善人入道修行，所行之事，先人后己，与万物无私，乃真行也。"[2] 全真道认为，他们所修炼之道的实质包含在三纲五常之中。陈致虚说："夫金丹之道，先明三纲五常，次则固定生慧。纲常既明，则道自纲常而出，非纲常之外别有道也。"[3] 从这种种论述中，我们看到全真道教徒并不是那种超然物外，对世事漠不关心，而是关心世事，具有强烈忠孝仁义之心的人，这也解释了像邱处机这样的全真道士被元统治者重用的原因。

道教中还有一个净明道，它刚产生之初就是和忠孝问题联系在一起的，所以称为净明忠孝道，可见它对忠孝的重视。净明道把"忠孝"推到极致，称为"大道之本"，宣扬"孝至于天，日月为之明，孝至于地，万物为之生，孝至于民，人道为之成。"[4] 虞集在评论净明忠孝道的宗旨时说："盖春说以本心净明为要，而制行必以忠孝为贵而已。"[5] 净明道有垂世八宝，所谓"忠、孝、廉、谨、宽、裕、容、忍"，其实质性内容也是强调纲常伦理，处世原则与态度。因此，我们从净明忠孝道那里可以看到，道教的伦理包含十分明显的世俗化因素，忠孝仁义等中国社会的世俗伦理观念成为道教净明道的核心内容。对此刘玉说得很清楚："要不在参禅问道，入山炼表，贵在于忠孝立本，方寸净明。四美具备，神渐通灵，

---

[1] 《金关玉锁诀》。
[2] 《晋真人语录》。
[3] 《金丹大要》卷九。
[4] 《净明忠孝全书》卷二。
[5] 《道学园古录》卷五十。

不用修炼，自然道成。"①

至于基督教，由于它和中国文化之间存在巨大的差异，加之它传入之时特定的社会历史背景，在四次来华传教的过程中，冲突十分激烈，因而它始终没有改变作为外来宗教的身份，融入中国的主流文化中。中国人对基督教的批评，甚至在一次又一次的教案中，常常指责基督教"破坏伦常"，"暗伤王化"。虽然如此，基督教也自觉不自觉地吸收了一些中国文化中的伦理内容，表现世俗伦理的一些因素，走向本地化的进程。耶稣会教士在中国成功的秘诀就在于把天主教义和中国祭祖祭孔结合起来，只有向强大的中国传统文化靠拢，在妥协与认同中求得两种文化因素的融合，才能立足和发展。在中国的伊斯兰教中也有大量的世俗伦理内容，如主张把忠于真主、忠于君主与孝顺父母结合起来，认为"忠于真主，更忠于君父，方为正道。"② 它认为顺主、顺君、顺亲是人生的三大正事。

第四节　宗教与中国传统文化

当我们把宗教作为一种文化现象放到中国文化的整体框架内来加以考察，以说明它所具有的文化价值与功能时，就表明中国的各种宗教形态并不是游离于中国文化整体之外的完全独立的现象。中国文化是由各种相对独立而又彼此联系、相互影响的文化形态所构成的历史总体，是一个文化大系统，中国历史上的各种宗教形态正是构成这文化大系统的有机组成部分和基本内容之一，并在其自身的历史行程中，始终与中国文化的整体及其各个组成部分之间处于双向选择与动态互补的关系之中。

一　宗教是中国文化的有机组成部分

古代中国社会的各种宗教形态既是一种相对独立的现象，在中国文化中具有独特的个性，又存在于中国文化的整体结构与氛围之中，是中国文化的有机组成部分，与其他的文化形态一起构成中国文化的历史整体。

---

① 《净明忠孝全书》卷二。
② 王岱舆：《正教真诠》。

（一）巫教系统和三代天命神学曾是中国文化的历史总体

首先，原始文化就是由史前巫教系统构成的，人类经过原始的巫术宗教活动才开始形成自己的文化传统，巫教活动及由此形成的文化形态是民族文化的历史开端，可以这么说，在人类发展的史前阶段，离开了巫教系统就不可能有任何别的文化系统的存在。

史前巫教崇拜与祭祀活动是一个无所不包的文化系统，它由各种自然神灵及多种多样的祭祀活动组成。在这样的系统中，原始人类无一例外地都不能游离于巫术宗教活动之外，所谓"家为巫史，夫人作享"①，说明了其普遍性。同时，在巫教系统中，江河湖海、草木禽兽、日月星辰以及山川大地都有神灵的存在并作为主宰；太阳的升落、月亮的圆缺、草木的盛衰、河水的涨落，这一切在原始人的心智活动中都被认为是神灵在作祟，为了求福禳灾，必须去祭祀各种神灵。因此在巫教系统中，祭祀是一种普遍的行为。"山川之神，则水旱厉疫之灾，于是乎禜之；日月星辰之神，则雪霜风雨之不时，于是乎禜之。"② "山林、川谷、丘陵。能出云，为风雨，见怪物，皆曰神。有天下者，祭百神。"③

我们的原始祖先就生活于这样的宗教氛围之中，他们日常生活的各个方面无不与宗教活动有紧密的联系，深深地刻上了巫教的烙印，并通过它们来表现。他们的文化形态，心智活动及人际关系也就无不包容于巫教系统之中，如丰收祭祀，图腾舞蹈等。原始人是通过巫术宗教观念和神秘的巫教思维方式来看待与理解他们生活于其中的自然界与人类社会的，并以此来说自然界的种种变化和人类社会的发展，由此形成的巫教观念和思维方式以及体现此种观念的祭祀活动构成了原始文化的历史整体。严格说来，当原始人还远未能真实地去把握自然、社会、人类自身及其相互关系，无法准确地记叙自然与社会的客观过程时，通过宗教的形式在幻想中重视自然、社会的变化及其相互关系与内在的统一性，就成为原始人心智发展的必由之路，也是人类自我意识发展的一个历史前提。在这样的条件下，除了巫教文化以外，不可能有别的文化形态。

---

① 《国语·楚语下》。
② 《左传·昭公元年》。
③ 《礼记·祭法》。

其次，随着部落联盟的形成及由此而来的夏、商、西周三个朝代的依次更替，在思想文化领域内，作为原始的文化整体的统一的无所不包的巫教文化系统开始分化，并转化为三代的天命神学这种国家宗教形式。三代天命神学的思想体系是当时思想文化形态的核心内容和基本的形态，也是这一时期意识形态领域内历史文化的主体。可以这么说，在夏、商、西周的历史更替，当时的社会实践、日常生活中以及各项文化创造中，三代的思想文化无不围绕天命神学来展开，并由此来得到说明。天命神学支配一切，尤其是统治者与思想家用来解释历史变迁、朝代更替的强有力的理论武器；把天命神学作为论述政治统治合理性的依据，这一点在三代文献中是随处可见的。

在天命神学体系中，天神观念是核心的内容。夏王朝的建立就奠定了天命神学的主体性地位，把天神观念作为思想文化的核心，利用其来发号施令，为自己的政治统治服务。《墨子·兼爱下》引《禹辞》说："济济有众，咸听朕言，非惟小子，敢行称乱，蠢兹有苗，用天之罚，既率尔群，对（封）诸群（君），以征有苗。"殷商人比夏人更崇信天神，遵天之命，用天之罚，这既是殷商人用以解释代夏的神学依据，也是确保自己政治统治的神学保证。《尚书》里说："慎厥终，慎其始，殖有礼，覆暴君，钦崇天道，永保天命。"① 完整的天命神学体系是由西周人来建立的，西周人在承传并同样崇信钦敬天神观念的基础上，提出了新的内容，这就是天命可以转移。天命转移的依据是人间之王是否能敬德与保民，因此西周人的意识形态是天德民这样一种结构。无疑，天神观念依然是这一结构的核心观念。

维系三代天命神学意识形态的另一核心内容是祖先崇拜，天命神学是天神崇拜与祖先崇拜的二元结构。在三代，祭祀祖先是一种普遍的行为，《尚书·甘誓》记录夏启讨伐有扈氏时说："用命，赏于祖。"孔子说大禹致孝乎鬼神也就是指祭祀祖先。到了周代，以祖先配上帝，把两者有机地结合起来，形成了完备的天命神学体系。这一时期的历史文献对此有大量的记录。例如："文王在上，于昭于天，周虽旧邦，其命惟新，有周不显，

---

① 《尚书·仲虺之诰》。

帝命不时，文王陟降，在帝左右。"① 还如：周公既相成王，"郊祀后稷以配天，宗祀文王于明堂，以配上帝。"② 这就是把西周宗族的祖先文王与上帝相并列加以祭祀。把族类先祖作为天神的代理人，因而死后能匹配于上帝，同享祭祀。

（二）宗教与中国文化的整体结构

中国文化由多种文化形式汇合而成，即多元一体是众多要素构成的复杂体系。当我们去解析中国文化的结构时不难发现，宗教是其不可或缺的有机组成部分。中国文化自身在发展过程中完成了其整体建构以后，包括外来宗教与本土宗教在内的各种中国宗教形态都是构成中国文化结构的基本要素之一。包括各种宗教形态在内的不同文化要素之间的冲突与融合是在中国文化的基本框架之内发生的，它们之间具有内在统一性，并共同推动了中国文化的发展。因此各种宗教形态不仅是中国宗教的基本内容，也是更为广泛的中国文化的整体结构中的一个方面。

对于中国文化的整体建构问题，应放在中国传统宗教与哲学的总体发展中来考察，在中国文化发展的每一个阶段，都有宗教形态存在。正如前面所说的，在史前巫术宗教文化系统与三代天命神学思想体系中，宗教是维系全社会的唯一的精神支柱，因而它们构成了从史前到三代这一社会历史时期思想文化的整体。然而，在诸子竞起，百家腾越的春秋战国时期，天命神学的思想体系固然完全被打破了，人文理性精神替代天命神学而成为意识形态的核心和思想文化的主体，但传统宗教的影响依然存在。春秋战国时期其实是传统宗教和人文理性精神并存而相融。这种文化建构可以看作是中国文化融宗教于整体构建之中的一种雏形，并且在最基本的方面奠定了中国文化整体结构的基础，尔后在中国文化的发展中，宗教始终是维系这种整体结构的一个重要的方面。中国文化在其发展的每一个阶段上，都包含宗教于传统文化的整体之中，是宗教的各种形态与传统文化的同生共长。

中国古代文化整体的形成无疑是一个动态的过程，它经过几次大的变动才最终确定下来。汉代是文化整体结构初步确立的时期。此时有两个因

---

① 《诗大雅·文王之什》。
② 《孝经注疏》卷五。

素值得充分重视。其一，儒学经过长期的发展获得了独尊的地位，传统文化开始形成了以儒为主，广泛吸收了道、法、阴阳诸家的思想这样一种格局，奠定了中国文化结构和意识形态的基础。其二，本土道教的产生，佛教的初传，佛、道两教与儒家经学的冲突，在中国文化结构中形成了儒、释、道的三教关系；其后外来宗教逐渐融入本土的文化建构之中，开始了三教之间不断冲突与融合的历程。魏晋时期中国文化结构进一步作了调整。数百年的统一王朝解体，社会转入分裂割据的动荡年代，纷争不息，思想文化领域内也发生了历史性的变化。旧的思想文化结构变换了内容，其中具有决定意义的是儒学失去了独尊的地位，并与老庄道家之学相结合，形成了适合魏晋时代特征的，以老庄为骨架，以孔孟为灵魂的玄学思潮。同时，佛道两教经过最初的发展以后，此时都已获得了相对独立的形态，在理论、组织等各个方面都展现出其自身独特的个性特征来。因而魏晋时期儒、释、道三教关系展现出更为丰富的内容。三教之间争优比胜，在相互冲突、斗争的同时也普遍存在相互渗透与融合的一面。并且三教之间汇合的趋势越来越强烈，可以说这是魏晋（包括南北朝）时期思想文化的基本内涵。如何适应时代特征，确立新的文化建构，尤其是理顺三教关系，成为当时最重要的理论课题。隋唐以来，佛教进一步发展，建立起了不同的宗派，完成了中国化的进程；道教在帝王的扶持下，一跃而居于三教之首；佛、道两教都进入了鼎盛时期，但隋唐以来的思想文化政策是三教并重，儒、释、道这三种文化形态的融合构成了唐以来中国文化的历史整体。

　　考察中国文化的历史进程，儒、释、道三教共同维系了中国文化的整体结构。在不同的时期，三教之间的关系有所不同，但它们是构成中国文化的三个主要的方面，是中国人的三大精神支柱。这样一种整体结构成为维系传统文化整体性的深层链条，极大地丰富了中国文化的内涵，并影响到了中国文化的各个领域，左右着中国文化发展的潮流和方向。同时，其他各种宗教形态在中国文化的整体结构中增添了新的内容，它们或多或少地融入这一整体建构之中，相互之间的冲突与融合使得中国文化的画卷更为绚丽多姿，但在整体上并没有改变中国文化的结构与性质。

　　在儒、释、道三教共同架构与维系的中国文化整体中，儒学是主干，佛、道是辅翼，儒、释、道三教各具特色的思想信仰与生活理念之间具有内在的一致性和统一性，因而它能够成为维系中国人的三大精神支柱，并在具体的历史行程中获得客观的力量。宋孝宗说：以儒治世，以道修身，以佛养心。古人云：儒以经世，道以忘世，佛以出世。明德清禅师说得好："为学有三要，所谓不知《春秋》，不能入世；不精老庄，不能忘世；不参禅，不能出世。"① 这样一种文化结构可以满足不同的需要，给人以多种选择的可能，以便在社会变动及人生变故之际能及时调整自己的价值取向和生活理念，而不至于惊慌失措，无所适从。中国人按照对自身需要的理解、特定的社会背景与人生态度来选择安身立命之所。在思想信仰上，有的独崇一家，有的儒、道兼容，有的出入于老、释，有的则三教并重。许多人一生中不断变换自己的思想信仰，出入于老、释，游移于诸家，成为中国人特有的心路历程。

（三）极其珍贵的文化财富：宗教典籍与文物

浩如烟海的古代文物典籍是中国文化光辉灿烂的历史见证，也是中国文化极其珍贵的文化财富，它具体地记叙了勤劳勇敢的中华民族的智慧及在历史活动中所取得的伟大成果。其中无疑也包括大量传世的宗教典籍、文物及广大宗教徒的创造性劳动成果，它们同样是中国文化不可或缺的重要内容，是中华民族的极其珍贵的文化财富。

首先，宗教典籍不仅局限于宗教方面的内容，还记录了宗教思想信仰、宗教徒的活动和宗教发展的历史等等，因而具有一般文化史的价值。

以佛教典籍为例。佛教原为印度宗教，它传入中国是从介绍翻译佛经开始的。在长达两千年的历史中，中外僧人译介了大量印度佛教各个宗派的经典，这为中国佛教的创立与发展提供了理论上的依据。中国的佛教徒还有大量阐发佛经的著作，如《肇论》、《摩诃止观》、《坛经》、《金狮子章》等，它们成为中国佛教史上的不朽之作，这些著作是佛教中国化的极其重要的理论创造。同时佛教的典籍中还包含了大量的传记，它们对于佛教徒的生平事迹、学派的建立与宗旨、学说的传播、经典的翻译与注疏、佛教及其各宗派的盛衰都有具体的记录，为研究中国佛教文化提供了珍贵的资料。

道教典籍也极具珍贵的学术价值与史料价值。葛洪的《抱朴子·内

---

① 《憨山大师梦游全集》。

篇》奠定了道教内丹派的基本理论,集以往神仙炼丹之大成,标志着上层道教已有了自己独立的理论建构和思想体系。唐代的道教学者,他们的著作也极具理论意义,如司马承祯、王玄览、成玄英等以解释老庄的著作来发展道教哲学,把唐代道教推向理论化,学术化的方向发展,从而在理论形态丰富了道教思想体系,以与唐代极盛于世的佛教各宗派的学说相抗衡。

宗教典籍往往超出各宗教形态自身的界限,而包含了其他各种文化形态的内容,因而具有一般文化史的意义。以《道藏》为例。它首先是一部大型的道教文献典籍的结集,内容涉及道教的各个方面,包括理论、历史、组织、教派,是研究道教的第一手资料。但《道藏》也包含了很多有关《易》学、医药学、养生学、文化、哲学、地理学等方面的内容,如它保留了《道德经》、《南华经》等各种版本,为研究老庄的思想提供了丰富的资料。再如,庄逵吉读《道藏》,发现《淮南子》一书的内容比流行的集子要多得多,这就为研究《淮南子》提供了重要的参考资料。佛教典籍也有一般文化的意义,如《高僧传》等佛教传记就不局限于为僧人作传,也包含了更为丰富的社会史的内容。事实上,许多佛教典籍都不局限于传播、论述、阐发宗教信仰,还有哲学理论、伦常规范、政治理念及逻辑思维方法等方面的内容。同时,佛教典籍对于目录学、版本学、校雠学、编纂学等方面也极有用处;缺少了这方面的典籍,就难以深入研究中国文化的各个形态,也就难窥中国文化史的全貌。

其次,宗教文物的文化史意义不能低估。中国宗教作为一种文化形态,在长期的发展过程中,并不局限于它们理论建构和思想信仰,而是将这种理论建构与思想信仰落实于实物形态,通过诸如建筑、雕塑、绘画、器物等实物形态生动地再现出来。中国的各种宗教留下了大量的文物,这些文物以宗教的形式凝结了中国人民高度的智慧与才能,它们是中国文化史上极其光辉珍贵的财富。

以道教为例。道教文物是用来宣传道教教义与神仙思想,直接服务于道教,它是道教文化的重要的内容,这些文物在道教徒那里都具有神圣的意义,它们同时又是中国文化整体的有机组成部分。山西永乐宫的壁画集唐宋道教绘画之大成,不仅形象生动地宣传了道教教义,而且在艺术史上也堪称是中国绘画的杰作,有很高的艺术价值,是文物中的精品。道教第一丛林白云观中保留了许多珍贵的文物。道教进行宗教活动的宫观等建筑群体，作为中国古代建筑文化的一部分，其布局、结构、艺术风格乃至壁画等装饰，都是极有价值的东西，尤其是在道教的宫观中，往往将壁画、题词、诗文、联额、碑刻等与建筑主体融为一体，鲜明地体现出多种文化史上的意义。

佛教有大量丰富的文物留存下来，其中许多是价值连城的精品，弥足珍贵。诸如佛教的建筑、绘画、雕塑、法器等，不仅直观地再现了佛教教义与思想信仰，同时也是重要的艺术形式和审美对象，是中国文化中的灿烂明珠。它们不仅为我们研究佛教提供了实物形态，也为研究其他的文化形态提供了重要的参考材料。通过对寺院演变的考察，可以从中看到中国人的智慧、审美情趣、建筑艺术与风格的发展。在佛教文物中，著名的寺院，例如国清寺、少林寺、栖霞寺等，还有三大石窟、四大名山、八大祖庭等，至今依然闪烁着中国文化耀眼的光芒。

最后，宗教徒也是中国文化的创造者。他们不仅为其所信仰的宗教形态做出了贡献，而且也广泛地参与各种文化领域之中，在中国文化的各个方面都做出了自己的贡献。我们在中国文化的科学、哲学、文学等各个领域都可以看到宗教徒所做出的巨大贡献。

葛洪是道家思想家和理论家，它奠定了丹鼎派的理论基础，其实他同时也是一个杰出的科学家，在古代中国的医学和化学领域有过深入的研究，并取得了成果。一般说来，道教徒对中国文化思想上的两个方面有所贡献，一是科学，一是哲学，当然不以这两个方面为限。如陶弘景，时称山中宰相，在政治上为帝王所器重，在科学技术方面也极有成就，他本人是一个天文历法专家、医学家和药学家，并在中国历史上第一个创立了以玉石、草木、虫兽、果菜、米实为分类内容的分类法。唐代道教徒孙思邈是一个极有成就的医药学家，被称为药王。在哲学上，唐代的一些著名道教徒都是重要的思想家、哲学家，他们在阐发道教思想理论时也丰富了中国哲学的内容，推动了中国哲学的发展。我们从王玄览、成玄英、司马承祯等道教学者身上都可以清楚地看到这一点。

许多中国的佛教徒也在广泛的领域内为中国文化做出了杰出的贡献，佛教徒中不仅有著名的科学家、哲学家，也有杰出的文学家、画家等。僧一行第一个实测了子午线的长度，并在天文历法方面也有建树，曾修改前人的成果,撰有《开元大衍历经》。唐一代僧人中,在儒学、史学、文学、诗词等领域内不乏大家,有的绝不是附庸风雅,而是造诣极深。如唐代诗僧有姓名可考者就达百余人,僧皎然、贯休等都有诗集传世。

在佛、道两教以外,如徐光启,他不仅是一个天主教徒,也是一个杰出的科学家。他在改宗天主教的同时介绍了西方的自然科学,并用主要精力编纂了《农政全书》。这是一本极有价值、内容丰富的科学著作,总结了中国古代天文学、数学的成果,为科学发展做出了贡献。

总之,中国宗教的各形态并不是游离于中国文化之外,与之完全无涉的另一类文化形态。中国文化是由多种形态汇合而成的复杂体系,宗教作为一种文化现象,是维系中国文化整体结构,组成中国文化体系的有机内容之一。在这样的认识之下,我们再来探讨宗教与中国文化的关系,就会有一种更深一层的理解。

二 宗教与中国文化的动态互补

严格说来,中国历史上所有的宗教现象都不过是中国文化的整体结构与基本精神在中国宗教领域内的特殊的表现形态。它们存在于中国文化氛围之中,受制于中国文化背景,认同于中国文化的本体结构,体现中国文化的基本精神。同时,它们又都是作为中国文化整体中具有鲜明的个性特征的文化形态,具有相对的独立性,而不是完全消融于中国文化的各种形态之中。在宗教与中国文化的冲突融合之中,宗教不是消极地适应中国文化,而是积极地给中国文化以影响。这样,宗教与中国文化形成了一种动态互补的关系。

(一)宗教体现了中国文化的精神

宗教与中国文化之间的并存与相融,共同构成中国文化的历史整体。一方面,中国文化本来就是由各种不同的形态构成的共同体,它具有开放性、包容性等特点,能够兼容并蓄、博采众长,从而能够融合不同质的文化于一体,这样就为各种宗教形态在中国文化中的存在提供了宽松的环境。另一方面,宗教不是游离于中国文化整体之外的一个独立的文化形态,它的思想内容和基本结构不过是中国文化整体在宗教领域内的曲折反映,因而中国社会的各种宗教形态无不主动地、自觉地反映中国文化的主体精神,吸收中国文化的思想成果来充实、丰富、提高自身。在中国宗教的各种形态都可以感受到中国文化的强烈影响。

试以道教为例。与后来传入中国的各种外来宗教不同，道教就植根于中国文化的土壤之中，是在中国文化精神与历史传统的熏陶之下土生土长的，因而它先天地就和中国文化传统有不解之缘。道教的教义教理，思想信仰、人生理想、基本结构、价值取向乃至于它的宗教实践等方面都反映了中国文化传统。道教之所以能成为煌煌大教，并在以后的发展中与儒、佛并驾齐驱、形成鼎足，共同构成中国文化的整体，主要是因为它始终融合于中国文化之中，反映了中国文化的基本精神，吸收各种文化所取得的丰硕成果。在它产生之始，就把当时社会生活中广为流行的阴阳灾异、巫觋神道、民间方术等纳入自己的理论建构之中，作为创立道教的思想前提。后来，老庄之学使道教获得了形而上的思想基础，从而使其不再停留在粗俗的巫术神道的低水平上；孔孟之学又使道教获得了一种为广大的生活世界所接受的政治理念和伦理观念，从而能与主流文化相融而汇通。因此我们看到，支撑道教的不仅仅是作为宗教形态的教义教理、神仙信仰及它的宗教实践活动，同时也包含了更为丰富的文化内容。

各种外来的宗教形态传入中国，要想获得发展，也无不受制于中国社会固有的文化传统。只有在与本土文化的冲突、融合中纳入中国文化的整体，才能成为中国文化建构中的一个因素，并在各自的宗教形态中体现中国文化的精神与整体结构。任何外来宗教都不能超越于中国本土文化之外，因为它们所传入的国家是一个文明高度发展的先进之邦，具有极其光辉灿烂的文化成就和一以贯之的文化传统，任何外来宗教传之于中国都首先面对的就是这个前提，它们想要生根成长于中国，就必须接受这个前提，去适应它，和它相融，否则就不可能找到立足之地。对此我们从三个方面稍作展开来加以说明。

1. 文化心态：比附、迎合与拒斥、容纳

这是外来宗教初传于中国时所出现的两种不同的文化心态。外来宗教的传教者为了使他们所信仰的宗教生根于中国社会和文化之中，争得一席之地，无不去迎合、比附中国的本土文化，求得本土文化的容忍与接受，从而使两种不同的文化系统能够并存和相融。如果传教者把自己的宗教凌驾于本土文化之上，就不可能使两者并存和相融。对于本土文化来说，对外来宗教的感情是复杂和矛盾的，常常是拒斥与容纳并存；在最初的阶段，拒斥多于容纳。

我们先来看佛教初传的情况。佛教初传是通过翻译佛经开始的。但翻译佛经困难重重，一是语言上的障碍，二是观念上的差异；因为佛教与本土文化是两种不同的文化系统，而且当时在中国的译师们都是外国人。如何克服两大障碍，准确地翻译佛经，使之成为中国人可以理解、可以接受的东西，是他们面临的一大难题。当时的译师们无不用中国文化的术语名词去译述佛典，主要是道家的阴阳、道等一些概念范畴，用它们来调整佛经，如安世高、支娄迦谶所译的佛典即是如此。这表明译师们试图去比附、迎合中国文化的努力，也由此真正开始了佛教与中国文化相融合的进程。

译师们不仅仅停留在术语名词的比附上，同时也在思想内容上进行比附、迎合，甚至作出牵强附会的解释，以求得两种文化系统的并存相融，为佛教立足于中国进行有益的尝试。安世高在翻译《尸迦罗越六方礼经》时，就广泛地涉及人际关系，为了求得所译佛典与儒家社会伦理纲常名教相适应，他不惜通过增删译文的方法对佛教原典进行调整。康僧会则把佛教的菩萨行附会于孟子仁政学说。魏晋时期则是佛教依附于玄学，所谓"六家七宗"、"格义"等实质上都是援玄入佛，因玄谈佛，是佛教的玄学化。佛教大师慧远、道安等，他们的历史功绩就在于为佛教取得了威仪和形式超脱的地位，而在思想内容上则依附于儒家的伦理观念和价值取向，使之隶属于王法的要求。

佛教初传入中国时，由于是两种不同的文化系统，它与中国本土文化必然产生冲突。在这种情况下如何对待佛教，中国文化表现出了拒斥与容纳两种不同的心态。从本土文化立场出发，看到两种文化之间的歧异性，对佛教采取了拒斥的态度："世人学士多讥毁之。"[①] 说佛教是夷狄之术。"违圣人之语，不合孝子之道"，我们中国人不应该"背五经而向异道"。因而出现了许多反佛教的言论，强烈表现出拒斥佛教的态度。但佛教作为一种独特的文化思想，也逐渐为中国文化所容忍与接受，吸引了许多的中国人。他们出家成为佛教徒，并在反佛言论盛行之时起而为佛教进行辩护。

这样，我们看到，佛教传入中国时两种文化表现出来的比附、迎合与拒斥、容纳这样双重的文化心态，其实是立基于中国文化背景，按照中国

---

① 《理惑论》，载《弘明集》卷一。

文化的精神来对待佛教。从中国人拒斥佛教来说，就是看到两种文化系统的歧异性，它们之间的冲突与不相融的方面。从中国人接受佛教来说，因为中国文化本身是一个开放系统，有极大的包容性，能融不同质的文化于一体。中国人接受佛教，就是把它纳入本土文化的框架之中，对之进行再解释，从而将印度佛教改为中国佛教。从佛教方面来说，翻译佛典，比附、迎合本土文化，实际上也是以中国文化来创造性地解释佛教。

天主教耶稣会初传入中国时，也出现了同样的情形。耶稣会士面对中国强大的文化传统，试图将他们的宗教中国化，成为中国人可以接受的宗教，因而更多地表现出迎合、比附中国传统文化的态度。如利玛窦，他对中国文化就很有研究，认为天主教与儒家传统有相似之处。当他脱下教士服换上儒服的时候，也就为天主教披上了儒学的外衣。他尝试着用儒学来解释天主教教义，他的《天主实义》就是在这方面一次比较成功的努力。他把天主教的天主比附儒家的上帝。耶稣会士们充分了解到了为适应中国社会而作种种努力的必要性，在外在形式上也尽量去适应中国文化。他们广泛地与统治者交往，学习中国传统；在生活习惯上也作适当的调整，身着中国民族服饰；在伦理道德上寻找天主教与儒家的相似性，提倡耶稣与孔子合流，孔子加耶稣。所有这一切都是为了让天主教能在中国传播，事实也确实如此。耶稣会在中国得到了初传，并吸引了像徐光启等朝廷重臣。

不管对天主教是拒斥还是容纳，都是中国人站在本土文化的立场上表现出来的不同的文化心态，于是在他们身上出现了先前中国人对待佛教初传时相同的情形。有些人非常惊奇于天主教教义与中国文化的相通相似之处，如徐光启。他之所以入天主教，是因为他认为天主教有益于忠孝，和孔孟之道并无矛盾，可以"易佛补儒"①。他说："补益王化，左右儒术，救正佛法。"② 并说："百千万言中，求一语不合忠孝大旨，求一语无益于人心世道者，竟不可得。"③ 而拒斥天主教的人们也是依据自身的文化精神，看到了天主教与本土文化这两种文化系统之间的歧异性及不相容的方面，以此作为理论武器来反对与批判天主教。沈㴶在标题为《远夷阑入都

---

① 《方豪六十自定稿》（上），第 212 页。
② 徐光启：《辨学疏稿》。
③ 《徐光启集》（上册），第 86 页。

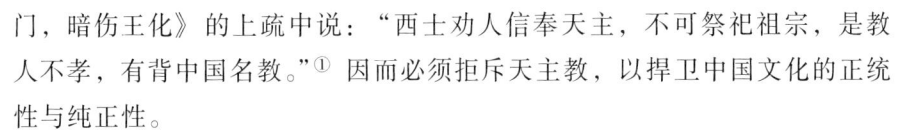

门，暗伤王化》的上疏中说："西士劝人信奉天主，不可祭祀祖宗，是教人不孝，有背中国名教。"① 因而必须拒斥天主教，以捍卫中国文化的正统性与纯正性。

总之，外来宗教初传时，传教者迎合比附中国文化，致力于外来宗教的中国化。中国人的拒斥与接纳也立基于本土文化的立场，从两种文化的歧异性与相融性作出不同的选择。

2. 和谐思想的具体表现

和谐思想是中国文化的活的灵魂。中华民族在长期发展过程中，不同地域、不同思想流派各具特色的文化在大一统政权的干预下彼此认同、相互影响、和睦共处，构成了具有内在统一性的文化共同体。当然，组成中国文化整体的各种形态之间不是没有冲突与斗争，但冲突不是分崩离析，斗争也不是分庭抗礼，更不是要消灭对方，冲突与斗争不过是达到并存与相融、组成内在统一的文化共同体的有效途径。中国文化的这种思想品格深深地影响到中国的宗教现象，中国各宗教形态之间及其各教内部的派别之间也形成了多元、互忍与相融的特征。

宗教是一种十分普遍的社会文化现象，世界历史上形成了宗教多种并存的局面，但并存不一定互忍，更不一定能够相融。在各种宗教之间，由于不同的文化背景，就形成了比较复杂的关系。在西方文化背景下，各种不同的宗教形态之间的关系如同冰碳，常常出现你死我活的争斗。基督教世界是从护教学的角度来看待不同的宗教形态之间的关系的，它们把基督教称为正教，而把别的宗教形态视为异端，为此常常发生大规模的宗教战争，如十字军东征、宗教圣战。

反观中国的各种宗教形态之间却是另外一种情形。各教之间也确有冲突，甚至是很激烈的冲突。在儒、释、道三教之间不仅有理论上的论争，而且在某些情况下它们的关系如同冰碳。因为它们在中国文化整体中代表了三种不同的价值取向和理论结构，所以会出现在道士的挑拨下唐武宗会昌法难，韩愈主张取消佛教，佛教徒中自称天香居士的黄贞极反对基督教的情况。但在通常情况下，中国的各种宗教形态之间却能和睦共处，彼此认同，形成了多元结构。在中国历史上，除了道教以外，佛教、基督教、

---

① 《破邪集》卷一。

伊斯兰教都是外来宗教，它们都能相容于中国文化的背景之下。各教之间没有发生根本性的冲突，更没有出现过视自己为正统、别的宗教为异端从而导致大规模的宗教战争的情况。

中国的宗教徒中，有许多人的信仰是坚定而虔诚的，终其一生，崇奉某一种宗教，中途决不改变。但也有许多信徒就灵活得多。他们儒、道兼宗，佛、道俱信，儒、释并奉，或者在三教之间自由地变换其思想信仰，按照自己的人生变故与价值取向的转变，不断在三教之间轮流摇摆，这对他们来说没有一点滞碍阻隔。中国的宗教徒不把各种宗教之间的差异视为鸿沟，而是在思想信仰与宗教实践方面把它们贯通起来，在中国文化的整体规范之下和睦共处。

和谐共处也体现在各种宗教的内部宗派上。以佛教为例。印度佛教在创教以后，由于历史的发展，对原始教义和戒律的理解产生了歧义，原始佛教开始分化，形成部派佛教，分为上座部与大众部，各自又分化出若干个支派。公元1世纪开始形成大乘佛教，主要有观行派和瑜伽行派，前者为空宗，后者为有宗。大乘佛教产生以后，遂把以前的佛教称为小乘佛教，于是在印度佛教中有大小乘之分。在印度佛教中，各个教派之间的门户很深，彼此视为敌人，相互之间争论的胜负往往以生命作为赌注。

印度佛教的各宗派先后传入中国，而且中国化的宗教也是以各宗派的独立发展，完成中国化的进程为标志的。但与印度佛教内部各宗派之间的关系不同，中国佛教的各宗派之间不是一种你死我活、水火不容的关系，它们之间也是互忍、并存与相融的，彼此认同，相互吸收，共同提高与发展。中国的佛教以判教的形式来调和内部各宗派的关系。所谓判教，就是以本宗为基础去调和佛教内部各个不同的宗派，甚至去调和佛教与其他文化、宗教形态的殊异，区别不同的情况，把各个宗派看成同一宗教整体的不同层面，从而将它们圆融贯通。在中国佛教徒看来，各教派的思想之间并不矛盾，不是水火不相容的，各种佛典都是佛说，只是由于时间、地点不同以及听众水平的高低，才有针对性不同的道理，从而有了种种差异。各种佛教宗派都有自己的宗教学说，它们之间虽有很大的差异，但本质是一致的，就是通过消除各宗派之间的隔阂、圆融互摄，从而使宗教的不同学说之间形成一种文化共同体，和谐无碍。如华严宗的判教就是要在融合各宗的基础上去融合宇宙万物，宗密的《原人论》则从更为广阔的文化领域来融合中国文化各形态。我们再来看中国的佛教宗派，它们经过判教弥合了分歧，虽然也有争论，但主要集中在何者为主的问题上。佛教各宗派的内在统一性，它们之间的圆融无碍、和睦共处，则是各判教理论的共同出发点。

与此相联系，我们再来看中国的佛教徒，他们常常是兼信两宗，甚至是多宗的。如大名鼎鼎的《原人论》的作者宗密，他既信奉荷泽宗，精研《圆觉经》，又从澄观学《华严经》，成为华严五祖。在唐朝以后，这是一个十分普遍的现象，如明德清和尚，对禅宗、净土宗与华严宗都加以融会贯通。

中国的伊斯兰教也存在这样的情况。早期伊斯兰教由于政治、宗教及社会主张等方面的分歧发生分裂，形成逊尼派和什叶派两大教派。历史上的派别之争曾引发战争，兵戎相见。传入中国的伊斯兰教主要是逊尼派，也有什叶派，而逊尼派融合了什叶派的某些因素。因而在中国的伊斯兰教中，什叶与逊尼两派已不像国外那样界线分明，歧见突出，而是在中国文化的整体观照下，两派之间在一定程度上已经相融而存，和平相处。

3. 对外来宗教的创造性阐发

外来宗教要在中国生根，不同程度地进行中国化的进程，和本土文化真正做到并存与相融，当然就不能停留在初传时期那种简单的比附、迎合上，而要在保留各自特质的情况下适应中国社会的文化思潮，按照中国文化的内在结构和基本精神对外来宗教作出创造性的解释，从而使外来宗教经过新的阐发以后融入中国文化的整体结构之中，成为中国文化的有机组成部分。

佛教在这方面是比较突出的。印度佛教和中国本土文化是两种性质完全不同的文化系统。印度佛教是出世的宗教，它的原始教义以人生为苦，而苦的主要原因是人有欲望，因而它视家为牢笼，伦理为羁绊，所崇尚的是与王者抗礼，以解脱为务，走出世之路，轻蔑个人的社会责任。为了实现个人的解脱，佛教提出了一套去欲去恶，从善出世的理论，形成了一种独特的宗教哲学体系。中国的本土文化则是以儒家学说为主的入世的社会伦理学，强调个人对于社会的责任，以治国平天下为人的担当，干预生活，改造世界。这样两种不同的文化系统的冲突、斗争是不可避免的，因而不管初传时如何迎合、比附传统文化，也无法消除两者之间本质上的歧异性，尤其是佛教初传入中国时，它的一些观念，如众生平等，是和中国宗法传统下的等级观念直接发生冲突的。

佛教要扎根于中国文化的土壤之中，就不能停留于印度佛教的教义教理上，坚持印度的佛教经典，也不能停留在初传时的简单比附上，而是要从两种文化系统内在的思想核心上做融会贯通的工作。要做到这一点，就必须深入到这两种文化系统的内在建构，用中国本土文化去创造性地解释佛教，从而在整体上不断调整自己的思想形态，一改印度佛教那种固有的传统，克服它与中国文化的对立，适应中国文化的结构与特征，融合于中国文化之中。

如魏晋时期佛教的六家七宗，其实是佛教的玄学化，用玄学的思想范畴来阐发佛教义理，通过谈本末、有无的问题在思想领域内再现玄学发展的线索，实质上以玄学的精神作为六家七宗思想的核心。有一个生动的例子能充分说明这一点。《世说新语·假谲篇》载创立心无义的支愍度，他过江往江东的时候与一个道人为伴，他认为，用旧的思想往江东恐怕行不通，于是创立了心无义这一派。他为了适应江东玄学，仓促改变自己的主张，把玄学引入自己的佛教义理之中，从而阐发出新的理解。心无义的宗旨是："无心于万物，万物未尝无"[①]。这正是玄学崇有论者裴頠"自生而必体有"的思想在心无宗的具体运用。

在般若学时期，佛教与中国本土文化还有牵强附会的痕迹，远未达到圆融无碍成为一个完整的文化共同体的程度，因为般若学还没有完全展现佛教所具有的个性特征。唐代佛教是在自身经过充分发展、展现出其独特的个性与丰富的内涵之后，在整体上与中国文化相融合。对于唐代佛教的各宗派来说，所依据的固然是印度佛教的经典，但体现于其中的活的灵魂则是中国本土文化精神。这种精神是用本土文化对佛教进行了创造性的阐发后才充分凸现出来的，尤其是中国文化传统中那种以人性论为指导的重视内心自觉、重视道德实践的精神在唐代佛教各宗中被极大地高扬了，从而保证了佛教真正完成了中国化的进程，并能沿着中国文化演变的轨迹向前发展。

以禅宗为例。它以性净自悟为宗旨，认为本性自有，不求外借；主张

---

① 《肇论》。

担水劈柴无非妙道，穿衣吃饭即是人伦物理，坐卧行住也可以悟道，顿悟成佛，见净自悟。因而他们不读经，不坐禅，不拜佛，甚至把佛像劈了当柴烧。这样一种宗教其实是用宗教这种形式作为外壳，以佛教为旗号，表面上宣扬了佛教的解脱思想，实质上是中国文化特有的价值观念与思维方式的产物。它是在儒、道两家思想的熏陶之下，综合了儒家的性善论、良知说、孟子和荀子关于人人可以成为尧舜这样一些观念以及道家任运自然的人生态度而形成的一种中国化的佛教。在禅宗中通过对佛教进行创造性的再解释，从而使佛教完全融合于中国文化整体结构之中，强烈地体现出中国文化精神来。

在唐代佛教中，不仅禅宗如此，天台宗的实际奠基人智顗所主张的性具善恶说，同样标志着印度佛教的进一步中国化。尽管这一学说依然用的是佛教术语，但究其实质，所体现的恰恰是中国文化所特有的人性论学说。性具善恶说综合了中国历史上的各种不同的人性论，尤其是在董仲舒的性三品说和杨雄的性善恶混论的基础上，创造性地阐发印度佛教如来藏"性具染净"的理论。

在唐代文化中，人性论被高扬，与佛性学说相联系，并用人性论来解释佛性论，这种学术风气的新特征，其实是与唐代儒学开始的由本体论向心性论的转向相表里的。在唐代儒、释两家佛性论与心性论的相互启发与促进下，佛教完全融入中国文化的整体之中，成为中国文化结构中的一个方面。而唐宋以来的佛教徒无不在这种文化融合的大氛围下公开援儒入佛，宗密作《原人论》，智圆大师自号"中庸子"，宣称他的思想"崇儒为本"。

当然反面的教训也是有的。比如：早期天主教就未能完成中国化的进程，小乘佛教的教义在中国未能产生较大影响，法相唯识宗也收效甚微。中国历史上还有其他一些外来宗教，如犹太教、祆教、摩尼教等迅速衰微，或融附于其他宗教，或销声匿迹。究其原因，一个重要方面就在于它们未能有机地体现中国文化的本体结构和基本精神，没有将中国文化吸收于自身之中，用中国文化来对自身作出创造性的解释。

(二) 宗教对中国文化的影响

当我们追根溯源，去追寻中国文化的最初形态时，不难发现，它就是史前巫教系统及随之而来的三代天命神学，它们同时构成最初时期中国文化的整体和总体，也是中国文化的全部内容，并为中国文化的产生和发展奠定了第一块基石，在各个方面对中国文化产生了极为深刻的影响。

诸子百家纷纷起来冲破传统宗教的束缚，获得了相对独立的发展，不再与天命神学体系混而为一，从此才有了本质上完全不同于天命神存体系的各种世俗文化形态。诸子百家的思想体系消解转化了传统宗教的神学内容，改变了它的迷狂与非理性的成分，极大地凸现了人文主义的因素，从而在本质上区别于天命神学体系。但是诸子百家也不是一下子突然产生出来的，它脱胎于传统的天命神学体系，是在先前的宗教思想所积淀的文化成果的基础上逐步形成的。同时，诸子百家的思想体系也并没有完全推倒先前思想文化所取得的成果，而是在相当的程度上保留了它们，从而使之成为一个积极的文化因子被容纳进诸子的思想体系中，成为他们思考问题、创立思想体系的思想酵母和出发点。只要我们去具体分析诸子的思想体系，就能从中强烈地感受到天命神学的影响。可以这么说，如果没有天命神学所提供的思想成果和思维结构，就不可产生出诸子百家的思想文化形态。

总之，从中国文化的最初形态来看，诸子百家尽管是一种获得独立发展的世俗文化流派，但是它们承续了传统宗教的思想成果和思维结构，并没有从根本上推倒天命神学，彻底摆脱它的羁绊。从传统宗教这一方面来说，当它失去了作为文化整体或总体的地位以后，也并不是对世俗文化形态不再具有任何影响力。认识到宗教是中国文化的某种根源，对把握两汉以后，尤其是形成了以儒、释、道为中国文化的整体结构以后，宗教对中国文化的影响具有启示性的价值。在中国文化的发展史上，宗教始终给予了极大的影响；无视这种影响，就不可能完整准确地去领会中国文化。

从理论上来说，宗教是中国文化的整体结构中不可或缺的组成部分，它与中国文化的各种形态构成了具有内在统一性的完整的文化共同体。这是一种动态互补结构，宗教与中国文化整体之间在长期的历史行程中彼此认同，相互影响，共同发展。因此我们说宗教受制于中国文化背景，体现了中国文化精神，并只有在中国文化的框架内合理地发展，从中国文化的其他各种形态中吸收养料来充实丰富自身。这同样也表明了宗教在中国文化中不只是一个消极的因素，不是被动地去适合中国文化，而是在相当广泛的领域内对中国文化产生了深刻的影响，对中国文化的发展起了积极的推动作用。

以佛教为例。它是一种内涵极为丰富的世界性宗教，有一个完整的思想体系，以其精致的教理、深奥的教义、严密的逻辑、独到的修持方法和完备的组织形式立于世界文化之林。正是这样一种外来宗教，成为给中国文化提供理论要素，完善中国文化的整体结构，推动中国文化向高层次发展的一个历史动因。佛教对于中国文化的影响广泛而深入，涉及社会生活的各个领域与文化体系的各个形态，哲学、史学、文学、艺术乃至本土的宗教都在佛教的影响下变换了其思想内容。以文学为例，从六朝的志怪到明清的神魔作品都留下了佛教的思想痕迹。佛教也促进了中国文化艺术的多方面的发展，它显著地渗透到了诗歌、音乐、雕塑、绘画、建筑等艺术形式之中。在南北朝、隋唐时期，佛教是中国文化中一个极其重要的方面。在这一时期，倘若没有佛教，中国文化就显得苍白无力，至少呈不完整状态。在佛教的影响与带动下，促进了史学、目录学、翻译学、语言学、逻辑学等多种学科的研究与发展。佛教对中国文化的最大影响是在思维方式与理论转向上，具体说来就是隋唐佛教的发展促使传统儒学吸收佛学成果，发展出宋明新儒学。

从文化系统上来说，儒学与佛学是根本不同的两种思想体系。宋明新儒家没有一个不是站在传统儒学的立场上，从理论上批判佛教思想体系，把自己与佛教严格区别开来。然而当我们深入宋明新儒家思想的内部作细致的分析时，不难发现，他们无一不受到佛教的影响，像张载、王夫之这些强烈反佛教的人也不能例外。佛教影响宋明理学的不只是一些简单的命题，如"月印万川"，"理一分殊"，而且是经过唐代佛教充分展开了的佛性学说。它与儒家传统的心性学说相互启发和促进，深入到宋明新儒家的思想体系之中，成为其核心和灵魂，并影响了中国文化发展的道路与方向。宋明新儒学就是在佛教佛性论的推动下产生的。朱熹天理世界的建构，王阳明心学体系的奠定，张载"太虚无形，气之本体"这一本体论世界观的确立，王夫之对于能所关系的辩驳，以及包括整个宋明新儒家在内的在人性问题上高层次的探讨，这一切都刻有佛教思想深深的印痕。

宗教虽然融合于中国文化之中，但它并没有完全失去自己作为一种宗教形态所具有的个性特征。在中国文化中，不管本土宗教还是外来宗教，作为宗教的各种形态，都是一种特殊的现象，因而就必然具有其他文化形态所没有的特殊的功能，就会去补充传统文化，给予后者深刻的影响。不仅佛教是这样，像基督教这种未"能完成中国化进程"的宗教，在与传统文化的碰撞中虽然冲突多于融合，但也不是对中国文化没有产生一点影响。一个不容置疑的事实是，中国人正是通过传教士接受了近代西方科学文明的。我们在徐光启、李之藻、杨廷筠的著作中都可以发现这一点。随着传教士进入中国，他们同时把古希腊思想介绍给了中国人，如亚里士多德的一些学说。例如徐光启，他接受天主教，并不局限于通过它来介绍西方的科技与物质文明，还有强烈的人文的动因，即基督教思想体系中所包含的人文因素。他曾明确宣布，改宗天主教是易佛补儒，认为天主教中有儒学所无而又可补充儒学的东西。

从佛教等外来宗教的例子来看宗教对中国文化的影响，有一点似乎是不言而喻的，就是宗教提供了其他文化形态所没有的功能，以满足人们的精神需要，尤其是在社会转型或人生变故之时，宗教更能显示出其特有的价值。对于中国宗教来说，同样如此。事实上，宗教对于提高中国文化的抽象思辨能力，展现人的创造性、能动性与想象力，丰富中国文化的内涵，提高中国文化的理论深度，满足人们的精神需要，以及在生活态度、人生价值、人格理想与道德修养等方面都有一定的价值。如果不能在某些方面满足人们的精神需要，就不可能具有价值，也就不会对中国文化产生影响，其本身就失去了存在的意义。一些外来的宗教或教派之所以不久就湮没无闻，就是因为它们不能满足中国文化的某种需要，提供不了为中国文化所能接受的东西。

同时必须指出，宗教对中国文化的影响有两重性，既有积极的、正面的、值得肯定的方面，也有消极的、负面的、必须加以否定的方面。对此需要联系社会条件，放在具体的时间与空间里，加以具体的分析。

三 宗教与中国文化本位

无论从理论内涵还是历史形态来看，宗教都融入了中国文化的整体之中，成为这个整体的一部分，并给它以多种影响。然而这种融合本质上体现了和而不同的文化精神。一方面，宗教虽然融入了中国文化的整体之中，但它并没有失去宗教之所以为宗教所具有的特征，宗教对中国文化的影响也并没有导致世俗文化的宗教化，这种影响是相对的，有限的；另一方面，中国文化对于宗教是拒斥与接纳并存，并没有无原则地把一切宗教，或宗教的一切方面都纳入文化的整体结构之中，而是有所选择的。因而在中国文化的整体发展中，宗教与中国文化整体及其他各种文化形态之间不时地奏出不和谐的音符，这一方面在外来宗教与本土文化的关系上表现得特别明显。当我们充分注意到了宗教与中国文化相融合的一面时，也应充分认识到不相融合的方面，看到两者之间的冲突与斗争。

以佛教为例。当它初传入时，由于佛教主动地去比附中国文化，它自身的特征未能充分地得以展现，而且中国文化在当时主要是从本土文化的立场上来理解宗教，对它的本性缺乏真切的了解，因此两种不同质的文化系统的冲突与斗争还不甚严重。但是随着佛教势力的增长，尤其是在它充分展现出鲜明的个性特征后，佛教再也不满足于对于中国文化的迎合、比附上，而要求独立发展。这时两种文化系统的歧异性就越来越明显，冲突与斗争就凸显出来并且公开化了，愈演愈烈。南北朝时期就出现了各种各样的争论，争论的问题主要集中在以下几个方面：①夷夏之争；②黑白之争；③形神之争；④沙门应否礼敬王者之争；⑤佛教对国家的利危之争。从这些争论来看，几乎涉及了两种文化系统的所有方面，因而是全面的冲突。

即便是在佛教融合于中国文化的整体之中，完成了中国化的进程以后，两种文化系统也并不是完全失去了自身的特征，而是依然存在深刻的矛盾，因而斗争同样不可避免。如唐代，一方面是儒、释、道并奖，另一方面是佛教宗派的形成，儒、释、道合一之类的观念成为时代普遍的文化心态。与此同时，两个文化系统之间的冲突从来就没有停止过。在唐初有傅奕与佛教法琳及佞佛兹深的士大夫官僚萧瑀之间的斗争。中唐以后则有韩愈挺身而起，主张禁绝佛教。佛教与中国文化的这种冲突甚至走向极端，统治者运用手中的工具来灭绝佛教，如有名的会昌法难即是一例。

外来宗教与中国传统文化之间的冲突斗争突出地展现在基督教与中国本土文化之间。基督教在唐、元两朝两次传到中国，但都未能扎下根来。这本身就显示出基督教在当时未能融入中国文化传统之中，两者之间有不相融的方面，并且是在主要的方面。明清之际基督教第三次传到中国，由此拉开了两种文化系统碰撞、冲突与斗争的序幕。传到中国的各派中，只有耶稣会士试图去调和基督教与中国本土文化之间的矛盾，使其表面上能融入传统文化之中，从而在某些士大夫那里得到一定的认同。但就基督教的整体及本质方面而言，它是被作为未能融入中国本土文化的东西来对待的。自耶稣会昙花一现以后，清初即有长达百年的禁教。列强入侵，基督教被作为帝国主义的工具，与本土文化的冲突斗争日益尖锐激烈。不断发生的教案，其深层的根源就在于两种文化系统不相容的方面被凸现了出来。在这样复杂的社会背景之中，有可能并存而相融的方面却往往被忽略了，因而它们之间的交往碰撞，必然是冲突多于相容，歧异多于认同。

作为两种不同的文化系统，宗教与中国文化的动态互补关系就是在不断地消解对立、缓和矛盾的过程中进行的。因此相容性与斗争性是宗教与中国文化整体之间关系的两个不同的方面，缺一不可，两者之间又具有内在的统一性。进一步来看，两种文化系统的相容与斗争，歧异与认同都立基于中国文化的历史整体，受制于中国文化的背景，是在中国文化的总体框架内进行的，不能游离于中国文化之外，超出所允许的范围。在中国文化整体中，宗教作为一个特殊的领域，只是相对于其他文化形态才有意义，各种宗教形态不能与这一整体分庭抗礼。在中国历史上那些未能融入这一整体的宗教或教派，不仅不能取代这一整体，与其相抗衡，而且必将失去存在的条件与意义。

这里涉及在中国文化的多元结构中以何者为本位的问题，包括宗教在内的中国文化整体的各种形态并不是等量齐观的，而有主次之分。自汉代以来，中国文化就确立了以儒为本，从来没有动摇过。包括本土宗教与外来宗教在内的各种宗教形态从未凌驾于儒学之上，取代儒学，处于中国文化的主导地位，成为思想文化领域内意识形态的核心内容或主流。

在考察宗教与中国文化的整体关系时，确立以儒学为本位，就能更好把握中国文化的性质，因此以下两点应特别引起重视。

其一，广义地来说，中国文化对于各种宗教形态既有拒斥，也有容纳，而拒斥与容纳的尺度取决于该种宗教与儒学是否能相容及相容的程度。中国人是站在儒学的立场上来看待一切宗教形态的，这一点对外来宗教来说更为重要。以韩愈和柳宗元两人为例。柳宗元对佛教有一定程度的信仰，但他信仰佛教是看到了它有许多与儒学相通的地方，他是站在儒学的立场上来谈佛教的，提出统合儒释，就是以儒统释，因儒谈释，援佛入儒，从而丰富补充儒学。对于那些与儒学相违背的东西，柳宗元也是持拒斥的态度。韩愈反佛也是基于儒家的立场。他看到了佛教异于儒学的方面，主张用儒家的道统论来抗衡当时盛极于世的佛教各宗派，指斥佛教背离了中国文化传统、违背忠君孝亲之义、有碍农桑，是夷狄之教，主张佛教徒还俗、烧毁佛教典籍，这一切都是基于儒学的立场。韩愈和柳宗元两人对于佛教的态度正好是站在儒学的立场上拒斥或容纳佛教的一体两面。

其二，宗教与中国文化的冲突融合是和中国文化整体的发展联系在一起的，也只有以儒学为内在线索才能充分理解宗教能否相容于中国文化及相容的程度，从而对宗教施加于中国文化的影响有一个基本的定位。中国文化的整体是由儒、释、道共同维系的，三者并存而相融。因而在中国文化中，从历史形态来看，就有所谓儒、道的汇通与互补，儒、佛合流，"三教合一"，儒、耶合流等各种形态。但不容否认的是："三教"关系以儒为主，儒学是主干；佛、道为辅翼、为补充，作为宗教形态的佛教、道教、基督教等都向儒学靠拢。在儒学与宗教的冲突中，被禁绝的也只是宗教，历史上不断有士大夫批判宗教，但很少有宗教徒联合起来批判儒学的。

对于中国人来说，儒学是我们生活的文化环境，是我们所能体验到的客观的历史的生活态度，是全体中国人的行为方式、道德准则、社会规范、政治理念的文化基础，以及作为支撑我们的社会正常运转的价值取向和人文因素。在中国文化中，儒学的这种地位决定了即使在宗教大发展的时期，如唐代，它们也未能凌驾于儒学之上，进入意识形态的核心，取代儒学成为最主要的精神支柱。相对儒学来说，它们依然只能起配角的作用，弥补儒学的不足，在儒学允许的范围内发挥作用。在广泛的社会生活领域内，具有指导性意义的只能是儒学的价值观念和社会理想，以及它的道德准则和社会行为规范。

在以儒学为本位及内在线索来理解宗教与中国文化整体关系的同时，应该看到，儒学在中国文化的整体发展中不是一个封闭的系统，而是一个开放的系统，儒学本位的确立和不断提升的过程逻辑地包含了各种中国宗教形态所提供的积极的思想成果。例如宋明理学，它成为中国历史上长达千年的一种思想文化思潮和意识形态的核心，而又不同于唐代以前的儒学，一个基本的原因就在于它吸收了隋唐以来佛、道的积极成果。南北朝、隋唐以来，佛、道大发展，相对说来，儒门淡泊。在这个文化大背景下，如要复兴儒学，宋明理学就必须对佛、道既拒斥又接纳，既要超越，又要包含与吸收佛、道的某些内容。然而宋明理学对佛、道的这种态度本身也是以儒学内在的整体结构和特征作为基础与出发点的。

第八章
社会主义制度下的中国宗教

中国共产党领导中国人民经过几十年的奋斗,终于在 1949 年夺取政权成立了中华人民共和国。中华人民共和国的成立标志着中国社会政治、经济体制的又一个大转型。这场革命的性质在于结束几千年来与劳动人民相对立的阶层和集团对中国社会的控制,改由工农大众掌管社会政治和经济命脉,政治上实行以共产党为领导核心的与其他民主党派进行政治协商的人民民主专政,经济上也由私有制逐步改为社会主义的公有制,以实现中国共产党为之奋斗多年的追求社会平等的理想。社会主义制度在经过社会主义改造后逐步确立下来,从根本上改变了中国社会的结构和组织体系,引起了社会从经济基础到上层建筑的广泛革命和改革。宗教作为一种和整个社会主义制度不甚协调的社会组织制度和观念信仰,在剧烈革命后的新制度下如何存在与发展,它的社会功能如何,成为一个突出的问题。

第一节 新制度下宗教的调适与功能

一 新制度下的宗教调适

社会主义革命为中国带来了一个全新的时代,它结束了中国社会若干年来的动荡与分裂，使之进入一个新的社会整合时期。新的经济基础必定要产生新的上层建筑，新的社会制度必然要衍生出新的社会组织与机构，一切社会结构的改革都围绕着适应社会主义的经济基础和政治制度进行。

宗教作为一种有别于社会主义意识形态的特殊信仰体系与组织制度，有诸多与新社会制度不适合的地方。

第一，宗教意识与社会主义社会的主导意识形态存在着根本分歧。无论世界性的宗教还是民族的、地域的宗教，都是建立在有神论、唯心主义的基础之上，而中国的社会主义社会的主导意识形态却是马克思主义，是建立在科学的无神论与辩证唯物主义和历史唯物主义的基础之上的。

第二，各教的领导权曾被封建统治阶级、官僚资产阶级及帝国主义势力长期控制。在旧中国漫长的封建社会和一百多年的半殖民地半封建社会中，中国的各种宗教都曾经被统治阶级利用，成为他们进行社会整合与控制的工具。国内的封建地主阶级、领主阶级、反动军阀和官僚资产阶级主要控制着佛教、道教和伊斯兰教的领导权，后来的外国殖民主义与帝国主义势力则主要控制着天主教和基督教的教会。

第三，各教内部还存在着某些封建特权和压迫剥削制度。

第四，反革命势力与帝国主义势力仍披着宗教外衣，利用宗教从事反对新的社会制度与干涉中国内政的种种活动。

正因为有以上种种同新中国的社会制度相矛盾、相冲突之处，宗教能否继续在新的社会制度下存在下去面临着极大的窘境。尤其是刚刚建立起来的新的社会体系急需与之协调一致的上层建筑，以利于新的社会控制与整合，但这时宗教几乎显示不出它对社会的积极功能。如果人为地取消宗教，既不符合事物发展的客观规律，又会带来极为不良的社会后果，因为以下几个因素决定了宗教还将在中国的社会主义社会中长期存在。

首先是各种社会现实问题对人们精神的困扰。

当今中国生产力的发展水平使人们的认识水平受到限制，无法科学地认识世界。中国的社会主义社会是一个从贫穷落后的母胎中诞生的婴儿，其先天不足决定了它在很长一段时期内生产力的发展只能处于较低的水平，人们这时尚无能力对一些困惑自己的现象作出科学的解释，因而会使一部分社会成员产生信仰宗教的意向。

社会主义建立初期，社会制度不够健全，加之多种经济成分并存产生的一些冲突及工作上的一些失误，使一些社会苦难暂时无法摆脱，从而导致一部分人皈依宗教。

另外，宗教传统对人们的巨大影响是不可低估的。中国历史上就是一个多民族、多种宗教的国家，宗教对很大一部分社会成员的生活有极为深刻的影响。新中国成立以后虽然一直提倡无神论，但在一部分人的心中宗教传统的影响还是根深蒂固，这也成为今日人们信教的一个因素。

其次是信教人数众多。据统计，中华人民共和国建立之初全国信仰各教的人数如表8-1所示。

表 8-1 解放初期信教人数统计表

教　种	人　数
汉传佛教	僧尼50万人，在家居士无确切统计
小乘佛教	93万人
藏传佛教	443万人
道　教	包括道士、道姑、在家信教者均无确切统计
伊斯兰教	800万人
天　主教	270万人
基　督教	70万人
东　正教	无确切数字，多为阿尔巴津人，中国籍为数不多

资料来源：北京市宗教事务局资料《华北宗教一览》。

据中华人民共和国第一任总理周恩来的估计，新中国成立之初中国信仰宗教的人数约在一亿左右。这个数字包括了在家信佛教和道教的人数。佛教、道教在旧中国的影响相当广泛，有很深厚的群众基础。这个绝对数字相当庞大，即使和当时的全国四亿五千万人口相比，也已占总人口的四分之一左右。宗教关乎近四分之一社会成员的精神寄托，关乎如何对待群众、如何调动一切积极力量促成社会的进步与发展，实在是举足轻重，不可等闲视之。

中国是由56个民族共同组成的社会，其中半数以上的民族几乎是全民信教。藏族、蒙古族、维吾尔族、傣族等全民信教的民族的居住总面积约占全国疆土的一半以上。所以如何对待宗教、正确处理宗教问题直接关系到民族团结和国家安全。

世界上各个民族都有自己的宗教,其中有几十个国家还将某种宗教定为国教,如果建国之初就不允许宗教在中国存在,势必影响中国与世界各国、中国人民与全世界人民的友好往来与友好相处。

正是由于以上种种原因,在中国社会主义时期,宗教既不会自发消亡也不能人为地使之消亡。周恩来在此问题上曾同意李维汉的分析:由于宗教的群众性、民族性、国际性与复杂性的特征,决定了它还要在中国的社会主义社会中长期存在下去。这也就是说,虽然宗教在很多方面还不适应中国新的社会制度,但由于种种客观原因,又必须允许它在中国社会主义社会中长期存在下去,这就形成了一个明显的矛盾。如何解决这一突出的矛盾?如何使宗教走上与中国社会主义社会一体化的道路?方法只有一个,就是对宗教进行调适,使之适应社会主义制度。但这种调适必须是双向的:政府要保护人民的宗教信仰自由,要允许正常宗教活动的进行;宗教界自身也要主动向政府靠拢,要剔除反共、反社会主义的势力,要遵守新制度下的政策、法律、法令,要改革自己的组织机构与神学思想。只有这样,才能使宗教这个社会子系统和整个社会系统相吻合,保证整个社会系统的正常运转。

宗教必须进行变革,才能适应社会主义制度。那么,它自身到底有无变革的可能性呢?有。这根本上取决于宗教本身具有的再生机制。宗教的再生机制含有可变与不可变两个组成部分。宗教意识的核心部分是不变部分,宗教神学思想的形态、宗教道德、组织机构、制度、社会功能等则是可变化的部分。

宗教神学思想可适应社会的变革、融合、吸收新的成分而发生某些变化。在一定的历史条件下,对"神的启示"的认识、理解,如对人间和天国、今世和来世、此岸和彼岸、入世和出世等关系,不同时期、不同教派、不同神学家会作出不同的阐述和解释。在以信仰虚幻的天国、上帝为动力和归宿的前提下,有不同的世界观:既有出世与入世相对立的消极厌世的今世观;又有出世与入世相统一,不放弃现世利益,甚至强调现世利益的今世观。不同的今世观本质上反映了不同阶级、阶层、民族的利益和要求,因而其社会作用也不相同。以基督教为例。它产生的初期阶段所崇尚的"原罪论"、"原罪平等",反映了受罗马帝国统治的犹太民族作为奴隶和被压迫者的要求。此后为适应时代变化的需要,便以"天国的平等"

代替了"原罪平等",从而掩盖了剥削的本质。中世纪神学思想又着重宣扬整个世界是上帝意志的产物,强调教皇和教会是上帝和信徒的中介。16世纪的宗教改革则反映了新兴资产阶级的反封建要求,神学思想融入了人文主义思想,宣扬信仰得救,肯定人的地位,强调"在神的面前人人平等"。近代基督教大量传入中国后,同样出现了反映不同阶层的利益和要求的不同的神学思想形态。

在宗教自身的再生机制中,宗教道德是社会适应性最强的部分。虽然上帝、天国、神的"启示"等宗教标准是"永恒不变的",但进入天国的善恶标准、道德要求,均可随社会变化作出适应性的解释。如佛教,强调成佛的最高目标必须"以众生为缘",道德活动必须"自利利他",由此形成了一系列道德规范,如五善五恶、十善十恶、四摄六度等。佛教传入中国后,又吸收了儒家社会的传统道德,如忠孝之道等。伊斯兰教传入中国后,融入中国的传统文化,用儒家伦理道德解释伊斯兰教伦理道德,总结为"五典"(五伦),与伊斯兰教的基本宗教制度"五功"相并列。此外,诸如宗教的组织结构、社会功能也均随社会的变迁而发生相应的变动。宗教的这种再生机制,也保证了它通过自身改革达到与新的社会主义制度相适应是完全可能的。

具体来说,宗教怎样在新制度下通过自身的变革达到适应,以及从哪些方面进行调适呢?

(1) 组织和政治上的调适。① 在旧中国,宗教曾被帝国主义和国内统治阶级控制利用,起过很大的消极作用。而在新中国,宗教界的上层人士纳入爱国统一战线,爱国爱教,拥护社会主义。新的社会制度建立以后,宗教首先就要从组织和统治状况上进行改革,以适应新的社会制度并保证自己能够存在、巩固下去。

基督教和天主教摆脱了殖民主义、帝国主义势力的控制,成为由中国宗教徒自办的宗教事业。基督教界发起了三自爱国运动:①反对外国教会的控制,发表"三自宣言",主张"自治、自养、自传"。②割断与外国教会的关系,成立三自爱国组织"中国基督教三自爱国运动委员会";规定

---

① 参见罗竹风主编《中国社会主义时期的宗教问题》,上海社会科学院出版社,1987,第55页。

该会的宗旨是在中国共产党和人民政府的领导下，团结全国基督徒，热爱祖国，遵守国家法令，坚持独立自主、自办教会的方针，保卫三自爱国运动的成果。③肃清基督教内的反革命势力。各地政府陆续依法逮捕了少数披着基督教外衣的反革命分子，通过肃反运动基本上清除了混迹于基督教内的反动分子，使宗教活动一步步走上正常轨道。天主教界同样发起了反帝爱国运动：发表爱国宣言，反对梵蒂冈干涉中国内政；揭发和控诉帝国主义利用天主教侵略中国的罪行，肃清天主教内的反革命势力；摆脱梵蒂冈教廷的控制，自选自圣主教。

佛教、道教和伊斯兰教摆脱国内反动阶级的控制和利用。佛教和道教界进行了民主改革运动：①废除封建特权和压迫剥削制度。佛教、道教在旧中国长期受统治阶级的控制和利用，形成了种种封建特权，一些大的寺观的住持，有权奴役和处置下层僧侣及所属佃农。1949年后，经过土地改革和民主改革，废除了佛、道两教的种种封建特权，出家的佛、道教徒和寺观住持也和一般公民一样享受同等的权利和义务。②纯洁佛教徒、道教徒的队伍，把一些混入教徒中的反革命分子和坏人揭露出来，还清除了一批混入其中的反动会道门分子。③建立了佛教、道教的爱国组织"中国佛教协会"和"中国道教协会"。④藏传佛教实行政教分离和民主改革。伊斯兰教也进行了民主改革和爱国运动：①废除封建特权和压迫剥削制度；②清查出极少数隐藏在伊斯兰教内进行反对社会主义活动的敌对分子，纯洁了伊斯兰教内部；③建立了伊斯兰教爱国宗教组织"中国伊斯兰教协会"，其宗旨是发扬中国穆斯林的好传统，爱护祖国，保卫世界和平。

（2）宗教神学思想方面的调适。为了适应变革了的社会，适应已变化了的社会经济与政治条件，适应在新形势下宗教徒的需要，中国各宗教的神学思想都进行了不同程度的变革与调适。

第一，基督教神学思想发生了若干变化。要达到真正的"自传"，基督教必须摆脱西方神学的羁绊，清算逃避现实的思想，创造中国信徒自己的神学体系。基督教爱国人士对一些被帝国主义、反动分子曲解的教义作了合乎《圣经》中真正精神的辩明和解释，从而使中国基督教的神学思想出现了某种新的因素。1956年基督教刊物《天风》曾就"基督徒应怎样对待世界"、"基督徒和世人的关系"等问题展开了广泛深入的讨论，在下列四个问题上达成共识：①世界是属于魔鬼的，还是属于上帝的？信教群众根据基督教教义,普遍认为"人类走向正义善良,符合上帝的旨意","世界不是魔鬼掌握的,而是上帝管理的。"这也是对新的社会制度的一种肯定。②人的本性是完全败坏的,还是既有"罪性",也具有"上帝的形象"?许多基督教徒认为,从基督教神学来看,人既有"堕落败坏"的一面,也具有"上帝的形象",不可一味鄙弃或否定人民群众及其在社会发展中所表现出来的聪明才智和巨大创造力。③"信与不信"是完全对立的,还是虽有信仰差别,都应和睦相处?不少基督教徒认为,"爱众人"乃"爱上帝"的表现,同非教徒对立,不符合"爱人如己"的教义。基督徒应尽力和众人和睦相处,共同建设祖国。④宗教信仰与社会道德是对立的,还是统一的?绝大多数教徒批驳了那种"只讲生命(即信仰),不讲善恶是非"的论点,认为按照圣经教义,必须是非爱憎分明,既要肯定别人的道德进步,也要承担自身的道德责任。① 以上这些对神学问题的讨论,克服了基督教某些传统教义中消极的一面,阐发了教义中积极的一面,发展、变化了的教义在客观上适应了新社会的需要。

第二,佛教思想发生了变化,发扬"人间佛教"的思想。在旧社会,佛教较片面强调世间一切皆空,人生一切皆苦,只有西方极乐世界的"净土"、"佛国"才是幸福快乐的,这易使教徒消极厌世和逃避现实。中华人民共和国成立后,中国的佛教思想有了明显的变化,认为佛教徒不仅要追求来世幸福,也要致力于人间的幸福。佛教界许多爱国人士继承和发扬了佛法和世间不可分离的思想,提倡"人间佛教"思想,要佛教徒奉行五戒、十善净化自己,广修四摄、六度以利乐人群,自觉地以实现人间净土为己任,为社会建设贡献力量。佛教界对佛教的"慈悲"、"不杀生"等教义也作了新理解。过去佛教界认为,慈悲为修行之本,即使犯了滔天大罪的坏人,也不能杀。在新社会中,佛教徒对这些戒条有了新的理解,他们强调,佛教的慈悲以广大群众为对象,为了大多数人的利益和安乐,消灭少数危害群众的恶魔,正是佛陀大慈大悲的伟大意义所在。

第三,其他宗教的思想也有不同程度的变化。天主教在解放初期澄清了"有神、无神势不两立",以及超政治、超阶级、超国家等观念。伊斯

---

① 以上四个基督教问题及后面佛学问题均摘引自罗竹风主编《中国社会主义时期的宗教问题》,上海社会科学院出版社,1987,第80~81页。

兰教的宗教思想也有所变化，广大的穆斯林不再着重宣扬"世界末日将来临"等消极思想，不再反对婚姻法和计划生育等等，而是开始强调教义中积极的东西，接受新的文化、科学技术和新的生活方式。

（3）宗教的社会功能也有了调整性的变化。这个问题我们留待后面专门阐述。

总之，在新的社会制度下，中国的各种宗教为了在新的社会体系中得以继续生存，都在努力改变自己的旧形象，积极地调整变革本教和新社会制度不适应的方面，力求完全纳入新的社会系统并和整个系统保持协调一致的运转。作为国家新的领导者的中国共产党和中央人民政府，对宗教界这种向新社会靠拢的调适是非常欢迎的。这些变革是在激烈斗争中完成的，它们不仅是数量上的增减，而且是性质上的转变。社会主义时期的宗教、教会及各种宗教团体的领导权已不掌握在剥削阶级手里，宗教已成为各族劳动人民中的宗教信仰者自办的宗教事业。教会也摆脱了帝国主义的控制利用，把宗教还原为个人私事，只作为一部分群众的思想信仰。这些调适是成功的、值得肯定的，经过调适后宗教的社会整合程度还是比较高的，这是宗教与社会主义社会关系的主导方面。另一方面，宗教自身有基本不变的部分，而正是这部分与社会主义社会不相适应乃至对立。这就是中国社会主义制度下宗教表现出的双重性格。也就是说，宗教是人类社会历史的产物，它要随着人类社会的变化而变化，社会变迁是它变化的源，而它自身的改革是变化的流。作为宗教载体的信仰者首先是社会意义上的人，然后才是宗教意义上的人。作为社会意义上的人的本质，必是他处于其中的一切社会关系的总和，他们所信奉的宗教也必定与他们所处的那个时代大体相适应。从这个意义上说，历史上宗教所发生的一切适应性变化，都是由社会生产方式和经济基础决定的。但从另一方面来看，宗教为了在新的历史条件下求得生存和发展，也在不断地改变自身，以适应社会发展的要求。这种不断的改变与适应，尽管是被动的，然而却成了宗教在历代社会中都得以生存的重要原因，社会主义制度下的宗教也概莫能外。

对宗教进行的调适是双向的。社会也在积极调整有关宗教的政策、法律、法令，党和人民政府为了对宗教进行调适，积极引导宗教与社会主义社会的政治、经济、文化、艺术、教育等方面相适应，作出了多种努力。

一是在国家和宗教之间实行"政教分离"的原则。从中国历史上看，在全国范围内从来都是"政教分离",皇权一直高于教权。中国社会主义时期"政教分离"原则的含义是:宗教组织不是国家政权的组成部分,无政权的权力,而是一个社会组织和次级子系统。对国家来说,信仰宗教是公民的私事;国家既不推行某种宗教,也不禁止某种宗教,同时也不允许宗教干预国家行政、司法和学校教育。在"政教分离"的总原则下,把宗教纳入了统一战线范畴之内,即由包括广大信教群众在内的全体社会主义劳动者和一切爱国者在建设社会主义和促进祖国统一的目标下组成最广泛的爱国统一战线。爱国宗教界人士代表参加各级政治协商会议,发挥着党和国家与宗教组织及广大信教群众之间的纽带作用。二是国家从法律上保护宗教信仰自由。早在1954年,宗教信仰自由就写入中国第一部宪法。国家依法保护公民有信教、不信教和信仰不同宗教和教派的自由。三是国家对宗教进行的必要的行政管理与宗教团体对自身的管理相结合,各司其职。政府对有关宗教的法律、法规和政策的贯彻实施情况进行行政管理和监督,使宗教在法律范围内活动,保护公民的合法信教权利、宗教团体和寺庙教堂的合法权益、教职人员正常履行的教务活动和信教群众的正常宗教活动,制止非法剥夺公民的正当的宗教信仰自由的行为,打击利用宗教制造混乱等违法犯罪活动。宗教团体的日常教务活动则由宗教团体自己管理,以教治教,奉公守法,热心从事社会主义公益事业,防止外国势力干预或插手中国宗教事务。

一场剧烈的社会革命后,中国诞生了一个新的社会,在这个新的社会系统中,各个部分都要服从整体,整体也会对各个部分作出调整。和社会主义社会主流意识形态有矛盾和对立因素的宗教这个子系统,在这个调整、适应的过程中任务相当艰巨。但它克服了重重困难,积极地去适应新的社会,对自己进行了力度很大的改革。同时党和政府也积极地从宏观方面入手,对和宗教有关的一切进行调整,为宗教完成自身变革提供了一个良好的社会环境,最终使宗教顺利完成变革,和整个社会系统协调一致起来。但与此同时,我们也应清醒地看到,宗教信仰和社会主义主流意识形态之间的矛盾和对立仍是客观存在的。正因为如此,已成功调适的适合社会主义制度的各种宗教,在"文化大革命"的十年浩劫中,受到了极"左"路线的残酷迫害,又一次濒临绝境。三中全会后,党的宗教工作进行了拨乱反正,全面落实了党和国家的宗教信仰自由的政策。但也应看到，一些人由于认识上还未转过弯来，尚未改变"文化大革命"中对宗教的印象，仍在一定程度上视宗教为社会主义社会中的异物，没能把它当作现今社会系统中一个必然的子系统来对待。由于宗教与社会主流意识形态客观上长期存在的矛盾与对立因素，国内外的一些敌对势力出于自身的目的，往往打着宗教的旗号，利用宗教对社会主义国家进行渗透、破坏和颠覆。新社会制度下的宗教就是在这种随着时代大起大落，与整个社会系统又统一又斗争的状态中继续它的存在和发展的。

二 社会主义时期宗教的社会功能

新中国成立以来，经过几年社会主义改造，中国已正式进入社会主义时期。随着社会制度的变更，宗教自身也进行了若干调整，以适应于新的社会体系。在和以往旧制度全然不同的新社会中，宗教的社会功能也随之发生了一些变化。

（一）影响宗教社会功能的新背景

经历了一场剧烈的革命后，中国社会正处于新的上升时期，到处呈出一派蓬蓬勃勃、百废待兴的景象。一般说来，历史上每当社会的上升时期，香火往往也相当旺盛，宗教对社会的正功能此时也总是呈上升趋势，新的统治阶层这时总是最有效地利用宗教来对社会进行控制和整合。但社会主义社会是中国历史上一种崭新的社会形态，它的意识形态是马克思主义的，是建立在无神论基础之上的辩证唯物主义和历史唯物主义，它和唯心主义的宗教信仰之间存在着一种不可调和的基本矛盾。新的社会还没有形成很多经验，加之当时国际环境的恶劣，这些决定了在这个社会的上升时期，宗教社会正功能不但不会呈增长趋势，而且还会有所下降。50年代的中国青年，富于新社会的热情，他们追随中国共产党，信仰共产主义，信仰无神论。当时及此后的几十年间，除原有少数出生于世袭的宗教家庭和信仰民族宗教的情况外，绝大多数中国青年都不信教。无神论的宣传和教育影响之深远使跨度几十年的若干代年轻人不但觉得不信教天经地义，而且认为信仰宗教者很不可理喻。"文化大革命"中，无神论的信仰占了绝对统治地位，宗教信仰自由的公民权被践踏，人们不仅自己不信仰，而且不许别人信仰，把宗教置于死地。"文化大革命"前，宗教人口占全国人口的总比例已经有所下降，"文化大革命"时期更是急剧下降。当然，那时也有不少信教者是为了免遭迫害，当众违心地表示不再信教，私下还做礼拜、烧香和祈祷，但这只是在年纪较大的人群中。大部分中年人、青年人在 1949~1979 年这 30 年间，是对宗教充满批判倾向的。这种现状必然影响宗教社会功能的变化。宗教徒的人口比例减少，宗教场所减少，宗教的社会功能萎缩，加上它与社会主体意识形态之间的基本矛盾的长期存在，这一切就决定了宗教在新社会中的地位：从信仰上讲它是满足部分群众精神需求的一种亚文化，从组织上讲它不能与国家的政治、经济、文化、教育组织并列而只能处于从属地位，是一个和政治分离开的执行次级功能的次级社会组织。

但无论在哪个社会系统中，只要一个子系统存在，它就必然具有某种正功能，因为社会系统不会让一个毫无用处的子系统长期存在。那么，在社会主义时期中国的宗教具有哪些正功能呢？这些正功能和旧社会相比，又发生了什么变化呢？

（二）社会主义时期宗教的正功能

在中国的社会主义时期，宗教仍具有以下几种主要的正功能。

（1）心理调适功能。宗教具有满足中国部分社会成员的精神需求，对之进行心理调适的功能。中国社会主义时期，人民的物质和文化生活水平都有了很大提高，随着剥削制度与剥削阶级的被消灭，宗教存在的阶级根源已基本消失。但由于人们意识的发展总是落后于社会存在，旧社会遗留下来的旧思想，旧习惯不可能在短期内消除，由于社会生产力的极大提高，物质财富的极大丰富，文化、教育、科学的高度发达，都还需要一个长时期的奋斗过程，由于某些天灾人祸给人带来的种种痛苦还不能在短时期内摆脱，由于科学的发展一时还不能回答人们在生活中所产生的种种疑问，因此仍有一部分群众内心会产生对宗教的需求意向，宗教仍可以为这部分群众提供安全感和慰藉，可以满足他们对爱与关怀的渴望，可以帮助他们化解由于暂时的社会不公而带来的愤懑和怨气，可以帮助他们摆脱对死亡的恐惧及人生其他种种烦恼。通过这种种心理调适，使这部分社会成员的精神和心理能处于比较平衡的状态。正因为如此，为尊重每个公民自己的信仰选择，中国宪法才明文规定要保护公民的宗教信仰自由。所以说，在社会主义时期，宗教虽然不具有满足中国大多数成员精神需求的功能，但它仍有满足中国信教群众，即部分社会成员的精神需求，对他们进行一定的心理调适的功能。

(2) 社会整合功能。宗教的整合功能主要体现在它可以对社会成员进行价值整合。宗教可以通过提供一种世界观塑造人们的基本信仰和情感，使一些社会成员的价值观得到整合；同时宗教通过把社会规范神圣化来敦促教徒自觉遵守社会规范，从而对他们的行为进行整合。目前中国的宗教对中国信教群众仍具有上述两种整合功能，但它主要的正功能是它整合行为规范的功能。我们现有宗教仍可以通过使行为规范神圣化来整合广大教徒的日常行为，使他们不越出社会所确定的界限。而且对于信教者来说，这种约束力远大于现实社会的约束力。但在社会主义阶段，宗教对社会的价值整合功能因意识形态的不同，只局限于对信教群众的作用而对整个社会基本不存在影响。

(3) 社会控制功能。无论什么样的社会，有一点上是共同的，就是社会成员必须恪守社会所制定的公德规范，社会才能井然有序，正常运行。监督执行的，主要是法律，但法律往往"后于事"，只有在犯罪行为已经出现时才能予以惩罚，而道德信仰和道德情操往往能"先于事"地约束人，使人在进行抉择时受到内心的道德约束，控制人们不去作错误的抉择。宗教道德和社会主义道德在本质上是不同的，但其中有一部分（公德部分）在现象层次上是相容的，所以宗教通过对教徒进行道德教育与提出道德要求，使其恪守社会公德，服从政府的政策法令，从而有助于维持局部的社会秩序，使社会控制得到加强。

(4) 个体社会化功能。宗教通过传授给个体知识与文化，教给个体行为规范和如何处理人际关系及扮演好社会角色而促使个体更快地社会化。社会主义时期，宗教在中国部分地区和部分民族中，仍有着促进个体社会化的功能。中国现有的一些少数民族如云南傣族和西北地区的某些民族，现在仍把宗教教育作为传播本民族文化、教给本民族成员社会规范，使之尽早社会化的重要手段。他们的小孩子到一定年龄就进庙念经，一面学习宗教知识，一面学习民族语言、文化和行为规范，接受过此种宗教教育的人在本民族才有一定的社会地位。

(5) 认同功能。中国社会主义时期，宗教在部分地区、部分民族及群众中，仍具有认同功能。宗教通过使教徒接受宗教价值及有关人的本质和命运的教理，帮助个人理解"我是什么"。同时，由于中国幅员辽阔，是个多地区、多民族的社会，不少地区和民族的成员由于共同信仰某种宗教，会使他们之间产生一种强烈的认同感，这在某种程度上可增进和加强部分地区与民族间的情谊与团结，也可增强某些民族内部的团结。

（6）文化功能。宗教本身就包含着丰富的文化内涵，在人类历史的长河中和其他文化形式如伦理、哲学、文学、艺术和教育等交织在一起，形成更广义的文化，如有"基督教文化"、"佛教文化"、"伊斯兰教文化"等等之说。长期以来，宗教与中华民族的文化、习俗等交织在一起，成为中国绚丽多彩的传统文化的组成部分。如中国的敦煌和布达拉宫的宗教艺术，还有另一些带有浓郁宗教文化色彩的宗教名胜古迹如少林寺、五台山、峨眉山、普陀山、杭州灵隐寺、武当山等都已成为中外游人观赏中华民族文化的胜地。另外有很多宗教内的成语已演化为中国民间语言，象"做白日梦"、"当一天和尚撞一天钟"、"想入非非"、"晨钟暮鼓"、"大千世界"、"清规戒律"等等，都已成为汉语中通俗而生动的比喻和日常用语。

（7）交往功能。在社会主义时期，宗教在中国仍具有促进国内和国际交往的功能。教徒之间的交往由于共同的信仰而加强，成为他们建立互帮互助的良好人际关系的桥梁。由于信仰的虔诚，使一部分信教者还向非教徒宣传教义教规以扩大本教的影响，这些也同时促进教徒和教外人的交往。国与国之间的宗教往来往往能增进和加深中国与其他国家宗教徒之间的友谊与感情，同时也使我们与有着政治隔阂的地区有了一条很好的民间交往途径以增进彼此的了解。尤其是改革开放以来，宗教在中国社会生活和国际往来中的交往功能大大增强，一个共同的信仰可以联结五洲四海。即使是长期处于隔绝状态的海峡两岸的宗教界，近十几年来也有着频繁的友好往来。这对增进海峡两岸同胞之间的友谊和了解，有着不可抹杀的功绩。海外侨胞捐资修建或重建了大陆一些著名的寺庙，还有不少早年出洋在外奉教的僧人每年向大陆的祖庙进奉献。

（三）社会主义时期宗教的负功能

宗教对社会的功能此时虽然有所变化，但毋庸置疑，也显示出了对中国社会的一些负功能。

（1）宗教可以对中国部分社会成员——宗教徒的某种不平衡心理进行调适，使之在宗教意识的诱导下达到暂时的平衡，这在一定程度上增加了中国社会的稳定性。但在宗教执行心理调适功能的同时，它也产生相应的负功能——愚化教徒，使一些教徒的心态趋于保守、宿命和逃避现实。中国很多地区，尤其是一些偏远的山区和丘陵地带，生产力发展水平还很低下，交通闭塞，经济落后，人口素质又差，那里的群众很难区别宗教与世俗迷信的界限，一些传入此类地区的宗教很大程度上蒙上了世俗迷信的色彩，对社会具有潜在的不良作用。

（2）宗教对信教者进行价值及行为规范整合，帮助稳定社会秩序的同时，也有其明显的负功能：它会带来一些社会保守主义色彩，并且容易形成以各教自身为核心的社会分化现象。由于宗教世界观上的唯心主义，也会影响教徒对于我们社会主流意识形态的理解与接受。当然这种负功能是自然产生的，它源于宗教与社会意识形态间的基本矛盾。因此它对教徒所进行的价值整合在一定程度上和全社会范围内的价值整合是有矛盾和冲突的。但社会主义社会可以通过爱国统一战线所奉行的求大同存小异的原则来化解此种负功能。

（3）宗教通过对某些社会目标和社会规范的神圣化敦促教徒遵纪守法，来发挥它维护社会稳定，有助于进行社会控制的正功能。但恰恰是这种使社会目标和规范神圣化的做法，也会带来促使社会分裂和失控的负功能。因为宗教一旦站在反社会的立场，提出另一些社会目标并使其神圣化，就很容易蒙蔽和鼓动教徒做出一些反社会的行动，从而对现实社会起到瓦解和破坏的作用。同时，由于意识形态的不同，宗教也容易被国外一些敌对势力利用来作为颠覆中国社会主义制度的工具。这种利用虽然与中国宗教界的主观意识无关，但对于社会确实隐含一种潜在的危险。

（4）虽然宗教在中国部分地区起到传播民族语言知识和宗教文化，促进个体在本社区的社会化作用，但从更大的范围来看，这一点也明显具有推迟儿童大社会化进程的负功能。如西双版纳的傣族，信仰的是上座部佛教，儿童从小就进庙学经，但这个年龄也正是他们应该接受国家法定义务教育的年龄，因此，就对当地普及义务教育造成冲击，使儿童不能及时进入正规学校学习科学文化知识。

（5）宗教在中国部分地区、部分民族及群众中的确具有增加认同感和凝聚力的功能，但在某些时候和某些地方也会助长狭隘的民族主义和排他主义情绪，这在某种程度上又隐含着不利于社会团结或造成社会分裂的负功能。

（6）宗教虽然极大地丰富了中国的传统文化，也丰富了社会主义时期的文化巨流，但由于宗教文化本身所具有的唯心主义色彩，使它在社会主义时期有与中国主流文化相悖的意识倾向。这种倾向一方面使和宗教有关的文化艺术作品清新、脱俗、超然，另一方面也有着阻碍人们积极参与社会现实和宣传唯心主义世界观的负功能。

（7）宗教是教徒与外界交往的桥梁，同时也促进了中国同各国人民的友谊与交流，尤其是改革开放以来，宗教交往功能更为增强；但与此同时，国外敌对势力利用宗教为幌子，混入境内，和国内的反动势力相勾结，意欲颠覆或破坏现政府，对中国进行"西化"与"分化"。他们也通过地下渠道，向国内非法运送和散发一些不健康的宗教宣传品。这些都对社会主义政权的巩固和稳定具有破坏性。但我们在注意到宗教这种社会负功能的同时，也要划清界限，区分敌友，不要人为地扩大这种负功能。敌人利用宗教来进行渗透和中国宗教界的主观意识无关，他们利用的主要是宗教和社会主义的意识形态相左这一点，并具有反对社会主义政治制度的政治目的。

（四）宗教正负功能的变化

宗教在中国社会主义时期仍具有正负两种相对应的功能，而这两种功能在一定的条件下会发生变化，由弱到强，变化到一定程度，就会从潜功能变为显功能。我们认为，在总量不变的情况下，宗教的每种正负功能在一定的社会条件下都可能发生变化，可能相应地扩大或缩小，它们彼此消长，你强我弱。当一种正功能扩大时，与其相应的负功能就会缩小；而一种负功能增大时，与其相应的那种正功能就必然减弱。决定宗教正负功能变化的因素虽然很多，但在中国，社会对宗教所持的态度如何，是影响宗教功能变化的一个相当重要的因素。换言之，宗教正负功能的变化都离不开社会所给予它的条件，是社会条件决定每组宗教正负功能彼此的消长。前些年某些地区发生过一些小范围的宗教冲突，调查结果发现，绝大多数是由于宗教政策落实得不好或地方领导仍持对宗教"左"的偏见。而在一些宗教信仰自由及归还宗教活动场所政策执行得好，宗教工作干部较负责任并与宗教界关系比较融洽的地方，形势就很稳定，而且一些宗教徒聚居区还成为建设社会精神文明的模范区。

中国目前的战略重点仍是搞好社会主义现代化建设，搞好经济，提高综合国力，满足人民日益增长的物质文化需要。要做到这一点，从人民群众才是社会历史创造者的观点出发，就必须团结全国 12 亿人民，发挥一切可能发挥的力量，利用一切可能利用的积极因素，来同心协力地完成社会主义建设大业。就此而言，对占全国总人口近十分之一的信教群众绝不可忽略，如果能充分调动他们建设社会主义现代化的积极性，必然会加速中国的现代化建设进程。正因为如此，我们才要抓住宗教社会功能的上述特点，创造良好的社会条件，充分发挥中国宗教的正功能，消除其负功能，积极引导为社会主义现代化建设多做贡献。反之，如果我们不去努力地为它创造良好的社会条件，甚至人为地制造不良的社会条件，其负功能就会加剧，最终使之成为我们这个社会中的异物，给整个社会带来危害。

那么，怎样才能充分发挥中国宗教的正功能、抑制其负功能，使之更有效地为社会服务呢？

（五）充分发挥中国宗教正功能的前提

要更好地调适宗教和中国社会的关系，求同存异，使之更充分地发挥对社会的正功能，关键是要创造良好的社会条件，这就必须注意以下几个问题。

1. 决策层的认识和行动

中国政府决策层要充分认识到发挥宗教的正功能，使宗教与中国社会整体系统更好地协调的积极意义；要认识到能不能团结近人口总数十分之一的宗教徒，调动他们的一切积极性来投入社会主义建设，是能否稳定和发展中国政治、经济，早日实现现代化的大问题。观点直接影响政策，支配行动；而正确的观点来自于科学理论指导下的实践与认识。在认识宗教问题上尤要具有正确的政治观点与群众观点。其次，要不断健全与完善有关法制。在宗教工作中强化法制观念，各级政府宗教事务部门的工作者要依法行政，防止泛化，确立工作重心，抓重点，抓队伍，提高工作效率。再者，要增加地方宗教工作的经费，提高宗教工作者的待遇，使基层的宗教工作者安心工作，做好工作。

2. 地方各级政府宗教工作的改进

就中国各级政府中的宗教工作部门来说，首先要明确自己的职权范围，克服不敢管、不愿管的心态，也不要管理不到点子上胡乱管。其次要运用正确的管理方法。宗教问题有其自身的特殊性与复杂性，表现为功能与矛盾的多样性，包括人民内部矛盾与敌我矛盾，非对抗性矛盾与对抗性矛盾，国内问题与国际问题，宗教问题与民族问题，宗教文化中的精华与糟粕，思想信仰与政治态度，宗教信仰与社会主体意识形态等，错综交织在一起，最忌简单化的处理。对宗教要依法进行管理，对需要行政部门处理的问题，也要避免简单的行政命令，而要做认真、过细的工作，学会疏导与化解矛盾的本事。第三，要提高宗教工作干部的专业知识水平。目前许多基层宗教工作者还相当缺乏宗教常识。据调查，不少人对此只是略知一二，有些甚至一窍不通，这些人一般工作方法简单且不安于现职工作。最好定期对基层宗教工作者进行轮训，进行必要的宗教常识与科学管理教育。

另外，要充分发挥爱国宗教组织的桥梁作用。中国五大宗教现有七个全国性的爱国宗教组织，此外还有许多地方性组织，它们是政府与中国广大信教群众之间的桥梁，在教徒中有较高的威望，能帮助教徒理解和贯彻政府的各项政策，争取和团结广大宗教界人士。

3. 宗教界的认识与改进

就宗教界自身而言，要清醒地认识宗教在中国社会中的位置，要摆正自己作为次级社会组织的地位及与社会的关系。宗教界应努力与社会主义社会相适应，协调好与当地政府部门尤其是宗教事务部门的关系，能互相体谅对方工作中的困难，求同存异，密切合作，争取办好宗教方面的事情，此外也要警惕与抵制海外敌对势力利用宗教对中国进行的渗透活动。宗教界更要解决好宗教组织负责人及教职人员的接班人问题，这个问题目前十分突出。由于十年浩劫的影响，许多地方宗教组织负责人和教职人员的年龄都严重老化。在我们抽样调查的天津天主教教职人员及其他教会负责人共49人中，有43人的年龄在50岁以上，其中教职人员基本已年迈。所以选择好接班人，承上启下的问题已迫在眉睫。目前的新一代教徒与以往的教徒不同，有比较强的独立意识、参与意识及商品经济意识。如何看待这个问题，如何既考虑到宗教传统又考虑到改革开放的新形势来选择合格接班人，值得认真思考。

4. 其他几个需要各方面协调解决的问题

比如健全宗教事务管理体制，使组织系统界限分明，各自的职责和分工明确，以便于依法进行管理；要处理好局部发生的宗教问题和冲突；要尽快解决落实宗教政策中尚遗留下来的若干具体问题。

第二节　改革开放后的中国宗教

在"文化大革命"的十年劫难后，中国社会所推行的改革开放政策是中国社会发展上一个新的里程碑，它标志着一个迥然不同于过去的新时代的到来。要了解新时期的中国宗教的种种变化，就让我们先来了解一下改革开放后的中国社会的种种特征，在此基础上，我们可以通过对中国目前宗教现状的一些抽样问卷调查和实地考察，更进一步地把握改革开放后的中国宗教状况。

一　改革开放后的中国社会

改革开放对沉闷已久的中国社会无疑是一声惊雷，一个数十年如一日、沉浸于政治斗争的社会被震撼了，苏醒了，人们在鲜明的今昔对比中逐渐接纳了变革的现实，中国社会从此开始了新的意义上的起飞。

与以往十数年相比，中国社会在改革开放后可以明显看到以下几个方面的改变：

（1）政治气氛较以往宽松、自由，"左"的思潮遭到人们的合力排斥；

（2）国民经济得到迅速恢复和发展，经济体制上由公有制一种单纯的经济成分变为允许私有制存在的多种经济成分共存；

（3）文化领域一扫"文化大革命"中的"一言堂"局面，人们可以畅所欲言，直抒胸臆，形成各种健康文艺作品及其他精神作品一时间百花齐放、硕果累累的繁荣景象；

（4）停顿、荒芜十数年的教育又得到恢复和发展，关闭十年之久的相当数量的高等院校又重新对中国青年一律平等地敞开了大门，其中包括专门培养宗教教职人员的学府——佛学院、神学院等。

上述种种，赋予中国社会一种崭新的面貌，世界也为中国迅雷不及掩耳的变化所震撼，开始对我们投以热切的关注与期望。但在这一切变化的表象之后，一个更深层次的转变已在中国发生，那就是，中国已开始步入转型社会（transition society）。这种转型总起来说是从传统社会向现代社会转型，具体地说主要具有以下几个特征。

1. 从自给半自给的产品经济社会向社会主义市场经济社会转型

高度集中的计划经济很大程度上是生产力水平低下的产品经济社会，实际仍是一种变形的自然经济，大部分农村仍处于商品率很低的自给半自给状态，形成了以自给自足为主要生产目的封闭经济体系。改革开放使商品经济作为新的社会要素导入，促使传统的经济结构发生巨大变化，这一本质性的变化又引发了社会其他方面的转型。社会主义市场经济本身是手段而不是目的，但它的传播与扩散已经引起社会各个方面的深刻变化，使中国由传统社会向现代社会跨出决定性的步伐。

2. 从农业社会向工业社会转型

现代社会必须是工业发达的社会。从严格意义上来说，社会从传统到现代的过程就是农业文明受到工业文明冲击，从而被工业文明替代的过程。农业社会的特征是散漫、保守、闭塞、不宽容，农民安土重迁，重农轻商，对视野以外的事情知之甚少；而工业社会的特征则是组织严谨、科层化，相对开放，宽容，它讲速度、讲效益，社会无论是商品还是信息流通量都很大，使人视野开阔。近十几年中国乡镇企业的飞速发展，第三产业在国民生产总值中的比重也在不断增长，使中国社会已明显地由占优势的农业文明向工业文明过渡。

3. 从乡村社会向城镇社会转型

改革开放后短短的十几年中，中国社会总体上的乡村特征已发生了重要的变化，由于市场经济的驱动，城镇迅猛发展，中国目前的市镇都存在城乡联结关系。从乡村社会向城镇社会转型将会带来一系列变化，城市聚集经济效益会日趋明显，农村剩余劳动力转移也势在必行，社会发育会更加成熟。

4. 从封闭社会向开放社会转型

改革开放前的中国社会基本上处于封闭、半封闭状态，对外关闭，对内强调高度稳定，限制社会流动。决定实行对外开放是一个历史性的抉择，经过十几年努力，中国今天已形成全方位、多层次、多渠道的对外开放格局。社会从封闭、半封闭的状态走向对外开放，对内搞活，使社会流动大大增强。

5. 从同质的单一性社会向异质的多样性社会转型

经济改革打破单一的公有制经济的格局，确立了以公有制为主体，多种所有制并存相容的新结构。所有制结构的变化和社会分工的精细带来职业群体结构的变化和多样化，同时也造成了利益需求的多层次化，利益差距、利益摩擦和利益冲突的问题日益突出。传统意义上的农民业已发生深刻的职业分化，在现实中已分化为农业劳动者、乡村工人、乡村个体工商业者、乡村私营企业主、乡村企业管理者和农村管理者等八个有不同利益要求的职业阶层。与职业群体结构的分化相适应，中国的组织机构也从党政合一、政企合一的高度集权的组织形式逐步变为类型更加多样化，功能更加专门化的组织格局，社区类型也向多样化发展。

6. 从伦理型社会向法理型社会转型

中国传统文化的影响使中国社会过去长期形成伦理本位的特点，以人情伦理来判断行为的正当性，将法律功能仅局限于刑罚制裁，联结人们社会公务关系的因素除法律和契约外，还有很浓重的私人情感和身份、地位的成分。社会结构像是一根根私人情感联成的网络，子女、亲戚、朋友、老乡、同事组成一个个互利互惠的小圈子。此种情况目前仍大量存在，但从总体上看，也正在逐步改变，中国已开始了从伦理型向法理型社会的转化。改革开放以来，我们已先后颁布了刑法、民法通则、企业法、破产法、义务教育法等等70多个重要法律，法律已经逐渐成为人们衡量和判断事物的标准。[①]

二 作为新的社会存在之反映的宗教

（一）改革开放后宗教的根本变化

宗教是中国社会的一个子系统，它的存在和发展必须依赖于整个社会系统的正常运转。当社会顺利向前发展时，宗教也正常地存在和发展；当整个社会陷入逆境，脱离正常的运行轨道时，作为社会存在的反映之一的宗教也会一同陷入深渊。

"文化大革命"十年，宗教是遭受劫难沉重的领域之一。为了所谓意识形态上的高度"纯洁"，极"左派""消灭"了一切宗教：逼教徒悔过自新，逼和尚、尼姑还俗成婚，封闭宗教活动场所，销毁经书，关押批斗

---

① 社会转型特征参考陆学艺、李培林主编的《中国社会发展报告》，辽宁人民出版社，1991。

教职人员，剥夺教会财产。中国共产党十一届三中全会决定实行改革开放政策之后，宗教和其他社会子系统一样，发生了根本性的变化，这种变化主要表现在以下几点。

1. 恢复了宗教信仰的合法性

在"文化大革命"时期，信教是"反动"的、非法的，万千教徒只能把宗教信仰藏在心中，不能丝毫溢于言表。改革开放后，宗教信仰的合法性得以迅速恢复，公民的宗教信仰自由重新受到了法律保护，信教公开化且理直气壮了，教徒不再是入另册的受歧视者。

2. 恢复宗教活动场所，归还宗教房地产

改革开放后几年间，中国就落实了大部分宗教政策，恢复了相当数量的宗教活动场所，归还了大部分宗教房地产。宗教信徒可以在宗教活动场所进行正常的宗教活动。

3. 恢复了宗教的国际交流

"文化大革命"期间，一切都处于混乱状态，和国外正常的交流渠道也被堵塞，被"革"了命的宗教更是丧失了和国际社会进行交流的一切机会。改革开放后，随着宗教活动的逐步正常化，宗教也逐步恢复了和国际社会的一切交往。互相进行友好访问，协作交流，使得中国宗教与世界宗教的距离拉近，进入了世界宗教文化交流圈。

4. 恢复了宗教的文化功能

作为一种文化现象，中国的宗教数千年来都是中国文化不可分割的组成部分，但"文化大革命"期间它成为被横扫的对象，也丧失了它的文化功能。改革开放后随着宗教的复兴，它的文化功能也得以恢复，宗教又在文化领域放出异彩，发挥着它特殊的文化媒介作用。

5. 改革开放后宗教最突出的变化

根据中国社会科学院世界宗教研究所"改革开放与农村宗教问题研究"课题组在天津、河南、福建三地十几个市、县的抽样问卷调查结果可以看出，各地的宗教工作者均认为当地宗教在改革开放后最突出的变化是：①落实宗教信仰自由政策的力度较大；②信教人数发展很快；③教会内部问题增多。

(二) 宗教受到社会转型的影响

近十数年来，中国社会正在经历从传统社会向现代社会演进的种种变化。这些变化是巨大的、根本性的,面对这些根本性的社会变迁,作为社会子系统之一的宗教也受到种种影响。

1. 经济形态转变对宗教的影响

中国的传统习惯多是属于农业文明的:耻于言钱、重义轻利、重农轻商……这些传统观念一直延续到中国改革开放之前。作为讲信仰、讲奉献、讲不染尘埃和清净无为的诸宗教,和商品与金钱的距离更远于社会其他方面。但改革开放后经济领域内发生的变化剧烈地冲击着旧有的这些观念,它也从多方面冲击影响着宗教。

首先是中国教徒的经济观念受到社会经济生活变化的冲击。他们逐步抛弃了鄙视钱财的观念,认识到经济在现代社会和个人生活中的重要作用,希望自己能有较好的经济收入、过上更好的生活并永远摆脱贫困。在中国社会科学院"改革开放与农村宗教问题研究"课题组近几年的几项调查中,近三分之二的宗教徒把自己近年的生活目标定为"小康"以上(他们对"小康"有自己的主观理解,而非社会客观指标),另三分之一左右的人则希望自己"摆脱贫困",其中年纪越轻的教徒发财致富的愿望越强烈。在市场经济大潮的冲击下,一些教徒主要是中青年教徒有为挣钱而淡化宗教活动的倾向,另一些人是为求致富或发财的平安而信仰宗教,一些贫困地区的人有为脱贫而做和尚、尼姑的。尽管这些教徒与边缘教徒的行为方式多种多样,但有一点却是共同的,即和过去相比,更多的(注意:是更多的而不是大量的)教徒日益注重经济利益与宗教的联系。

寺观文化商品化是宗教受经济生活变化影响的又一表现。过去大多数寺庙基本是一方净土,经济靠政府补贴或施主捐赠,自己不从事商业活动,许多寺观过去甚至不收门票。改革开放后,随着佛教、道教界商品经济意识的增强,许多寺观开始收门票、设香火及旅游商品、纪念品出售处。作为名胜古迹的寺观,收入就更为可观,一些著名寺观几乎成了小商品市场。

社会经济生活的发展也使中国教徒个人生活水平不断改善和提高。据中国社会科学院1989年对天津农村天主教徒的问卷调查来看,近69%的被调查者认为1979年以来自己的"生活水平有了很大提高",27%的教徒认为"有所改善"。在1990年对河南偏远贫困农村的基督教徒所作的调查中,47%的被调查者认为自己的生活水平近十年来"较之过去有了很大提高"，41%认为"有所改善"。

2. 农业文明向工业文明转型对宗教的影响

随着中国社会向工业文明转型，农业社会中形成的保守、闭塞、安土重迁的心态逐步被打破，科学的普及、信息传递的现代化也影响宗教自身发展和教徒基本素质的提高。宗教开始显得宽容，接受了一些现代科学常识和社会常识。近年来，城市宗教徒中出现了年轻化、知识化的倾向，信教者中的知识分子，尤其是青年知识分子，不断增多，使教徒群体的知识构成不断提高。

农业文明向工业文明转化也影响着教徒宗教生活的单一性。农业劳动，时间观念不强，农民可以随时丢下手中活计去过宗教生活。工人则不行，工业生产要求高度的劳动纪律性，在工作时间内工人只属于集体的生产流程，绝不可能为按时过宗教生活而任意停下工作。这就使得由农民转变为乡镇企业工人、建筑承包工人及城市民工的教徒无法按规定的日期、钟点去过宗教生活，这就打破了农业社会中宗教活动时间和形式的单一性。

3. 从乡村社会向城镇社会转型对宗教的影响

农业社会多以乡村布局为主，地域辽阔、村落散漫、信息量小，所以中国乡村中的宗教过去一直与外界交往较少。近年由于经济生活的活跃，不少农村教徒做工、经商，流进城市或城镇，就在工作所在城区过宗教生活。这些穿梭于城乡之间的教徒把一些有关的宗教信息较快地带回农村，起到穿针引线、互通信息的作用，使乡村教会和外界的交往大大增多，密切了城乡教会与教徒之间的联系，增加了教内的凝聚力。改革开放之后，居住离城镇较近的农民教徒有时也到城镇一些大的宗教活动场所过宗教生活，使城镇的宗教活动场所显得拥挤、短缺，有些城市就在这些临时居民的聚居地建一些简易宗教场所供其使用。

4. 从封闭社会向开放社会转型对宗教的影响

改革开放打破了中国社会多年来的封闭、半封闭模式，使之形成了对外开放的格局，这极大增进了中国宗教界同世界各国的宗教团体与教徒的友好往来，加深了彼此之间的友谊，也使得国内外的宗教人士能一起切磋经学、教义，加深宗教文化素养。一些德高望重的宗教界人士被邀请去国外讲经、布道，受到海外宗教界人士的崇敬，也使中国教会的声誉在海外得以传扬。

由封闭到开放，也使得僧、道、教牧人员接触到外界多方面的宗教信息，并了解其他国家和地区一些宗教人士的活动情况，这使得一部分教职人员的社会参与意识急剧增强。

5. 从单一性社会向多样性社会转化对宗教的影响

社会从一元到多元化的过程就是社会加速分化的一种过程，所有制成分的转换使中国人的社会生存环境有了很大改变。中国社会经济基础的多元变化决定着宗教和宗教徒意识的变化。多元化的经济模式使各地的经济发展出现了不平衡，一部分地区先富起来了，另一些地区还处于贫困之中。在经济发展水平不同、宗教渊源不同的地区，各种宗教的发展就呈现出不同的趋势。例如，福建沿海一带素有"闽南佛国"之称，现在由于群众生活水平的大幅度提高，使此地原本就普遍的佛教香火更加旺盛，一个寺庙节日间烧香拜佛的人竟日达数万。而在浙江沿海地区及河南内陆农村，基督教教徒的数量却以文革前数十倍的速度猛增。

6. 从伦理型社会向法理型社会转化对宗教的影响

中国从伦理型社会向法理型社会转化的序幕已经拉开，从宗教界人士及广大教徒和宗教工作者对宗教法的渴望中，我们可以看到这种转型给宗教带来的影响。在一些规模较大的实证调查中，宗教界人士及广大信教群众表示了他们对宗教法的热切企望。宗教界强烈希望国家颁布"宗教法"以保障拥有宗教信仰和正常进行宗教活动的自由。宗教工作部门同样希望早日颁布"宗教法"，以便他们可以依法处理宗教事务、界定正常与非正常的宗教活动，并对之依法进行管理。尽管开放改革后中央于1982年专门颁布了指导宗教工作的19号文件，另外又三令五申要保护宗教信仰及进行正常宗教活动的自由，但人们依然翘首企盼中国宗教法的诞生，这说明人们已有了一定的法理观念，认识到政策和法律之间的不同，相信法律更稳定、更详尽、更具权威性。[①]

中国社会正在进行一场巨大的转变，这些转变折射在作为社会子系统之一的宗教上，宗教作为新的社会存在的反映，必然要表现出种种如上所述的新特征。

---

① 参见戴康生、彭耀：《社会主义中国与宗教》，江西人民出版社，1994。

(三) 有关中国农村宗教现状的几项调查结果

在改革开放的新形势下，中国农村宗教的现状究竟如何呢？

中国社会科学院世界宗教研究所当代宗教研究室为了对中国农村宗教现状有更确切的了解，承担了国家"七五"计划中"改革开放与农村宗教问题"的课题研究。从1988年7月至1990年8月曾对天津、河南、福建等地几大教做了两年多的深入考察和实地抽样问卷调查，获得了大量的可贵资料，并对今日中国农村宗教的概貌有了比较清晰的认识。我们将这几项调查中的主要方面列表分析如下。

1. 教徒状况

（1）改革开放后的生活情况。

表 8-2 1979~1988 年天津农村天主教徒生活水平的变化

选择项目	占被调查总体的百分比	选择项目	占被调查总体的百分比
1. 有了很大提高	68.9	4. 生活水平比过去下降了	1.1
2. 有些改善	26.7	5. 其他	2.0
3. 没什么大变化	1.3	总　计	100.0

资料来源：中国社会科学院世界宗教研究所于 1988 年 7 月在天津市东郊区．武清县．蓟县进行农村天主教调查，发放"农村信教群众情况调查问卷"465 份，共收回 454 份。本表的百分比即以此 454 份问卷为分母计算而成。

"农村信教群众情况调查问卷"共发放 465 份，收回 454 份，回收率达 98%。答卷者年龄在 18~83 岁之间，其中 30 岁以下者 181 人，30~50 岁者 141 人，50 岁以上者 104 人。答卷者中男 231 人，女 193 人，未填明性别的 30 人。

表 8-3 1979~1989 年河南农村基督教徒生活水平的变化

选择项目	占被调查总体的百分比	选择项目	占被调查总体的百分比
1. 有了很大提高	41.9	4. 生活水平比过去下降了	4.8
2. 有些改善	40.9	5. 其他	5.2
3. 没什么大变化	7.2	总　计	100.0

资料来源：中国社会科学院世界宗教研究所于 1989 年 4~6 月在河南省镇平县、南召县和方城县进行农村基督教调查，共发放"基督教信徒情况调查问卷"600 份，即时收回 600 份。本表的百分比即以此 600 份问卷为分母计算而成。

"基督教信徒情况调查问卷"共发放 600 份，收回 600 份，回收率达 100%。答卷者中男 165 人，占总体的 27.5%；女 412 人，占 68.7%；未填性别的 23 人，占 3.8%。年龄 50 岁以上者 219 人，占总体的 36.5%；30～50 岁者 256 人，占 42.7%；30 岁以下者 105 人，占 17.5%；未填年龄者 20 人，占 3.3%。

表 8-4 1980～1990 年福建基督教徒生活水平的变化

选择项目	占被调查总体的百分比	选择项目	占被调查总体的百分比
1. 有了很大提高	38.8	4. 生活水平比过去下降了	1.8
2. 有些改善	46.1	5. 其他	7.8
3. 没什么大变化	5.5	总 计	100.0

资料来源：中国社会科学院世界宗教研究所于 1990 年 8 月在福建省福清、泉州、蒲田、厦门等地进行基督教调查，共发放"基督教信徒情况调查问卷"249 份，收回 219 份。本表即以此 219 份问卷为分母计算而成。

该调查共发放"基督教信徒情况调查问卷"249 份，回收 219 份，回收率为 88%。答卷者中男 73 人，占总体的 33.3%；女 138 人，占 53.0%；未填性别的 8 人，占 3.7%。年龄 50 岁以上者 43 人，占 21.0%；30～50 岁者 43 人，占 19.6%；30 岁以下者 121 人，占 55.3%；未填年龄者 9 人，占 4.1%。

从以上三个表来看，改革开放后所调查地区教徒的生活水平平均有了较大提高。依据教徒自身的评价，认为改革开放后自己生活水平有较大提高的百分比为：天津 68.9%，河南 41.9%，福建 38.8%；认为自己生活有些改善者的百分比为：天津 26.7%，河南 40.9%，福建 46.1%。认为自己的生活水平同过去差不多的教徒，在所调查地均为极少数。如果把生活有些改善和提高的人合在一起，我们可以明显看出改革开放后教徒生活水平的变化：天津为 95.6%，河南为 82.8%，福建为 94.9%。

再从表 8-5 来看，1979 年以来天津天主教聚居村发生变化的顺序依次为：①农业产量大大提高；②生活比过去富裕了；③副业生产有了很大发展。由此来看，改革开放政策的实施，的确调动了农民的生产积极性，使农民的生活状况较之以前明显提高，这种提高在天津天主教聚居村主要来源于农副业生产的发展和提高。

表 8-5 天津农村天主教徒认为 1979 年以来其村子所发生的最大变化

选择项目	占被调查总体的百分比	选择项目	占被调查总体的百分比
1. 农业产量大大提高	42.1	5. 人们思想比过去混乱多了	2.4
2. 副业有很大发展	10.4	6. 其他	4.4
3. 商品经济大发展	1.3	总　计	100.0
4. 生活比过去富裕多了	39.4		

资料来源：同表 8-2。

（2）对改革开放的态度。

表 8-6 天津农村天主教徒对改革开放的看法

选择项目	占被调查总体的百分比	选择项目	占被调查总体的百分比
1. 非常拥护	89.9	4. 不大赞成	2.0
2. 有些不习惯	2.9	5. 其他	1.0
3. 不太关心	4.2	总　计	100.0

资料来源：同表 8-2。

表 8-7 河南农村基督教徒对改革开放的态度

选择项目	占被调查总体的百分比	选择项目	占被调查总体的百分比
1. 非常满意	51.0	4. 不赞成	5.0
2. 不习惯，应当慢一些	22.7	5. 其他	7.6
3. 不太关心	13.7	总　计	100.0

资料来源：同表 8-3。

表 8-8 福建基督教徒对改革开放的态度

选择项目	占被调查总体的百分比	选择项目	占被调查总体的百分比
1. 非常满意	55.7	4. 不赞成	0.5
2. 不习惯，应当慢一些	6.4	5. 未回答	17.8
3. 不太关心	19.6	总　计	100.0

资料来源：同表 8-4。

由几项调查结果可以看出，调查所在地的教徒对改革开放的拥护和满意程度比较高，均超过半数以上：天津为89.9%，河南为51.0%，福建为55.7%。也有一些教徒对改革开放不十分关心。但在三个调查地中，回答对改革开放不习惯者只有地处偏远内陆地区的河南农村的教徒较多（22.7%），其他两地均很少（天津2.9%，福建6.4%）。

表8-9 天津农村天主教徒对改革开放后生活变化的看法交互表

	非常拥护	有些不习惯	不太关心	不太赞成
有很大提高	96.5	2.6	0.6	0.3
有些改善	79.8	2.5	14.3	3.4
没什么大变化	50.0	33.3		16.7
有所下降	40.0			60.0

资料来源：同表8-2。

由表8-9可以发现，天津农村天主教徒对改革开放的拥护程度与他们改革开放后生活水平的提高成正比。1979年以来，其生活水平有很大提高者，非常拥护改革开放的占96.5%；生活有些改善者，拥护改革开放的占79.8%；生活水平无大变化者，拥护的只有50%；生活水平下降的，拥护者只有40%，有60%不赞成改革开放。

表8-10 天津农村天主教徒对当前宗教政策的认识

选择项目	占被调查总体的百分比	选择项目	占被调查总体的百分比
1. 比较满意	37.2	4. 不十分了解	4.8
2. 比过去好得多	16.3	5. 其他	2.9
3. 还需进一步完善	38.8	总　　计	100.0

资料来源：同表8-2。

表8-11 天津农村天主教徒对宗教信仰状况的认识

选择项目	占被调查总体的百分比	选择项目	占被调查总体的百分比
1. 有了很大提高	40.1	4. 仍然不够自由	9.5
2. 有一定提高	41.9	5. 其他	2.3
3. 变化不大	6.2	总　　计	100.0

资料来源：同表8-2。

表 8-12　河南农村基督教徒对信仰自由的认识

选择项目＼年龄	50 岁以上	30~50 岁	30 岁以下	其他
1. 完全自由了	58.9	52.3	48.6	52.8
2. 比过去好多了	28.3	32.4	37.1	31.5
3. 还不太自由,有些受歧视	10.5	13.7	10.5	11.5
4. 感到不自由,很受歧视	0.0	0.4	2.8	0.7
5. 未回答	2.3	1.2	1.0	3.5
总　计	100.0	100.0	100.0	100.0

资料来源：同表 8-3。

表 8-13　福建基督教徒对信仰自由的认识

选择项目	占被调查总体的百分比	选择项目	占被调查总体的百分比
1. 完全自由了	36.1	4. 感到不自由,很受歧视	0.9
2. 比过去好多了	33.8	5. 未回答	5.9
3. 还不太自由,有些受歧视	23.3	总　计	100.0

资料来源：同表 8-4。

表 8-14　福建基督教徒认为家庭聚会受干涉的程度

选择项目	占被调查总体的百分比	选择项目	占被调查总体的百分比
1. 无人干涉,自由进行	63.9	4. 将会受到处罚	0.9
2. 有个别人来查问	12.3	5. 未回答	18.7
3. 时常受到干扰	4.2	总　计	100.0

资料来源：同表 8-4。

从几次调查结果看,中国宗教政策的贯彻落实在改革开放后十年间有了相当程度的改善,宗教信仰自由也有了相当程度的提高。53.5%的天津被调查者对当前的宗教政策"比较满意",或认为"比过去好得多"。在被调查的教徒中,认为近年来中国宗教信仰的自由度有很大提高或一定提高的,天津为82%,河南为84.3%,福建为69.9%。另有63.9%的福建基督教徒回答,他们的家庭聚会礼拜可自由进行,无人干扰。由此可见,绝大多数被调查者认为改革开放后中国的宗教信仰自由的程度有了相当大的提高。但也有 10%～20% 左右的人认为"还不太自由",教徒"还有些受歧视";17% 左右的福建基督教徒认为,他们进行家庭聚会时受到一定的限制和干扰。

(3) 教徒的道德观。

表 8-15　天津农村天主教徒对宗教道德与社会主义道德之间关系的认识

选 择 项 目	占被调查 总体的百分比	选 择 项 目	占被调查 总体的百分比
1. 是一致的	52.0	4. 完全是两码事	1.3
2. 有相通之处	33.0	5. 其他	12.2
3. 是并行不悖的	1.5	总　　计	100.0

资料来源:同表 8-2。

表 8-16　河南农村基督教徒对基督教道德与社会主义道德之间关系的认识

选 择 项 目	占被调查 总体的百分比	选 择 项 目	占被调查 总体的百分比
1. 基本一致	59.3	4. 是水火不相容的	3.3
2. 可以互相补充	27.7	5. 未回答	7.0
3. 不能互相补充	2.7	总　　计	100.0

资料来源:同表 8-3。

表 8-17　福建基督教徒对基督教道德与社会主义道德之间关系的认识

选 择 项 目	占被调查 总体的百分比	选 择 项 目	占被调查 总体的百分比
1. 基本一致	35.6	4. 是水火不相容的	2.7
2. 可以互相补充	37.9	5. 未回答	21.5
3. 不能互相补充	2.3	总　　计	100.0

资料来源:同表 8-4。

由表 8-15 至表 8-17 可知,五分之四左右(天津 86.5%,河南 87.0%,福建 73.4%)的被调查者认为宗教道德和社会主义道德是相容的(基本一致、有相通之处、可以互相补充、并行不悖等);只有极少数人认为两者水火不容,不能互相补充。由此可见,在绝大多数教徒心中,宗教道德和社会主义道德不是对立的,他们遵守宗教道德并不排斥社会主义道德。

表 8-18　天津农村天主教徒对好品质的认识和选择比例

单位：%

认为的好品质	选择人数比例	认为的好品质	选择人数比例
顺　　从	9.9	爱人如己	77.1
依　　赖	0.7	开拓创造	36.0
克　　制	27.5	自我中心	3.5
忍　　让	42.5	诚　　实	82.6
谦　　让	50.0	竞　　争	22.9
随波逐流	2.0		

资料来源：同表 8-2。

表 8-19　天津农村天主教徒喜欢交的朋友类型与比例

单位：%

喜欢的朋友类型	选择比例	喜欢的朋友类型	选择比例
1. 忠诚可靠的	86.3	5. 坦率开朗的	28.6
2. 聪明能干的	25.1	6. 有牺牲精神的	14.8
3. 敢于冒险的	5.7	7. 能为别人着想的	43.2
4. 习惯于服从别人的	2.4		

资料来源：同表 8-2。

表 8-20　河南农村基督教徒对人应该诚实与否的看法

选择项目	占被调查总体的百分比	选择项目	占被调查总体的百分比
1. 应该	93.8	4. 未回答	4.4
2. 不应该	0.8	总　计	100.0
3. 不知道	1.0		

资料来源：同表 8-3。

表 8-21　福建基督教徒对"人应该诚实与否"的看法

选择项目	占被调查总体的百分比	选择项目	占被调查总体的百分比
1. 应该	90.0	4. 未回答	8.2
2. 不应该	0.0	总　计	100.0
3. 不知道	1.8		

资料来源：同表 8-4。

从三地天主教与基督教教徒对道德品质的评价看,"诚实"、"真诚"是被评价最高的品质,它被认同的程度远远超过其他各类品质,赞成者均在82%~93%之间。"爱人如己"和"忍让"也受到大多数教徒的推崇。最不受欢迎的品质是"依赖"、"随波逐流"、"自我中心"和"顺从"(见表8-18)。在对道德品质的评价上不存在明显的年龄和性别差异。

(4) 教徒的生活目标及最大关怀。

表8-22 天津农村天主教徒近年最想达到的目标

选择项目	占被调查总体的百分比	选择项目	占被调查总体的百分比
1. 发家致富	12.4	4. 摆脱贫穷	37.3
2. 安生过日子	41.0	总 计	100.0
3. 小康	9.3		

资料来源:同表8-2。

表8-23 河南农村基督教徒近年最想达到的目标

选择项目	占被调查总体的百分比	选择项目	占被调查总体的百分比
1. 发家致富	10.8	4. 摆脱贫穷	18.3
2. 安生过日子	51.9	5. 未回答	5.9
3. 小康	13.1	总 计	100.0

资料来源:同表8-3。

表8-24 福建基督教徒近年最想达到的目标

选择项目	占被调查总体的百分比	选择项目	占被调查总体的百分比
1. 发家致富	5.6	4. 摆脱贫穷	9.1
2. 安生过日子	62.5	5. 未回答	16.0
3. 小康	6.8	总 计	100.0

资料来源:同表8-4。

从有关生活目标的四项选择的人数比例看,天津、河南、福建三地的被调查教徒近几年最想达到的目标是"安生过日子"(天津41.0%,河南51.9%,福建62.5%),其次是"摆脱贫困",第三是"小康",最后一个才是"发财致富"。农民教徒所追求的生活目标是现实的,他们最渴望的是能安居乐业,而不是和自己眼前现实相距较远的发财致富。本分是中国农民的一贯作风,不过分奢望使农村教徒追求安定的生活环境,表现出相对较弱的现代意识。

表 8-25　天津农村天主教徒 1988 年最关心的问题

选择项目	占被调查总体的百分比	选择项目	占被调查总体的百分比
1. 信仰自由	59.0	4. 家庭生活	3.1
2. 经济收入	4.0	5. 其他	4.6
3. 国家前途	29.3	总　计	100.0

资料来源:同表 8-2。

表 8-26　河南农村基督教徒 1989 年最关心的问题

选择项目	占被调查总体的百分比	选择项目	占被调查总体的百分比
1. 信仰自由	47.7	5. 家庭生活	3.0
2. 经济收入	11.2	6. 其他	0.2
3. 物价上涨	10.8	7. 未回答	3.3
4. 社会不正之风	23.8	总　计	100.0

资料来源:同表 8-3。

表 8-27　福建基督教徒 1990 年最关心的问题

选择项目	占被调查总体的百分比	选择项目	占被调查总体的百分比
1. 信仰自由	47.1	5. 家庭生活	5.0
2. 经济收入	4.6	6. 其他	11.4
3. 物价上涨	2.7	7. 未回答	7.3
4. 社会不正之风	21.9	总　计	100.0

资料来源:同表 8-4。

就教徒最关心的问题而言,几项调查结果所显示的排序是一致的:最关心"信仰自由"的人数最多(天津 59.0%,河南 47.7%,福建 41.0%),其次是最关注"国家前途"和"社会不正之风",此两项选择的人数已占80%左右。教徒对信仰自由所表现出的极大关切一来说明他们对信仰的重视程度，二来也说明他们对信仰不自由的恐惧。他们拥护现行政策，关心国家前途，害怕不正之风会影响国家的命运和前途，因为通过"文化大革命"的教训，广大教徒已经明白，信仰自由是否能得到保证，经济生活是否能不断提高，都和国家与社会的命运紧密相连。

在天津的调查中，77.1%的天主教徒对自己的前途充满信心，3.1%的人有些忧虑，6.1%的人感觉一般，10.6%的人不爱多想，3.1%的人充满恐惧。可以看出绝大多数教徒对自己的前途是乐观的，对未来抱有足够的信心，极少数人对前途充满恐惧，可能由于他们无法适应这个快速变化的世界。

表8-28 天津农村天主教徒认为人生最重要的事情

选择项目	占被调查总体的百分比	选择项目	占被调查总体的百分比
1. 爱	23.1	4. 信仰	68.9
2. 金钱	2.0	5. 其他	4.7
3. 权势	1.3	总　计	100.0

资料来源：同表8-2。

表8-29 河南农村基督教徒认为人怎样活着才有意义

选择项目	占被调查总体的百分比	选择项目	占被调查总体的百分比
1. 全部奉献给上帝	56.7	4. 都无所谓	7.0
2. 有一个事业并为之奋斗	28.8	5. 未回答	5.7
3. 挣很多的钱	1.8	总　计	100.0

资料来源：同表8-3。

表8-30 福建基督教徒认为人怎样活着才有意义

选择项目	占被调查总体的百分比	选择项目	占被调查总体的百分比
1. 全部奉献给上帝	63.5	4. 都无所谓	2.7
2. 有一个事业并为之奋斗	21.5	5. 未回答	11.4
3. 挣很多的钱	0.9	总　计	100.0

资料来源：同表8-4。

从表 8-28 至表 8-30 来看，大多数被调查教徒认为"信仰"和"奉献"是人生最有意义和最重要的事情（天津 68.9%，河南 56.7%，福建 63.5%），其次是"爱"和"有一个事业并为之奋斗"。只有极少数教徒（天津 2.0%，河南 1.8%，福建 0.9%）认为"挣很多钱"才是人生最重要的事情。但这几项调查均作于 1991 年以前，经过 1992、1993 两年的市场经济大潮再度冲击之后，教徒是否仍对金钱持此种态度，只有留待来日调查分析了。

（5）教徒参加宗教活动的原因。

表 8-31　天津农村天主教徒参加宗教活动的原因

选择项目	占被调查总体的百分比	选择项目	占被调查总体的百分比
1. 本人信仰	57.5	4. 神秘感与好奇心	0.9
2. 家庭影响	9.5	5. 其他	2.6
3. 能得到心灵的充实	29.5	总　计	100.0

资料来源：同表 8-2。

表 8-32　天津农村天主教徒参加宗教活动原因的年龄分布

选择项目＼年龄	30 岁以下	30~50 岁	50 岁以上
1. 本人信仰	51.4	61.7	61.5
2. 家庭影响	16.6	5.0	4.8
3. 能得到心灵的充实	26.5	30.2	32.7
4. 神秘感与好奇心	2.2	2.1	
5. 其他	3.3	1.0	2.0
总　计	100.0	100.0	100.0

资料来源：同表 8-2。

从天津农村天主教调查来看，大多数被调查者是因为"本人信仰"而参加宗教活动的，中、老年人在这一点上较之年轻人为数更多。此外，30 岁以下者受家庭影响而参加宗教活动者较中、老年人多。在 50 岁以上者中，无一人是因"神秘感与好奇心"而来参加宗教活动的。

河南被调查基督教徒最初参加礼拜的原因的前三位是：①想解决精神上的烦闷；②因教徒劝说随便去听听；③想解决生活中遇到的困难。福建

表 8-33　河南农村基督教徒最初参加礼拜的原因

选　择　项　目	占被调查总体的百分比
1. 因教徒劝说随便去听听	23.0
2. 想解决生活中遇到的困难	20.8
3. 想解决精神上的烦闷	31.7
4. 想找到解决社会不良风气的办法	14.7
5. 未回答	9.8
总　　计	100.0

资料来源：同表 8-3。

表 8-34　福建基督教徒最初参加礼拜的原因

选　择　项　目	占被调查总体的百分比
1. 因教徒劝说随便去听听	26.5
2. 想解决生活中遇到的困难	14.2
3. 想解决精神上的烦闷	23.3
4. 想找到解决社会不良风气的办法	10.5
5. 未回答	25.5
总　　计	100.0

资料来源：同表 8-4。

的则是：①因教徒劝说随便去听听；②想解决精神上的烦闷；③想解决生活中遇到的困难。两者选择最多的项目相同，只是排列顺序稍有差异，这种差异表现为福建教徒（被调查者）入教比河南教徒（被调查者）受外力的影响大。两者的共性是：很多教徒是为解决现实问题而入教的，如为解除精神烦闷或生活困难。

基督教徒陈述信教的最大收获是：①认为自己"内心得到平静和安慰"（河南49.0%，福建58.9%）；②认为入教使他们"对生活又充满信心"（河南26.8%，福建28.3%）；另一部分人认为入教解决了他们的"实际困难"，"认识了很多朋友"。这些结果既表明教徒入教时的初衷得到满足，又表明宗教在社会主义初级阶段仍然具备的"心理调适"的正功能。

河南、福建两地被调查的基督教徒有三分之二左右认为自己信教后"工作比过去努力多了"，只有一少部分（河南5.7%，福建8.2%）人认为自己信教后"更多考虑信仰和传福音，对工作不够关心"（见表8-35）。

表8-35 河南福建基督教徒信教后对自己工作的态度比较

选 择 项 目	河 南	福 建
	占调查总体的百分比	
1. 比过去努力多了	70.7	60.3
2. 和过去一样工作	14.5	12.3
3. 更多考虑信仰和传福音,对工作不够关心	5.7	8.2
4. 其他	1.8	8.7
5. 未回答	7.3	10.5
总 计	100.0	100.0

资料来源:同表8-3,表8-4。

(6)从所调查的教徒的基本现状中,我们可以得出以下结论:

绝大多数教徒和社会是积极合作的,改革开放后他们大多数人的生活水平都有了不同程度的提高,因此他们拥护国家的改革开放,对现行宗教政策也比较满意。大多数教徒在认同宗教道德的同时也认同社会主义道德,认为两者是相容的,有共同之处。他们崇尚"诚实"、"爱人如己"、"忍让"等品质,排斥"随波逐流"、"顺从"和"自我中心"。大多数农村教徒追求的生活目标比较现实,仅是"安生过日子"和"脱贫",较少"发财致富"的梦想。绝大多数教徒认为人生最重要的不是"金钱"和"权势",而是"信仰"、"爱"和"有一个事业并为之奋斗"。大多数教徒参加宗教活动不是出于"神秘感"和"好奇心",而是想解决"精神上的烦闷"或"生活上遇到的困难",其中有不少教徒最初参加礼拜是受其他教徒的影响,抱着"随便去听听"的想法而去的。

当然,也有极少数教徒持负面的意见,有些对现状不太满意,但其中大部分是希望今后各方面工作继续改进。

2. 宗教教职人员及教会其他领导成员的情况

在天津、河南和福建三地共调查教职人员140名,其基本情况大致如下。

(1)文化素质及年龄。这些被调查的教职人员及教会其他领导成员的文化程度普遍较高,有一半以上的人毕业于教会学校或神学院,其他的也多是中学或大学、大专毕业。

但教职人员和教会其他领导成员的年龄结构分布不够均衡,普遍偏高。在被调查的140位教职人员中,50岁以上者就占65%左右,其中以天津天主教教职人员的年龄构成最为突出,50岁以上者竟达88%左右;中年教职人员最为缺乏,仅14%左右;30岁以下者也只有20%左右。

（2）"文革"中的处境及目前的生活状况。教职人员和教会领导成员在"文化大革命"中的处境十分难堪。从这次调查看,140名教职人员和教会领导成员中37%左右在"文化大革命"中"挨整"或"入狱",5%左右的人不敢暴露自己的教徒身份而伪装成"非教徒"（见表8-36、表8-37、表8-38）。

表8-36　天津天主教教职人员及教会其他领导成员在"文化大革命"中的处境

选　择　项　目	占被调查总体的百分比
1. 挨整（被批斗,隔离,审查,监督等）	32.7
2. 入狱	8.2
3. 一般	44.9
4. 顺利	10.2
5. 不暴露教徒身份	2.0
6. 未回答	2.0
总　　计	100.0

资料来源：同表8-2。

表8-37　河南基督教教职人员及教会其他领导成员在"文化大革命"中的处境

选　择　项　目	占被调查总体的百分比
1. 挨整（被批斗,隔离,审查,监督等）	13.6
2. 入狱	4.7
3. 一般	45.8
4. 顺利	17.2
5. 不暴露教徒身份	9.4
6. 未回答	9.3
总　　计	100.0

资料来源：同表8-3。

表8-38 福建基督教教职人员及教会其他领导成员在"文化大革命"中的处境

选 择 项 目	占被调查总体的百分比
1. 挨整(被批斗,隔离,审查,监督等)	36.7
2. 入狱	4.1
3. 一般	26.5
4. 顺利	16.3
5. 不暴露教徒身份	2.1
6. 未回答	14.3
总　　计	100.0

资料来源：同表8-4。

以上三表是把教职人员及教会其他领导人员放在一起进行统计的，如果只统计教职人员当时的处境，可能会更加糟糕。

表8-39 天津天主教教职人员及教会其他领导成员1988年的生活状况

选择项目	占被调查总体的百分比	选择项目	占被调查总体的百分比
1. 生活富裕	20.4	4. 非常困难	1.0
2. 过得去	77.6	总　　计	100.0
3. 有困难	1.0		

资料来源：同表8-2。

表8-40 河南基督教教职人员及教会其他领导成员1988年的生活状况

选择项目	占被调查总体的百分比	选择项目	占被调查总体的百分比
1. 生活富裕	21.0	4. 非常困难	0.0
2. 过得去	75.0	总　　计	100.0
3. 有困难	3.1		

资料来源：同表8-3。

表8-41 福建教职人员及教会其他领导成员1990年的生活状况

选择项目	占被调查总体的百分比	选择项目	占被调查总体的百分比
1. 生活富裕	6.1	4. 非常困难	0.0
2. 过得去	91.8	5. 未回答	0.0
3. 有困难	2.1	总　　计	100.0

资料来源：同表8-4。

综合以上三表来看，回答"生活富裕"的占 16.1%，认为自己"生活过得去"的占 81.4%，仅有 0.3% 的人表示他们的生活还"有困难"。由上述情况可以得知，改革开放后教职人员和教会其他领导成员的生活问题已基本得到解决，也基本消灭了"困难户"。

表 8-42　天津天主教教职人员及教会其他领导成员 1988 年的生活来源

选择项目	占被调查总体的百分比	选择项目	占被调查总体的百分比
1. 国家供给	30.6	4. 自食其力	57.1
2. 教会负责	8.2	5. 教徒奉献	0.0
3. 亲属相助	4.1	总　计	100.0

资料来源：同表 8-2。

表 8-43　河南基督教教职人员及教会其他领导成员 1989 年的生活来源

选择项目	占被调查总体的百分比	选择项目	占被调查总体的百分比
1. 国家供给	23.8	5. 自食其力	58.7
2. 教会负责	4.8	6. 未回答	0.0
3. 教徒奉献	0.0	总　计	100.0
4. 亲属帮助	12.7		

资料来源：同表 8-3。

表 8-44　福建基督教教职人员及教会其他领导成员 1989 年的生活来源

选择项目	占被调查总体的百分比	选择项目	占被调查总体的百分比
1. 国家供给	20.4	5. 自食其力	10.2
2. 教会负责	55.1	6. 未回答	0.0
3. 教徒奉献	10.2	总　计	100.0
4. 亲属帮助	4.1		

资料来源：同表 8-4。

综合起来看，三地教职人员和教会领导成员的经济生活来源是：国家供给 24.8%，教会负责的 22.7%，教徒奉献 3.4%，亲属帮助的 7%，自食其力的 42%。

(3) 对改革开放的态度。

表 8-45　1988 年天津天主教教职人员及教会其他领导成员对改革开放的看法

选择项目	占被调查总体的百分比	选择项目	占被调查总体的百分比
1. 令人振奋	26.5	4. 令人担忧	14.3
2. 比较乐观	44.9	5. 其他	2.1
3. 捉摸不定	12.2	总　计	100.0

资料来源：同表 8-2。

表 8-46　1989 年河南基督教教职人员及教会其他领导成员对改革开放的看法

选择项目	占被调查总体的百分比	选择项目	占被调查总体的百分比
1. 令人振奋	29.7	4. 令人担忧	9.4
2. 比较乐观	45.3	5. 未回答	0.0
3. 捉摸不定	15.6	总　计	100.0

资料来源：同表 8-3。

表 8-47　1990 年福建基督教教职人员及教会其他领导成员对改革开放的看法

选择项目	占被调查总体的百分比	选择项目	占被调查总体的百分比
1. 令人振奋	34.7	4. 令人担忧	0.0
2. 比较乐观	61.2	5. 未回答	0.0
3. 捉摸不定	4.1	总　计	100.0

资料来源：同表 8-4。

天津、河南、福建三地的调查结果充分表明了教职人员对中国社会改革开放的乐观情绪。回答改革开放"令人振奋"和"比较乐观"的比例是：天津 71.4%，河南 75.0%，福建 95.9%；回答改革开放"令人担忧"的比例则是：天津 14.3%，河南 9.4%，福建 0.0%。从时间上看这些调查结果，越往后教职人员对改革开放的情绪越乐观，担忧者越少；从经济发展水平看，经济最发展的地区（福建）的人们对改革开放的情绪最乐观，福建回答改革开放"令人振奋"或使人"比较乐观"的人数比例高达 95.9%，并且无一人表示对改革开放感到担忧。

表 8-48 河南基督教教职人员及教会其他领导成员认为
教徒心情较舒畅的时期

选择项目	占被调查总体的百分比	选择项目	占被调查总体的百分比
1. 1957 年以前	1.6	4. 1982 年以后	85.9
2. 1957～1966 年间	0.0	5. 未回答	0.0
3. 1976～1982 年间	12.5	总　计	100.0

资料来源：同表 8-3。

表 8-49 福建基督教教职人员及教会其他领导成员认为
教徒心情较舒畅的时期

选择项目	占被调查总体的百分比	选择项目	占被调查总体的百分比
1. 1957 年以前	4.0	4. 1982 年以后	79.6
2. 1957～1966 年间	0.0	5. 未回答	8.2
3. 1976～1982 年间	8.2	总　计	100.0

资料来源：同表 8-4。

从表 8-48 和表 8-49 中，我们可以看到河南和福建的基督教教职人员及其他教会领导成员从另一角度反映的对改革开放的态度。河南（85.9%）、福建（79.6%）的绝大多数被调查的教职人员及教会领导成员都认为，1982 年以后，也就是改革开放之后，信教群众的心情比较舒畅。

（4）教职人员等对"自由传教"的态度。

表 8-50 1988 年天津天主教教职人员及教会其他领导成员对
"自由传教"的态度

选择项目	占被调查总体的百分比	选择项目	占被调查总体的百分比
1. 反对	28.6	4. 应加强疏导	42.9
2. 支持	2.0	5. 其他	12.2
3. 可以理解	14.3	总　计	100.0

资料来源：同表 8-2。

表 8-51　1988 年天津天主教教职人员及教会其他成员
认为存在"自由传教"的原因

选择项目	占被调查总体的百分比	选择项目	占被调查总体的百分比
1. 宗教政策不落实	28.6	4. 国外势力的影响	4.1
2. 没有下会神父	12.2	5. 其他	20.4
3. 对"爱国会"不信任	34.7	总　计	100.0

资料来源：同表 8-2。

"自由传教"是一个比较敏感的问题，在天津天主教调查中涉及了这个问题。教职人员和教会其他领导成员表达了他们对"自由传教"的看法并说明了原因。据访谈和抽样调查的统计结果分析，存在"自由传教"的原因主要有以下几点：①对爱国会不信任（34.7%）。主要是因为不少人对爱国会的一些成员在"文化大革命"中的"左"的做法耿耿于怀，不肯予以谅解，有距离感。②宗教政策不落实（28.6%）。这项调查进行于 1988 年，当时在本地某些宗教政策还未得到完全落实，以后已陆续落实。③没有下会神父。由于天主教教职人员年龄老化，极度缺乏能下会的神父，因此影响了某些地区的传教，"自由传教"势力就乘虚而入。认为"自由传教"是"受国外势力影响"的仅有 4.1%。据此分析，"自由传教"的存在主要还是由于内因，由于我们某些方面工作的不完善所致。当然，这只是天津调查的结果。不同地区由于具体情况的差异，可能会有不尽相同的结果，要作具体分析。

从调查看，仅有 2.0% 的教职人员及教会领导人支持"自由传教"，28.6% 表示反对，另有 57.2% 的人持中立态度，不支持"自由传教"，但认为它的存在是"可以理解的"，应"加强疏导"。

（5）对教会自身改革的看法。

表 8-52　天津天主教教职人员及教会其他领导成员
对中国天主教会是否需要改革的认识

选　择　项　目	占被调查对象的百分比
1. 不需要改革	18.4
2. 需要改革	81.6
总　计	100.0

资料来源：同表 8-2。

表 8-53　天津天主教徒认为中国天主教改革应最先开始的地方

选 择 项 目	占被调查总体的百分比	选 择 项 目	占被调查总体的百分比
1. 礼仪	40.8	4. 沿袭旧制	22.4
2. 神学思想	12.2	5. 其他	16.4
3. 教会制度	8.2	总　计	100.0

资料来源：同表 8-2。

天津的天主教调查也涉及了教会自身改革的问题。从调查结果看，81.6%的天主教教职人员及教会领导成员认为天主教会需要改革，需要跟上时代的步伐。40.8%的人认为这种改革应从"礼仪"开始，12.2%的人认为应从"神学思想"开始，8.2%的人则认为应先改革"教会制度"。

3. 宗教工作人员状况①

（1）教育水平与专业知识程度。在天津、河南、福建三地共调查农村宗教工作人员208人，其中小学以下文化程度的14人，初中程度57人，高中（中专、技校）程度的83人，大专以上程度的54人。中等教育水平者偏多，占67.3%，大专以上水平者占25.9%，小学以下水平者占5.2%。

表 8-54　1988 年天津农村宗教工作者认为自己对宗教知识的了解程度

选 择 项 目	占被调查总体的百分比	选 择 项 目	占被调查总体的百分比
1. 熟悉	2.2	4. 不熟悉	22.8
2. 比较熟悉	18.5	5. 其他	1.1
3. 略知一二	55.4	总　计	100.0

资料来源：同表 8-2。

---

① 1988年调查天津农村宗教工作人员92名。其中男78人，女14人；年龄30岁以下者13人，30~50岁者64人，50岁以上者15人。

1989年调查河南农村宗教工作人员95名。其中男84人，女10人，1人未填性别；年龄24岁以下者11人，24~59岁者49人，60岁以上者34人。

1990年调查福建宗教工作人员21名。其中男16人，女3人，2人未填性别；年龄30岁以下者5人，30~49岁者9人，50岁以上者7人。

表 8-55　1989 年河南农村宗教工作者认为自己对宗教知识的了解程度

选择项目	占被调查总体的百分比	选择项目	占被调查总体的百分比
1. 很了解	1.1	4. 缺乏了解	5.2
2. 了解	43.2	5. 未回答	0.0
3. 略知一二	50.5	总　计	100.0

资料来源：同表 8-3。

表 8-56　1990 年福建宗教工作者认为自己对宗教知识的了解程度

选择项目	占被调查总体的百分比	选择项目	占被调查总体的百分比
1. 很了解	23.8	4. 缺乏了解	17.3
2. 了解	19.1	5. 未回答	4.8
3. 略知一二	35.0	总　计	100.0

资料来源：同表 8-4。

从表 8-54、表 8-55 和表 8-56 看，农村宗教工作人员对宗教知识的了解程度还不理想，约有一半左右的人对宗教知识仅"略知一二"，约五分之一的人对宗教知识则是"缺乏了解"，仅此两者，已占整个宗教工作人员群体的 70% 左右。福建宗教工作人员对宗教知识的了解程度要高于其他两地，但这些数字仅来源于他们的自我评估。文化程度的高低影响着农村宗教工作人员对宗教知识的掌握程度，表 8-57 显示了天津农村宗教工作人员文化程度与对宗教知识了解程度之间的相关。由于是个人评估，所以每个人对"熟悉"程度评估的标准可能不够一致，但"不熟悉"这一项的标准应该是比较明确和接近一致的。从表 8-57 可以看出：在有大专以上的文化程度的人中，"不熟悉"宗教知识的只有 7.7%；而在只有小学文化程度的人中，"不熟悉"宗教知识的则有 40%；在有初、高中文化程度的人中，"不熟悉"宗教知识的在 20% ~ 30% 之间。也就是说，文化程度越低的人，"不熟悉"宗教知识的越多。

三个地方都有约一半以上的宗教工作者认为宗教在社会主义初级阶段既有积极作用，也有消极作用。但在认为宗教主要起积极作用方面，三地

表 8-57 1988 年天津农村天主教工作者的文化程度与他们
对宗教知识的了解程度交互表

学 历		被调查者的文化程度（占被调查总体的百分比）			
		小学或小学以下	初中（肄业或毕业）	高中、中专、中技	大专以上
对宗教知识的了解程度	熟悉		3.8	3.4	
	比较熟悉	30.0	11.5	17.2	
	略知一二	30.0	61.5	48.3	23.1
	不熟悉	40.0	23.1	31.0	7.7
	其他		0.1	0.1	

资料来源：同表 8-2。

表 8-58 1988 年天津农村宗教工作者对宗教在社会主义
初级阶段作用的认识

选 择 项 目	占被调查总体的百分比
1. 消极麻醉作用	7.6
2. 消极作用	5.4
3. 积极作用	3.3
4. 既有积极作用也有消极作用	50.0
5. 能和社会主义社会相适应，起一定的好作用	30.4
6. 其他	3.3
总　　计	100.0

资料来源：同表 8-2。

表 8-59 1989 年河南宗教工作者对宗教在社会主义初级阶段作用的认识

选择项目	占被调查总体的百分比	选择项目	占被调查总体的百分比
1. 消极作用	5.3	4. 不好说，具体问题具体分析	24.1
2. 积极作用	16.8	5. 未回答	0.1
3. 既有积极作用又有消极作用	53.7	总　　计	100.0

资料来源：同表 8-3。

表8-60 1989年福建宗教工作者对宗教在社会主义初级阶段作用的认识

选择项目	占被调查总体的百分比	选择项目	占被调查总体的百分比
1. 消极作用	4.8	4. 不好说,具体问题具体分析	14.2
2. 积极作用	23.8	5. 未回答	4.8
3. 既有积极作用又有消极作用	52.4	总　　计	100.0

资料来源：同表8-4。

的情况差距相当大。天津只有3.3%的人认为宗教在社会主义初级阶段主要起积极作用，河南有16.8%，而福建则有23.8%。从上述情况看，大多数宗教工作者尚能正确分析宗教在社会主义初级阶段的作用问题，能够比较辩证地认识这个问题。

表8-61 1988年天津农村宗教工作者认为宗教道德在目前社会中的作用

选　择　项　目	占被调查总体的百分比
1. 是对全社会道德水平提高的补充	27.2
2. 通过对信教群众的影响而有益于社会	41.3
3. 有碍于提高共产主义道德	18.5
4. 不利于社会主义精神文明建设	5.4
5. 其他	7.6
总　　计	100.0

资料来源：同表8-2。

表8-62 1989年河南宗教工作者认为宗教道德在精神文明中的作用

选　择　项　目	占被调查总体的百分比
1. 通过对信教群众的影响而有益于社会	28.4
2. 是对全社会道德水平提高的补充	51.6
3. 有碍于提倡共产主义道德	9.5
4. 社会主义不需要宗教道德	8.4
5. 未回答	2.1
总　　计	100.0

资料来源：同表8-3。

表8-63　1990年福建宗教工作者认为宗教道德在精神文明中的作用

选　择　项　目	占被调查总体的百分比
1. 通过对信教群众的影响而有益于社会	33.3
2. 是对全社会道德水平提高的补充	52.4
3. 有碍于提倡共产主义道德	4.8
4. 社会主义不需要宗教道德	4.8
5. 未回答	4.7
总　计	100.0

资料来源：同表8-4。

综合表8-61、表8-62和表8-63来看，认为宗教在社会主义精神文明建设中能起到有益作用的占绝大多数。具体来说，天津68.5%、河南80.0%、福建85.7%的宗教工作者回答宗教"通过对信教群众的影响而有益于全社会"和"是对全社会道德水平的补充"。而认为"有碍于提倡共产主义道德"和"社会主义不需要宗教道德"者的比例则是：天津23.9%，河南17.9%，福建9.6%。宗教工作者经常和宗教打交道，作为政府工作人员，他们对宗教道德的评价具有实践意义，也说明在社会主义时期宗教仍然可以发挥其整合功能，尤其是在社会转型期道德失范的情况下，宗教道德对教徒更具较大的约束和劝导作用。

（2）对宗教政策及其他问题的认识。被调查的宗教工作者对国家宗教政策在本地区的执行情况的评价见表8-64、表8-65和表8-66。

表8-64　天津农村宗教工作者对新中国成立后（除"文革"外）
至80年代末国家宗教政策执行情况的认识

选择项目	占被调查总体的百分比	选择项目	占被调查总体的百分比
1. 好的	13.0	4. 极差	2.2
2. 基本好的	71.7	5. 其他	1.1
3. 问题较多	12.0	总　计	100.0

资料来源：同表8-2。

表 8-65　河南宗教工作者对改革开放以来至 80 年代末
本地区宗教政策执行情况的评价

选择项目	占被调查总体的百分比	选择项目	占被调查总体的百分比
1. 很好	11.6	5. 很差	1.0
2. 比较好	57.9	6. 未回答	0.0
3. 一般	26.3	总　计	100.0
4. 不太好	3.2		

资料来源：同表 8-3。

表 8-66　福建宗教工作者对改革开放以来至 80 年代末
本地区宗教政策执行情况的评价

选择项目	占被调查总体的百分比	选择项目	占被调查总体的百分比
1. 很好	33.3	5. 很差	0.0
2. 比较好	52.4	6. 未回答	4.7
3. 一般	4.8	总　计	100.0
4. 不太好	4.8		

资料来源：同表 8-4。

认为宗教政策执行得很好和较好的人的比例为：天津 84.7%，河南 69.5%，福建 85.7%。不发达和较为闭塞的河南农村宗教政策的执行情况不如较发达的天津和福建。但总体而言，绝大多数宗教工作者都认为自己所在的地方较好地执行了国家的宗教政策。

表 8-67　河南宗教工作者自己下去调查研究与否

选择项目	占被调查总体的百分比	选择项目	占被调查总体的百分比
1. 定期下去调查研究	24.2	4. 无重大问题一般不下去调查	10.5
2. 偶尔下去调查研究	18.9	5. 未回答	1.1
3. 有问题就下去调查	45.3	总　计	100.0

资料来源：同表 8-3。

表 8-68　福建宗教工作者自己下去调查研究与否

选择项目	占被调查总体的百分比	选择项目	占被调查总体的百分比
1. 定期下去调查研究	9.5	4. 无重大问题一般不下去调查	4.8
2. 偶尔下去调查研究	9.5	5. 未回答	9.5
3. 有问题就下去调查	66.7	总　计	100.0

资料来源：同表 8-4。

从以上两表来看，宗教工作干部一般是有问题了才下去调查（河南 45.3%、福建 66.7%），定期下去调查者为数不多，还有少数人表示"无重大问题一般不去调查"。从上述情况可以看出，农村宗教工作干部还缺乏常规调查研究的习惯和对问题发生的预防措施。

第三节　中国宗教的展望与思考

一　宗教将在中国社会长期存在

我们已经指出，在现代中国社会，宗教仍是一个不可忽视的社会子系统。它和政治、经济、文化、教育等社会分支的不同仅在于两点：它只是中国社会的一个次级子系统，这个次级子系统所持的世界观和我们社会的主流意识形态是相矛盾的。

正是由于上述第二个原因，激进的"社会主义者"曾经希望能在中国尽快消灭宗教，以维护意识形态的纯洁性，争取早日实现共产主义。他们把这种愿望付诸行动，采取了种种人为的手段来压制宗教，试图在人工的催化下，能消灭宗教于一朝一夕间。但事实却是，这种揠苗助长的做法不仅丝毫无助于"革命进程"的推进，反而从另外一种意义上助长了宗教在"文化大革命"后的急速复兴与发展。

和激进的"社会主义者"不同，真正的历史唯物主义者是尊重历史、尊重客观现实的。中国社会今天的进化程度和现状决定了宗教不仅在当代中国是一种必然存在，而且在未来相当长的一段历史时期内，都还将继续存在下去，并继续对部分社会成员发挥它的调适、整合、控制、交际诸功能。

宗教之所以能在社会主义社会长期存在下去，是有其自然的、社会的、经济的和文化的原因的。首先是自然的原因。人类今天还不能完全做到防止与克服自然的灾害，加之有限的认识能力，使其远不能穷尽对无限的客观世界及真理的认识。当人们至今无法对自然界的一些奥秘，尤其是和人类自身生活有关的一些奥秘，对偶然与必然等作出合理解释时，他们仍有可能步入宗教信仰之门。其次是经济与社会的原因。在中国社会主义的初级阶段，社会生产力发展水平总的来说仍比较落后，这就造成物质的贫困和人们文化素质的低下，这种情况往往驱使人功利主义地投向宗教的怀抱，如在一些贫困和文化落后的地区，许多人为缺医少药而入教祷告治病，求平安免灾祸。社会生活中积累的多种难以解决的矛盾也是宗教得以在中国长期存在和发展的社会根源。不少人为解脱现实生活中的苦闷，为使受痛苦折磨的心灵得到慰藉而皈依宗教。第三是文化的原因。宗教作为一种文化载体与有机构成，自然对传统的东西有所传承，这种文化延续源远流长，是轻易割不断的。除了上述诸因素的影响，社会转型所带来的种种困扰与不安，社会道德的失范，都是令一些人皈依宗教的原因。

由于上述若干种切实的原因，宗教将在中国社会长期存在下去，这是一个不争的事实。中国的领导层在考虑宗教问题、处理宗教事务及制定有关宗教的政策时，以此为出发点，方能避免短视的行为。以宗教的长期存在为前提考虑问题，能使我们居高临下，有远见卓识，而不会因急于求成反造成欲速不达。

二 宗教与社会合作倾向的强化

对于中国宗教与社会的合作倾向我们可以这样分析：中华人民共和国建立以来，凡是在社会发展的正常时期，宗教界和政府的合作都是成功的。已故的毛泽东、周恩来等，都曾对宗教界表示过极大的关切，宗教界人士，尤其是广大教徒，也都表现出了对新政权的认同及良好的社会合作态度。但在中国社会发展的非常时期，即历次政治运动及"左"的思潮泛滥之时，政府和宗教界的关系就会受到极大影响，往日友好合作的两者仿佛在一夜间就变成对立的双方，一边是极"左"路线的执行者，一边是被打倒、被批判、被唾弃的对象。宗教此时已无立锥之地，自身难保，更谈不上与社会的合作与不合作了。

"四人帮"的倒台及"文化大革命"的结束，标志了中国极"左"路线的终结。随着拨乱反正的进行和改革开放政策的实施，实际上已中止了若干年的宗教信仰自由在中国又得以恢复，长期处于受压抑状态的中国宗教至此又恢复了生机。宗教活动场所的归还和教徒宗教生活的正常化曾使无数中国信教者为之欢欣鼓舞。信仰，是一种精神上的东西，不是一纸行政命令和若干外界压力就能轻易取消得了的。政府允许信仰自由时，宗教信仰是一种公开的东西；没有信仰自由时，只不过使其由公开转入隐蔽，教徒在心里祷告，你又能奈他何？但正如人际关系一样，任何相关的两事物间也都存在着一种互动关系，不是良性互动，就是恶性相斥。一个压抑信仰自由的领导层恐怕很难得到信教者由衷的热爱和尊敬。反之，一个把亿万信仰者从长期被压抑状态下解放出来的领导层一定会赢得中国广大信教者真诚的感激与合作。

因此我们说，从中国社会近几十年的发展轨迹看，目前宗教界与政府的合作倾向正在加强，即做到政治上团结合作，信仰上互相尊重。政府各级领导人更多地注意了宗教方面的事情。近年来，国家主要领导人总是较频繁地接见宗教界领袖，听取他们的意见和反映，以改进政府的宗教工作。宗教界也能和政府部门互通信息，密切合作，共同处理一些宗教事务。这种社会合作倾向的加强对国家，对信教者都是一件好事情。我们相信中国政府与宗教界的社会合作倾向还会得到进一步加强。社会生活氛围的改变对这种合作倾向的加强是一种推动。现在的中国，极"左"思潮已如一只过街老鼠，人人喊打，人人深恶痛绝，这就使得习惯于整人的那套东西再没有用武之地。大家依法行事，简单的行政命令没有了，自然少了对立，多了合作。再者，历史的痛苦使人反思，人们也越来越习惯于解决问题的明智之举，过去各执一端，争来斗去的做法也逐渐为人们所摒弃。

当然，合作倾向的加强并不等于矛盾的消失，不同的立场使人看问题的角度总是有所不同。但矛盾并不等于冲突，及时互通信息，沟通情况，共议对策完全可以使不期而至的问题得到合理解决，使矛盾消散于无形。

政府与宗教界的良好的互动关系，是中国宗教平稳存在与发展的前提，宗教与社会合作的首要任务便是配合政府部门完成中心工作。但仅有这种合作还是不够的，我们的视野还应该放在防止分裂倾向上。中国是个多民族多宗教的国家。很多时候，民族问题与宗教问题纠缠在一起，在复杂的情况下，需要冷静分析，区别对待。善于体察民族问题与宗教问题的区别和联系，并正确地加以处理。讲宗教时应以维护人民利益与维护中华民族大团结为根本，以防不稳定因素滋长，从根本上影响宗教与社会的合作与团结。

三 宗教发展与经济发展

几年来，我们一直致力于思索和研究中国宗教发展和经济发展之间的关系问题，希望能得出一个明确的结论，是相关还是不相关，是正相关还是负相关。但遍及几省的宗教实地考察与抽样问卷的调查结果，使我们认识到这不是一个简单的相关问题，因为宗教发展与所在地经济的发展不一定同步。不一定同步本身就是个复杂模糊的概念，不像同步或不同步那样容易理解。

中国是一个地域辽阔、各地情况差异很大的国度。改革开放前，全国各地的经济发展程度虽然也参差不齐，但一般来说，在城市与城市，农村与农村之间，差别不像今天这么悬殊。现在全国的一般情况是，大城市和大部分沿海地区的经济发展水平较高，而在一些内陆地区，尤其是偏远山区，经济发展程度依然很低，人们的生活条件仍十分落后。据调查，各地区经济发展情况的巨大反差和宗教发展速度快慢并没有固定的联系，简言之，二者既不是正相关，也不是负相关。从对近年来宗教发展速度较快的地区的研究来看，发现这些地区既有富裕的，也有贫困的。但其中并非完全没有规律可循，我们的研究发现，宗教发展与所在地经济发展之间似乎呈现出一种"两极性相关"。宗教发展最快的地区往往不是极富的，便是极穷的，这就是我们所说的"两极性相关"。究其原因，我们发现，在经济发达的地区，社会转型期特征往往表现得更为明显，社会由于发展较快易呈现出一种不稳定状态（这也是一切现代转型社会的共性），人们对不断发生的变化感到不安，觉得无法预测未来和把握明天。再者，"文化大革命"后不少人政治信仰淡化，心中无所寄托，常惶然而缺乏踏实感。这时如果有相应的条件，不少人就会转而信仰宗教，求寄托，求发财，求平安。经济发达又使人们不惜在信教上破费钱财。在闽南，初一、十五香火鼎盛，一个寺庙一天就接纳几万人次。相反，在一些贫困地区交通闭塞，缺医少药，不少人为了祷告治病而信仰宗教，同时由于文化落后，教育水平低下，人们相对愚昧，一些和迷信结合起来的"宗教"就特别容易扩展。再者，在一些边远山区或几省交界管理不严的地区，也常有一些似教非教、似黑社会而非黑社会的披着某种宗教外衣的"邪教"流行，使人很难甄别它是否属于宗教。

此外，这些贫富两极地区的宗教发展虽然在数量上都同样呈现出急剧的增长，但在质量上却有很大不同：富裕地区的教徒的文化素质普遍比极贫困地区的要高，教徒信仰中的迷信成分明显少于贫困地区，性别和年龄结构也相对均衡，有年轻化、知识化的趋向；而贫困地区群众信教中的迷信成分较大，教徒也多为文盲、半文盲、老人和妇女。

估计在若干年内，宗教发展和经济发展的关系一般来说仍会呈上述状态而不会有太大改变，少数经济发展水平居中的地区如遇特殊条件，宗教也可能会有一些明显发展。鉴于以上情况，我们认为，中国宗教在今后的存在与发展中应注重质量的提高，更尽可能摒弃迷信色彩而增加文化成分，方能对其成员进行素质改造。政府也应加强对偏远地区的社会管理，不给邪教留下生长余地，以免贻误和危害当地群众。

四　文化发展对宗教的影响

近年来中国社会的变革打破了中国文化以往的一元格局，形成了多元文化并存的局面。"文化大革命"中的高度统一的政治文化曾使属于另一种意识形态的宗教失去了生存空间，教徒也多因怕暴露自己的"异己身份"而不敢承认信教。那种残酷的政治性文化湮灭了一切其他文化，包括宗教，使文化成为政治的附庸和代名词。改革开放带来了文化的重新繁荣，宽松和自由的环境为文化的发展提供了良好的社会条件，这对宗教的发展极为有利，宗教作为一种文化在这种新的生存环境中也在不断地丰富自己。

中国社会正处于转型期，转型期社会的文化是多变的、不确定的。在一定程度上社会道德规范模糊且丧失了实践性。宗教道德此时往往起着规范和整合教徒行为的作用，它可以为具有失落感与内心困惑的人提供精神归宿和一些实际关怀，这也正是某些宗教近年来发展较快的原因。

改革开放同时也促使西方文化及西方宗教文化的进入，使比长辈对西方文化要崇尚得多的中国青年一代中的不少人成了基督教的"边缘教徒"。

他们一是好奇,二是希望通过了解西方宗教来了解西方的社会与文化。这就是促成基督教近年在中国的发展热的一个因素。但从另一个方面说,尽管在表层文化上不少年轻人接受和追求西方的东西,但在深层次上中国人毕竟有自己的文化体系,总有些传统的东西会和外来宗教发生抵触,而文化上的抵触又会削弱外来宗教在中国的发展。

部分年轻人对西方文化的崇拜心态使中国唯一土生土长的宗教——道教受到冷落,加上"文化大革命"中对宗教的极度摧残及教职人员年龄的老化,道教至今难以完全恢复生机。但它在民间的深厚影响是不容忽视的。

预计未来中国多元文化的持续发展和社会进一步的现代化会为中国的宗教发展继续提供良好的环境,但不会因文化因素而造成宗教的大发展。

五 宗教与教育

教育规定青少年一代的基本成长轨道,当宗教在中国和教育分离并互为不同的意识形态所支配的那天起,宗教就失去了它对中国青少年一代成长的把握。而在西方,正是宗教在传递着社会行为规范,并在较大程度上影响着年青一代的成长。

1949年之后,中国对大、中、小学生所进行的教育都是立足在辩证唯物主义和历史唯物主义的基础之上的,是唯物主义的、无神论的教育,这使中国相当多的青少年从小时起就排斥宗教。改革开放后,西方文化的影响和对外来宗教的好奇虽然使一部分青少年走近宗教——参观教堂、听布道和过圣诞等,但他们中大多数仍然只是把宗教作为一种外来文化现象看待,感到新鲜时髦而有趣。大部分中国青少年由于在校所受教育的影响而始终和宗教保持着一定的心理距离。

中国宗教和教育的分离完全不同于西方。在西方两者仅是职能与形式上的分离,而其世界观的核心始终是一致的;在中国,两者却是实质性的分离,除去道德内容上的重合和相容之外,两者在其他点上是绝无相似之处的。

因此就宗教和教育的关系而言,今后中国的教育仍会继续影响青少年一代的成长并成为他们信教的障碍,至少也使他们不会对宗教产生过浓的兴趣。

六　中国宗教的世俗化和多元化倾向

20世纪末的中国正处于从传统到现代的社会转型之中，快速变化的社会环境和日益趋向多元的社会体系为中国宗教的存在提供了新的社会背景。社会存在不可能不决定社会意识，宗教作为对新时期社会存在的反映也日益呈现出世俗化、多元化的趋向。这种趋向表现为传统宗教的复苏与新兴宗教的试图立足。

中国现存的五大传统宗教都经历过民主革命与社会主义革命的洗礼，能与社会主义社会相协调、相适应，爱国爱教，遵纪守法，拥护改革开放，因而信徒剧增，一些教派甚至空前活跃。

新兴宗教自19世纪中叶以来，特别是20世纪50年代后，大量出现，是引起人们普遍关注的国际现象。目前在中国多从国外传入，主要有三种类型：第一类否定现实或敌视现实社会，社会背景复杂，而在行动上多采取偏激怪诞的方式，与世俗社会抗衡；第二类肯定现实社会，希望社会能进一步完善，但与国际上的力量联系紧密；第三类专注于灵性的修炼，与民间信仰混杂，迷信与会道门色彩比较浓重，对现实社会有一定的危害性。

这两种趋势都反映了宗教在中国仍将长期存在，只是亟待改革与加强依法管理。宗教已不得不向在信仰上有选择自由的"顾客"推销，于是各宗教不得不改变自己，以适应"顾客"，宗教活动因此受到了市场经济逻辑的支配。[①]

七　宗教发展的悖论

前几年，消除了"文化大革命"的压抑后，教徒数量的迅速回升和增加使不少人谈起"宗教发展"而色变。他们顾虑重重，怕宗教从此扶摇直上，会达到直接威胁社会主义政权的地步。也有人不同意这种看法，认为宗教徒数量的猛增只是由于"文化大革命"对宗教的过度压迫而引起的暂时的"反弹"现象，此高温期一过，宗教就会逐渐走上平稳发展的道路。那么，今天我们究竟应该如何估计中国宗教的前景，也就是说，应该如何预料未来中国宗教的发展轨迹呢？

不可否认，转型中的中国社会有诸多有利于宗教发展的因素，尤其是

---

① 参见高师宁：《世俗化与宗教热》，《东方》1994年4期。

中国基督教，可以说近几十年来得到了最佳发展机遇，各种有利因素组成了一种合力，推动着它日益扩展。但是，像基督教这么"热"的宗教能在中国一直保持急速发展的势头吗？恐怕也不能。原因是多方面的，因为中国社会在为宗教提供发展条件的同时，也提供着相应的制约其发展的条件。因此我们说宗教在中国的发展是一个悖论：一方面，多种因素在推动着现阶段宗教的发展；另一方面，又有不少因素在遏制着宗教的急剧发展。

推动中国的宗教发展的主要社会原因为：

①生产力发展水平的限制；

②科学技术的相对不发达；

③人们认识水平的局限；

④社会生活中存在着"不公"等诸社会问题；

⑤社会转型引起的"心理震荡"。

制约和阻碍中国的宗教急剧发展的主要因素为：

①主流意识形态及国民教育对宗教的影响；

②中国传统思想文化对外来宗教有相通互补的一面，但也存在着内在的排斥；

③转型期世俗化趋势影响人对宗教信仰的追求；

④国际新格局及世界宗教多元化对中国宗教的影响；

⑤中国的宗教较内向、固守，缺乏向外的扩充力。

由于上述种种有利和不利因素的综合作用，中国的宗教虽然在一个时期内会快速增长和上升，但从长时期来看，它终究会再次下落，恢复正常发展的状态。即使个别宗教将来在某个地区或某个时期出现快速增长的现象，但它在全国的总的态势还是会持续地、平稳地发展，不会出现过度的异常。

探讨了宗教和中国社会的政治、经济、文化和教育的关系，探讨了宗教在中国存在的长期性和中国的宗教发展中的复杂背景，我们就会明白，在社会主义中国宗教已经作为并将继续作为社会一个必不可少的部分存在下去，对中国社会发挥它独特的功能。与此同时，它也受到与其相矛盾的社会主义意识形态的牵制，不可能如在资本主义社会那样得到充分的发展。作为社会的一个次级子系统，它将被社会视为自身一个必不可少的部分，但作为社会主流意识形态的相异物，它又会受到相应的制约，不会发展成为对社会起重大作用的子系统。

再版后记

本书曾于 2000 年 6 月在社会科学文献出版社出版，中国社会科学院为纪念建院 30 周年，现将该书列入中国社会科学院文库，由社会科学文献出版社再版。经作者同意，我们对书中明显的错漏之处进行了必要的订正、删补。同时，为尊重历史原貌，对全书内容不做大的变动。由于时间紧迫，难免有疏漏之处，敬请读者批评指正。

社会科学文献出版社
2007 年 4 月

图书在版编目（CIP）数据

宗教社会学/戴康生，彭耀主编．-2版．—北京：社会科学文献出版社，2007.5（2013.7重印）
（中国社会科学院文库·法学社会学研究系列）
ISBN 978-7-80230-410-9

Ⅰ.①宗… Ⅱ.①戴… ②彭… Ⅲ.①宗教社会学 Ⅳ.①B920

中国版本图书馆 CIP 数据核字（2007）第 054718 号

中国社会科学院文库·法学社会学研究系列

宗教社会学

主　　编 / 戴康生　彭　耀

出 版 人	/ 谢寿光
出 版 者	/ 社会科学文献出版社
地　　址	/ 北京市西城区北三环中路甲29号院3号楼华龙大厦
邮政编码	/ 100029

责任部门	/ 皮书出版中心（010）59367127	责任编辑	/ 陶　云
电子信箱	/ pishubu@ ssap. cn	责任印制	/ 岳　阳
项目统筹	/ 邓泳红		
经　　销	/ 社会科学文献出版社市场营销中心（010）59367081　59367089		
读者服务	/ 读者服务中心（010）59367028		

印　　装	/ 北京季蜂印刷有限公司		
开　　本	/ 787mm×1092mm　1/16	印　张	/ 19.75
版　　次	/ 2007 年 5 月第 2 版	字　数	/ 305 千字
印　　次	/ 2013 年 7 月第 4 次印刷		
书　　号	/ ISBN 978-7-80230-410-9/D·088		
定　　价	/ 45.00 元		

本书如有破损、缺页、装订错误，请与本社读者服务中心联系更换
△ 版权所有 翻印必究